国家社科基金
GUOJIA SHEKE JIJIN HOUQI ZIZHU XIANGMU
后期资助项目

社会主义核心价值观引领文化建设研究

苗瑞丹　著

社会科学文献出版社
SOCIAL SCIENCES ACADEMIC PRESS (CHINA)

图书在版编目（CIP）数据

社会主义核心价值观引领文化建设研究／苗瑞丹著
. -- 北京：社会科学文献出版社，2024.7
国家社科基金后期资助项目
ISBN 978 - 7 - 5228 - 3584 - 6

Ⅰ.①社…　Ⅱ.①苗…　Ⅲ.①社会主义－文化事业－
建设－研究－中国　Ⅳ.①G12

中国国家版本馆 CIP 数据核字（2024）第 083966 号

国家社科基金后期资助项目
社会主义核心价值观引领文化建设研究

著　　者／苗瑞丹

出　版　人／冀祥德
责任编辑／刘同辉
文稿编辑／胡金鑫
责任印制／王京美

出　　　版／社会科学文献出版社·马克思主义分社（010）59367126
　　　　　　地址：北京市北三环中路甲 29 号院华龙大厦　邮编：100029
　　　　　　网址：www. ssap. com. cn
发　　　行／社会科学文献出版社（010）59367028
印　　　装／三河市龙林印务有限公司

规　　　格／开　本：787mm×1092mm　1/16
　　　　　　印　张：20.75　字　数：328 千字
版　　　次／2024 年 7 月第 1 版　2024 年 7 月第 1 次印刷
书　　　号／ISBN 978 - 7 - 5228 - 3584 - 6
定　　　价／128.00 元

读者服务电话：4008918866

国家社科基金后期资助项目
出版说明

后期资助项目是国家社科基金设立的一类重要项目，旨在鼓励广大社科研究者潜心治学，支持基础研究多出优秀成果。它是经过严格评审，从接近完成的科研成果中遴选立项的。为扩大后期资助项目的影响，更好地推动学术发展，促进成果转化，全国哲学社会科学工作办公室按照"统一设计、统一标识、统一版式、形成系列"的总体要求，组织出版国家社科基金后期资助项目成果。

全国哲学社会科学工作办公室

目　录

导　论

第一节　社会主义核心价值观引领文化建设的问题缘起

社会主义核心价值观是当代中国精神的集中体现，凝结着全体人民共同的价值追求。作为文化最深层的内核，社会主义核心价值观决定着我国社会主义文化的性质和方向，是我国国家文化软实力的灵魂。党的十九届四中全会创造性提出"社会主义核心价值观引领文化建设制度"的新论断，充分体现了以习近平同志为核心的党中央坚定的文化自信和价值观自信，标志着中国共产党对社会主义文化建设规律的认识达到了一个新的高度。

文化是民族的血脉、共同的精神家园。社会主义核心价值观植根于中华文化沃土，蕴含深厚的民族性、鲜明的时代性、内在的先进性、广泛的包容性，是社会主义先进文化的精髓，在我国文化建设中居于主导地位，具有重要的引领作用。坚持以社会主义核心价值观引领文化建设，推动社会主义核心价值观转化为文化治理效能，"发挥社会主义核心价值观对国民教育、精神文明创建、精神文化产品创作生产传播的引领作用，把社会主义核心价值观融入社会发展各方面，转化为人们的情感认同和行为习惯"[1]，是推进新时代中国特色社会主义文化建设制度化、体系化的集中体现，是使社会主义核心价值观在文化建设中的引领性地位和作用规范化、制度化的必然要求。

当前，全面阐释"社会主义核心价值观引领文化建设制度"的新论断，需要将理论与实践紧密结合，深入分析社会主义核心价值观对文化建设的引领作用，系统研究社会主义核心价值观引领文化建设的理论与实践。一方面，亟须深化学理研究，深入分析社会主义核心价值观引领

---

[1]　习近平：《决胜全面建成小康社会 夺取新时代中国特色社会主义伟大胜利——在中国共产党第十九次全国代表大会上的报告》，人民出版社，2017，第42页。

文化建设的基本理论与价值意蕴，以学理研究指导和推动实践探索。另一方面，亟须增强社会主义核心价值观引领文化建设的实践探索，立足新时代的历史方位，科学把握社会主义核心价值观引领文化建设面临的机遇与需要应对的挑战，系统探索社会主义核心价值观引领文化建设的实践路径与机制保障。

基于上述分析，本书聚焦社会主义核心价值观引领文化建设的主题，从理论与实践两个层面展开系统研究。一方面，深化学理分析，在厘清基本概念的基础上，深入探究社会主义核心价值观引领作用的科学内涵与理论渊源，探讨社会主义核心价值观引领文化建设的理论意蕴，为社会主义核心价值观引领文化建设的实践探索奠定学理基础。另一方面，加强实践研究，立足社会主义核心价值观引领文化建设的现实境遇，在总结提炼中国传统社会、中国共产党发挥社会主义核心价值观引领作用的做法与经验的基础上，探索社会主义核心价值观引领文化建设的实践路径与实现机制。

基于此，本书对以下问题进行了深入探讨。其一，社会主义核心价值观引领作用的内涵分析与理论溯源，深化社会主义核心价值观引领作用研究的学理分析。其二，基于社会主义核心价值观与文化建设的逻辑关系的分析，探讨社会主义核心价值观引领文化建设的基本内涵、表现形式与价值意蕴等基本理论问题。其三，立足社会主义核心价值观引领文化建设的现实境遇，从经验借鉴、实践路径与机制构建等方面，系统探索社会主义核心价值观引领文化建设的现实实践。

总之，本书坚持理论与实践相结合、逻辑与历史相统一，系统探索社会主义核心价值观引领文化建设的基本理论与实现路径，以期为全面阐释与深化研究"社会主义核心价值观引领文化建设制度"的新论断提供一定的学理支撑与现实启示。

第二节　社会主义核心价值观引领文化建设的学术梳理

一　国内关于社会主义核心价值观引领文化建设的学术探讨

（一）社会主义核心价值观引领作用的研究

党的十八大以来，国内学界从多维视角对社会主义核心价值观引领作用展开研究。其一，从实现中国梦的视角，研究社会主义核心价值观与中国梦具有内在的统一性，李捷[1]、韩震[2]、项久雨和吴海燕[3]等学者探讨了社会主义核心价值观对实现中国梦具有的凝心聚力作用。其二，从社会主义核心价值观引领社会思潮视角，有学者从"理论魅力"引领、"价值共识"引领、"价值整合"引领、"价值信念"引领等方面，探讨社会主义核心价值观的引领作用。[4]　其三，从意识形态建设视角，有学者从引领和整合多样化的价值观念，凝聚社会共识和社会力量等方面，揭示社会主义核心价值观的意识形态功能。[5]　其四，从文化自信的视角，有学者提出价值观自信是文化自信之核[6]，也有学者提出坚定文化自信和价值观自信的前提是要充分发挥社会主义核心价值观的独特作用[7]。其五，从社会治理的视角，有学者认为社会主义核心价值观具有社会教化、社会整合、社会引导、社会推动等功能[8]，也有学者认为社会主义核心价值观引领社会治理主要表现在引领治理理念转变、激发精神力量、凝聚价值共识等方面[9]。其六，从总结改革开放历史经验的角度，有学者结合我国改革开放的历史实践，探讨改革开放以来我国主流价值观发挥的引领作用。[10]　其七，从基础理论视角，有学者提出要以思想统合、利益认同、理论深化和实践推进的方式，推动社会主义核心价值观引领作用的实现。[11]

[1]　李捷：《用社会主义核心价值观凝聚中国力量》，《红旗文稿》2015年第3期。
[2]　韩震：《培育和弘扬社会主义核心价值观的路线图》，《东岳论丛》2017年第6期。
[3]　项久雨、吴海燕：《论社会主义核心价值观与中国梦的内在联系》，《思想政治教育研究》2016年第4期。
[4]　陈秉公：《论社会主义核心价值观引领社会思潮的基本方式》，《新长征》2014年第4期。
[5]　张雷声：《论社会主义核心价值观的意识形态功能》，《高校辅导员》2017年第5期。
[6]　沈壮海：《文化自信之核是价值观自信》，《求是》2014年第18期。
[7]　吴潜涛、艾四林主编《社会主义核心价值观研究前沿问题聚焦：社会主义核心价值观协同创新北京峰会文萃》，人民出版社，2017，第14页。
[8]　王学俭、金德楠：《论社会主义核心价值观的社会治理功能及其实现机理》，《黑龙江高教研究》2014年第11期。
[9]　骆郁廷、唐丽敏：《核心价值观的社会治理作用及其实现机制》，《思想政治教育研究》2017年第2期。
[10]　秦宣：《中国改革开放成功背后的价值观引领作用》，《湖北大学学报》（哲学社会科学版）2018年第6期。
[11]　董杰：《论社会主义核心价值观的引领力》，《中南民族大学学报》（人文社会科学版）2021年第3期。

（二）社会主义核心价值观引领文化建设的研究

其一，社会主义核心价值观引领文化建设的基本问题研究。国内学界主要围绕这一命题的科学内涵、重要意义与实践路径等基本问题展开探讨。有学者从推动理想信念教育、坚持依法治国和以德治国相结合、传承中华优秀传统文化等方面，探讨了社会主义核心价值观引领文化建设的路径①；有学者从重要意义、制度优势和着力点出发，探讨了社会主义核心价值观引领文化建设制度②；有学者从制度保障层面，分析了社会主义核心价值观引领文化建设的制度化建设③；有学者提出将思想引领、舆论引导和实践培育作为现实着力点，探索社会主义核心价值观引领文化建设的具体路径④；有学者认为要坚持把方向、强服务、增效益，推进社会主义核心价值观引领文化建设⑤。

其二，从不同文化形态出发，探讨社会主义核心价值观引领文化建设。一是引领校园文化建设。有学者探讨了社会主义核心价值观引领高校校园文化的重要意义、现实挑战与策略选择等问题⑥；有学者从社会主义核心价值观引领高校校园物质文化、精神文化、制度文化和行为文化等方面展开分析⑦；有学者从价值导向、传播功能与渗透功能出发，分析社会主义核心价值观对高校校园文化的引领功能⑧；有学者从建立常态化的机制出发，探讨社会主义核心价值观引领校园文化建设的策略⑨。二是引领网络

① 吕岩松：《坚持以社会主义核心价值观引领文化建设制度》，《党建》2019 年第 12 期。
② 武传鹏：《坚持以社会主义核心价值观引领文化建设制度》，《思想教育研究》2020 年第 1 期。
③ 徐斌：《以社会主义核心价值观引领新时代文化建设》，《红旗文稿》2020 年第 4 期。
④ 苗瑞丹：《文化强国视阈下社会主义核心价值观引领作用探析》，《马克思主义研究》2021 年第 5 期。
⑤ 李泽泉：《坚持以社会主义核心价值观引领文化建设》，《红旗文稿》2021 年第 2 期。
⑥ 山述兰：《以社会主义核心价值观引领高校校园文化建设的策略研究》，《思想理论教育》2015 年第 1 期。
⑦ 吴彬镪：《以社会主义核心价值观引领高校校园文化建设研究》，《思想教育研究》2016 年第 1 期。
⑧ 胡伯项、李江波：《社会主义核心价值观引领大学校园文化建设论析》，《教学与研究》2017 年第 4 期。
⑨ 张雨婷：《社会主义核心价值观引领高校校园文化建设常态化机制研究》，《学校党建与思想教育》2020 年第 4 期。

文化建设。有学者提出通过发挥党政机关、社会组织的作用，建设网络文化传播体系等举措，加强社会主义核心价值观引领网络文化建设①；有学者提出要加强网络文化治理，以社会主义核心价值观引领网络文化消费观念，促进网络文化的健康发展②。三是引领乡村文化建设。有学者基于当前乡村文化建设存在的问题，分析社会主义核心价值观引领乡村文化建设的必要性与具体路径③；有学者指出，以社会主义核心价值观为引领是乡村振兴的铸魂工程，应当着力培养农民的社会主义核心价值观与思想道德素养④；有学者以乡村习俗为研究对象，指出要正确认识和处理好乡村习俗与社会主义核心价值观的关系⑤。四是引领社区文化建设。有学者从明确城市社区文化建设的本质要求、培育社区价值共识、提高社区文化的和谐性、完善城市社区管理制度、增强社区归属感等方面，分析社会主义核心价值观引领社区文化建设的路径。⑥五是引领法治文化建设。有学者从方向和思想引领、价值支撑、道德支撑等方面，分析了社会主义核心价值观对于法治文化的引领作用，并从加强意识形态建设、强化民族性与时代性、强化道德等方面探索了具体的实施路径。⑦

（三）社会主义核心价值观与文化软实力的相关研究

国内学界主要围绕以下方面展开探讨。其一，社会主义核心价值观与文化软实力的关系。有学者提出社会主义核心价值观是文化软实力的核心和灵魂，在文化软实力建设中居于首要地位，要在文化软实力建设中弘扬社会主义核心价值观⑧；有学者认为社会主义核心价值观是国家文化软实力的核心要素，并提出通过两种机制——认同和承

---

① 马丹丹：《用核心价值观引领网络文化建设》，《人民论坛》2017年第13期。
② 吴作奎：《以核心价值观引领网络文化建设》，《人民论坛》2019年第6期。
③ 马志芹、赵弘泽：《以核心价值观引领乡村文化建设》，《人民论坛》2018年第21期。
④ 李明芳：《社会主义核心价值观引领乡村文化建设》，《农业经济问题》2020年第7期。
⑤ 张立平、张爱萍：《乡村振兴背景下社会主义核心价值观引领乡村习俗探究》，《学校党建与思想教育》2021年第11期。
⑥ 解红晖、金忠：《社会主义核心价值观引领城市社区文化建设的路径探微》，《湖南社会科学》2016年第3期。
⑦ 万尚庆：《社会主义核心价值观引领下的中国法治文化建设》，《学习与探索》2016年第6期。
⑧ 诸芳：《社会主义核心价值观与中国文化软实力建设》，《中央社会主义学院学报》2014年第6期。

认——实现社会主义核心价值观向国家文化软实力的转变①；有学者提出社会主义核心价值观在文化软实力中处于统摄和主导地位，是增强文化软实力的关键环节②。其二，培育社会主义核心价值观与文化软实力提升的关系。有学者分析了社会主义核心价值观"走出去"战略对于提升国家文化软实力的重要意义③；有学者提出社会主义核心价值观与我国文化软实力提升具有直接的关联，社会主义核心价值观是我国文化软实力提升的根本思想动力④；有学者分析了社会主义核心价值观对国家文化软实力的塑造，能够通过提升国民的伦理价值认知和道德素质，提升国家文化软实力⑤；有学者从导向作用、引领作用、凝聚作用、传播作用等方面，分析了社会主义核心价值观对于文化软实力的作用，强调要以社会主义核心价值观为引领，提升中国文化软实力⑥；有学者立足新时代社会主要矛盾的变化，从教育机制、制度机制和文化机制等方面，提出培育社会主义核心价值观和提升文化软实力的具体机制⑦。

二　国外关于价值观与文化软实力的学术探讨

（一）国外价值观与意识形态的相关研究

1. 国外关于价值观教育的研究

国外关于价值观教育的研究成果相对丰硕，我们可以从相关研究中探寻理论参考。国外价值观教育研究的主要观点、代表人物及著作

---

① 刘学斌：《认同塑造与承认获取：核心价值观与中国文化软实力建设》，《理论导刊》2016 年第 3 期。

② 张丽：《提高国家文化软实力的战略思考——兼论社会主义核心价值观的软实力价值》，《理论月刊》2016 年第 4 期。

③ 赵海涛：《社会主义核心价值观"走出去"的战略思考——文化软实力的视角》，《湖北民族学院学报》（哲学社会科学版）2013 年第 3 期。

④ 刘爱军、董芳芳：《社会主义核心价值观与文化软实力提升》，《思想理论教育导刊》2014 年第 10 期。

⑤ 孙绍勇：《社会主义核心价值观塑造国家文化软实力的伦理价值意蕴》，《湘潮论坛》2017 年第 6 期。

⑥ 徐志远、张灵：《文化软实力与社会主义核心价值观》，《马克思主义研究》2017 年第 11 期。

⑦ 石沁禾：《文化软实力发展与社会主义核心价值观培育》，《南京社会科学》2018 年第 11 期。

有以下五个。其一，价值澄清理论。美国学者路易斯·拉思斯（Louis Raths）在《价值与教学》中提出"以生活为中心、对现实的认可、启发思考、培养个人能力"是价值澄清法的四大要素。[①] 其二，品格教育理论。托马斯·里克纳（Thomas Lickona）、凯文·莱因（Keven Ryan）、H. 柯申鲍姆（H. Kirschenbaum）等人，提出"价值观实现、人格品质教育、道德教育、公民教育"四种价值观教育方法。其三，价值反思（Values Reflection）模式。加拿大学者克里夫·贝克（Clive Beck）主张尊重受教育者的个性自由和理智能力，强调活动和实践在道德教育过程中的作用。[②] 其四，价值观教育与学校教学关系研究。英国学者莫妮卡·泰勒（Monica Taylor）在《教育领域里的价值观与价值观方面的教育》中对学校如何影响青少年价值观发展的问题进行了系统探讨。[③] 澳大利亚学者特伦斯·拉瓦特（Terrence Lovat）在《价值观教学与学生成绩：当代研究证据》中从价值观与教学法、价值观与课程等方面深入研究当代价值观教育。[④] 其五，价值观教育路径的研究。约翰·贝克（John Beck）、帕特丽夏·怀特（Patricia White）探讨了公民学课程对于价值观理解的重要作用[⑤]；J. M. 霍尔斯特德（J. M. Halstead）研究了如何通过国家课程与学科课程来培树学生的价值观[⑥]；M. 赫本（M. Hepburn）则对学校和教室中的民主经验与氛围对于培养学生价值观和态度发挥的作用进行了研究[⑦]。

2. 国外关于意识形态功能和领导权的研究

国外关于社会主义核心价值观引领作用的直接研究成果较少。但是，我们可以从国外意识形态功能与领导权的相关研究中，探寻相关的理论以作参考。其一，"阶级意识"理论。格奥尔格·卢卡奇（György Lukács）

① 〔美〕路易斯·拉思斯：《价值与教学》，谭松贤译，浙江教育出版社，2003，第 1 ~ 2 页。
② 〔加〕克里夫·贝克：《优化学校教育——一种价值的观点》，戚万学等译，华东师范大学出版社，2003，第 159 页。
③ 参见杨威《国外价值观教育的当代复兴及研究现状》，《教学与研究》2017 年第 9 期。
④ 参见杨威《国外价值观教育的当代复兴及研究现状》，《教学与研究》2017 年第 9 期。
⑤ 参见杨威《国外价值观教育的当代复兴及研究现状》，《教学与研究》2017 年第 9 期。
⑥ 参见杨威《国外价值观教育的当代复兴及研究现状》，《教学与研究》2017 年第 9 期。
⑦ 参见杨威《国外价值观教育的当代复兴及研究现状》，《教学与研究》2017 年第 9 期。

从阶级意识的角度阐释意识形态领导权问题，他揭露了资产阶级"虚假的阶级意识"，并指出只有无产阶级的阶级意识是"真正的阶级意识"。①其二，"文化领导权"理论。安东尼奥·葛兰西（Antonio Gramsci）从精神文化层面把握意识形态领导权的问题，认为意识形态领导权在阶级政治战略中具有重要地位，能够为无产阶级政权合法性提供支撑。② 其三，"意识形态国家机器"理论。路易·阿尔都塞（Louis Althusser）认为意识形态国家机器在夺取和巩固政权中具有重要作用，必须加强对意识形态国家机器行使领导权。③ 其四，"话语领导权"理论。恩斯特·拉克劳（Einesto Laclau）和查特尔·墨菲（Chantal Mouffe）认为政治斗争取决于话语权的争夺，各社会团体通过争夺话语权来增强身份认同和实现政治目标。④ 其五，文化帝国主义思想。约翰·汤姆林森（John Tomlinson）提出要借助国家的政治和军事等霸权，通过四种形式将本国文化移植到其他国家的文化霸权主义思想。⑤

3. 国外关于中国价值观的研究

关于社会主义核心价值观内涵的研究。意大利学者洛丽塔·纳波利奥尼（Loretta Napoleoni）认为，中国价值观倡导的"民主"价值理念，强调的是一种经济上的平等与个人获得的公平机会。⑥ 美国学者史蒂芬·C. 安格尔（Stephen C. Angle）认为，中国民主不是西方的竞争性民主，而是一种改革了的能够保障公民广泛的政治参与权利的民主集中制。⑦ 英国学者马丁·雅克（Martin Jacque）认为，中国以儒家文化为基础倡

① 参见吴晓明《论〈历史与阶级意识〉的辩证法研究》，《马克思主义与现实》2017年第2期。
② 〔意〕安东尼奥·葛兰西：《狱中札记》，曹雷雨、姜丽、张跣译，河南大学出版社，2016，第8页。
③ 〔法〕路易·阿尔都塞：《论再生产》，吴子枫译，西北大学出版社，2019，第358~363页。
④ 〔英〕恩斯特·拉克劳、查特尔·墨菲：《领导权与社会主义的策略》，尹树广、鉴传今译，黑龙江人民出版社，2003，第140~150页。
⑤ 参见王立新《"文化侵略"与"文化帝国主义"：美国传教士在华活动两种评价范式辨析》，《历史研究》2002年第3期。
⑥ 〔意〕洛丽塔·纳波利奥尼：《中国道路：一位西方学者眼中的中国模式》，孙豫宁译，中信出版社，2013，第10页。
⑦ 〔美〕史蒂芬·C. 安格尔：《中国需要民主集中制而不是竞争性民主》，吕增奎摘译，《国外理论动态》2006年第4期。

导的"文明国家",不同于西方的"民族国家"。① 法国学者托尼·安德烈阿尼(Tony Andreani)提出,中国倡导的"文明"价值观,是在改革开放和市场经济条件下提出的,与西方的文明有着本质上的区别。② 德国学者托马斯·海贝勒(Thomas Heberer)等认为,中国倡导和谐社会,是对传统儒家思想的复归,社会平等与政治和谐是其突出特征。③

(二) 国外关于软实力的研究

国外关于软实力的研究成果相对比较丰硕,在国外关于软实力的研究中,虽然未明确提出文化软实力概念,但对文化在软实力中的作用进行了研究。梳理和提炼国外关于软实力的研究,能够为社会主义核心价值观引领文化建设的研究提供一定的理论参考。国外学者在软实力基本理论的研究方面,着重探讨了软实力的内涵、构成、实现方式等问题。

1. 关于软实力的内涵与构成

"软实力"(Soft Power)概念最早是由美国学者约瑟夫·奈(Joseph Nye)在 1989 年提出的。约瑟夫·奈认为,软实力"就是通过吸引而非强迫或收买的手段来达己所愿的能力"④,文化、政治价值观与外交政策三个方面,是软实力的重要内容⑤。美国学者斯拜克曼(Spykman)认为软实力包括民族同质性、社会综合程度、政治稳定性、国民士气等内容。英国学者贝茨·吉尔(Bates Jill)认为,软实力源于软性因素的力量,主要包括文化、政治和外交等因素。⑥ 日本学者江原规由认为,软实力的范畴包括价值观、意识形态、语言、饮食、设计、动漫等多方面内容。

---

① 〔英〕马丁·雅克:《当中国统治世界:中国的崛起和西方世界的衰落》,张莉、刘曲译,中信出版社,2010,第 161 页。

② 参见李其庆《法国学者托尼·安德烈阿尼批驳两种否定中国特色社会主义的观点》,《当代世界与社会主义》2005 年第 4 期。

③ 〔德〕托马斯·海贝勒、君特·舒耕德:《从群众到公民:中国的政治参与》,张文红译,中央编译出版社,2009,第 217 页。

④ 〔美〕约瑟夫·奈:《软力量——世界政坛成功之道》,吴晓辉、钱程译,东方出版社,2005,第 2 页。

⑤ 〔美〕约瑟夫·奈:《软力量——世界政坛成功之道》,吴晓辉、钱程译,东方出版社,2005,第 11 页。

⑥ 参见张国祚主编《中国文化软实力发展报告 2013》,北京大学出版社,2014,第 15 页。

美国研究外交政策的学者沃尔特·拉塞尔·米德（Walter Russell Mead）提出了"黏性实力"的概念，认为经济政策和经济制度是"黏性实力"，软实力是指文化上的吸引力。①

2. 关于软实力的实现

约瑟夫·奈认为，要通过加强公共外交，从日常沟通、战略沟通以及借助交流、研讨会和媒体等多种渠道保持与关键人物的持久关系三个层面，来加强软实力的建设。② 英国学者约翰·汤姆林森（John Tomlinson）认为，在当今世界各国面临文化过度消费的背景下，需要将先进的通信与传媒文化用于解决现实问题。③ 法国学者弗雷德里克·沙里永（Frederick Charyon）认为，要通过明确发展目标、扩大主体、开放决策，加强法国的文化软实力建设。④ 英国学者主要侧重于提升本国文化软实力的研究。英国战略与国际问题研究专家贝茨·吉尔认为，文化、政治和外交等软性因素是软实力的主要来源，大部分英国学者关于软实力的研究，都集中在文化力量和作用的研究，通过提升本国的文化力量，来增强软实力。⑤ 同时，还有学者结合国际实证，研究软实力的提升问题。约瑟夫·奈将软实力概念应用于阿拉伯世界和美国在该地域的公共外交，讨论了数字革命对美国公共外交和软实力的影响。⑥

3. 关于中国的软实力

国外学者研究了中国软实力发展状况及其对国际秩序产生的影响。约瑟夫·奈出版的《软实力与中美竞合》，分析了中国软实力的增长与提升。⑦ 美国学者乔约书亚·科兰兹克（Joshua Kurlantzick）分析了中国运用软实力外交，与广大发展中国家建立友好关系，以提升本国的软实

---

① 参见王岩《文化软实力指标体系研究综述》，《马克思主义文化研究》2019 年第 1 期。
② 〔美〕约瑟夫·奈：《软力量——世界政坛成功之道》，吴晓辉、钱程译，东方出版社，2005，第 118～120 页。
③ 〔英〕约翰·汤姆林森：《全球化与文化》，郭英剑译，南京大学出版社，2002，第 28 页。
④ 参见张国祚主编《中国文化软实力发展报告 2013》，北京大学出版社，2014，第 16 页。
⑤ 参见张国祚主编《中国文化软实力发展报告 2013》，北京大学出版社，2014，第 15 页。
⑥ 〔美〕约瑟夫·奈：《软力量——世界政坛成功之道》，吴晓辉、钱程译，东方出版社，2005，第 127～134 页。
⑦ 〔美〕约瑟夫·奈：《软实力与中美竞合》，全球化智库译，中信出版社，2023，第 120～121 页。

力。约书亚·科兰兹克在《魅力攻势：看中国的软实力如何改变世界》中，通过整理大量的采访资料，运用实证分析与比较分析方法，梳理了中国软实力的影响，并对中美两国的软实力进行了比较，认为中国正在借助多种方式，不断提升本国软实力，以改变其在国际舞台的地位和形象。①迈克尔·巴尔（Michael Barr）在《中国软实力：谁在害怕中国》中，分析了中国软实力的不断提升对于世界秩序的变革产生了重要的影响。②

　　通过上述国内外学术成果梳理可知，关于"社会主义核心价值观引领文化建设制度"的新论断，还需要从以下方面展开深化研究。其一，亟须深化学理研究，深入分析社会主义核心价值观引领文化建设的基本理论，以学理研究指导和推动实践探索。其二，亟须厘清社会主义核心价值观与文化建设的关系，在此基础上科学界定社会主义核心价值观引领文化建设的基本内涵，探究社会主义核心价值观引领文化建设的逻辑理路。其三，亟须增强社会主义核心价值观引领文化建设的现实分析，立足新时代的历史方位，科学把握社会主义核心价值观引领文化建设面临的机遇与需要应对的挑战。其四，亟须增强社会主义核心价值观引领文化建设的系统研究，以学理分析为支撑，以现实分析为依据，系统探索社会主义核心价值观引领文化建设的路径与机制。

---

① 参见〔美〕约书亚·科兰兹克《魅力攻势：看中国的软实力如何改变世界》，陈平译，中央编译出版社，2014，译者序第 2～3 页。
② 〔美〕迈克尔·巴尔：《中国软实力：谁在害怕中国》，石竹芳译，中信出版社，2013，第 135～139 页。

第一章　社会主义核心价值观引领作用的学理分析

"任何哲学只不过是在思想上反映出来的时代内容。"[①] 理论创新根源于时代需要与实践发展，是时代需要与实践发展在思想理论层面的反映。党的十九届四中全会在推进国家治理体系和治理能力现代化的背景下，提出要坚持以社会主义核心价值观引领文化建设制度。这一崭新论断的提出，根源于新时代历史方位下国家治理体系和治理能力现代化与中国特色社会主义文化建设实践，集中体现了推动社会主义核心价值观转化为治理效能的现实需要。当前，深化对社会主义核心价值观引领作用的学理分析，是全面阐释"社会主义核心价值观引领文化建设制度"新论断的迫切理论任务和实践需要。

第一节　价值、价值观与社会主义核心价值观

清晰地界定基本概念与研究对象的内涵与外延，是开展理论研究的基本前提。因此，厘清价值、价值观与社会主义核心价值观等基本概念，是社会主义核心价值观引领文化建设研究的逻辑起点。

一　价值

价值是人类生活中普遍存在的一种现象。从词义的角度来分析，"价值"的原始含义是物品交易的价格与价钱，在中国古籍中，价值的基本含义是"物价"，如《后汉书》卷四十七《班梁列传》中记载"备其逋租，高其价直，严以期会"，后引申为人的声望与地位等。关于"价值"的释义，《国语辞典》中有四种解释：一泛指物品的价格，二指以各种等值标准或交换标准所表示的价值，三指凡有助于促进道德上的善，四

---

① 《马克思恩格斯全集》第41卷，人民出版社，1982，第211页。

指正面作用。"价值"的释义在《辞海》中则表述为两种：一是指事物的用途或积极作用；二是指商品的基本属性，即凝结在商品中的一般的、无差别的人类劳动。在《简明不列颠百科全书》第4卷中，"价值一词最初的意义是某物的价值，主要指经济上的交换价值"[1]。

作为哲学的研究范畴，西方理论界对价值问题进行了深入探讨。柏拉图认为价值是理性的本质即理念，亚里士多德认为至善是一切事物的最高价值，中世纪的神学家们认为最高的价值是上帝。文艺复兴时期，休谟认为价值以人性和利己的同情心为基础；康德指出价值应该借助于他所谓的"绝对命令"，建立在理性的基础上；边沁强调价值在于促进最大多数人的最大幸福。19世纪以后，现象学价值伦理学的创立者舍勒认为，价值具有先天性、相对独立性、客观性、秩序性等特征，将由低到高的感官价值、生命价值、精神和宗教价值作为解释依据，构建了四个等级秩序作为先验性的价值秩序。杜威对"价值"概念的界定侧重主体"评价"、"鉴定"及主体需要角度，认为某物是否具有价值，在于其是否被主体需要及满足主体需要的程度，基于此，杜威展开内在价值与外在价值、工具价值与目的价值、个人价值与社会价值关系的分析。

依据马克思主义价值理论，"'价值'这个普遍的概念是从人们对待满足他们需要的外界物的关系中产生的"[2]。价值是"一种事物或现象（包括物质的、制度的和精神的事物或现象）由于其具有的一定属性，能够满足一定主体的某种需要（物质需要、制度需要或精神需要），对主体具有积极的、肯定的意义，对于该主体就是有意义的即有价值的"[3]。价值反映了客体属性对于主体需要的满足程度，是体现主客体之间特定关系的范畴。"价值是主体和客体之间的一种基本关系"[4]，这一关系范畴既包括客体满足主体需要的客观有用性，又包含主体的主观态度以及主体自身的需求，是客观性与主观性、绝对性与相对性的辩证统一。"在主客体相互关系中，客体是否按照主体的尺度满足主体需要，是否对主体的

① 《简明不列颠百科全书》第4卷，中国大百科全书出版社，1985，第306页。
② 《马克思恩格斯全集》第19卷，人民出版社，1963，第406页。
③ 徐光春主编《马克思主义大辞典》，崇文书局，2018，第91页。
④ 袁贵仁：《价值观的理论与实践：价值观若干问题的思考》，北京师范大学出版社，2013，第6页。

发展具有肯定的作用，这种作用或关系的表现就成为价值。"① 对于价值概念的理解，学术界分别从客体的功能和属性、主体的需要以及主客体关系三个角度加以解释，这三种对价值概念的阐释同属于主客体之间特定关系的范畴，属于主客体相统一的认识论框架。

二　价值观

价值观是主体对于主客体之间关系的基本看法或根本观点。从词源角度考察，"观"在《辞海》中作汉语声调一声的释义有六种：（1）看，《韩非子·内储说上》："观听不参，则诚不闻"；（2）对事物的看法或态度，如世界观、人生观，《后汉书·黄香传》："左右莫不改观"；（3）景象，如奇观、壮观；（4）示人，给人看；（5）游览；（6）六十四卦之一。② 结合"价值"的释义，可以判断"观"在"价值观"一词中为第二种释义，即对事物的看法或态度，"价值观"可以解释为对价值的看法或态度。西方理论界对价值观的探究与对价值哲学的研究紧密相连。19世纪中期至20世纪初，尼采指出价值观主要是个人的幻觉："我"相信"X是好的"，"我"确定"我"是因为"X"确实是好的，才持有这样的判断。涂尔干认为价值观因社会而异，情境、认知资源、信息量以及其他诸多因素的不同产生了不同的价值观，所以价值观远不是社会力量投射在人民心灵中所产生的幻觉。进入20世纪中期以来，西方理论界渐渐趋向于从价值观主体角度定义价值观概念，而不是纠结于价值观的来源。美国人类学家克莱德·克鲁克洪（Clyde Kluckhohn）将价值观定义为"一种外显或内隐的，有关什么是'值得的'的看法，它是个人或群体的特征，影响人们对行为方式、手段、目的的选择"③。米尔顿·罗克奇（Milton Rokeach）认为价值观是作为一个持久的信念而存在的，代表一种具体的行为方式或存在的终极状态。谢尔顿·施瓦茨（Shalom Schwartz）认为价值观是令人向往的某些状态（如愉悦）、对象、目标或行为，且是超越具体情境存在的，可以作为判断和选择某种具体行为方式的标准。

① 李德顺：《价值论——一种主体性的研究》，中国人民大学出版社，1987，第108页。
② 《辞海》，上海辞书出版社，1994，第563页。
③ 参见唐文清、张进辅《中外价值观研究述评》，《心理科学》2008年第3期，第765页。

作为意识形态范畴，价值观是人们在一定经济关系中对自身利益和需要的反映，受到一定社会经济基础的影响和制约。价值观是对价值关系的反映，它所表达的是人们对客观世界的判断与评价，反映的是价值主体的价值取向与选择。价值观具有历史性，反映特定社会历史发展阶段的特征，展现人们价值认识发展、变化的动态过程。在现实生活中，价值观要依托于一定的主体来表达和呈现，决定和影响主体的思想取向和行为选择。然而，由于社会经济关系的复杂性与价值观主体的多元性，一个社会中的价值观往往呈现出复杂化与多元化的态势。为了维持社会的稳定、确保社会价值目标的顺利实现，就需要一种占统治和支配地位的主导价值观，这种主导价值观就是社会核心价值观。一种价值观要在纷繁复杂的价值观系统中发展成为核心价值观，需要具备两种品格：一是这种价值观本身要具有合理性，要求这种价值观在同自己时代的现实世界相互作用的过程中体现时代的必然性，具有所属世界的属性，表征社会发展在特定时代的价值目标；二是这种价值观要符合社会中大多数人的利益，要有广泛的公众理解、认同与实践。正如马克思所指出的："人们奋斗所争取的一切，都同他们的利益有关。"① "'思想'一旦离开'利益'，就一定会使自己出丑。"② 社会核心价值观只有代表和反映最大多数人的根本利益，才能够赢得社会中大多数人的认同，才能够最大限度地发挥价值引领作用、形成社会共识。

三　社会主义核心价值观

"核心"的词语解释为"中心"，引申指起主导作用的部分。核心价值是承载反映特定社会的形态和属性的价值，是处于统治地位并反映统治阶级意志的价值。作为一个系统，价值观具有层次性，包括不同的维度（如经济价值体系、政治价值体系、文化价值体系等）、层次（如目标价值体系、手段价值体系、规范价值体系等）。在多种价值观并存的价值体系中，核心价值观就是占据核心、统筹地位，发挥主导、统领和整合作用的价值观。③ 作为核心价值观，它一般具有以下特点。其一，统

① 《马克思恩格斯全集》第 1 卷，人民出版社，1956，第 82 页。
② 《马克思恩格斯文集》第 1 卷，人民出版社，2009，第 286 页。
③ 郭维平：《社会主义核心价值观生成与认同研究》，学习出版社，2016，第 54 页。

摄性。核心价值观是社会价值体系中居于统治地位、起主导作用的价值观念，"支配着物质生产资料的阶级，同时也支配着精神生产资料"①。核心价值观高度概括并集中反映了时代潮流与社会发展的思想精华，对其他价值观起着引领和统摄作用。其二，阶级性。阶级性是核心价值观的重要属性，"统治阶级的思想在每一时代都是占统治地位的思想"②。社会意识形态具有阶级性，社会核心价值观是统治阶级意志的体现。其三，相对稳定性。作为社会生活中占据统治地位、起主导作用的价值观，核心价值观属于观念形态的上层建筑，具有相对稳定性的特征，在一定程度上，核心价值观是一个社会发展进步的稳定器。

列宁在《论民族自决权》中指出："在分析任何一个社会问题时，马克思主义理论的绝对要求，就是要把问题提到一定的历史范围之内。"③同样，将核心价值观的考察和研究置于一定的社会历史范畴内，亦是我们需要坚持的一个重要方法论原则。在社会主义经济关系与政治制度的范畴内形成的社会主体对于社会主义性质、特征与目标等问题的判断和评价标准体系，即是社会主义价值体系。而在这一体系中，处于主导地位、符合社会进步与人类发展的方向、集中反映社会主义价值体系的基本价值取向、能够被社会成员广泛接受和认同的价值观就是社会主义核心价值观。党的十八大从国家、社会和公民三个层面对社会主义核心价值观的高度凝练和概括，从理论层面彰显了国家、社会、公民的基本价值目标及其内在逻辑，从现实层面反映了我国国家建设、社会治理与公民培育的基本价值取向及其时代诉求。从内在逻辑关系上看，这一高度凝练和概括阐明了社会主义核心价值观三个主体之间的辩证互动与有机统一的关系。"三个倡导"从国家、社会与公民三个层面阐释了当代中国的主流价值追求与价值期待，在基本理念和价值标准上深化了对中国特色社会主义本质的认识。与此同时，任何价值观都具有时代性，我们对于社会主义核心价值观的凝练和认识并没有止步于此，而是随着时代的发展与社会主义实践的推进而不断深化与发展的动态过程。

---

①《马克思恩格斯文集》第 1 卷，人民出版社，2009，第 550 页。

②《马克思恩格斯文集》第 1 卷，人民出版社，2009，第 550 页。

③《列宁选集》第 2 卷，人民出版社，2012，第 375 页。

第二节　引领作用与社会主义核心价值观的引领作用

深化社会主义核心价值观引领作用的学理分析，科学界定引领作用与社会主义核心价值观引领作用的基本内涵，是坚持以社会主义核心价值观引领文化建设的理论基础。

一　引领与引领作用

（一）"引领"的基本释义

从词语释义角度来考察"引领"。在《辞海》中，"引"有开弓、延长、牵挽、招致、导引、荐举、引用等释义①，"领"有头颈、衣领、率领、接受、领会等释义②。"引领"在《辞海》中有两个释义。一作伸颈遥望，形容盼望的殷切，出自《左传·成公十三年》："我君景公引领西望，曰：'庶抚我乎？'"二作带领之意，见《水浒传》第二回："董将士使个人将着书简，引领高俅，径到学士府内。"③ 基于本文语境，第二种释义更为契合。从语义拓展角度来考察，"引领"作为一个动词，包含引领的主体与客体、引领的方向、引领的方式等语义内容，涉及谁来引领、引领什么、往哪里引领、如何引领等问题。依据上述语义分析，可以进一步将"引领"的含义解释为：一事物带领另一事物跟随其向某一方向运动、发展。

具有上述含义的"引领"较多地出现在中国共产党的政策文件中。改革开放以来，党中央先后提出诸如"青年应该成为引领社会风气之先的力量""党始终引领中国社会发展进步""社会主义先进文化引领""社会主义核心价值体系引领社会思潮""社会主义荣辱观引领风尚"等重大论断。党的十八大以来，习近平总书记在国内外、党内外重要场合的讲话中多次使用"引领"一词。截至 2021 年 12 月 19 日，在人民网专题"习近平系列重要讲话数据库"中以"引领"为关键词共检索到 1974条结果，如"中国特色社会主义是引领我国工人阶级走向更加光明未来

---

① 《辞海》，上海辞书出版社，1994，第 1218 页。
② 《辞海》，上海辞书出版社，1994，第 2080 页。
③ 《辞海》，上海辞书出版社，1994，第 1218 页。

的必由之路""引领文明互容、文明互鉴、文明互通的世界潮流"等。
在党的十九大报告中,"引领"一词共出现 12 次,诸如"引领者""思
想引领力""创新是引领发展的第一动力",还有"建设具有强大凝聚力
和引领力的社会主义意识形态""发挥社会主义核心价值观对国民教育、
精神文明创建、精神文化产品创作生产传播的引领作用"等重要论断。
在纪念五四运动 100 周年大会上的讲话中,习近平总书记强调,"要坚持
关心厚爱和严格要求相统一、尊重规律和积极引领相统一,教育引导青
年正确认识世界,全面了解国情,把握时代大势"①,同时强调共青团要
"认真履行引领凝聚青年、组织动员青年、联系服务青年的职责"②。上
述论述中对"引领"一词的使用,均具有"一事物带领另一事物跟随其
向某一方向运动、发展"的意蕴。

(二) 引领作用的基本含义

在《辞海》中,"作用"一词有三层含义:一作人或事物在一定
的环境或条件下产生的影响或变化的功能,如带头作用;二作用意、
用心,如王筠《菉友肊说》"比较《左传》'投诸四夷,以御魑魅',
尤见圣人作用";三有作为之意,《红楼梦》第一百十四回"凤姐先前
仗着自己的才干,原打量老太太死了,他大有一番作用"。③ 基于语境
判断,第一种释义最符合"引领作用"的语义语境。作为名词,"引领
作用"较之动词"引领",具有更为丰富的语义。"引领作用"是指一
事物引导、带动另一事物跟随其向某一方向运动、发展的作用,更加
突出发挥引领作用的主体具有的主导性。同时,进一步深化理解"引
领作用"的释义,需要准确把握"方向"与"发展"的问题。方向是
发挥引领作用的基本前提,引领者要指引被引领者的发展方向,引导
被引领者与其同向同行;发展是发挥引领作用的根本问题,仅有方向
前提还不能凸显引领作用,引领者要以明确的价值导向与实践要求,
引导被引领者不断完善、发展,使其朝着既定的价值方向稳步前进、
动态发展。

---

① 习近平:《在纪念五四运动 100 周年大会上的讲话》,人民出版社,2019,第 14 页。
② 习近平:《在纪念五四运动 100 周年大会上的讲话》,人民出版社,2019,第 17 页。
③ 《辞海》,上海辞书出版社,1994,第 261 页。

二　社会主义核心价值观的引领作用

依据前文对引领作用基本释义的分析，可以进一步概括社会主义核心价值观引领作用的基本内涵，即作为社会主义核心价值体系中占主导地位的价值观，社会主义核心价值观具有价值引领、观念整合与凝聚共识等作用，这些作用具体表现为社会主义核心价值观具有的生命力、凝聚力与感召力。进一步深化理解社会主义核心价值观引领作用的科学内涵，需要厘清"谁来引领""引领什么""如何引领"三个主要问题，科学把握"方向引导"与"带动发展"两个关键环节。

厘清"谁来引领""引领什么""如何引领"三个主要问题。其一，明确"谁来引领"。从作用主体来看，要以社会主义核心价值观为引领，即以社会主义核心价值观引领事物的发展目标与前进方向。从施引者来看，社会主义核心价值观引领作用的发挥，需要具有主观能动性的行为主体——人及相关组织机构，通过政策支持、活动载体、机制保障等方式来推动。其二，明确"引领什么"。从宏观全局来考察，即是通过构建具有强大感召力的社会主义核心价值观，巩固全体人民团结奋斗的共同思想基础；从具体层面来考察，包括以社会主义核心价值观引领社会思潮、引领国民教育、引领精神文化产品创作生产与传播等方面，这是新时代社会主义意识形态建设的关键内容。其三，明确"如何引领"。发挥社会主义核心价值观的引领作用，需要坚持系统思维，统筹兼顾、协调推进，既要科学分析社会主义核心价值观在发挥引领作用过程中，各要素相互影响、相互促进的内部机理，又要充分发挥社会各系统相互协调、相互配合的外部合力，以具体制度机制保障社会主义核心价值观引领作用的有效发挥。

科学把握"方向引导"与"带动发展"两个关键环节。其一，"方向引导"。社会主义核心价值观的"方向引导"，是指社会主义核心价值观指引被引领者的发展方向。"如果一个民族、一个国家没有共同的核心价值观，莫衷一是，行无依归，那这个民族、这个国家就无法前进。"[①]社会主义核心价值观以"富强、民主、文明、和谐"的价值目标引领国家

[①]　《习近平谈治国理政》，外文出版社，2014，第168页。

发展的方向，以"自由、平等、公正、法治"的价值追求引领社会进步的方向，以"爱国、敬业、诚信、友善"的价值准则引领公民培育的方向，为新时代坚持和发展中国特色社会主义指明价值方向。其二，"带动发展"。"方向引导"是前提，"带动发展"是目的。所谓"带动发展"，即带动被引领者向着既定的价值方向稳步前进、动态发展。"对一个民族、一个国家来说，最持久、最深层的力量是全社会共同认可的核心价值观。"① 作为体现社会主义性质的主导价值观，社会主义核心价值观能够有效整合社会意识、凝聚社会共识，能够引导和推动多元价值观与思想文化相互交融、繁荣发展，为文化强国建设注入强大的精神力量。

三 社会主义核心价值观引领作用的价值呈现

作为占主导地位的价值观，社会主义核心价值观是坚持和发展中国特色社会主义的重要价值支撑。在协调推进"四个全面"战略布局的背景下，社会主义核心价值观以其强大的引领力和凝聚力，发挥着重要的价值引领作用。

（一）引领全面建设社会主义现代化国家的价值导向

全面建设社会主义现代化国家是实现中国梦的重要目标和必由之路。在全面建成小康社会取得历史性成就的基础上，党的十九届五中全会将"全面建成小康社会"调整为"全面建设社会主义现代化国家"。关于"社会主义现代化"，从概念提出与发展的维度来看，1959 年底到 1960 年初，毛泽东同志第一次比较系统地表述了"四个现代化"的思想，他指出："建设社会主义，原来要求是工业现代化，农业现代化，科学文化现代化，现在要加上国防现代化。"② 1964 年 12 月，周恩来正式提出："把我国建设成为一个具有现代农业、现代工业、现代国防和现代科学技术的社会主义强国。"③ 1979 年 3 月，邓小平在会见英国客人时指出，"我们定的目标是在本世纪末实现四个现代化"④，并第一次使用了"中

---

① 《习近平谈治国理政》，外文出版社，2014，第 168 页。
② 《毛泽东文集》第 8 卷，人民出版社，1999，第 116 页。
③ 《周恩来选集》下卷，人民出版社，1984，第 439 页。
④ 中共中央文献研究室编《邓小平思想年谱（1975—1997）》，中央文献出版社，1998，第 111 页。

国式的四个现代化"的提法。1979 年 10 月，邓小平提出："我们的国家已经进入社会主义现代化建设的新时期。"① 从 1987 年党的十三大以来，党的历次会议都把到 21 世纪中叶基本实现现代化作为奋斗目标。基于新时代的新实践，党的十八大明确提出"两个一百年"奋斗目标，2017 年党的十九大提出，在全面建成小康社会的基础上，到 2035 年基本实现社会主义现代化。从基本内涵的维度来看，"现代化"一般是指工业革命以来人类文明发生的革命性变化，表现为经济、社会、政治和文化等方面由传统向现代的转变，以及达到世界先进水平的国际竞争实力。2020 年党的十九届五中全会明确提出了全面建设社会主义现代化国家，并进一步丰富和拓展了现代化国家战略目标的内涵，强调中国的现代化是物质文明与精神文明相协调的现代化，是五大文明全面发展的现代化；中国的现代化是制度的现代化，是推进国家治理体系与治理能力的现代化；中国的现代化是人的现代化，是更大程度实现人的自由全面发展的现代化。这进一步突出了全面建设社会主义现代化国家的"全面"之特征，是对我国"五位一体"总体布局战略目标的新部署，是实现中华民族伟大复兴中国梦的必由之路。

社会主义核心价值观引领着全面建设社会主义现代化国家的价值导向。所谓价值导向是指社会或群体、个人在多种具体价值取向中将某种取向确定为主导追求方向的过程。社会的价值导向是指统治者为实现其社会治理的根本目标而提出的反映社会结构本质要求的社会总体的价值指向，具体体现为社会核心价值体系与社会核心价值观。社会核心价值观对社会各成员的价值取向具有引导和制约的作用，对于形成社会主导价值体系的认同具有重要推动作用。社会主义核心价值观体现了社会主义制度的本质要求，是全面建设社会主义现代化国家的重要价值导向。当前，在我国大发展大变革大调整的时期，各种价值观念和社会思潮纷繁复杂，呈现多元化发展的新态势。在此背景下，以社会主义核心价值观引领社会的价值导向，扩大主流价值观念的影响力，能够巩固全面建设社会主义现代化国家的共同思想基础，集聚强大的正能量。具体来讲，社会主义核心价值观从国家、社会、公民三个层面引领了全面建设社会

---

① 《邓小平文选》第 2 卷，人民出版社，1994，第 208 页。

主义现代化国家的价值导向：一是国家层面"富强、民主、文明、和谐"的价值目标，指引着我国从"五位一体"总体布局来全面、系统地设计国家建设目标体系的价值追求；二是社会层面"自由、平等、公正、法治"的价值取向，指引着我国从社会发展的公正性、平衡性、全面性角度来全面推动社会和谐发展的价值追求；三是公民层面"爱国、敬业、诚信、友善"的价值准则，指引着我国从尊重人民主体地位、尊重人民首创精神的角度来全面推动人的自由全面发展的价值追求。因此，坚持以社会主义核心价值观引领全面建设社会主义现代化国家的价值导向，推动社会全面进步，促进人的全面发展，对于构建社会主义现代化的目标体系具有重要价值导向作用。

（二）凝聚全面深化改革的价值共识

全面深化改革是实现中华民族伟大复兴中国梦的强大推动力量。全面深化改革是党的十八届三中全会作出的重大战略部署，是关系党和国家事业发展全局的重大历史抉择。关于"全面深化改革"，从历史地位的维度来看，改革开放是决定当代中国命运的关键抉择，是发展中国特色社会主义和实现中国梦的必由之路。改革开放是一个系统工程，只有进行时没有完成时。在新的历史起点上，只有坚持全面深化改革，才能破解发展难题、破除各方面体制机制弊端，推动社会和谐与进步；只有坚持全面深化改革，才能激发人民群众的积极性与创造性，为实现中国梦积蓄强大力量；只有坚持全面深化改革，才能实现各项改革举措相互促进、良性互动、整体推进。从基本内涵的维度来看，改革开放的实质是在解放和发展社会生产力、提高综合国力的基础上，进一步解放思想，推动中国特色社会主义事业不断发展。党的十八届三中全会以全面深化改革为总目标，构建了全面深化改革的框架体系，明晰了全面深化改革的基本内涵。所谓"全面深化改革"就是要在坚持"完善和发展中国特色社会主义制度，推进国家治理体系和治理能力现代化"总目标的基础上，全面深化经济体制改革、政治体制改革、文化体制改革、社会体制改革、生态文明体制改革、党的建设制度改革等各方面改革，以增强改革的系统性、整体性、协同性，让发展成果更多更公平地惠及全体人民。这一基本内涵进一步诠释了全面深化改革的"全面"之要义，是对我国"五位一体"总体布局方法路径的系统设计，是实现中国梦的强大推动力量。

社会主义核心价值观凝聚了全面深化改革的价值共识。所谓价值共识是指社会不同主体对主导的公共价值达成基本一致的看法，或是形成根本一致的观点和态度。在价值观多元化时代，各种思想意识和价值观既相互交织又相互碰撞。在此背景下，全面深化改革需要有精神追求和信仰力量的支撑，需要以价值共识来巩固制度实施与有效治理的思想基础。因此，最大限度地凝聚社会成员的共同追求与价值共识，直接关系全面深化改革与社会发展。正如马克思恩格斯所指出的："理论一经掌握群众，也会变成物质力量。"① 社会主义核心价值观对全面深化改革的实践具有能动的反作用，这种反作用体现在社会主义核心价值观能够最大限度地凝聚起全面深化改革的价值共识。具体来讲，社会主义核心价值观从坚持中国道路、弘扬中国精神、凝聚中国力量三个层面，凝聚了全面深化改革的价值共识：一是社会主义核心价值观的大众认同，能够有效整合社会意识，增强坚定中国特色社会主义的自信，为全面深化改革坚持中国道路指明正确的前进方向；二是社会主义核心价值观的积极培育，能够提升人民的精神境界，筑牢全民族的精神纽带，为全面深化改革振奋中国精神、构筑精神支柱；三是社会主义核心价值观的全民践行，能够激活社会成员的积极性，增强全民族的创造性，为全面深化改革凝聚中国力量、提供动力源泉。因此，坚持以社会主义核心价值观凝聚全面深化改革的价值共识，凝聚中国精神，汇聚中国力量，为全面深化改革、推进国家治理体系与治理能力现代化提供了坚强思想保证与强大精神动力。

（三）增强全面推进依法治国的价值认知

全面推进依法治国是实现中华民族伟大复兴中国梦的基本方略。作为党的十八届四中全会作出的重要部署，全面依法治国是国家治理体系和治理能力现代化的重要依托，是党中央治国理政的基本方略。关于"全面依法治国"，从功能作用的维度来看，法治是安邦固本的基石，是国家治理的基本手段。在古希腊时期，亚里士多德提出了丰富的法治思想，他认为法治建立在良法基础之上，能够促使人民普遍且自觉地服从，

① 《马克思恩格斯文集》第1卷，人民出版社，2009，第11页。

因而"法治"是优于"人治"的国家治理方式，有利于维护社会秩序与稳定发展。在我国古代传统社会，以春秋战国时期秦国商鞅变法为典型，法家的法治思想与法治实践就存在于古代传统社会的治理之中。法家提出取消法外特权，要求"不别亲疏，不殊贵贱，一断于法"，"王子犯法，与民同罪"的"法治"，冲破了"刑不上大夫，礼不下庶人"的"人治"，对于我国古代传统社会的治理变革具有重要的推动作用。可见，古往今来，法治是治理国家的基本方略，是人类政治文明发展的基本标志。当前，在全面深化改革的背景下，全面推进依法治国是推动中国社会稳定与发展，确保全面深化改革顺利进行的重要法治保障。从基本内涵的维度来看，对于法治的经典语义解释，亚里士多德在《政治学》中指出："法治应包含两重意义：已成立的法律获得普遍的服从，而大家所服从的法律又应该本身是制定得良好的法律。"① 可见，良法的制定与法律的权威维护是法治的两大基本要素，完善的立法、有效的执法、公正的司法、自觉的守法是蕴含于法治理念与法治实践的重要内容。随着我国依法治国实践的发展，基于国家建设、社会发展对依法治国全方位、全领域、全流程、全范畴的诉求，党的十八届四中全会明确提出了全面推进依法治国的总目标。所谓"全面推进依法治国"就是在"建设中国特色社会主义法治体系，建设社会主义法治国家"总目标的指导下，全面推进"法治"在国家治理中的作用，它的基本含义包括三方面。首先，以完备的法律规范体系、高效的法治实施体系、严密的法治监督体系、有力的法治保障体系、完善的党内法规体系"五大体系"建设为基础内容；其次，以推进法治国家、法治政府、法治社会的一体建设，依法治国、依法执政、依法行政共同推进为关键环节；最后，以坚持中国共产党的领导，坚定中国特色社会主义制度方向为根本保障。这一基本内涵进一步阐释了全面推进依法治国的"全面"之意蕴，是我国"五位一体"总体布局的重要战略选择，是实现中华民族伟大复兴中国梦的基本方略。

社会主义核心价值观增强了全面推进依法治国的价值认知。所谓价值认知是指社会主体通过感性和理性的形式对客观事物的价值及其本质

---

① 〔古希腊〕亚里士多德：《政治学》，吴寿彭译，商务印书馆，2017，第202页。

的认识活动，它包括价值评价和价值选择两个方面。"任何值得被称为法律制度的制度，必须关注某些超越特定社会结构和经济结构相对性的基本价值。"① 任何社会的法治理论与法治实践，必定蕴含和体现这一社会的核心价值观。社会核心价值观是社会法律法规的精神意蕴，指导着社会法治理论与实践的价值认知。作为社会主义社会主流意识形态的集中体现，社会主义核心价值观中所蕴含的民族精神、时代精神与创新精神，为全面推进依法治国涵养了文化基因、提供了有力的文化支撑。具体来讲，社会主义核心价值观从国家价值追求、社会价值理想、公民价值准则三个层面，增强了全面推进依法治国的价值认知。一是社会主义核心价值观国家层面的价值目标增强了依法治国的国家价值追求的认知。依法治国就是运用法治的方式实现良好的国家治理，这种良好的国家治理是在一定价值目标引导下达到的国家治理状态。全面推进依法治国，就是以社会主义核心价值观所倡导的价值目标为国家价值追求，最终实现国家治理的"富强、民主、文明、和谐"的价值目标。二是社会主义核心价值观社会层面的价值取向增强了依法治国的社会价值理想的认知。依法治国就是运用法治的方式实现社会治理，这种良好的社会治理是在一定的价值内核导向下达到的社会治理状态。全面推进依法治国，就是以社会主义核心价值观所倡导的价值追求为社会价值理想，最终实现社会治理的"自由、平等、公正、法治"的价值理想。三是社会主义核心价值观公民层面的价值规范增强了依法治国的公民价值准则的认知。依法治国就是运用法治的方式将法治理念与法治精神植入人们的内心，使人们自觉承担责任和履行义务。全面推进依法治国，就是以社会主义核心价值观所倡导的价值规范为公民价值准则，最终实现公民的道德与法律素养达到"爱国、敬业、诚信、友善"的价值境界。因此，坚持以社会主义核心价值观增强全面推进依法治国的价值认知，弘扬法治精神，促进社会和谐，为全面推进依法治国提供了有力的文化支撑与积极的价值引导。

（四）指明全面从严治党的价值取向

全面从严治党是实现中华民族伟大复兴中国梦的坚强政治保证。作

---

① 〔美〕E. 博登海默：《法理学：法律哲学与法律方法》，邓正来译，中国政法大学出版社，1998，第5页。

为习近平总书记在党的群众路线教育实践活动总结大会上提出的重要内容，全面从严治党是全面推进党的建设新常态的重要部署，体现了党的建设与治国理政的统一。关于"全面从严治党"，从历史经验的维度来看，中国共产党百余年的发展实践证明，党的建设是一个直接关系我们党和国家前途命运的重大现实问题。在党长期执政的历史条件下，紧密联系治国理政的实践，推进以"党要管党、全面从严治党"为重要内容的党的建设，是对我国国内建设与世界其他国家建设进行深刻反思得出的经验总结。回顾我们党革命与建设的历史，越是面对艰巨复杂的形势和任务，越要坚持全面从严治党方针，增强党的凝聚力与战斗力，这是我们党长期奋斗历史经验的深刻总结。反观东欧社会主义国家和苏联共产党失去执政党地位，无一不是因为执政党信仰缺失、组织涣散，在党的建设上出现了严重的问题而导致的。可见，全面从严治党既是我们党在革命时期取得政权的重要法宝，也是我们党在建设时期进一步推进改革开放伟大事业，锻造坚强领导核心的必然选择。从基本内涵的维度来看，全面从严治党是全面推进党的建设新常态，在新的历史起点上推进党的建设不断优化、调整、转型、升级并行的过程。所谓"全面从严治党"就是指以全面覆盖为基础，以从严治吏、严明党纪为重点，增强党的自我净化、自我完善、自我革新与自我提高的能力。首先，在空间上全面涵盖，全面从严治党在总体上涵盖党的自身建设、党的领导、党的执政三大基本范畴，在横向上涵盖党的思想建设、组织建设、作风建设、制度建设、反腐倡廉建设五大基础性建设，在纵向上贯通党的执政能力建设、党的先进性建设、党的纯洁性建设。其次，在主体上全面覆盖，全面从严治党是党中央领导下的各级党组织的重要责任，党的各级组织都必须贯彻全面从严治党要求，要将党委主体责任与纪委监督责任相结合，增强党建的上下互动与协同性。最后，在目标上全面囊括，围绕学习型、服务型、创新型的"三型"目标体系，开展学习型、服务型、创新型马克思主义执政党的建设，增强党的建设目标体系的全面性与系统性。这一基本内涵进一步彰显了全面从严治党的"全面"之要求，为我国"五位一体"总体布局锻造了坚强领导核心，为实现中国梦提供了坚强政治保证。

社会主义核心价值观指明了全面从严治党的价值取向。所谓价值取向是指一定主体基于自己的价值观，在面对或处理各种矛盾、关系时所持的基本价值立场、价值态度以及所表现出来的基本价值取向。价值取向具有实践品格，它对于主体的价值选择具有指引和调节的定向功能。管理心理学把价值取向定义为"在多种工作情景中指导人们行动和决策判断的总体信念"①，以此来说明价值取向在人们的各种决策判断和行为选择中具有的重要指导意义与价值前提的重要作用。在改革开放的历史进程中，中国共产党要始终坚持以改革创新的精神加强自身建设，只有这样才能始终走在时代前列、引领中国的发展进步。有什么样的价值观，就会有什么样的改革取向和创新理念。作为社会主义主流意识形态的集中体现，社会主义核心价值观体现了马克思主义的基本价值追求，体现了共产党人始终不渝的奋斗目标，体现了中国共产党人治国理政的重要理念。具体来讲，社会主义核心价值观从执政兴国、执政惠民、执政治党三个层面，指明了全面从严治党的基本价值取向。其一，社会主义核心价值观国家层面的价值目标为全面从严治党指明了"执政兴国"的基本价值取向。建设"富强、民主、文明、和谐"的国家，既是中国共产党一直以来的价值追求，也是党执政兴国的重要价值目标。以社会主义核心价值观为指引，积极引导党员把个人理想融入国家富强与民族振兴的伟大事业之中，充分发挥主力军作用，是全面从严治党的基本价值前提。其二，社会主义核心价值观社会层面的价值取向为全面从严治党指明了"执政惠民"的基本价值取向。以社会主义核心价值观为指引，建设公平正义的社会，积极引导党员把个人追求融入社会和谐与人民幸福的伟大事业，充分展现模范带头作用，是全面从严治党的重要价值旨归。其三，社会主义核心价值观公民层面的价值准则为全面从严治党指明了"执政治党"的基本价值取向。以社会主义核心价值观为指引，培育遵守社会主义价值准则的公民，积极引导党员把个人道德培育融入社会主义道德培育与道德实践之中，不断提升自身的道德水平，是全面从严治党的重要价值规约。因此，坚持以社会主义核心价值观指明全面从严治党的价值取向，全面加强党的建设，增强党的先进性与纯洁性，为全面从严治党提供了重要的价值前提与正确的发展方向。

---

① 转引自王重鸣《管理心理学》，人民教育出版社，2000，第121页。

第三节　社会主义核心价值观引领作用的理论溯源

关于社会主义核心价值观引领作用的理论渊源，可以从马克思主义意识形态领导权思想、西方意识形态相关理论、中国古代治理思想的理论资源中，探寻理论基础与相关的理论参考。

一　马克思主义意识形态领导权思想

意识形态（Ideology）的词源是希腊语中的"eidos"和"logos"，原始含义是观念的科学，后被引申为以一定社会的经济和政治为基础的观念、观点、概念的总和。马克思恩格斯关于意识形态问题的论述，葛兰西文化领导权思想，为社会主义核心价值观引领作用的学理分析奠定了理论基础。

第一，马克思恩格斯关于意识形态问题的论述。马克思指出，意识形态是社会存在的反映，即"意识［das Bewußtsein］在任何时候都只能是被意识到了的存在［das bewußteSein］"[①]。批判性是马克思恩格斯分析意识形态问题的基本立场。其一，"意识形态"的虚假性。意识形态是虚假的阶级观念，是构筑于一定经济基础之上的"表现独特的情感、幻想、思想方式和人生观"[②] 的"观念的上层建筑"。马克思指出，意识形态之所以"虚假"，是因为以往人类社会的统治阶级的利益只是特殊阶级的利益，"只要阶级的统治完全不再是社会制度的形式，也就是说，只要不再有必要把特殊利益说成是普遍利益，或者把'普遍的东西'说成是占统治地位的东西，那么，一定阶级的统治似乎只是某种思想的统治这整个假象当然就会自行消失"[③]。其二，意识形态与社会存在密不可分。马克思恩格斯指出，"在不同的财产形式上，在社会生存条件上，耸立着由各种不同的，表现独特的情感、幻想、思想方式和人生观构成的整个上层建筑。整个阶级在其物质条件和相应的社会关系的基础上创造

[①] 《马克思恩格斯文集》第 1 卷，人民出版社，2009，第 525 页。
[②] 《马克思恩格斯文集》第 2 卷，人民出版社，2009，第 498 页。
[③] 《马克思恩格斯文集》第 1 卷，人民出版社，2009，第 553 页。

和构成这一切"①。其三，意识形态作为一种阶级意识，一种社会情感、思想方式，对人们的行为有着重要的支配和引导作用，也就是说，"一个阶级是社会上占统治地位的物质力量，同时也是社会上占统治地位的精神力量"②。同时，意识形态作为阶级社会的思想文化，始终是阶级社会文化发展的重要载体，引领和约束着人们的思想认识与文化创造，影响社会上层建筑的构建，"一方面，意识形态来自统治阶级的阶级实践，与阶级的历史命运联系在一起，并成为阶级成员的基本社会信念；另一方面，意识形态又成为统治阶级进一步进行阶级实践的思想指导，成为它所创建的社会制度的理论基础"③。

第二，葛兰西文化领导权思想。安东尼奥·葛兰西提出，所谓文化领导权，就是在资本主义统治下，统治者通过被统治者的自觉认同对其文化和思想领域进行全面控制。葛兰西考察了资产阶级维持统治的两种手段，分析了"统治"和"认同"两种形式。"统治"是通过强制性的国家机器来实现领导权，而"认同"是以一种隐蔽的权力关系来实现领导权。"认同"是对主导价值观念的趋近，它并不是表征为暴力的形态。领导权是通过市民社会的渠道，通过强化舆论宣传，进行意识形态的灌输来实现的。葛兰西认为，国家"是政治社会与市民社会的总和，即强制力量保障的霸权"④，市民社会是"从经济领域中分离出来并与政治领域并列的意识形态领域"⑤。因此，国家（统治阶级）的权力也划分为两种，即"'统治'和'智识与道德的领导权'"⑥。"统治"即国家的政治领导权，其核心是通过行政机关、警察、监狱、法庭、军队等专政机构行使暴力性、强制性的直接统治功能；"智识与道德的领导权"即文化领导权，其关键是通过工会、教会等社会舆论领域以及报刊、新闻媒介、

---

① 《马克思恩格斯文集》第 2 卷，人民出版社，2009，第 498 页。
② 《马克思恩格斯文集》第 1 卷，人民出版社，2009，第 550 页。
③ 周宏：《理解与批判：马克思意识形态理论的文本学研究》，上海三联书店，2003，第159 页。
④ 〔意〕安东尼奥·葛兰西：《狱中札记》，曹雷雨、姜丽、张跣译，河南大学出版社，2016，第 8 页。
⑤ 〔意〕安东尼奥·葛兰西：《狱中札记》，曹雷雨、姜丽、张跣译，河南大学出版社，2016，第 8 页。
⑥ 〔意〕安东尼奥·葛兰西：《狱中札记》，曹雷雨、姜丽、张跣译，河南大学出版社，2016，第 38 页。

学术团体等意识形态领域，将代表统治阶级的思想观念灌输于被统治者，以发挥间接的、广泛的、非强制性的领导职能。葛兰西认为，与占领政治领导权相比较，夺取文化领导权更为根本。有机知识分子是无产阶级取得文化领导权的依靠力量，无产阶级政党是文化领导权的领导力量，阵地战和运动战是夺取文化领导权的两种不同方式："阵地战"是通过占领思想文化领域阵地，取得实际上的领导权；"运动战"是无产阶级知识分子在广泛影响各种社会力量的基础上，直接同国家政权进行斗争，推翻资产阶级的统治，取得革命的领导权。

马克思主义意识形态理论与领导权思想，是进一步深入研究社会主义核心价值观引领作用的重要理论依据，为社会主义核心价值观引领作用的发挥奠定了理论基础。

二　西方意识形态相关理论

从概念发展来考察，较早将意识形态概念引入哲学领域的是法国哲学家德·特拉西（Antoine Destutt de Tracy）。为阐释新兴的"观念科学"，德·特拉西将观念还原成感觉，将意识形态视为一种认识世界的想象或理解图式，试图以意识形态概念为人类观念产生及本质提供哲学基础，以意识形态理论建构观念科学、建构知识体系。20世纪上半叶，德国社会学家卡尔·曼海姆（Karl Mannheim）在《意识形态与乌托邦》中将意识形态概念发展为特定社会群体对于世界、社会的信念和信仰系统。随后，美国学者利昂·P. 巴拉达特（Leon P. Baradat）从政治实践角度探讨意识形态的概念，认为意识形态"首先而且主要是一个政治术语"[1]。英国学者约翰·B. 汤普森（John B. Thompson）则从意识形态与权力关系角度阐释意识形态的政治色彩，指出"就广义而言，意识形态就是服务于权力的意义"[2]。

西方学者对意识形态理论的发展，呈现多重意义上使用和拓展意识形态概念的特点。从理论演进的历史过程来考察，被誉为"现代意识形

---

① 〔美〕利昂·P. 巴拉达特：《意识形态：起源和影响》，张慧芝、张露璐译，世界图书出版公司北京公司，2010，第9页。

② 〔英〕约翰·B. 汤普森：《意识形态与现代文化》，高铦等译，译林出版社，2019，第7页。

态观念的先驱之一"的英国哲学家弗朗西斯·培根（Francis Bacon），提出"假象"理论，包含"种族假象、洞穴假象、市场假象、剧场假象"，指出人们在交往中形成"市场假象"，人们相互联系所利用的文字"公然强制和统辖着理解力，弄得一切混乱，并把人们岔引到无数空洞的争论和无谓的幻想上去"①。格奥尔格·卢卡奇基于马克思意识形态理论的批判精神，以物化与物化意识为出发点，以总体批判性为方法论基础，强调阶级意识与意识革命的基本理论主张。路易·阿尔都塞重点考察意识形态的本体论基础，认为意识形态是一种客观的无意识结构，尽管在不同社会不同历史阶段的表现形式不同，但意识形态始终以一定的经济活动与政治组织相联系，以宗教、伦理、哲学等为表现形式。尤尔根·哈贝马斯（Jürgen Habermas）提出"科学技术就是意识形态"的论断，指出在工业社会背景下，科学技术意识形态通过操纵大众意识，掩盖社会的真实秩序，具有极强的欺骗性；科学技术将社会矛盾转变为人与自然的矛盾，以控制自然的方式控制社会，为维护阶级统治服务，是一种掩盖社会现实矛盾的虚假意识。

卡尔·曼海姆推进了意识形态理论的系统研究。卡尔·曼海姆认为，要注意区分"特殊论"的意识形态观与"整体论"的意识形态观。"特殊论"的意识形态观是指一个群体集体持有的信念中，只有部分是属于意识形态的；"整体论"的意识形态观是指所有群体集体持有的信念都属于意识形态。卡尔·曼海姆在《意识形态与乌托邦》中指出，意识形态和乌托邦反映了政治冲突的表现，为了阶级利益，统治阶级在思维上固执地将利益与形势联系起来，导致统治阶级无法正确判断事实与情势，意识形态可能会在试图稳定社会时曲解现实，而乌托邦反映了政治冲突中被统治阶级的理想和愿望，被统治阶级按照理想和愿望发挥的集体无意识作用，同样可能无视社会中合理的方面，片面夸大不合理的方面，即"某些受压迫的群体在理智上强烈地关注摧毁和变革某种既定的社会条件，以至于不知不觉地只看到社会情境中那些需要加以否定的成分"②，这样可能会导致被统治阶级在试图对社会进行激进的改革时出现

---

① 〔英〕培根：《新工具》，许宝骙译，商务印书馆，1984，第21页。
② 〔德〕卡尔·曼海姆：《意识形态与乌托邦》，李步楼等译，商务印书馆，2014，第67页。

曲解现实的问题。

米歇尔·福柯（Michel Foucault）的权力话语理论。福柯在《知识考古学》等著作中，将权力与话语结合起来，认为不存在客观性的话语，权力是知识的根本特征或本质，权力利用知识来扩张社会控制，因而知识的实质是统治阶级的意识形态的表现。关于权力的运作，福柯认为要将权力完全投入真实有效的实践区域中研究权力的运作，既不能仅仅关注权力的决策层面，也不能仅仅关注处于中心位置的具有合法形式的权力，而是应该由中心向基层渗透，考察权力在社会最微小的元素层面如何进行再生产，分析权力是如何不断升级，以及权力是如何被利用、转移、扩展到殖民化等问题的。福柯的权力话语理论，批判了知识的客观性，阐释了权力和知识的关系。福柯的权力分析法与权力分析模式，揭露了西方国家文化霸权的实质，为文化帝国主义研究提供了知识学基础。

西方意识形态的相关理论，为进一步深化社会主义核心价值观引领作用的学理研究，进一步探索社会主义核心价值观引领作用的发挥提供了理论借鉴。

三　中国古代治理思想的理论资源

中国古代治理思想是中华民族几千年政治实践的经验总结和理性升华，深入梳理中国古代治理思想的理论资源，为发挥社会主义核心价值观的引领作用，推动社会主义核心价值观转化为治理效能提供了重要的思想借鉴。

第一，神灵崇拜与天命思想。神灵崇拜与天命思想是商周时期政治统治的核心思想，目的是论证王朝统治的合理性，以保证王朝统治的威慑性。神灵崇拜是商王朝的核心政治思想，主要分为以"帝"为核心的、主宰各种自然现象的神灵和商王的祖先两大类。一方面，"殷人尊神，率民以事神"①。占卜一度成为商周时期统治者向臣民宣示其权力神圣性与合理性的最高手段与理由。另一方面，商王对臣民的训话注重发挥祖先的统摄作用，如盘庚屡次强调先王与臣民的祖先之间的关系，以说明商王统治臣民的原因在于先王统治着臣民的祖先。西周时期，周公

---

① 《礼记》卷之九《表记第三十二》，金晓东校点，上海古籍出版社，2016，第608页。

提出"敬天保民"的政治思想，认为在夏、商、周三代王朝兴衰的历史过程中，"天"起着决定性作用，"天"的佑助是统治的关键，同时周人统治是天命，统治者需敬从天命，勤于政事，仁爱民众，只有这样才能求得长治久安。"天"与"天命"思想是周王朝统治思想的核心，巩固了周王朝统治的人心基础。上述思想后来成为中国传统社会正统思想的重要内容，如，孔子提出的"畏天命，畏大人，畏圣人之言"①，"道之将行也与，命也；道之将废也与，命也"②，皆是强调天命，要求被统治者安于自己的地位，服从统治。

第二，"德治天下、以德服人"思想。"德治天下、以德服人"是儒家思想的重要内容，经孔孟荀三代儒学代表人物不断发扬完善，自汉代逐渐成为我国古代政治思想的核心主线，集中体现了"仁""德"在国家治理中的作用。一方面，儒家强调主政者要保持高尚道德水准，必须为下属做表率，以德行统领国家、福泽万民，进而使民拥之、军忠之、国家安定。例如，孔子认为"政者，正也。子帅以正，孰敢不正?"③孟子强调"苟行王政，四海之内皆举首而望之，欲以为君"④。"万乘之国行仁政，民之悦之，犹解倒悬也。故事半古之人，功必倍之。"⑤ 另一方面，主张"修身齐家治国平天下"，强调修身乃齐家、治国、平天下之始、之本，突出反映了"德治天下、以德服人"的思想。正所谓"凡为天下国家有九经：曰修身也，尊贤也，亲亲也，敬大臣也，体群臣也，子庶民也，来百工也，柔远人也，怀诸侯也"⑥。意即，一般而言，治理国家有九条常规：修养自身德行、举贤才用之、爱护抚恤亲族、敬重信任大臣、体恤群臣、爱民如子、招徕能工巧匠、优待来自边远地区的人、德抚诸侯，其中，修身是最基础也是最根本的。总之，儒家高度重视个人的德性修养，倡导以德治国，所谓"一家仁，一国兴仁；一家让，一国兴让；一人贪戾，一国作乱，其机如此。此谓一言偾事，一人定国"⑦。

---

① 《论语》，张艳国评析，崇文书局，2004，第331页。
② 《论语》，张艳国评析，崇文书局，2004，第288页。
③ 《论语》，张艳国评析，崇文书局，2004，第234页。
④ 《孟子》，王立民译评，吉林文史出版社，2007，第75页。
⑤ 《孟子》，王立民译评，吉林文史出版社，2007，第31页。
⑥ 《大学中庸译注》，王文锦译注，中华书局，2019，第30页。
⑦ 《大学中庸译注》，王文锦译注，中华书局，2019，第8页。

　　第三，"法治天下、以法治国"思想。"法治天下、以法治国"是法家政治思想的重要内容，代表人物为先秦法家商鞅与韩非子。法家思想是我国古代关于法治的系统化、哲学化的思想，详细阐述了法的定义、法的特征、法的作用①，法家思想对法、法治的论述在其本质上凸显了"法治天下、以法治国"的法治价值观。一方面，法家重视以法立国，不仅强调"法令者，民之命也，为治之本也，所以备民也"②，而且强调以严法厉行震慑臣民，以达到国家的安定统一。另一方面，法家强调法的规范性、平等性和操作性。所谓法的规范性，即是将法视作规矩、准绳，视作协调人际关系的一种行为规范，视作判断是非功过和施行赏罚的客观标准。法的平等性，主要表现在立法的权威和政治效用上，商鞅在法的实施过程中主张刑无等级、明法利民、轻罪重罚、刑于将过（对没有犯罪事实仅有犯罪动机的人实行惩罚），韩非子主张法一而固（法必须统一，全国只能有一个法）、以其所重禁其所轻（严刑苛法，制止犯罪）、法不阿贵（法律面前，全体臣民平等，法高于一切，任何人都不得枉法）。法的操作性，即法的应用，主张以刑为主、以赏为辅，刑、赏是保证法实施操作完满的有力武器。

　　习近平总书记指出："我国今天的国家治理体系，是在我国历史传承、文化传统、经济社会发展的基础上长期发展、渐进改进、内生性演化的结果。"③ 上述中国古代治理思想，虽然在根本目的上均是维护大宗统治和封建君主专制统治，但其中蕴含丰富的国家治理理念与治理智慧，为新时代坚持德法并举，推动社会主义核心价值观引领作用的发挥，提供了宝贵的本土资源和思想借鉴。

①　焦国成主编《德治中国：中国以德治国史鉴》，中共中央党校出版社，2002，第 205 页。

②　《商君书校注》，张觉校注，岳麓书社，2006，第 189 页。

③　《习近平谈治国理政》，外文出版社，2014，第 105 页。

第二章 社会主义核心价值观引领文化建设的理论意蕴

"人们的一切法律、政治、哲学、宗教等等观念归根结蒂都是从他们的经济生活条件、从他们的生产方式和产品交换方式中引导出来的。"①价值观是社会存在的反映，价值观的生成、发展与演进由社会物质生产条件决定，受历史文化、社会制度、现实发展战略等要素影响。在中国特色社会主义进入新时代的历史方位下，坚持以社会主义核心价值观引领文化建设，要厘清社会主义核心价值观与文化建设的逻辑关系，深入分析社会主义核心价值观引领文化建设的基本内涵与具体表现等基本问题。坚持以社会主义核心价值观引领文化建设，在价值意蕴上，集中体现了马克思主义价值观的理论诉求，是对马克思恩格斯上层建筑理论的科学把握，是全面推进国家治理体系和治理能力现代化的必然要求。

第一节 社会主义核心价值观与文化建设的逻辑关系

厘清社会主义核心价值观与文化建设的逻辑关系，是深化研究社会主义核心价值观引领文化建设的逻辑前提。一方面，社会主义核心价值观是文化建设的重点，是文化软实力的灵魂。"文化是受价值引导的体系"②，价值观是文化的内核，文化是人类按照一定的价值标准改造主客观世界的结果，是人类价值观的外化形式。另一方面，文化建设是培育社会主义核心价值观的文化支撑。作为观念体系的社会主义核心价值观，其培育和践行，需要文化的有力支撑，需要以各种文化形态为载体和依托，推动社会主义核心价值观的生成凝练、培育践行和传播发展。

---

① 《马克思恩格斯全集》第 21 卷，人民出版社，1965，第 548 页。
② 〔美〕E. 拉兹洛：《文化与价值》，闵家胤摘译，《世界哲学》1986 年第 1 期，第 22 页。

一　文化与文化建设

（一）文化的基本内涵

在我国古代，"文化"一词最古老的含义，是指文治教化、礼乐典章。《周易》中的"观乎天文以察时变，观乎人文以化成天下"①，是最早有关"文化"词义的用语，"文"意指"色彩""纹路"等义，后引申为事物的结构、机理和秩序等，"化"意指"变革""改变"。孔颖达在《周易正义》中作了进一步的解释："观乎人文以化成天下者，言圣人观察人文，则《诗》《书》礼乐之谓，当法此教化而'化成天下'也。"② 因此，在古代汉语中，"文化"一般指"以文教化"，即以文化去教化、感染、熏陶对象，"人文化成"，即以人文的道理来改造世界。

在西方，英语中的"culture"，法语中的"kultur"均来自拉丁语"cultur"，原意是指耕种、培养，后引申为风俗习惯、文明制度等释义。近代以来，西方最早把文化作为专门术语来使用的是英国文化人类学家爱德华·泰勒（Edward Tylor），他在《原始文化》中指出，文化是"包括全部的知识、信仰、艺术、道德、法律、风俗以及作为社会成员的人所掌握和接受的任何其他的才能和习惯的复合体"③。泰勒从广义的文化概念出发，将文化看成一个复杂整体的大文化的范畴。其他关于文化内涵的代表性观点还有，美国人类学家克莱德·克鲁克洪认为，文化是历史上所创造的生存式样的系统，具有为整个群体所共享的倾向④；法国学者维克多·埃尔（Victor Hell）认为，文化是指对人进行智力、道德和美学方面的培养，并通过这种培养的具体化来概括人类的未来和目的⑤；德国学者 H. 李凯尔特（H. Rickert）认为，"文化"是一个用来区别于"自然"的概念，"文化产物是人们播种之后从土地里生长出来的"⑥。

---

① 《周易》，宋祚胤注释，岳麓书社，2000，第 111 页。
② （唐）孔颖达：《周易正义》，北京大学出版社，2017，第 105 页下栏。
③ 〔英〕爱德华·泰勒：《原始文化》，连树声译，上海文艺出版社，1992，第 1 页。
④ 〔美〕克莱德·克鲁克洪：《文化与个人》，高佳等译，浙江人民出版社，1986，第 6 页。
⑤ 〔法〕维克多·埃尔：《文化概念》，康新文、晓文译，上海人民出版社，1988，第 58 ~ 59 页。
⑥ 〔德〕H. 李凯尔特：《文化科学和自然科学》，涂纪亮译，杜任之校，商务印书馆，1986，第 20 页。

在近现代中国，梁漱溟先生认为："文化，就是吾人生活所依靠之一切……文化之本义，应在经济、政治，乃至一切无所不包。"① 钱穆先生认为，文化"是指的一个大群集体的人生"②，"文化只是'人生'，只是人类的'生活'……文化是指集体的、大群的人类生活而言"③。1987年出版的《中国大百科全书·哲学卷》和1999年出版的《辞海》对文化的解释则反映了我国学术界当前对"文化"这一概念的普遍看法。其中指出，文化是人类在社会实践过程中所获得的能力和创造的成果，广义的文化包括人类物质和精神的全部产品；狭义的文化指精神生产的能力和精神产品，有时专指教育、科学、艺术、卫生和体育等方面的知识和设施。因此，当前学术界对于文化定义的分类基本形成了共识，即文化的内涵大体可以分为广义和狭义两个方面。广义的文化即"人化"，既是人类在与自然发生关系时产生的各种文明成果的总和，也是人类自身相互发生关系时产生的各种文明成果的总和，包括人类物质生产和精神生产能力及创造的全部成果。狭义的文化包括一切社会意识形态，即观念形态的文化。正如毛泽东所指出的："一定的文化（当作观念形态的文化）是一定社会的政治和经济的反映。"④ 在某种语境下，文化又专指与经济、政治、科技、卫生和教育相区别的，作为精神文明的一种形式而存在的文化，这是更为狭义的文化。

综上所述，尽管古今中外关于文化内涵的界定尚未完全达成共识，但在众多的文化内涵阐述中，大部分学者认为文化具有"人化"的意蕴，即文化"是按照'人'的方式和标准，去改变环境和人自己的"⑤。

（二）文化建设的内容结构与根本任务

在当代中国，文化建设主要是指中国特色社会主义文化建设，即社会主义精神文明建设。1980年12月邓小平指出，"所谓精神文明，不但是指教育、科学、文化（这是完全必要的），而且是指共产主义的思想、理想、信念、道德、纪律，革命的立场和原则，人与人的同志式关系，

---

① 梁漱溟：《中国文化要义》，上海人民出版社，2011，第7页。
② 钱穆：《中国文化精神》，九州出版社，2011，第2页。
③ 钱穆：《文化学大义》，九州出版社，2011，第4页。
④ 《毛泽东选集》第2卷，人民出版社，1991，第663页。
⑤ 李德顺：《什么是文化》，《光明日报》2012年3月26日，第5版。

等等"①，首次将科学文化建设和思想道德建设概括为精神文明建设的两个基本方面。在党的十二大提出"努力建设高度的社会主义精神文明"②目标的基础上，中国共产党对文化建设地位的认识不断深化，党的十五大首次明确指出"有中国特色社会主义的文化，就其主要内容来说，同改革开放以来我们一贯倡导的社会主义精神文明是一致的。文化相对于经济、政治而言。精神文明相对于物质文明而言"③。党的十六大将文化建设纳入国家发展战略，提出"文化的力量，深深熔铸在民族的生命力、创造力和凝聚力之中"④，明确要"积极发展文化事业和文化产业"的文化发展战略。党的十六届六中全会首次提出了"文化生产力"的概念和理念，对文化建设提出了更新更高的要求。党的十七大从国家文化软实力高度，强调文化是民族凝聚力和创造力的源泉，要大力弘扬中华文化。党的十八大以来，中国共产党进一步从建设文化强国的高度，强调坚持中国特色社会主义文化发展道路，增强国家文化创造力的重要意义。通过梳理和总结改革开放以来我国文化建设的发展历程可见，中国特色社会主义文化建设是中国特色社会主义事业"五位一体"总体布局的重要内容。

从内容结构层面来考察，中国特色社会主义文化既有物质层面的文化，包括文化产业、文化事业、日常文化生活等，也有精神层面的文化，包括思想道德、价值观念和精神信仰等，还有与一定文化观念和文化实践相联系的制度层面的文化。其中，思想道德、价值观念和精神信仰等精神层面的文化是中国特色社会主义文化的核心内容，反映社会主义价值追求的核心价值观是中国特色社会主义文化的核心，社会主义核心价值观决定着中国特色社会主义文化建设的科学性与先进性。当代中国文化建设的基本内容包括思想道德建设和教育科学文化建设两个方面。其中，思想道德建设是中国特色社会主义文化建设的重要内容和中心环节。党的十四届六中全会通过的《中共中央关于加强社会主义精神文明建设

---

① 《邓小平文选》第 2 卷，人民出版社，1994，第 367 页。
② 中共中央文献研究室编《十二大以来重要文献选编》（上），人民出版社，1986，第 147 页。
③ 《江泽民文选》第 2 卷，人民出版社，2006，第 32～33 页。
④ 《江泽民文选》第 3 卷，人民出版社，2006，第 558 页。

若干重要问题的决议》明确指出,思想道德建设的基本任务是:坚持爱国主义、集体主义、社会主义教育,加强社会公德、职业道德、家庭美德建设,引导人们树立建设有中国特色社会主义的共同理想和正确的世界观、人生观、价值观。为人民服务是社会主义道德的集中体现。思想道德建设要以为人民服务为核心,以集体主义为原则,以爱祖国、爱人民、爱劳动、爱科学、爱社会主义为基本要求。思想道德建设和教育科学文化建设之间相互渗透、相互促进,思想道德建设为中国特色社会主义事业凝聚思想共识与筑牢精神支柱,为教育科学文化建设提供指导思想和指明发展方向;教育科学文化建设是思想道德建设的重要条件,为提高中华民族的科学文化素质和推进现代化建设提供重要的智力支持。

从根本任务层面来分析,文化建设的根本任务是要通过创造先进的社会主义新文化,推动社会主义文化事业的繁荣,不断满足人民群众的精神文化需求,培养具有较高思想道德素质与科学文化素质的时代新人,从而为建设中国特色社会主义事业指明价值方向,培育和营造积极向上的精神风貌与舆论氛围,创造良好的文化条件和社会环境。作为社会系统的重要组成部分,文化建设是一个系统工程。当代中国的文化建设,就是建设中国特色社会主义文化。中国特色社会主义文化,即以马克思主义为指导,坚持"二为"方向,坚持"双百"方针,坚持"三贴近"的原则,建设"三个面向"的、民族的科学的大众的社会主义文化。[①]发展好中国特色社会主义文化,推进社会主义文化强国建设,关键在于深刻认识和把握当代中国文化建设的根本任务。在根本任务上,社会主义文化建设与社会主义精神文明建设相一致,即培育"四有"公民,提高民族文化素质,建设社会主义现代化国家。在新时代背景下,人民群众的精神文化生活需求呈现出新的特征,新时代文化建设的核心是满足人民过上美好生活的新期待,不断满足人民的精神文化需求,激发全民族文化创新创造活力,建设社会主义文化强国。一方面,增强人民的精神力量,促进人的全面发展离不开文化的作用,"个人是一个文化的载体,但也是在文化的不断创新中成为的变体"[②],开展文化建设,发展中

----

① 参见中共中央文献研究室编《十八大以来重要文献选编》(上),中央文献出版社,2014,第24页。
② 费孝通:《论人类学与文化自觉》,华夏出版社,2004,第238页。

国特色社会主义文化，要举旗帜、聚民心、育新人、兴文化、展形象，不断增强人民的精神力量。另一方面，建设社会主义文化强国是我国全面建设社会主义现代化国家的重要内容。"全面推进经济建设、政治建设、文化建设、社会建设、生态文明建设，促进现代化建设各个环节、各个方面协调发展，不能长的很长、短的很短。"① 夺取中国特色社会主义事业伟大胜利，全面建设社会主义现代化国家，要不断提高国家文化软实力。质言之，新时代中国特色社会主义文化建设的根本任务，包括实现人的全面发展与国家的全面现代化两个方面的内容。

二　社会主义核心价值观是文化软实力的灵魂

"一个国家的文化软实力，从根本上说，取决于其核心价值观的生命力、凝聚力、感召力。"② 作为文化的内核，社会主义核心价值观决定了文化建设的性质和方向，是我国文化软实力的灵魂。

关于"软实力"，约瑟夫·奈强调，文化和意识形态吸引力是"软实力"的重要体现，并且在信息化时代，软实力的作用越来越凸显。当今世界各国文化软实力的竞争，最根本的是核心价值观的较量。2006 年，胡锦涛在中国文学艺术界联合会第八次全国代表大会、中国作家协会第七次全国代表大会上发表讲话，首次提到文化软实力的问题，指出"提升国家软实力，是摆在我们面前的一个重大现实课题"③。2013 年 12 月，习近平总书记指出："提高国家文化软实力，关系'两个一百年'奋斗目标和中华民族伟大复兴中国梦的实现。"④ 提高国家文化软实力，要努力传播当代中国价值观念。在文化与价值观念呈现多元多样的发展态势下，社会主义核心价值观是新时代我国文化软实力建设的重点。

第一，社会主义核心价值观决定文化建设的性质与方向。文化是一个复杂的结构系统，由多种因素、多个层次和表现形式构成。在文化体系中，价值观是内核。"有什么样的价值观，就有什么样的文化立场、文

---

① 《习近平谈治国理政》第 2 卷，外文出版社，2017，第 79 页。
② 《习近平谈治国理政》，外文出版社，2014，第 163 页。
③ 《胡锦涛文选》第 2 卷，人民出版社，2016，第 539 页。
④ 《习近平谈治国理政》，外文出版社，2014，第 160 页。

化取向、文化选择"①，核心价值观是文化系统中最深层的本质部分。当前，在各种思想文化相互交融、相互激荡的背景下，我国文化建设更需要一个强大的文化内核来引领，以确保社会主义性质不变和发展方向不偏。社会主义核心价值观体现了社会主义的本质要求，回答了社会主义国家的价值目标、价值取向与价值准则等基本问题，反映了全体人民的共同价值追求。社会主义核心价值观倡导的价值目标和价值取向，将民族复兴、国家富强、社会进步和个人幸福相结合，反映了我国全体人民的共同愿望，为实现中华民族伟大复兴的中国梦指明了价值方向。因此，坚持以社会主义核心价值观为引领，能够确保新时代文化建设坚持社会主义的性质和方向。

第二，社会主义核心价值观为提高文化软实力提供精神动力。"核心价值观是一个民族赖以维系的精神纽带"②，社会主义核心价值观反映着当代中国价值观的"最大公约数"，作为当代中国精神的集中体现，社会主义核心价值观所发挥的凝魂聚气、强基固本的根本力量，能够为提高国家文化软实力提供强大的精神动力。当前，要团结和凝聚全体人民，"必须有一套与经济基础和政治制度相适应、并能形成广泛社会共识的核心价值观"③。社会主义核心价值观将社会主义社会的发展规律与人民对美好生活的追求相统一，既凸显了现代国家治理的核心理念，又坚持了以人民为中心的价值取向。因此，以社会主义核心价值观为引领，通过发挥社会主义核心价值观所具有的强大整合力和引领力，有效凝聚社会共识、激发社会活力，能够为提高文化软实力注入强大精神动力。

第三，社会主义核心价值观为提高文化软实力夯实思想道德基础。习近平总书记指出，核心价值观"是一个国家共同的思想道德基础"④，社会主义核心价值观是在对中华优秀传统文化和世界优秀文明的价值元

---

① 云杉：《文化自觉 文化自信 文化自强——对繁荣发展中国特色社会主义文化的思考》（下），《红旗文稿》2010 年第 17 期，第 4 页。

② 中共中央文献研究室编《习近平关于社会主义文化建设论述摘编》，中央文献出版社，2017，第 124 页。

③ 中共中央文献研究室编《习近平关于社会主义文化建设论述摘编》，中央文献出版社，2017，第 106 页。

④ 中共中央文献研究室编《习近平关于社会主义文化建设论述摘编》，中央文献出版社，2017，第 124 页。

素进行充分借鉴的基础上逐步凝练和形成的，社会主义核心价值观具有先进性、包容性和开放性等特质，能够最大限度地凝聚社会思想共识，在尊重差异性的基础上，引领不同阶层、不同地域的文化形态和社会思潮，朝着社会主流文化的发展方向前进。社会主义核心价值观倡导的价值准则，将中华传统美德与时代精神相结合，将公民个人与国家、社会和他人相统一，突出了公民在道德养成中的主体作用，为引导公民明大德、守公德、严私德提供了价值准则。因此，社会主义核心价值观能够为提升文化软实力夯实思想道德基础，培育社会主义核心价值观是文化建设的重大基础性工程。

三 文化建设是培育社会主义核心价值观的文化支撑

"坚守我们的核心价值观，必须发挥文化的作用。"[1] 核心价值观的培育和践行，需要文化的支撑力量。作为社会意识形态，核心价值观具有历史继承性，是本民族文化传统的延续。作为文化系统结构层次中的内核，价值观属于隐性文化形态，是文化中的"二级抽象"[2]。核心价值观的培育和传承，需要借助较外层、较具体层次的显性文化形态，依托语言文字、文学艺术、文化习俗等不同文化形态，以文化教化的方式，为核心价值观提供丰富的文化资源与文化载体，创设良好的文化场域。

第一，文化建设为培育社会主义核心价值观提供丰厚的文化滋养。作为占主导地位的价值观，社会主义核心价值观具有先进性、开放性、包容性等特征。社会主义核心价值观的培育，是一个兼收并蓄、不断吸收多元文化的优秀成分的动态过程。通过大力繁荣发展各种文化形式，推动社会主义核心价值观与各种文化形式充分互动，能够为培育社会主义核心价值观提供丰厚的文化滋养。"培育和践行社会主义核心价值观，一定要以优秀传统文化为根基，增添文化的内涵、实现文化的观照，努力做到以文化人、以文育人。"[3] 中华优秀传统文化中关于"天下大同"社会理想的追求，关于以"修法治，广政教"创造良好社会秩序的倡导，关于"立德"是人生"三不朽"等问题的论述，是培育社会主义核

---

① 《习近平谈治国理政》，外文出版社，2014，第 106 页。
② 〔美〕克莱德·克鲁克洪：《文化与个人》，高佳等译，浙江人民出版社，1986，第 8 页。
③ 刘云山：《着力培育和践行社会主义核心价值观》，《党建》2014 年第 2 期，第 22 页。

心价值观的丰厚文化滋养。革命文化关于国家独立和人民解放奋斗目标的追求，关于通过革命消灭剥削、建立真正平等社会的理想，关于共产党人舍生取义、无私奉献等精神品质的倡导，为培育社会主义核心价值观注入了强大精神动力与信念支撑。社会主义先进文化关于坚持马克思主义的指导地位，关于"三个面向"的发展目标，关于"民族、科学、大众"的基本要求，为社会主义核心价值观坚持民族性与开放性相统一、理论性与实践性相统一、科学性与大众性相统一，提供了重要的文化指引。在社会主义文化建设实践中，大力繁荣发展中华优秀传统文化、革命文化、社会主义先进文化等多种文化形式，能够从不同文化层面滋养社会主义核心价值观的文化底蕴，提升社会主义核心价值观培育的广度、深度和厚度。

第二，文化建设为培育社会主义核心价值观提供多样的文化载体。一定的文化是一定的价值观产生与发展的基础，任何价值观的培育都需要依托一定的文化载体。"'文化'的本义就是'以文教化'，它表示对人的性情的陶冶，品德的教养，本属精神领域之范畴。"[1] 作为人类精神基因的传承方式，文化内含"育人""化人"的功能，不同的文化形式承载着不同的价值观，各种文化形式是培育价值观的重要载体。在社会主义文化建设实践中，通过繁荣发展各种文化形态，能够为培育社会主义核心价值观提供丰富多样的文化载体。在物质文化建设中，通过挖掘博物馆、纪念馆、美术馆等文化资源，通过引导文学书籍、戏剧、电影、电视剧等文化产品发挥对人的精神世界的积极影响，能够为社会主义核心价值观的培育提供丰富的物质载体，增强社会主义核心价值观培育的吸引力。在制度文化建设中，通过将社会主义核心价值观融入国家宏观和微观的各种制度政策中，推动社会主义核心价值观融入城市文化建设、社区文化建设、农村文化建设等各项制度政策之中，能够为社会主义核心价值观的培育提供丰富的制度载体，增强社会主义核心价值观培育的实效性。在行为文化建设中，通过深入开展志愿服务、义务劳动、爱心慈善活动等社会实践活动，通过实践中产生的榜样力量的示范效应和带动效果，将社会主义核心价值观的培育与社会实践紧密结合，能够丰富社会主义核心价

---

[1] 黄高才主编《中国文化概论》，北京大学出版社，2011，第5页。

值观培育的实践载体，增强社会主义核心价值观培育的生动性。

第三，文化建设为培育社会主义核心价值观创设良好的文化环境。一种价值观的产生和发展，要依托一定的文化土壤与文化环境。一种价值观的培育，受到历史文化传统与民族文化习惯的熏陶，受到社会、学校、家庭等各个层面的文化环境的影响。文化场域对于价值观的培育具有重要影响，这种影响的特征为潜移默化性与渗透性。文化环境的创设，对于人们价值观的影响是隐性的、无形的，人们生活在特定的文化传统和文化环境中，往往会不自觉地接受某种文化传统与文化环境中的某种价值观，并在长期的日常文化生活中，逐步形成对于某种价值观的认同。同时，文化具有极强的渗透性，可以依托多种多样的文化载体，以丰富多彩的文化形式展现出来，为推动某种价值观转化为大众日用而不觉的价值观创造条件。在社会主义文化建设实践中，通过培育崇德向善的社会风尚，加强现代家庭家教家风建设，能够为培育社会主义核心价值观创设良好的社会文化氛围和家庭文化环境。通过舆论宣传、文化熏陶等举措，加强对主流价值观和道德模范人物的宣传，能够引导社会成员见贤思齐、崇德向善，从而为社会主义核心价值观的培育营造良好的文化氛围。同时，现代传播媒介的迅速发展、全媒体传播网络文化环境的优化，都极大地促进了文化交流和信息传播，有利于建立覆盖广泛的社会主义核心价值观传播机制，通过正向引导和网络治理，能够为培育社会主义核心价值观创设健康向上的网络文化环境。

第二节　社会主义核心价值观引领文化建设的内涵与表现

"一个不属于任何文明的、缺少一个文化核心的国家"[①]，"不可能作为一个具有内聚力的社会而长期存在"[②]。社会主义核心价值观反映了当代中国人的精神家园与价值追求，是统摄社会多元思想文化的主流价值观。深入分析社会主义核心价值观引领文化建设的基本内涵与具体表现，

---

① 〔美〕塞缪尔·亨廷顿：《文明的冲突与世界秩序的重建》（修订版），周琪等译，新华出版社，2010，第282页。
② 〔美〕塞缪尔·亨廷顿：《文明的冲突与世界秩序的重建》（修订版），周琪等译，新华出版社，2010，第282页。

是在实践中坚持以社会主义核心价值观引领文化建设的理论前提。

一　社会主义核心价值观引领文化建设的基本内涵

依据前文分析，社会主义核心价值观的引领作用，是指作为社会主义核心价值体系中占主导地位的价值观——社会主义核心价值观具有的价值引领、观念整合与凝聚共识等作用。具体到文化建设领域，社会主义核心价值观引领文化建设，是指作为社会主义核心价值体系的内核，社会主义核心价值观在文化建设中发挥着价值引领作用，这种价值引领作用表现为社会主义核心价值观能够引领文化建设坚持马克思主义的价值方向，引领文化建设坚持以人民为中心的价值取向，引领文化建设的价值共识，引领文化活动与文化氛围的价值导向，引领文化治理的价值目标。通过上述引领作用的发挥，引导多元思想文化，坚持马克思主义的指导地位和社会主义先进文化的前进方向，推动多元思想文化相互交融、繁荣发展。进一步深化理解其基本内涵，需要基于社会主义核心价值观在不同层面发挥的引领作用展开深入分析。

第一，作为社会主义意识形态本质要求的体现，社会主义核心价值观能够引领文化建设的价值方向。社会主义核心价值观是体现社会主义性质的价值观，具有科学性、先进性的特征，能够引领文化建设坚持以马克思主义为指导，坚持社会主义先进文化的前进方向。社会主义核心价值观以"社会主义"为鲜明的"底色"，集中体现了社会主义的本质属性。社会主义核心价值观的先进性，集中体现在它是社会主义所坚持和追求的价值理念。新时代中国特色社会主义取得了巨大的开创性成就，使科学社会主义在21世纪的中国焕发出强大的生机和活力，彰显了社会主义制度的独特创造力和强大生命力。社会主义核心价值观生成于中国特色社会主义建设的实践，是中国特色社会主义本质规定的价值表达。社会主义核心价值观展现的社会主义的基本特征和根本追求，源于马克思主义这一指导思想，是马克思主义的思想体系在价值观层面的集中表达，是社会主义先进文化的精髓。因此，坚持以社会主义核心价值观引领文化建设，就是要以社会主义核心价值观引领文化建设坚持马克思主义的指导地位，坚持社会主义先进文化的前进方向。

第二，作为文化的内核与文化软实力的灵魂，社会主义核心价值观能够引领文化建设的价值取向。"文化是由多种层次存在和表现的复杂系统……文化的最深层次是价值观,这是文化的核心"①,任何文化样态,都浸透和反映着某种价值观。核心价值观是文化的内核,能够引导不同文化样态的价值取向,促进不同文化样态的相互融通和共同繁荣。社会主义核心价值观集中体现了马克思主义所倡导的价值理念,是具有人民性、包容性与开放性等特征的价值观,能够引领多元文化坚持以人民为中心的价值取向,坚持传统与现代相结合、民族性与世界性相统一,推动多元思想文化相互交融、共同繁荣。人民性是社会主义核心价值观的根本特性,社会主义核心价值观体现了以人民为中心的价值取向,反映了最广大人民群众的价值诉求。包容性和开放性是社会主义核心价值观的重要特征,社会主义核心价值观以中华优秀传统文化为历史底色和精神脉络,是对人类文明成果的吸收借鉴。作为文化的内核,作为具有人民性、包容性与开放性等特征的价值观,社会主义核心价值观展现了强大的生命力和感召力,通过对多元文化样态的价值引领,能够凝聚文化共识,确保多元文化样态坚持正确的价值取向,推动多元思想文化相互交融、共同繁荣。

第三,作为国家共同的思想道德基础,社会主义核心价值观能够引领文化建设的价值共识。社会主义核心价值观是占主导地位的价值观,具有强大的整合力与统摄作用,能够有效整合社会思想意识,最大限度地凝练全体人民的共同价值追求,凝聚全体成员的精神力量,为社会主义文化建设夯实思想基础与注入精神力量。"核心价值观是一个民族赖以维系的精神纽带,是一个国家共同的思想道德基础。"② 社会主义核心价值观既体现了社会主义制度在思想精神层面的质的规定性,又反映了最广大人民群众的根本利益,引导最广大人民群众为实现美好社会理想而奋斗,是规范当代中国人民精神生活的基本价值准则。当前我国思想文化领域日趋多元、多样、多变,各种思潮和观念此起彼伏、相互碰撞。找到反映全国人民共同认同的价值观的"最大公约数",关乎国家的前途命运。作为价值体系中占主导地位的价值观,社会主义核心价值观能

---

① 袁贵仁:《关于价值与文化问题》,《河北学刊》2005年第1期,第8页。
② 习近平:《在文艺工作座谈会上的讲话》,人民出版社,2015,第22页。

够协调具体利益矛盾、整合纷繁复杂的社会思潮，最广泛地凝聚思想共识与价值共识，为文化建设夯实思想基础与注入精神力量。

第四，作为社会评判是非曲直的价值标准，社会主义核心价值观能够引领文化活动与文化氛围的价值导向。社会主义核心价值观体现着社会主义社会评判是非曲直的价值标准，能够引领社会风尚、道德实践与文化实践活动的价值导向，能够引导人们在道德实践与文化创造活动中遵循基本道德规范与行为规范，从而在深层次上影响人们的思维方式与行为准则，规范和调节人际关系和人与社会之间的关系，对于人们的道德行为和文化创造活动具有重要的实践引领作用。通过引领道德实践与文化创造活动，能够推动社会主义核心价值观成为社会成员日用而不觉的价值观，推动形成崇德向善的社会风尚，为文化建设营造良好氛围。

第五，作为国家治理的重要内容，社会主义核心价值观能够引领文化治理的价值目标，通过将社会主义核心价值观融入文化治理各个方面，引领文化治理的制度政策体系建设符合社会的主流价值要求，提升文化建设的治理效能。"培育和弘扬核心价值观，有效整合社会意识，是社会系统得以正常运转、社会秩序得以有效维护的重要途径，也是国家治理体系和治理能力的重要方面。"① 作为国家治理的内在构成要素，文化治理是国家在文化生活领域进行治理的途径选择，建立有效的文化治理体系和提升文化治理能力，是国家治理体系和治理能力现代化的重要内容。坚持以社会主义核心价值观为引领，将社会主义核心价值观融入各种政策和制度体系，保障社会主义核心价值观在文化建设中的引领性地位和作用的制度化、规范化与法治化，能够推动社会主义核心价值观转化为文化治理效能，为文化建设提供制度和政策保障。

二　社会主义核心价值观引领文化建设的表现形式

所谓表现形式，即某事物或某行为呈现出来的形状、结构等内容。② 社会主义核心价值观引领文化建设的表现形式，是社会主义核心价值观对文化建设发挥引领作用的外在表现与具体形式。当前，社会主义核心

---

① 《习近平谈治国理政》，外文出版社，2014，第163页。
② 参见《现代汉语词典》（第5版），商务印书馆，2005，第91页。

价值观对文化建设发挥的价值引领作用，主要表现在：以社会主义核心价值观引领文化建设坚持先进文化的发展方向，坚持以人民为中心的价值取向，以社会主义核心价值观引领社会思潮、引领国民教育、引领精神文明创建活动等。

（一）以社会主义核心价值观引领文化建设坚持先进文化的发展方向

社会主义核心价值观引领文化建设，首先表现为社会主义核心价值观引领文化建设的发展方向。以社会主义核心价值观引领文化建设，就是要引领文化建设坚持马克思主义的指导地位，引领文化建设坚持社会主义先进文化的发展方向。

第一，引领文化建设坚持马克思主义的指导地位。文化具有鲜明的意识形态性，意识形态是文化的灵魂。在我国社会主义初级阶段，既有占主导地位的社会主义主流文化，也有其他非主流文化。社会成员在理想、信仰、人生观、价值观、道德观等方面的多样化，使社会主义初级阶段的思想文化呈现错综复杂、多元并存的结构特征。面对这种多元文化长期并存的格局，就需要"弘扬主旋律"，坚持马克思主义在思想文化领域的指导地位，努力把马克思主义的立场、观点、方法融入各种形式的精神文化产品和思想道德教育内容之中，用马克思主义占领社会主义思想文化阵地。邓小平经常强调社会主义精神文明建设要以马克思主义为指导的重要性，他指出，我们思想战线的同志，"作为灵魂工程师，应当高举马克思主义的、社会主义的旗帜"[①]。1991 年 7 月，江泽民指出："坚持马克思列宁主义、毛泽东思想的指导地位，是我们立党立国的根本，也是社会主义文化建设的根本。"[②] 只有坚持把马克思主义作为中国特色社会主义的指导思想，才能保证中国特色社会主义文化的先进性，才能抵制和消除一切落后的、腐朽的思想文化的影响，不断创造先进的、健康的社会主义新文化。因此，以社会主义核心价值观引领文化建设坚持马克思主义的指导，是文化建设沿着先进文化发展方向前进的重要保证。

---

① 《邓小平文选》第 3 卷，人民出版社，1993，第 40 页。
② 中共中央文献研究室编《江泽民论有中国特色社会主义（专题摘编）》，中央文献出版社，2002，第 384 页。

第二，引领文化建设坚持社会主义先进文化的发展方向。先进文化是以一定物质条件为基础，反映一定社会的经济和政治状况，揭示人类社会发展规律与未来发展方向的文化。当代的社会主义先进文化，是以马克思主义为指导的，"发展有中国特色社会主义的文化，就是建设社会主义精神文明"①。马克思指出："关于艺术，大家知道，它的一定的繁盛时期决不是同社会的一般发展成比例的，因而也决不是同仿佛是社会组织的骨骼的物质基础的一般发展成比例的。"② 作为人类创造性的精神生产活动，文化发展既受客观物质条件的影响和制约，又有其自身发展演进的特殊规律。以社会主义核心价值观引领文化建设，要科学把握社会主义文化建设的基本规律，契合时代语境和发展方位的变化，发挥社会主义先进文化引领风尚、教育人民的作用，不断增强人民的精神力量。比如，在我国大众文化的建设实践中，我们坚持以社会主义核心价值观为引领，坚持"一手抓繁荣、一手抓治理"的基本思路，既大力繁荣发展大众文化，又确保大众文化坚持社会主义先进文化的前进方向。大众文化是以大众传播媒介为手段，反映和引导大众整体文化生活质量的日常文化形态。以社会主义核心价值观引领大众文化，一方面，要坚持繁荣发展大众文化，通过解放和发展文化生产力，着力建设现代公共文化服务体系和现代文化市场体系，促进社会主义文化的繁荣发展；另一方面，要始终将社会效益置于首位，不断满足人民群众美好精神文化生活的新需要，这是市场经济条件下保证文化建设坚持社会主义方向、坚持为人民服务宗旨的基本前提。

（二）以社会主义核心价值观引领文化建设坚持以人民为中心的价值取向

人民性是社会主义核心价值观的根本特性。社会主义核心价值观尊重人民群众的历史主体地位，反映最广大人民群众的价值诉求，集中体现了以人民为中心的价值取向。以社会主义核心价值观引领文化建设的价值取向，体现了社会主义核心价值观对文化建设发挥的价值引领作用。

---

① 中共中央文献研究室编《十五大以来重要文献选编》（下），中央文献出版社，2003，第154页。
② 《马克思恩格斯选集》第2卷，人民出版社，2012，第710页。

以社会主义核心价值观引领文化建设的价值取向，就是要坚持以人民为中心，确保文化建设始终坚持文化发展依靠人民、文化发展为了人民的价值取向。

第一，引领文化建设坚持一切依靠人民的价值立场。在人类文化创造的历史进程中，充分发挥人民群众的主体性与创造性，是推进文化发展与创新的力量源泉。人民群众是人类历史与文化的真正创造者，"历史的活动和思想就是'群众'的思想和活动"①，人的具有目的性、能动性的实践活动，是推动人类社会文化发展的关键因素。坚持文化发展依靠人民，充分尊重人民群众在文化发展中的主体地位，是社会主义文化建设要坚持的基本价值立场。要在中国特色社会主义文化建设实践中坚持人民至上的价值取向，"充分发挥人民在文化建设中的主体作用，调动广大文化工作者的积极性"②。党的十八大以来，习近平总书记多次强调"要树立以人民为中心的工作导向，把服务群众同教育引导群众结合起来，把满足需求同提高素养结合起来……丰富人民精神世界，增强人民精神力量，满足人民精神需求"③。坚持以人民为中心的文化工作导向，从维护和实现人民的现实利益出发去提升人民的精神力量，引导人民群众正确认识自身的精神力量并将其外化为实践力量，是增强人民精神力量的现实基础。

第二，引领文化建设坚持一切为了人民的价值旨归。在人类实现自身解放的历史进程中，文化的发展进步是人类自由全面发展的前提条件与重要内容。"文化上的每一个进步，都是迈向自由的一步"④，文化发展的状况影响和制约着人们的精神需要与人的自由全面发展。坚持文化发展为了人民，以文化发展促进人的自由全面发展，是社会主义文化建设的价值旨归。"为什么人的问题"是社会主义文化建设的核心问题，社会主义文化建设要坚持为人民服务的根本宗旨。党的十八大以来，中国共产党坚持将以人民为中心的发展思想贯穿于社会主义文化建设的各方面与各环节。比如，在我国公共文化建设的实践中，我们坚持以社会主义核心价值

---

① 《马克思恩格斯文集》第 1 卷，人民出版社，2009，第 286 页。
② 中共中央文献研究室编《十七大以来重要文献选编》（上），中央文献出版社，2009，第 28 页。
③ 《习近平谈治国理政》，外文出版社，2014，第 154 页。
④ 《马克思恩格斯选集》第 3 卷，人民出版社，2012，第 492 页。

观为引领，通过推动公共文化服务均等化，不断保障人民群众的基本文化权益；通过实行公共文化服务优先的财政支出政策，深入实施重点文化惠民工程，推动文化资源向基层、农村、贫困地区倾斜，加快形成文化服务均等享受、文化发展同步推进的城乡文化一体化，不断推进公共文化服务的均等化与普惠性发展，凸显了社会主义文化发展为了人民的价值旨归。

（三）以社会主义核心价值观引领社会思潮

关于"社会思潮"，《中国大百科全书》哲学卷Ⅱ将其定义为"反映特定环境中人们的某种利益或要求并对社会生活有广泛影响的思想趋势或倾向；有时表现为由一定理论形态的思想作主导，有时又表现为特定环境中人们的社会心理，是社会意识的综合表现形式"[①]。社会思潮是特定时代文化碰撞的产物，梁启超先生指出："凡'思'非皆能成'潮'；能成'潮'者，则其'思'必有相当之价值，而又适合于其时代之要求也。凡'时代'非皆有'思潮'；有思潮之时代，必文化昂进之时代也。"[②] 作为社会主义意识形态的本质体现，社会主义核心价值观能够有效整合社会意识，以社会主义核心价值观引领社会思潮，体现了社会主义核心价值观凝聚文化建设思想价值共识的作用。

第一，批判和改造已经形成的错误社会思潮。从内容与本质来考察，既有积极的、推动社会发展的正确社会思潮，也有消极的、阻碍社会发展的错误社会思潮，如"普世价值"、主观主义、相对主义和虚无主义等错误社会思潮和思想观念，对于夯实全体人民的共同思想基础造成了巨大的冲击。在形形色色社会思潮的影响下，就需要发挥社会主义核心价值观的思想引领作用，批判错误社会思潮。社会主义核心价值观坚持马克思主义在意识形态领域的指导地位，凝结着全体人民共同的价值追求，是指引民众进行价值判断与价值选择的重要准则，是引领多样化社会思潮的强大武器。以社会主义核心价值观引导民众辨析错误社会思潮的本质，揭去掩盖在错误社会思潮表面的"神秘面纱"，彻底地批判和改造错误社会思潮，是社会主义核心价值观有效整合社会意识，发挥其引领作用的集中体现。

第二，引导正在形成中的社会思潮，创设良好的社会思潮萌生环境。

---

① 《中国大百科全书》哲学卷Ⅱ，中国大百科全书出版社，1987，第 765 页。
② 《梁启超论清学史二种》，朱维铮校注，复旦大学出版社，1985，第 1 页。

社会思潮是反映特定环境中人们的某种利益或要求，并对社会生活有广泛影响的思想趋势或倾向。社会思潮的形成发展与现实生活中人们的实际生产生活密不可分，现实生产生活直接构成了社会思潮形成与发展的社会环境，并影响着社会思潮的发展。稳定和谐的社会环境易萌生充满正能量、促进社会发展的正确思潮，波动躁乱的社会环境易滋生极端消极、阻碍社会向前发展的错误思潮。社会主义核心价值观是体现社会主义性质、代表社会主义先进文化发展方向的核心价值观，其倡导的"富强、民主、文明、和谐"国家层面的价值目标，有利于良好政治大环境的创设；其倡导的"自由、平等、公正、法治"社会层面的价值取向，有利于良好社会发展环境的形成；其倡导的"爱国、敬业、诚信、友善"公民个人层面的价值准则，有利于新时代公民与时代新人的培育。社会主义核心价值观以社会主义意识形态的强大引领力，引导良好的社会思潮萌生环境的创设，引导和促进正在形成中的社会思潮坚持马克思主义的指导地位，是社会主义核心价值观最大限度地凝聚思想共识、发挥其引领作用的集中体现。

（四）以社会主义核心价值观引领国民教育

教育乃国之大计，"建设教育强国是中华民族伟大复兴的基础工程"[①]。党的十八大以来，中国共产党高度重视以社会主义核心价值观引领国民教育，强调要将立德树人贯穿到教育工作的各领域、各环节。

第一，把社会主义核心价值观纳入国民教育总体规划。2013 年 12 月中共中央办公厅印发《关于培育和践行社会主义核心价值观的意见》，明确指出要"把社会主义核心价值观纳入国民教育总体规划，贯穿于基础教育、高等教育、职业技术教育、成人教育各领域"[②]，要将社会主义核心价值观"落实到教育教学和管理服务各环节，覆盖到所有学校和受教育者，形成课堂教学、社会实践、校园文化多位一体的育人平台"[③]。

---

① 习近平：《决胜全面建成小康社会 夺取新时代中国特色社会主义伟大胜利——在中国共产党第十九次全国代表大会上的报告》，人民出版社，2017，第 45 页。

② 《中共中央办公厅印发〈关于培育和践行社会主义核心价值观的意见〉》，《人民日报》2013 年 12 月 24 日，第 2 版。

③ 《中共中央办公厅印发〈关于培育和践行社会主义核心价值观的意见〉》，《人民日报》2013 年 12 月 24 日，第 2 版。

遵循教育规律和人才成长规律，把社会主义核心价值观的基本要求贯穿到教育工作的各领域、各环节，将社会主义核心价值观充分体现到教书育人全过程，坚持全员全过程全方位育人，努力构建全面发展的教育体系，是充分发挥社会主义核心价值观引领作用，以社会主义核心价值观引领国民教育的集中体现。

第二，以社会主义核心价值观引领学校落实立德树人的根本任务。2018年9月，习近平总书记在全国教育大会上发表重要讲话指出，"我们的教育必须把培养社会主义建设者和接班人作为根本任务，培养一代又一代拥护中国共产党领导和我国社会主义制度、立志为中国特色社会主义奋斗终身的有用人才"①，这一论述深刻回答了社会主义教育关于人才培养的根本问题。教育的根本任务是立德树人，立德是立个人之道德，更是立国家之大德、社会之公德，树人是树担当民族复兴大任的时代新人。社会主义核心价值观"其实就是一种德，既是个人的德，也是一种大德，就是国家的德、社会的德"②，以社会主义核心价值观引领学校落实立德树人的根本任务，把立德树人融入教育的各环节，贯穿教育的各领域，纳入学科体系、教学体系、教材体系、管理体系的各部分，是充分发挥社会主义核心价值观的引领作用，以社会主义核心价值观引领时代新人培育的集中体现。

（五）以社会主义核心价值观引领精神文明创建活动

随着社会主要矛盾的转化，人民对美好精神生活的需求日益提升。以社会主义核心价值观引领精神文明创建活动，是契合人民群众对新时代美好精神文化生活新期待的内在要求，是新时代精神文明建设的基本要求，体现了社会主义核心价值观引领文化活动与文化氛围的价值导向的引领作用。

第一，以社会主义核心价值观引领各类文化创建活动。群众性精神文明创建活动根植于人民群众的自觉实践，体现了群众的自觉参与意识和精神风貌，是党的群众路线在精神文明建设实践中的具体体现。以社会主义核心价值观引领各类文化创建活动，要立足人民群众的精神文化

---

① 《习近平著作选读》第2卷，人民出版社，2023，第195页。
② 《习近平谈治国理政》，外文出版社，2014，第168页。

需求，以接地气、连民心的鲜活实践，以生动立体、喜闻乐见的形式，将社会主义核心价值观所倡导的价值要求融入城市精神、社区文化、新农村文化、企业文化、校园文化等各类文化创建活动。以社会主义核心价值观引领各类文化创建活动，将社会主义核心价值观所倡导的价值理念融入各类有形的文化活动之中，既有利于引导各类文化创建活动坚持正确的发展方向，也有利于推动社会主义核心价值观的实践转化，推动人民群众在文化创建活动中增强对社会主义核心价值观的认同。

第二，以社会主义核心价值观引领传统节日庆典活动。"优秀传统文化是一个国家、一个民族传承和发展的根本"[①]，中国传统节日是中华优秀传统文化的标志性文化现象，传统节日中蕴含的民族文化内涵与价值元素，是推动中华民族传承发展的重要精神力量。以社会主义核心价值观引领传统节日庆典活动，将社会主义核心价值观蕴含的现代价值理念融入各类传统节日庆典活动，既能够深入挖掘传统节日的文化内涵与精神价值，激发传统节日的发展活力，又能够促进传统节日与当代社会生活和文化语境相融合，实现传统节日的文化内涵与表现形式的现代转型，推动人民群众在传统节日活动的潜移默化影响中增强对社会主义核心价值观的认同。

第三，以社会主义核心价值观引领道德实践活动。道德实践活动是在一定道德意识指导下进行的社会活动，包括道德行为、道德评价、道德教育等内容。道德实践活动能够将社会主义核心价值观的基本内容以更加生动、形象、具体的方式呈现，能够让人民群众在具体的道德实践活动的现实体验中，潜移默化地接受和认同社会主义核心价值观。以社会主义核心价值观引领道德实践活动，要广泛开展以诚信建设为重点的道德教育，通过先进典型的宣传与道德模范的表彰，引领形成崇德向善的道德风尚，形成守信光荣、失信可耻的社会风尚，推动人民群众在现实道德体验中增强对社会主义核心价值观的认同。

第四，以社会主义核心价值观引领新时代文明实践中心建设。新时代文明实践中心以"凝聚群众、引导群众，以文化人、成风化俗"为主要目标，是培育和践行社会主义核心价值观的重要阵地。当前，要以社

---

① 《习近平谈治国理政》第2卷，外文出版社，2017，第313页。

会主义核心价值观所倡导的先进价值理念与现代价值追求，引领新时代文明实践中心建设。一是以社会主义核心价值观引领地方风俗文化的传承。风俗文化是广大人民群众思想观念和文化传统的集中表达，将社会主义核心价值观蕴含的先进价值理念融入地方风俗文化，有助于从建设社会主义先进文化的层面，推动地方风俗文化的现代转化。二是以社会主义核心价值观引领乡规民约的制定。乡规民约是由乡民共同制定和共同遵守的行为规范，将社会主义核心价值观倡导的现代价值追求融入乡规民约，有助于从培育现代公民的层面，推动乡规民约的现代化发展。三是以社会主义核心价值观引领新时代文明实践中心的载体建设。载体建设是新时代文明实践中心建设的重要内容，通过运用现代信息媒体技术，以现代化载体创设丰富多彩的活动，激发基层群众的参与热情和创作激情，有助于从价值观落细、落小、落实的层面，推动人民群众在日常文化生活中增强对社会主义核心价值观的认同。

第三节 社会主义核心价值观引领文化建设的价值意蕴

从价值意蕴的维度来分析，坚持以社会主义核心价值观引领文化建设，集中体现了马克思主义价值观的理论诉求，是对马克思恩格斯上层建筑理论内在要求的科学把握，是全面推进国家治理体系和治理能力现代化的必然要求。

一 集中体现了马克思主义价值观的理论诉求

价值观作为一种观念形态，是关于价值和价值现象的知识（理论）体系。马克思主义是关于无产阶级解放、人的解放的科学理论，马克思主义理论体系中蕴含着丰富的价值观思想。马克思恩格斯以辩证唯物主义和历史唯物主义为根本原则，从无产阶级和人民群众的根本立场出发，着眼于人的自由全面发展和共产主义社会的实现，通过对资本主义的批判，对人的存在、人的本质、人的异化、人的自由全面发展进行了价值观意义上的阐释和论述，对现实的人、实践主体、人的目的与价值追求等问题的解答，集中体现了马克思主义价值观思想。从逻辑上来考察，马克思主义价值观思想是一个严密的价值知识体系，包含基本的价值思维方式、价值原则与价值理想，是由各个要素相互渗透、交互作用的有机统一的价值理论体系。实践的价值思维方式、人民主体的价值原则、共产主义的价值理想，是马克思主义价值观思想的基本内容。

（一）实践的价值思维方式

价值思维从根本上规定并制约着主体的价值旨趣与方向，是价值观的灵魂与核心。马克思主义价值观思想从人的实践活动、人的劳动出发来考察价值和价值观问题，确立了实践的价值思维方式。马克思主义价值观思想认为，价值观是社会关系的产物，是由人类的社会物质生活条件决定的。人和客体之间的价值关系是在现实的人同客体的实际相互作用过程中确立的，即是在社会实践中确立的。只有通过社会实践活动，人们才能发现客体事物及属性对自己的实际意义，并自觉地建立起同客观事物之间现实的价值关系。同时，只有通过社会实践活动，人们才能实际地发现和掌握关于客观事物属性的使用方式，使客观事物有益于人的发展，以人所需要的形式为人们所占有，亦即使它们的价值得以实现。依据社会存在决定社会意识的历史唯物主义根本观点，价值观作为观念上层建筑的核心内容，是由社会经济基础决定的，并且受到生产力发展水平的根本制约。因为在生产力发展水平低下、人们的温饱即生存问题尚未完全解决的情况下，"那就只会有贫穷、极端贫困的普遍化；而在极端贫困的情况下，必须重新开始争取必需品的斗争，全部陈腐污浊的东西又要死灰复燃"[①]。因此，在生产力发展的不同阶段，在不同经济关系、利益结构条件下，会形成不同的价值观与价值取向。正如马克思所指出的："在不同的财产形式上，在社会生存条件上，耸立着由各种不同的、表现独特的情感、幻想、思想方式和人生观构成的整个上层建筑。整个阶级在其物质条件和相应的社会关系的基础上创造和构成这一切。"[②]因此，任何价值观的产生和发展变化都是由社会物质生活条件决定的，是在一定的社会历史条件下形成的人们对特定的社会存在的反映。

（二）人民主体的价值原则

价值原则规定了价值的起源与根据，是衡量价值观科学与否的重要

---

① 《马克思恩格斯选集》第1卷，人民出版社，2012，第166页。

② 《马克思恩格斯选集》第1卷，人民出版社，2012，第695页。

尺度。马克思主义价值观思想从社会历史活动范畴来考察价值和价值观问题，确立了人民主体的价值原则。马克思主义价值观思想认为，一定时代的人民的价值标准，必然受当时社会历史条件制约，总要打上相应时代的历史印记，而人的活动与社会历史是一种合目的的过程。因为"并不是'历史'把人当做手段来达到自己——仿佛历史是一个独具魅力的人——的目的。历史不过是追求着自己目的的人的活动而已"①。"在社会历史领域内进行活动的，是具有意识的、经过思虑或凭激情行动的、追求某种目的的人。"② 也就是说，人的活动与社会历史发展，既是一种合乎客观规律的现实历史运动，又是包含着人的价值理想、价值追求、价值创造等主观内容的价值活动，是一种合目的的实践创造活动。同时，依据社会意识对社会存在具有反作用的历史唯物主义根本观点，价值观作为一种社会意识形态，又具有相对独立性。价值观的形成与发展会受到既有价值观念与个人能动活动的影响，社会生活中的每个个人的价值观念的形成都受到其自身所处的特殊社会生活实践的制约和影响，个体会受到包括中国传统文化中的优良因素、外国先进思想等多种影响，并在价值观形成过程中发挥着个人的能动作用。因此，在不同的社会历史条件下，不同的社会个体面临不同的社会环境与人生境遇，每个社会个体形成的价值观也具有差异性，特别是在阶级社会条件下，阶级关系既反映了人们之间最根本的物质关系，也决定了人们的生活状况与价值取向，因而价值观是具有阶级性的，并且处于不同阶级关系之下的人们会形成截然不同的价值观，这也决定了在人类社会发展中，任何时代的价值观都具有多元化与多样性的特征。核心价值观的构建正是在"尊重差异性、包容多样性"的基础上，对多元化的价值观的概括、总结和升华。无产阶级是历史上最先进的阶级，它代表了全人类的利益，以解放全人类为己任，因而"历史活动是群众的活动"③，人类价值活动的主体就是无产阶级和劳动群众，他们的实践活动构成了价值的起源、根据、最终评价尺度。因此，无产阶级和劳动群众既是社会历史的主体，也是价值及价值评价的主体。

---

① 《马克思恩格斯文集》第1卷，人民出版社，2009，第295页。
② 《马克思恩格斯选集》第4卷，人民出版社，2012，第253页。
③ 《马克思恩格斯文集》第1卷，人民出版社，2009，第287页。

（三）共产主义的价值理想

价值理想是对最高价值的信念和信仰，是价值主体最根本的价值追求。马克思主义价值观思想从人类社会发展基本规律的范畴来考察价值和价值观问题，确立了共产主义的价值理想。马克思主义价值观思想以唯物史观为基石，明确提出了共产主义社会"每个人的自由发展是一切人的自由发展的条件"①。实现人的自由全面发展的共产主义目标是马克思主义价值观思想的最高价值理想。关于这一价值理想实现的基本脉络的设计，首先是人类不再受自然规律的盲目摆布，而是能够通过认识自然而后改造自然，实现人对自然的自由和解放；继而人类通过社会制度文明的发展进步，解除社会对人的束缚，实现人对社会的自由和解放；最后是人类逐步克服社会与个人的异化与畸形发展，回归"人"的本性，最终实现"人的自由、解放和全面发展"。之所以能够实现上述价值理想，是因为从人的本质来考察，人作为"有意识的类存在物"，在其实践活动中存在物的尺度与人的尺度（价值尺度）的辩证统一。一方面，人的主体价值选择与创造要遵循一定的客观规律，即坚持物的尺度；另一方面，主体又在实践活动中不断打破物的尺度界限，把人的价值追求、理想、信念等注入、凝聚、物化在对象中，并对自然界进行再构造，正如马克思在《1844年经济学哲学手稿》中指出，人与动物的区别在于，"人却懂得按照任何一个种的尺度来进行生产，并且懂得处处都把固有的尺度运用于对象"②。这是因为，作为历史主体的人在社会生活中既是"剧中人"又是"剧作者"。特别是作为"剧作者"，主体在社会历史实践中会将自身的价值理想、愿望与追求渗透到"历史剧情"策划、设计与安排之中，使"历史话剧"打上浓厚的个人、群体、阶级、民族、国家价值创造的印记，表现出历史主动性、创造性的一面。无产阶级正是按照自己对共产主义价值理想与信念的追求，在批判并改造旧世界的社会实践中，表明了自己的价值立场与主张，形成了关于"人的自由全面发展"的共产主义价值理想与追求。

坚持以社会主义核心价值观引领文化建设，集中体现了马克思主义价值观的理论诉求。坚持以社会主义核心价值观引领文化建设，就是强

---

① 《马克思恩格斯选集》第1卷，人民出版社，2012，第422页。
② 《马克思恩格斯选集》第1卷，人民出版社，2012，第57页。

调要遵循实践的价值思维方式、人民主体的价值原则与共产主义的价值理想，引领文化建设坚持走中国特色社会主义文化的发展道路，坚持为社会主义服务、为人民服务的性质宗旨，将社会主义核心价值观基本要求全面融入中国特色社会主义文化建设的全过程。其一，以社会主义核心价值观引领文化建设，要遵循价值观与文化发展的客观规律，坚持实践的价值思维方式，通过挖掘不同形态的文化载体和文化形式，将社会主义核心价值观融入文化建设实践与群众文化生活，创造培育和践行社会主义核心价值观的载体和平台，从而推动社会主义核心价值观转化为人民群众的实践活动与自觉行动。其二，以社会主义核心价值观引领文化建设，要坚持人民主体的价值原则，要以全面深化改革与推动国家治理体系和治理能力现代化为契机，通过协调各方面的利益关系，坚持人民的主体地位，推动社会主义文化的公平正义，推动人民共享文化发展成果，从而让广大人民群众在现实文化生活中感受到平等和公正，实现对社会主义核心价值观的自觉认同。其三，以社会主义核心价值观引领文化建设，要坚持共产主义的价值理想，要以"人的自由全面发展"为价值追求。社会主义核心价值观规定了国家、社会、公民个人三个层面的价值目标与价值原则，社会主义核心价值观所倡导的保障自由、实行民主、依法而治、维护正义等价值理念，集中体现了"人的自由全面发展"的价值追求，为新时代繁荣和发展社会主义文化提供了现代性的价值指引。

坚持以社会主义核心价值观引领文化建设，是新时代繁荣发展文化事业和文化产业，促进满足人民文化需求和增强人民精神力量相统一，推进社会主义文化强国建设的内在要求。党的二十大报告进一步指出，新时代新征程全面建成社会主义现代化强国，以中国式现代化推进中华民族伟大复兴，是中国共产党的中心任务。中国式现代化是物质文明和精神文明相协调的现代化，"物质富足、精神富有是社会主义现代化的根本要求"[①]，中国式现代化要"促进物的全面丰富和人的全面发展"[②]。人的全面发展

[①]　习近平：《高举中国特色社会主义伟大旗帜　为全面建设社会主义现代化国家而团结奋斗——在中国共产党第二十次全国代表大会上的报告》，人民出版社，2022，第22页。

[②]　习近平：《高举中国特色社会主义伟大旗帜　为全面建设社会主义现代化国家而团结奋斗——在中国共产党第二十次全国代表大会上的报告》，人民出版社，2022，第23页。

要基于人的基本需要，从人的本质角度分析，人们的"需要即他们的本性"①，对于人的需要的全面满足，是促进人的全面发展的重要前提。作为有意识的类存在物，精神生活与精神需要的满足，是人的自由全面发展的重要内容，正如恩格斯所说，"真正的人＝思维着的人的精神"②。社会主义核心价值观是当代中国精神的集中体现，是凝聚人心、汇聚民力的强大力量。在社会主义现代化国家建设的实践中，促进满足人民文化需求和增强人民精神力量相统一，需要发挥社会主义核心价值观的引领作用，以社会主义核心价值观引领文化建设坚持社会主义先进文化的前进方向。一方面，精神文化产品的生产创造，需要以主流意识形态为价值尺度，只有符合社会主义核心价值观的基本要求，体现社会主义意识形态方向的精神文化产品，才能够真正满足新时代人民群众的精神文化需求，并转化为人民的信仰信念，形成强大的精神力量；另一方面，人民精神力量的形成，基于共同思想基础与社会价值共识的确立。社会主义核心价值观凝结着全体人民的共同价值追求，是凝聚人心、汇聚民力的强大力量。只有坚持以社会主义核心价值观引领文化建设，将社会主义核心价值观融入精神文明创建、精神文化产品生产和传播之中，展现积极昂扬的国家精神风貌、凝聚奋发向上的民族精神力量，形成文化对人民精神的凝聚力和向心力，才能够真正增强人民的精神力量，建设人民的精神家园。

综上所述，以社会主义核心价值观引领文化建设，在价值思维方式上坚持了实践的观点，在价值原则上坚持了人民的主体地位，在价值理想上坚持了共产主义的价值方向。坚持以社会主义核心价值观引领文化建设，是促进满足人民文化需求和增强人民精神力量相统一，推进社会主义文化强国建设的内在要求，是马克思主义价值观思想诉求的集中体现。

二　科学把握马克思恩格斯上层建筑理论的内在要求

马克思主义唯物史观认为，社会形态是经济基础和上层建筑具体、

①　《马克思恩格斯全集》第 3 卷，人民出版社，1960，第 514 页。

②　《马克思恩格斯全集》第 3 卷，人民出版社，1960，第 56 页脚注①。

历史的统一，一定社会形态下的国家治理则是坚实的经济基础支撑与强大的上层建筑支撑的有机统一。现代国家治理以现代化为目标，在一定的经济基础之上更多地触及了制度体制、思想观念等上层建筑现代化的问题。因此，在我国国家治理实践中，坚持以社会主义核心价值观引领文化建设，是积极发挥上层建筑能动反作用、科学把握政治上层建筑与观念上层建筑辩证关系的内在要求。

（一）坚持以社会主义核心价值观引领文化建设，是积极发挥上层建筑能动反作用的内在要求

1859 年马克思在《〈政治经济学批判〉序言》中，对经济基础和上层建筑的理论作出精辟阐释："人们在自己生活的社会生产中发生一定的、必然的、不以他们的意志为转移的关系，即同他们的物质生产力的一定发展阶段相适合的生产关系。这些生产关系的总和构成社会的经济结构，即有法律的和政治的上层建筑竖立其上并有一定的社会意识形式与之相适应的现实基础。"① 按照历史唯物主义的基本原理，任何社会的上层建筑在一定经济基础之上产生以后，就具有了相对的独立性，这种独立性表现为上层建筑的能动反作用，正如恩格斯所指出的："国家权力对于经济发展的反作用可以有三种：它可以沿着同一方向起作用，在这种情况下就会发展得比较快；它可以沿着相反方向起作用，在这种情况下，像现在每个大民族的情况那样，它经过一定的时期都要崩溃；或者是它可以阻止经济发展沿着某些方向走，而给它规定另外的方向——这种情况归根到底还是归结为前两种情况中的一种。"② 可见，作为观念上层建筑，社会主义核心价值观对于国家的治理实践与治理效果产生了十分重要而深刻的影响。当前，我国的国家治理体系和治理能力现代化就是要以现代化的价值理念为精神支撑，以现代化的国家制度体系为制度支撑，以现代化的治理能力为有效保障，来推动实现国家富强、社会和谐、人民幸福的善治状态。在我国进入改革的攻坚期与深水区的特殊阶段，如何坚持和完善中国特色社会主义制度，推动顶层设计与宏观战略增强系统性、统筹性与协同性，如何在治理目标上实现全面、和谐与公

① 《马克思恩格斯选集》第 2 卷，人民出版社，2012，第 2 页。
② 《马克思恩格斯选集》第 4 卷，人民出版社，2012，第 610 页。

正，如何积极适应并有效推动中国式现代化的总进程，作为观念上层建筑的社会主义核心价值观起到了重要的定向导航与价值引领的作用。因此，坚持以社会主义核心价值观引领文化建设，推动社会主义核心价值观转化为文化治理效能，是中国共产党坚持历史唯物主义立场，对上层建筑能动反作用规律的自觉遵循与积极运用。

（二）坚持以社会主义核心价值观引领文化建设，是科学把握政治上层建筑与观念上层建筑辩证关系的内在要求

按照马克思主义的观点，上层建筑作为人类社会的一个子系统，其具体形式、性质与职能要随着经济基础的发展变化而不断发展变化。因此，上层建筑的结构具有多层次性特征。从社会存在和社会意识的关系来看，上层建筑包括政治上层建筑与观念上层建筑，二者是相互依存、相互支撑、共同发展的辩证关系。政治上层建筑的构建要以一定的社会核心价值观念为指导，观念上层建筑的构建要受到政治上层建筑的影响和制约，要与一定的政治上层建筑相适应，正如恩格斯所指出的，国家政权是"第一个支配人的意识形态力量"[1]。在国家治理中，制度体系和价值体系是两大重要支撑。作为政治上层建筑的制度体系与作为观念上层建筑的价值体系相互依存、相互作用，推动着现代国家治理实践的发展。一方面，作为政治上层建筑，制度体系的现代化是推进国家治理体系和治理能力现代化的基础和前提，是承载作为观念上层建筑的价值体系的"骨骼"。习近平总书记指出，"国家治理体系和治理能力是一个国家的制度和制度执行能力的集中体现"[2]，制度体系现代化即通过构建完备、科学、规范和高效的中国特色社会主义制度体系，以制度体系的优势来推动国家和社会各项事务治理的制度化、规范化、程序化，从而提升国家治理的效能。可见，制度体系的现代化是衡量国家治理体系和治理能力现代化水平的重要标志。另一方面，作为观念上层建筑，价值体系的现代化是推进国家治理体系和治理能力现代化的思想保障，是体现作为政治上层建筑的制度体系的"灵魂"。国家治理是在一定价值目标的导向下进行的，制度的制定者与执行者都有一定的价值偏好，制度体

---

① 《马克思恩格斯选集》第4卷，人民出版社，2012，第259页。
② 《习近平谈治国理政》，外文出版社，2014，第105页。

系与治理手段必然体现一定社会的核心价值观念。以社会主义核心价值观引领文化建设，能够为新时代推进文化治理现代化提供丰富的精神资源与强大的精神支撑。在现代国家治理实践中，正是作为政治上层建筑的制度体系与作为观念上层建筑的价值体系的相互作用、相互配合，形成制度"骨骼"与价值"灵魂"的正向合力，有效推进了国家治理体系和治理能力现代化目标的实现。因此，坚持以社会主义核心价值观引领文化建设，体现了中国共产党对政治上层建筑与观念上层建筑辩证关系的科学把握。

三　全面推进国家治理体系和治理能力现代化的必然要求

坚持以社会主义核心价值观引领文化建设，推动社会主义核心价值观转化为文化治理效能，是全面推进国家治理体系和治理能力现代化的必然要求。国家治理的具体路径和战略选择，受到治理价值理念、治理制度体系和治理文化传统的综合作用和影响。其中，治理的价值理念是国家治理中最为根本的和深层次的动因。习近平总书记明确指出："推进国家治理体系和治理能力现代化，要大力培育和弘扬社会主义核心价值体系和核心价值观。"[①] 现代化的国家治理，必定要集中反映国家主流意识形态的要求，必定要集中体现国家的核心价值观。在国家治理体系和治理能力现代化实现的历史进程中，社会主义核心价值观为国家治理价值理念的创新提供了价值导向，为国家治理实践的开拓指明了发展方向，为国家治理体系和治理能力现代化目标的实现铸就了精神力量。

（一）社会主义核心价值观为国家治理价值理念的创新提供了价值导向

价值和文化的力量是任何社会和国家发展中具有深刻影响力的重要因素。美国学者安东尼·奥罗姆指出："政治社会的建立并非基于法律，而是基于感情、信念、思想以及组成社会的那些人的心灵和思想的习性。"[②] 在漫长的历史文化发展实践中，一个国家经过长期积淀而形成的价值体系和文化资本，对于国家治理价值理念和国家发展道路都产生了

---

① 《习近平谈治国理政》，外文出版社，2014，第106页。
② 〔美〕安东尼·奥罗姆：《政治社会学导论》，张华青等译，上海人民出版社，2014，第88页。

深刻而持久的影响。综观中国古代社会，在不同历史时期蕴含不同基本价值观的道德治理文化一直贯穿始终，并在中国传统社会的国家治理实践中发挥了重要作用。正如梁漱溟所说，中国社会是"以道德代宗教，以礼俗代法律"①，"中国人却从中国就家庭关系推广发挥，而以伦理组织社会"②。从西周时期的"礼乐文明"促成中国道德治理的第一次集成，到汉武帝时期以儒学为官方意识形态促成以道德治理为核心的中国治理文化的定型，其核心价值观在整个社会统治或治理中都起到了重要的价值导向作用。例如，商鞅变法以来，秦国的核心价值观是法家的"耕战"思想，"以吏为师""勇于公战而怯于私斗"成为秦人的习惯，这种习惯甚至渗透到了道德层面。汉武帝通过"罢黜百家，独尊儒术"，使倡导"仁义礼智信"核心价值观的儒家思想逐步成为之后历代王朝中占据主导地位的统治和治理理念，成为中国传统社会最核心的价值观，而这种核心价值观深刻影响了中国封建社会的治国理念以及中国人的生活方式。转观西方，核心价值观同样是国家存在和发展最基本和最核心的理念，这些理念也同样深刻影响了西方国家不同时期的治理理念和治理实践。在众多的西方国家中，核心价值观的概念表述通常使用"立国价值"（Regime Value）。关于这种"立国价值"对于国家社会发展的重要性，美国社会学家丹尼尔·贝尔（Daniel Bell）和塔尔科特·帕森斯（Talcott Parsons）指出，一个社会的发展与秩序的稳定的首要前提与基础，需要某种共同的价值体系的维护。因为正如托克维尔（Alexis-Charles-Henri Clérel de Tocqueville）所说："一个没有共同信仰的社会，就根本无法存在，因为没有共同的思想，就不会有共同的行动，这时虽然有人存在，但构不成社会。因此，为了使社会成立，尤其是为了使社会欣欣向荣，就必须用某种主要的思想把全体公民的精神经常集中起来，并保持其整体性。"③ 因此，在西方国家治理中，为了显示"立国价值"的重要性和神圣性，很多国家都以立法的形式确立本国"立国价值"的重要地位，并进一步将这种"立国价值"渗透于国家治理理念与治理实践之中。

---

① 梁漱溟：《中国文化要义》，上海人民出版社，2011，第276页。
② 梁漱溟：《中国文化要义》，上海人民出版社，2011，第77页。
③ 〔法〕托克维尔：《论美国的民主》（下），董果良译，商务印书馆，1988，第524页。

　　审视当代中国，在传统计划经济体制和政治体制被逐渐替代和置换的背景下，高度一元化意识形态的价值体系不断受到冲击和挑战，社会价值体系出现了日益多元化的发展趋势。在价值多元化的时代，我国面临政府与市场、集权与分权、平等与效率等诸多价值冲突和价值选择的困境。如何均衡各种价值体系，整合社会文化机制，凝聚社会力量，形成得到社会普遍认可的占主导地位的核心价值观，成为当前转型期国家治理面临的严峻挑战。在深刻汲取与继承中华民族优秀文化品性与传统、积极借鉴世界优秀文化发展成果的基础上，党的十八大立足当代，顺应时代发展，提炼出反映民族特色与时代潮流的社会主义核心价值观，推动了我国传统价值体系向现代价值体系的转换，为国家治理理念的创新和治理实践的发展提供了重要的价值源泉。社会主义核心价值观是在对世界现代价值观、中国传统价值观与社会主义价值观的反思、借鉴与精练的基础上提出的，为我国国家治理理念的创新提供了主导思想和价值导向。国家治理理念的创新是国家治理体系和治理能力现代化的首要前提，社会主义核心价值观的"三个倡导"，从三个不同层面为国家治理理念的创新指明了方向："富强、民主、文明、和谐"是国家层面的价值目标，这一价值目标明确了国家的发展理念与方向，有利于调动一切积极因素逐步把我国建设成为一个强大的社会主义国家；"自由、平等、公正、法治"是社会层面的价值取向，这一价值取向引导着社会发展的价值选择，"社会平等和公正"的价值理念与"经济增长和效率"等价值理念进行了重新的价值排序和价值均衡，全社会更加倡导的是在自由与公正的基础上，城乡、区域和阶层之间的协调与和谐发展；"爱国、敬业、诚信、友善"是公民个人层面的价值准则，这一价值准则诠释了公民与国家、社会和他人之间的关系，对于公民在国家建设和社会发展中充分发挥主体作用具有重要的价值导向意义。因此，社会主义核心价值观的"三个倡导"，从国家、社会和公民个人三个不同层面给国家治理理念的创新注入了精神力量，这"三个倡导"在协调和平衡各种价值体系的基础上，给当前我国国家治理中如何正确处理国家、社会和公民个人关系，如何做到统筹兼顾、和谐发展，提供了重要的理念启发和价值导向。

（二）社会主义核心价值观为国家治理实践的开拓指明了发展方向

　　从学术理论的渊源来看，国家治理的概念和理论是在21世纪人类政治从统治走向治理的发展背景下提出来的。20 世纪 80 年代以来，在全球化和信息化的浪潮下，对于公共事务的管理出现了政府与市场的双重失灵，传统的管理模式已经不能再满足公共事务管理的需要。在此时代背景下，治理理论逐渐兴起。按照 1995 年全球治理委员会对治理的定义，"治理是各种公共的或私人的个人和机构管理其共同事务的诸多方式的总和"①。治理这一内涵是从社会中心论出发，在以民为本等现代价值观指导下，强调治理主体的多元化、治理方式的合作互动化，通过重新定位政府角色，进一步规范国家和政府的职责。以此为基础的现代国家治理，本质上则是在充分考虑治理理念中社会诉求的同时，进一步强调国家通过发挥其属性及职能，在协调各种社会矛盾和维持特定秩序中发挥主导作用的重要性。所谓国家治理，是指主权国家的执政者及国家机关（包括立法、行政和司法等机关）为了实现社会发展目标，通过一定的体制设置和制度安排，协同经济组织、政治组织、社会团体和公民一起，共同管理社会公共事务、推动经济和社会其他领域发展的过程。它是多层管理主体共同管理社会公共事务、处理社会冲突、协调不同利益主体的一系列制度、体制、规则、程序和方式的总和。② 从这一概念可以看出，治理主体多元化和治理方式的合作互动化是国家治理的重要特征，自由、民主、公正等价值理念，内化于国家治理的理念，外化于国家治理实践之中。社会主义核心价值观中的"三个倡导"在国家治理理念创新上提供重要价值导向的同时，更为国家治理实践的开拓指明了发展方向。

改革开放以来，在社会主义核心价值观的价值导向下，我国的国家治理理念不断创新和发展，国家治理实践在中国特色社会主义事业建设的历史进程中不断丰富与拓展。首先，在国家层面，社会主义核心价值观从"富强、民主、文明"发展丰富为"富强、民主、文明、和谐"，推动了中国特色社会主义事业总体布局由"三位一体"到"五位一体"的发展演变。从党的十三大明确提出"富强、民主、文明""三位一体"的奋斗目标，到党的十四大进一步明晰"三位一体"总体布局的脉络和思路；从 2005 年胡锦涛同志第一次提出"四位一体"的中国特色社会主

---

① 参见俞可平主编《治理与善治》，社会科学文献出版社，2000，第 4 页。
② 参见郭小聪《财政改革：国家治理转型的重点》，《人民论坛》2010 年第 5 期，第 24 页。

义事业总体布局的完整概念，到党的十七大从经济建设、政治建设、文化建设和社会建设方面对"四位一体"总体布局全面深入论述；从2008年胡锦涛同志在全党深入学习实践科学发展观活动动员大会上发表重要讲话，第一次将生态文明建设与经济建设、政治建设、文化建设和社会建设并列提出，到党的十八大明确提出建设中国特色社会主义的总体布局是包括生态文明建设在内的"五位一体"。在这一历史演进过程中，"富强、民主、文明、和谐"的社会主义核心价值观既推动了我国国家治理理念的不断创新，又推动了我国国家治理实践的不断丰富发展，推动我国的国家治理体系和治理能力不断向着科学化和现代化方向发展。其次，在社会层面，社会主义核心价值观从倡导"自由、平等、公正、法治"的现代价值观视角，推动了以公平正义为主导价值的社会主义和谐社会建设。2006年党的十六届六中全会提出社会主义和谐社会的总要求，通过公平正义和民主法治制度环境的建设与创设，保障人民群众各方面的权益，推动社会和谐发展。社会主义核心价值观所倡导的"自由、平等、公正、法治"现代价值观作为重要价值取向，指明了我国社会治理实践的发展方向，推动了社会主义和谐社会的构建。最后，在公民个人层面，社会主义核心价值观以"爱国、敬业、诚信、友善"为价值准则规范公民个人的道德行为，为国家治理的现代化提供了重要的动力之源。现代国家治理理论强调，在公共事务的治理上，要充分发挥民主，积极调动社会第三部门和公民的参与，实现治理主体的多元化和治理方式的合作互动化。其中，公民有效参与的基本前提是公民自身素质的全面发展和提高。"爱国、敬业、诚信、友善"的社会主义核心价值观，规范了个人与国家、社会和他人之间的关系，只有正确处理个人与国家、社会和他人之间的关系，公民个人才能真正在和谐的环境中发展完善自己，才能真正成为国家治理实践的重要参与者，发挥主体性作用，成为推进国家治理体系和治理能力现代化的动力之源。

（三）社会主义核心价值观为国家治理体系和治理能力现代化目标的实现铸就了精神力量

在中国特色社会主义建设的实践进程中，国家治理体系和治理能力现代化与中国特色社会主义制度化是相互统一的，二者是同一主题的两个方面，只有实现了国家治理体系和治理能力的现代化，才能真正实现中国特色社会主义的制度化。国家治理体系和治理能力的现代化要将科学、民主、法治、规范等理念融入整个国家治理理念与治理实践。习近平总书记指出，"国家治理体系和治理能力是一个国家的制度和制度执行能力的集中体现，两者相辅相成"①。国家治理体系是国家治理的制度、系统、结构和框架问题，国家治理能力则是运用科学现代的治理方式发挥国家治理体系的独特功能的问题，二者统一于中国特色社会主义制度体系丰富和完善的进程之中。国家治理体系和治理能力现代化，既注重国家治理体系制度化、科学化、规范化、程序化，又强调治理者要善于运用民主、法治等治理理念，把国家的制度优势转化为治理效能。当政府、市场、社会与公民在相互合作、协商和互动的过程中达到一个最佳状态时，就是"善治"。按照我国学者俞可平教授的观点，合法性、透明性、责任性、法治、回应、有效是"善治"的基本要素。"善治就是使公共利益最大化的社会管理过程。善治的本质特征就在于它是政府与公民对公共生活的合作管理，是政治国家与公民社会的一种新颖关系，是两者的最佳状态。"② 而要实现上述最佳状态的"善治"，则必须首先具备民主、法治、效率、协调等现代化的治理理念，并善于将这些治理理念运用于治理实践之中。

现代社会的一个重要特征和发展趋势是思想领域的价值观多元化。虽然价值观的多元化在一定程度上促进了社会的开放性和人们行为选择的自主性与多样性，对于激发社会活力和推动社会进步具有一定的积极作用，但是在一个国家和社会发展过程中，如果价值观过于多元化，甚至"碎片化"，缺少一种核心价值观来引领，各种价值观念相互冲突，会给国家和社会的发展带来诸多不稳定的因素，成为国家治理体系和治理能力现代化目标实现的巨大障碍。在当代中国，随着经济体制与社会结构的改革和分化，出现了多元化的社会利益主体，各个利益主体都有着自己不同的利益表达与利益诉求，反映在思想领域就是价值观的逐渐多元化。在我国如此超大规模的社会治理过程中，面对的很多矛盾，从本质上看都是由于价值观的差异和冲突引起的。因此，要想实现国家治

① 《习近平谈治国理政》，外文出版社，2014，第105页。
② 俞可平主编《治理与善治》，社会科学文献出版社，2000，第8~9页。

理体系和治理能力现代化的目标，实现真正的"善治"，就需要整合多元社会治理主体的价值观，形成多元治理主体之间的一种最佳关系状态。在此背景下，形成了一种占主导地位的核心价值观，在国家治理中发挥整合和引领作用，是国家治理体系和治理能力现代化目标实现的重要精神力量。党的十八大提出的社会主义核心价值观，反映了社会主义的本质，为当前我国最大限度地整合社会思想，形成国家治理理念上的共识，调动一切治理主体的能动性提供了强大的精神力量。"三个倡导"从国家、社会和公民个人三个层面，引导着不同层面和阶层发展的价值取向，在尊重差异、包容多样的基础上保持共同的理想信念和价值追求，使社会群体与组织之间，以及个人与国家、社会和他人之间形成彼此信任和相互合作的最佳关系状态，有助于社会成员认同感和社会凝聚力的提升。因此，社会主义核心价值观是我国国家治理体系和治理能力现代化的重要支撑和精神力量，是国家治理体系和治理能力现代化的灵魂。2013 年 12 月 23 日，中共中央办公厅印发的《关于培育和践行社会主义核心价值观的意见》强调，要把践行社会主义核心价值观作为社会治理的重要内容，融入制度建设和治理工作中，形成科学有效的诉求表达机制、利益协调机制、矛盾调处机制、权益保障机制，最大限度增进社会和谐。在国家治理中，社会主义核心价值观的融入要注重内化于道德教化和外化于制度规范二者的结合。在内化上，充分发挥社会主义核心价值观的道德引导作用，通过提升社会道德水平和凝聚人心，进一步提升国家治理的效能；在外化上，通过将社会主义核心价值观融入国家治理的制度建设，使本身相对抽象的价值观念转化成具体的制度规范，进而影响和指导人们的生活方式和行为方式。通过这种结合，切实发挥社会主义核心价值观对实现国家治理体系和治理能力现代化的精神力量和价值支撑的作用。

　　总之，在推进国家治理体系和治理能力现代化的历史进程中，社会主义核心价值观为国家治理理念的创新提供了价值导向，为国家治理实践的开拓指明了发展方向，为国家治理体系和治理能力现代化目标的实现铸就了精神力量。在思想文化日益多元化的背景下，以社会主义核心价值观引领文化建设，是推进国家治理体系和治理能力现代化的重要内容，推动社会主义核心价值观转化为治理效能，能够为新时代文化治理体系与治理能力的现代化提供重要的价值指引。

第三章　社会主义核心价值观引领文化
建设的现实境遇

"一切划时代的体系的真正的内容都是由于产生这些体系的那个时期的需要而形成起来的。"① 当前，要依据社会主义核心价值观引领文化建设的条件保障与所处的发展环境，客观分析社会主义核心价值观引领文化建设的现实境遇，科学判断社会主义核心价值观引领文化建设面临的重要机遇和需要应对的各种挑战。

第一节　社会主义核心价值观引领文化建设取得的成绩

作为文化软实力的灵魂，社会主义核心价值观对于社会主义文化建设具有重要的引领作用。党的十八大以来，社会主义核心价值观在引领社会主义文化的繁荣发展，引领新时代精神文化产品创作坚持社会主义先进文化的方向等方面取得了显著的成绩。

一　引领社会主义文化的繁荣发展

改革开放以来，特别是党的十八大以来，我国文化建设坚持正确的发展方向与价值取向，文化事业和文化产业的发展取得了优异的成绩，社会主义文化呈现大繁荣大发展的态势。2018 年我国文化产业实现增加值 38737 亿元，2005～2018 年文化产业增加值年均增长 18.9%，文化产业增加值占 GDP 的比重由 2012 年的 2.36% 提高到 2018 年的 4.30%。从对经济增长的贡献看，2013～2018 年，文化产业对 GDP 增量的年平均贡献率为 5.5%。②

---

① 《马克思恩格斯全集》第 3 卷，人民出版社，1960，第 544 页。
② 参见《文化事业繁荣兴盛 文化产业快速发展——新中国成立 70 周年经济社会发展成就系列报告之八》，中国政府网，https://www.gov.cn/xinwen/2019 – 07/25/content_5415 076.htm，最后访问日期：2023 年 6 月 10 日。

（一）文化机构的发展情况

2012～2020 年，全国主要公共图书馆、博物馆、艺术表演场馆、文化馆（站）、艺术表演团体均保持平稳增长态势（见图 3-1）。

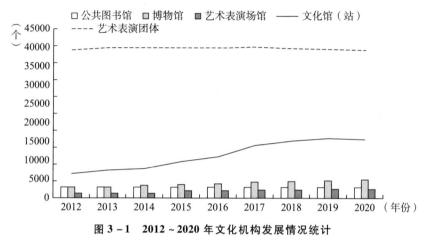

图 3-1　2012～2020 年文化机构发展情况统计

数据来源：根据国家统计局 "年度数据" 整理，详见 https://data.stats.gov.cn/easyquery.htm? cn = C01。

第一，2012～2020 年全国公共图书馆人均资源情况。2020 年末，全国平均每万人公共图书馆建筑面积 126.49 平方米，比 2019 年末增加 5.09 平方米；2020 年末，全国人均图书藏量 0.84 册，比 2019 年末增加 0.05 册（见图 3-2）。总的来说，2012～2020 年全国平均每万人公共图书馆建筑面积和全国人均图书藏量均保持上升态势。

第二，2012～2020 年全国平均每万人群众文化设施建筑面积情况。2012～2020 年，全国平均每万人群众文化设施建筑面积呈平稳增长态势。2020 年全国平均每万人群众文化设施建筑面积为 331.32 平方米，比 2012 年增长 42.66%（见图 3-3）。

（二）广播影视行业的发展情况

2020 年全国有线广播电视实际用户数为 2.07 亿户，占全国家庭总户数的 46.23%，是 1998 年有线广播电视实际用户数 0.28 亿户的 7.4 倍。在有线广播电视实际用户中，数字电视用户数为 2.0 亿户，比 2012 年增长 39.05%。

图 3 - 2　2012 ~ 2020 年全国公共图书馆人均资源情况统计

数据来源：根据国家统计局 "年度数据" 整理，详见 https://data.stats.gov.cn/easyquery.htm? cn = C01。

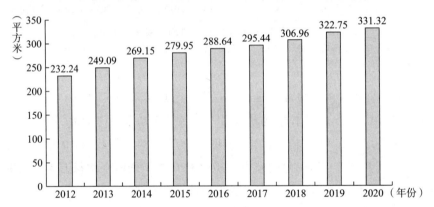

图 3 - 3　2012 ~ 2020 年全国平均每万人群众文化设施建筑面积情况统计

数据来源：根据国家统计局 "年度数据" 整理，详见 https://data.stats.gov.cn/easyquery.htm? cn = C01。

第一，2010 ~ 2020 年广播节目人口覆盖率情况。2010 ~ 2020 年，全国广播节目综合人口覆盖率与广播节目农村人口覆盖率均保持增长态势，且两者相差较小。其中，2020 年全国广播节目综合人口覆盖率达 99.39%，较之 2012 年增长 1.88 个百分点；广播节目农村人口覆盖率达 99.17%，较之 2012 年增长 2.57 个百分点（见图 3 - 4）。

第二，2010 ~ 2020 年电视节目人口覆盖率情况。2010 ~ 2020 年，全国电视节目综合人口覆盖率与电视节目农村人口覆盖率均保持增长态势，目两者相差较小。其中，2020 年全国电视节目综合人口覆盖率达99.59%，较之 2012 年增长 1.39 个百分点；电视节目农村人口覆盖率达99.45%，较之 2012 年增长 1.90 个百分点（见图 3 - 5）。

图 3 - 4　2010～2020 年广播节目人口覆盖率情况统计

数据来源：根据国家统计局"年度数据"整理，详见 https://data.stats.gov.cn/easyquery.htm? cn = C01。

图 3 - 5　2010～2020 年电视节目人口覆盖率情况统计

数据来源：根据国家统计局"年度数据"整理，详见 https://data.stats.gov.cn/easyquery.htm? cn = C01。

第三，2010～2020 年公共广播电视节目情况。2010～2020 年，全国公共广播节目套数和公共电视节目套数保持平稳增长态势。2020 年开办公共广播节目达 2932 套，比 2012 年增长 11.6%；2020 年开办公共电视节目 3603 套，比 2012 年增长 10.1%（见图 3 - 6）。

第四，2006～2020 年全国电影综合收入情况。截至 2018 年，全国电影综合收入达 609.76 亿元，是 2006 年的 10.6 倍，是 2012 年的 3.57 倍（见图 3 - 7）。从柱状图可以看出，2020 年受新冠疫情影响，电影院开放受限、影片播放受限，导致全国电影综合收入大幅减少。

图 3 - 6　2010～2020 年公共广播电视节目情况统计

数据来源：根据国家统计局"年度数据"整理，详见 https://data.stats.gov.cn/easyquery.htm? cn = C01。

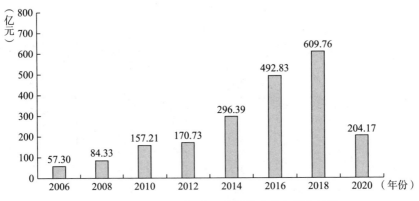

图 3 - 7　2006～2020 年全国电影综合收入情况统计

数据来源：根据国家统计局"年度数据"整理，详见 https://data.stats.gov.cn/easyquery.htm? cn = C01。

（三）新闻出版产业的发展

2020 年，全国共输出图书、音像制品和电子出版物版权 13895 项，引进图书、音像制品和电子出版物版权 14185 项。其中，向美国、英国、日本、俄罗斯、印度等国家或地区输出宣传阐释习近平新时代中国特色社会主义思想、介绍中国建设成就经验图书版权 140 多项，介绍新冠疫情防控知识图书版权 400 多项，涉及英语、日语、俄语、印地语、阿拉伯语等多种文字。①

第一，图书出版种类数及总印数情况。截至 2020 年，全国图书出版种类数达 489051 种，是 1978 年的 32.6 倍，全国图书出版总印数达 103.7 亿册，是 1978 年的 2.75 倍（见图 3 - 8）。总的来说，1978～2020 年，全国图书出版种类数及总印数均保持平稳增长态势。

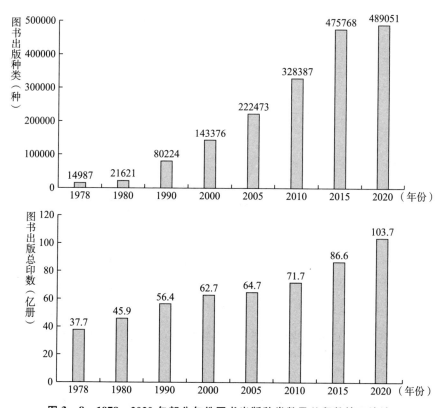

图 3 - 8　1978～2020 年部分年份图书出版种类数及总印数情况统计

数据来源：根据国家统计局"年度数据"整理，详见 https://data.stats.gov.cn/easyquery.htm? cn = C01。

第二，期刊出版种类数及总印数情况。截至 2020 年，全国出版期刊种类数达 10192 种，是 1978 年的 11 倍（见图 3 - 9）。总体来看，1978～2020 年，全国期刊出版种类数保持平稳增长态势，全国期刊出版总印数

---

① 参见《2020 年新闻出版产业分析报告》，国家新闻出版署，http://www.nppa.gov.cn/nppa/upload/files/2021/12/910c52660b947756.pdf，第 3 页，最后访问日期：2023 年 6 月 10 日。

保持动态平衡。同时，党的十八大以来文化部实施期刊质量管理工程，2020 年期刊出版总印数有所减少。

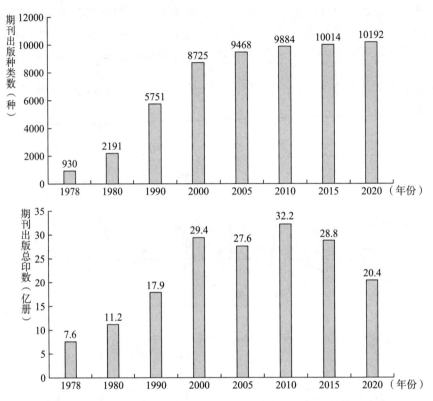

图3-9　1978～2020 年部分年份期刊出版种类数及总印数情况统计
数据来源：根据国家统计局"年度数据"整理，详见 https://data. stats. gov. cn/easyquery. htm？cn = C01。

第三，报纸印刷种类数及总印数情况。截至 2020 年，全国报纸印刷种类数达 1810 种，是 1978 年的 9.7 倍，全国报纸印刷总印数达至 289.1 亿册，是 1978 年的 2.3 倍（见图 3-10）。总体来看，1990～2020 年全国报纸印刷种类数和总印数保持动态平衡，其中，2020 年的全国报纸印刷种类数及总印数较之 2015 年有所减少与网络媒体的崛起和新冠疫情有一定关联。

二　引领新时代精神文化产品创作坚持社会主义先进文化的方向

"作为精神事业，文化文艺、哲学社会科学当然就是一个灵魂的创作,一是不能没有,一是不能混乱。"①　新时代精神文化产品创作生产传播,"广大文艺工作者要把培育和弘扬社会主义核心价值观作为根本任务"②,以社会主义核心价值观为引领,创作符合中华优秀文化传统的价值观念,契合新时代人民群众文化新需要的优秀作品。党的十八大以来,社会主义核心价值观在引领文化建设坚持弘扬主旋律、坚持社会主义先进文化的前进方向等方面取得了突出的成绩。

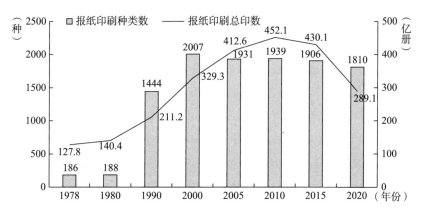

图 3 - 10　1978 ~ 2020 年报纸印刷种类数及总印数情况统计

数据来源:根据国家统计局"年度数据"整理,详见 https://data.stats.gov.cn/easyquery.htm? cn = C01。

(一) 弘扬主流价值的社会科学精品成果倍出

党的十八大以来,《习近平谈治国理政》各卷中文版、多种语言版相继出版发行,《马克思恩格斯选集》最新版,马克思主义经典著作合集、单行本的再版,以及有关讴歌新时代、致敬中国共产党、赞颂人民的优秀图书相继出版。2019 年,《习近平新时代中国特色社会主义思想学习纲要》《习近平关于"不忘初心、牢记使命"论述摘编》《中国共产党政法工作条例》《党的十九届四中全会〈决定〉学习辅导百问》等 82种一般图书年度单品种累计印数达到或超过 100 万册。其中,主题图书20 种,占 24.4% 。《习近平新时代中国特色社会主义思想学习纲要》累计印数超过 7800 万册,《习近平关于"不忘初心、牢记使命"论述摘编》累

①　《习近平谈治国理政》第 3 卷,外文出版社,2020,第 322 页。
②　《习近平谈治国理政》第 2 卷,外文出版社,2017,第 351 页。

计印数达到 4700 万册，《习近平在正定》《习近平在宁德》《习近平在厦门》累计印数均超过 200 万册，《中国共产党政法工作条例》累计印数达到 150 万册，《中国共产党问责条例》累计印数达到 110 万册。①

（二）主流报纸、期刊印数持续增加

2019 年，《人民日报》《光明日报》《经济日报》平均期印数和总印数均继续增加。《人民日报》继续稳居综合类报纸平均期印数和总印数第一名，《光明日报》《经济日报》平均期印数和总印数在综合类报纸中排名上升（见表 3－1）。《求是》、《中国纪检监察》、《时事报告》（大学生版）、《时事》（初中）、《半月谈》平均期印数在超过 100 万册基础上继续增加，总印数合计增加 1160.5 万册。《人民日报》《求是》改扩版，总印数分别增加 1965.5 万份、213.1 万册。② 2020 年，《时事报告》（大学生版）、《读者》等 8 种期刊平均期印数超过 100 万册，其中，《时事报告》（大学生版）平均期印数超过 600 万册③，主流报纸、期刊持续发挥舆论阵地引领作用（见表 3－2）。

表 3－1　2019 年平均期印数排名前 10 的综合类报纸统计

排名	报纸名称	刊期	所在省份	2018 年排名	排名变化
1	《人民日报》	周七刊	中央在京	1	0
2	《参考消息》	周七刊	中央在京	2	0
3	《新华每日电讯》	周七刊	中央在京	3	0
4	《光明日报》	周七刊	中央在京	7	3
5	《环球时报》	周六刊	中央在京	5	0
6	《南方日报》	周七刊	广东	8	2
7	《经济日报》	周七刊	中央在京	9	2
8	《半岛都市报》	周六刊	山东	6	－2

---

① 参见《2019 年新闻出版产业分析报告（摘要）》，国家新闻出版署，https://www.nppa.gov.cn/xxgk/fdzdgknr/tjxx/202305/P020230530662727019319.pdf，第 24 页，最后访问日期：2023 年 6 月 10 日。

② 参见《2019 年新闻出版产业分析报告（摘要）》，国家新闻出版署，https://www.nppa.gov.cn/xxgk/fdzdgknr/tjxx/202305/P020230530662727019319.pdf，第 2 页，最后访问日期：2023 年 6 月 10 日。

③ 参见《2020 年新闻出版产业分析报告》，国家新闻出版署，https://www.nppa.gov.cn/xxgk/fdzdgknr/tjxx/202305/P020230530665523625729.pdf，第 25 页，最后访问日期：2023 年 6 月 10 日。

续表

排名	报纸名称	刊期	所在省份	2018 年排名	排名变化
9	《都市快报》	周七刊	浙江	10	1
10	《钱江晚报》	周七刊	浙江	11	1

数据来源:《2019 年新闻出版产业分析报告(摘要)》,国家新闻出版署,https://www.nppa.gov.cn/xxgk/fdzdgknr/tjxx/202305/P020230530662727019319.pdf,第 30 页,最后访问日期:2023 年 6 月 10 日。

表 3-2 2020 年平均期印数排名前 10 的期刊统计

排名	期刊名称	刊期	所在地区	2019 年排名	排名变化
1	《时事报告》(大学生版)	半年刊	中央在京	1	0
2	《读者》	半月刊	甘肃	2	0
3	《求是》	半月刊	中央在京	4	1
4	《中共中央办公厅通讯》	月刊	中央在京	3	-1
5	《时事》(初中)	季刊	中央在京	6	1
6	《中国纪检监察》	半月刊	中央在京	8	2
7	《半月谈》	半月刊	中央在京	7	0
8	《特别关注》	月刊	湖北	10	2
9	《时事》(高中)	季刊	中央在京	11	2
10	《党风廉政建设》	月刊	中央在京	13	3

数据来源:《2020 年新闻出版产业分析报告》,国家新闻出版署,https://www.nppa.gov.cn/xxgk/fdzdgknr/tjxx/202305/P020230530665523625729.pdf,第 25 页,最后访问日期:2023 年 6 月 10 日。

(三)倡导主旋律的人民大众文学作品、影视文化精品层出不穷

优秀原创图书热度持续提高。2019 年,31 种文学、少儿原创图书年度印数达到或超过 100 万册,较 2018 年增加 7 种,增长 29.2%。《红岩》《创业史》《平凡的世界》《围城》《论语译注》等本土原创经典图书年度印数达到或超过 50 万册,优秀原创作品显现出旺盛的生命力。① 鲁迅、老舍、林清玄、汪曾祺等国民大家的经典作品一版再版,反映了广大人民群众不断增长的精神文化需求,集中体现了以社会主义核心

---

① 参见《2019 年新闻出版产业分析报告(摘要)》,国家新闻出版署,https://www.nppa.gov.cn/xxgk/fdzdgknr/tjxx/202305/P020230530662727019319.pdf,第 3 页,最后访问日期:2023 年 6 月 10 日。

价值观引领精神文明创建取得的巨大成就。弘扬主旋律、歌颂新时代的影视文化精品不断涌现，2019 年献礼新中国成立 70 周年的《我和我的祖国》《中国机长》，2021 年献礼中国共产党成立 100 周年的《觉醒年代》《1921》《革命者》等影视作品获得广泛好评；网络视听作品也以生动的形式记录现实，细腻呈现新冠疫情下的动人故事，如上海广播电视台纪录片中心随队拍摄上海援鄂医疗队，制作并播出 6 集纪录片《人间世·抗击疫情特别节目》；腾讯视频推出的原创栏目《人间值得》，通过不同特辑反映社会各个圈层人物的不同奋斗路径与共同坚守，传播新时代的榜样故事。

（四）推进精神文明建设"五个一工程"与设立重大题材网络影视剧项目库

由中共中央宣传部组织的精神文明建设"五个一工程"评选活动，自 1992 年起，每年进行一次，评选上一年度各省、自治区、直辖市和中央部分部委，以及解放军原总政治部等单位组织生产、推荐申报的精神产品中五个方面的精品佳作，即一部好的戏剧作品、一部好的电视剧（片）作品、一部好的图书（限社会科学方面）、一部好的理论文章（限社会科学方面），并对组织这些精神产品生产成绩突出的省、自治区、直辖市党委宣传部和部队有关部门，授予组织工作奖。同时，为深入学习贯彻落实习近平新时代中国特色社会主义思想，落实习近平总书记文艺工作座谈会重要讲话精神和关于文艺工作的重要论述，大力加强网络视听精品节目创作，国家广播电视总局于 2020 年设立重大题材网络影视剧项目库。国家广播电视总局依托重大题材网络影视剧项目库，加强顶层设计，制定创作规划，指导网络视听行业牢牢把握正确的政治方向、舆论导向和价值取向，始终坚持以人民为中心的创作导向，紧紧围绕党和国家重大宣传时间节点，守正创新、培根铸魂，倾力打造重大题材网络视听原创精品力作。项目库内作品包括网络剧、网络电影、网络纪录片，例如，网络剧《北斗》《特勤第八组》《我们的时代》《运河上的家》《浴血无名川》《约定》《沪上十年》，网络电影《春来怒江》《雾季行动》《边关铿锵玫瑰》《空降排》《凡人英雄》，网络纪录片《智慧中国》（第三季）、《小康社会》、《百年党史"潮"青年》等弘扬主旋律的影视作品。

三　引领新时代网络文明建设取得突出成效

2021 年 9 月，中共中央办公厅、国务院办公厅印发《关于加强网络文明建设的意见》强调，要以社会主义核心价值观引领网络文化建设，以社会主义核心价值观引领群众性精神文明创建活动向网上有效延伸，广泛凝聚新闻网站、商业平台等传播合力，提升网络文明品牌活动，提高网民思想道德素质，营造向上向善、诚信互助的网络风尚，把社会主义核心价值观传播到广大网民中、传导到社会各方面。以中国文明网为例，中国文明网通过设置"群众性精神文明创建"网页专栏，内含文明城市、文明村镇、文明单位、文明校园、文明家庭五个专题栏目，传播主流价值观，有利于推动实现网上网下文明建设的有机融合、相互促进。

（一）全国文明城市、文明村镇、文明单位、文明家庭、文明校园的评选

全国文明城市是反映一个城市经济、政治、文化、社会、生态文明建设和党的建设综合发展成果的最高荣誉，是社会公认的综合性强、含金量高、公信力大的城市荣誉称号。由中央文明办一局、中国文明网联合推出的"点滴文明美好生活——全国文明城市创建实地点位治理案例展播"专栏，选取部分城市在实地点位治理中的典型案例，网站展示专栏含主要街道、背街小巷、老旧小区、农贸市场、城中村、城郊接合部、交通路口、公共广场、景区景点、市辖区乡镇，供各地学习参考。全国文明城市、文明村镇、文明单位的评选活动始于 2005 年，每三年一评，至今已评六届。此外，全国文明家庭评选活动自 2016 年开启，每三年一评，目前评至第二届，共评选出全国文明家庭 799 个。全国文明校园评选活动自 2017 年开启，每三年一评，目前评至第二届，共评选出全国文明校园 1135 个。

（二）系列先进人物的网络评选活动

中国文明网设有"文明培育"专栏，内设"当代雷锋""时代楷模""道德模范""最美人物""身边好人""四个 100""新时代好少年"七个固定滚动专栏，同时设有"时代楷模主题作品展播""乡村'复兴少年宫'""文明餐桌""诚信建设"宣传报道条目，实时报道宣传相关人物与事迹。其中，"当代雷锋"的评选人物为郭明义、庄仕华、孙茂芳；"道德模范"已评选至第八届；"时代楷模"评选从 2014 年开始，每年一评；"新时代好少年"评选活动从 2018 年开始，共评选推出 98 名；"最美人物"评选于 2021 年启动。

中央文明办通过中国文明网组织开展"我推荐我评议身边好人"活动，发动广大网友和城乡基层干部群众举荐身边好人好事，定期推评"中国好人榜"，举办"中国好人榜"发布仪式暨全国道德模范与身边好人现场交流活动，生动讲述新时代身边好人故事，大力弘扬社会主义核心价值观，在全社会营造学习好人、宣传好人、关爱好人、争当好人的浓厚氛围，激励人们向上向善、孝老爱亲，忠于祖国、忠于人民。上述相关人物、活动事迹等均在中国文明网"我推荐我评议身边好人"专栏发布。截至 2022 年 5 月，"中国好人"网上评议和发布活动，累计评出"中国好人"15000 余人，重点宣传展示候选人先进事迹 7200 余件，参与互动人次超过 100 亿。2015 年以来，中国文明网开展了全国学雷锋志愿服务"四个 100"先进典型评选（简称"四个 100"），"四个 100"主要指 100 个"最美志愿者"、100 个"最佳志愿服务组织"、100 个"最佳志愿服务项目"、100 个"最佳志愿服务社区"。上述系列先进人物和先进典型的网络评选活动，形成了良好的示范带动效应，在全社会营造了学习中国好人、争当时代新人的浓厚氛围，为弘扬社会主义核心价值观，推动网络文明建设发挥了积极作用。

（三）实施网络内容建设工程，弘扬网络空间的主旋律和正能量

党的十八大以来，我国通过实施网络内容建设工程，持续加强网络正能量建设，策划推出"牵妈妈的手""把青春华章写在祖国大地上"等网络主题宣传和互动引导活动，成功举办中国正能量"五个一百"网络精品征集评选展播活动，不断丰富网上内容供给，凝聚起亿万网民奋进新时代的强大精神力量。中国正能量"五个一百"网络精品征集评选展播活动，由中央网信办主办、主要商业网站平台协办，设置"百个优秀网络正能量建设者""百篇精品网络正能量文字""百幅精品网络正能量图片""百部精品网络正能量动漫音视频作品""百项精品网络正能量专题活动"五个评选项目。自 2014 年起，开展"弘扬社会主义核心价值观 共筑中国梦"主题原创网络视听节目征集推选和展播活动，每年推选

出近百部主题原创网络视听节目，比如，推选展播的《约定》《黄文秀》《百炼成钢：中国共产党的 100 年》《习近平的扶贫故事》《可爱的中国》《最美中国》等节目，推动了社会主义核心价值观的传播，弘扬了网络空间的主旋律和正能量。自 2016 年以来，中央网信办、教育部、中国人民银行、全国总工会、共青团中央、全国妇联等部门深入实施"争做中国好网民工程"，引导亿万网民增强网络法治观念、培育文明用网习惯、提升网络安全技能，让网络文明理念更加深入人心。自 2018 年起，中国网络社会组织联合会在有关部委指导下连续举办四届中国网络诚信大会，搭建网络诚信建设集智聚力、成果展示、权威发布重要平台，通过研讨交流、云宣誓、云传递等活动，传播诚信理念，践行诚信规范，推进网络诚信建设，推动全社会形成崇德向善的文明风尚。

第二节　新时代背景下社会主义核心价值观引领文化建设的制度基础

当前，要科学判断社会主义核心价值观引领文化建设的有利条件与环境，并准确抓住和充分利用好这些机遇，增强社会主义核心价值观对文化建设的引领作用。中国特色社会主义制度体系，为发挥社会主义核心价值观的引领作用奠定制度基础；推进国家治理体系和治理能力现代化的战略部署，为发挥社会主义核心价值观的引领作用提供重要契机。

一　中国特色社会主义制度体系，为发挥社会主义核心价值观的引领作用奠定制度基础

中国特色社会主义制度体系是坚持以马克思主义为指导、植根于中国大地，具有深厚中华文化根基、深得人民拥护，具有强大生命力和巨大优越性的制度体系。[1]

（一）社会主义核心价值观与中国特色社会主义制度体系的内在关系

"制度作为人类行为规范，它的强制性作用不仅仅在于其本身所具有

---

[1]　参见《中共中央关于坚持和完善中国特色社会主义制度 推进国家治理体系和治理能力现代化若干重大问题的决定》，人民出版社，2019，第 2~3 页。

的强制力，还在于这种强制力是否为社会的行为主体所普遍接受，而深入人们的情感、意识和思维之中，这就是文化的作用，两者缺一不可，甚至后者的意义更大。"① 制度不是单纯的设计或手段，它既是特定社会环境的产物，也是特定文化尤其是特定价值观念的产物。中国特色社会主义制度体系与社会主义核心价值观密切相关，两者的内在价值追求相一致，在实践过程中相互促进。

第一，中国特色社会主义制度体系与社会主义核心价值观的内在价值追求相一致。其一，中国特色社会主义制度体系始终坚持宪法精神，致力于"把我国建设成为富强民主文明和谐美丽的社会主义现代化强国，实现中华民族伟大复兴"②。这表明，"把我国建设成为富强民主文明和谐美丽的社会主义现代化强国"是中国特色社会主义制度体系的根本价值取向，与社会主义核心价值观在国家层面的价值目标高度一致。其二，"历届党代会报告是指导中国特色社会主义制度建设的纲领性文件"③。在党的十九大报告中，"自由"出现 8 次，"平等"出现 7 次，"公正"出现 3 次，"公平"出现 12 次，"正义"出现 6 次，"法治"出现 16 次；同时，中国特色社会主义制度具有"建设社会主义法治国家，切实保障社会公平正义和人民权利的显著优势"④。这表明中国特色社会主义制度体系彰显着自由、平等、公正、法治的社会主义核心价值理念，与社会主义核心价值观在社会层面的价值取向相一致。其三，"坚持共同的理想信念、价值理念、道德观念……促进全体人民在思想上精神上紧紧团结在一起"⑤，是中国特色社会主义制度体系的显著优势之一。新时代坚持和完善中国特色社会主义文化制度，坚持以社会主义核心价值观为引领，建设社会主义先进文化，推动中华优秀传统文化的创造性转化、创新性

① 许和隆：《冲突与互动：转型社会政治发展中的制度与文化》，中山大学出版社，2007，第 3 页。
② 《中华人民共和国宪法》（2018 年修订），中国政府网，http://www.gov.cn/xinwen/2018 - 03/22/content_5276319.htm，最后访问日期：2023 年 6 月 10 日。
③ 肖贵清：《中国特色社会主义制度基本问题研究》，人民出版社，2013，第 168 页。
④ 《中共中央关于坚持和完善中国特色社会主义制度 推进国家治理体系和治理能力现代化若干重大问题的决定》，人民出版社，2019，第 3 页。
⑤ 《中共中央关于坚持和完善中国特色社会主义制度 推进国家治理体系和治理能力现代化若干重大问题的决定》，人民出版社，2019，第 3 ~ 4 页。

发展，健全志愿服务体系与完善诚信建设长效机制，与社会主义核心价值观在公民层面倡导的价值准则相一致。

第二，中国特色社会主义制度体系与社会主义核心价值观在实践过程中相互促进。一方面，社会主义核心价值观与中国特色社会主义制度体系相适应，是中国特色社会主义价值观念的集中体现。培育和践行社会主义核心价值观，能够为增强民众对中国特色社会主义制度体系的认同提供价值支撑。另一方面，培育和践行社会主义核心价值观需要制度的规范与保障。制度能够引导人们正确认识社会主义核心价值观及引领作用，能够激励、规范和约束人们自觉践行社会主义核心价值观所倡导的价值准则，引导和增强人们对社会主义核心价值观及引领作用的认知与认同。同时，中国特色社会主义制度体系囊括了政治、经济、文化等各个领域的制度建设，从整体上为发挥社会主义核心价值观的引领作用创造了稳定有序的制度环境。

总之，"构建成熟完备的中国特色社会主义制度体系与培育和践行社会主义核心价值观是同一过程的两个方面，相辅相成，相得益彰，缺一不可，统一于中国特色社会主义的伟大实践"①。

（二）中国特色社会主义制度体系是增强社会主义核心价值观引领作用的制度基础

发挥社会主义核心价值观的引领作用，关键要在落细、落小与落实上下功夫，使社会主义核心价值观真正融入国家治理、制度实践，只有这样才能真正实现社会主义核心价值观由"虚"转"实"，成为人们内心认同又自觉践行的价值规范。因此，发挥社会主义核心价值观对文化建设的引领作用，需要以制度和体制来提供"硬支撑"。中国特色社会主义制度体系的完善与规范、制度执行能力的高低，对于发挥社会主义核心价值观的引领作用具有重要的影响。以制度建设来强化社会主义核心价值观的培育和弘扬，能够为社会主义核心价值观转化为治理效能提供制度支持与政策保障。因此，通过构建中国特色社会主义制度体系，保障社会主义核心价值观在文化建设中的引领性地位和作用的制度化、规范化与法治化，使社会主义核心价值观的培育和践行有明确的政策作

---

① 肖贵清：《中国特色社会主义制度基本问题研究》，人民出版社，2013，第175页。

支撑、有完善的制度作保障，从而推动社会主义核心价值观更好地融入文化建设与文化生活实践，是社会主义核心价值观转化为治理效能的重要制度保障。

第一，中国特色社会主义经济制度，为增强社会主义核心价值观的引领作用打下了坚实的物质基础。"一切以往的道德论归根到底都是当时的社会经济状况的产物"①，思想、观念作为社会意识，是一定的社会经济关系的产物，由社会经济基础决定。正如恩格斯所指出的："一切历史现象都可以用最简单的方法来说明，同样，每一历史时期的观念和思想也可以极其简单地由这一时期的经济的生活条件以及由这些条件决定的社会关系和政治关系来说明。"② 作为思想观念的上层建筑，社会主义核心价值观是社会主义经济关系的产物。要通过大力解放和发展生产力，建设与之相适应的社会主义经济制度，为社会主义核心价值观引领作用的发挥打下坚实的物质基础。现阶段，在全面深化改革的关键期，要坚持和完善社会主义基本经济制度，为社会主义核心价值观引领作用的发挥提供经济制度保障；要坚持和完善社会主义基本分配制度，全面贯彻新发展理念，推进资源、利益分配的公平公正，促进经济发展成果真正由人民共享，为社会主义核心价值观引领作用的发挥创造公平有序的经济环境；要坚持和完善社会主义市场经济体制，以供给侧结构性改革为主线，加快建设现代化经济体系，为社会主义核心价值观引领作用的发挥提供经济支撑。物质利益既是人类生存发展的条件，也是人们理解把握社会关系和价值关系的关键。只有通过不断发展和完善社会主义经济制度，进一步解放和发展生产力，不断提高人民的生活水平，不断满足人民的物质利益需要，才能不断增强社会主义核心价值观的吸引力。这是因为，"人们奋斗所争取的一切，都同他们的利益有关"③，在新时代背景下，坚持和完善中国特色社会主义经济制度，大力发展中国特色社会主义经济，不断满足人民群众的物质利益需要，有助于增强社会主义核心价值观的现实感召力。

第二，中国特色社会主义政治制度，为增强社会主义核心价值观的

---

① 《马克思恩格斯选集》第 3 卷，人民出版社，2012，第 471 页。
② 《马克思恩格斯文集》第 3 卷，人民出版社，2009，第 459 页。
③ 《马克思恩格斯全集》第 1 卷，人民出版社，1956，第 82 页。

引领作用提供了坚强的政治保证。核心价值观是在一定社会关系中处于主导与支配地位的价值观，核心价值观的主导和支配地位的确立，需要统治阶级利用国家政权的力量，增强核心价值观的吸引力和感召力，推动其成为社会价值体系中占统治地位的核心价值观。在阶级社会中，不同阶级的经济地位决定了它们不同的政治地位，社会政治关系对核心价值观产生了深刻的影响，核心价值观的产生、确立和传播需要有良好的政治环境与政治生态提供制度支撑与保障。根据价值观产生发展的历史规律，任何社会的主流价值观要得到确立与广泛的认同，保持稳定性与持续性，都必须有相应的制度支撑与法律保障。社会主义核心价值观是社会主义制度的本质反映，是国家的重要稳定器。因此，增强社会主义核心价值观的引领力，需要国家政治制度的保障，推动社会主义核心价值观融入各项具体制度的设计之中。中国特色社会主义政治制度，为增强社会主义核心价值观的引领作用提供了坚强的政治保证。一方面，坚持和完善人民当家作主制度体系，保障广大人民群众的主体地位，推动政治决策的民主化、科学化、制度化与规范化不断发展，能够为社会主义核心价值观引领作用的发挥创设良好的政治环境。另一方面，坚持和完善中国特色社会主义法治体系，推动社会主义核心价值观融入社会主义法治建设，能够为社会主义核心价值观引领作用的发挥创造良好的法治环境。同时，法律具有强制性、权威性与惩戒性，把社会主义核心价值观的基本要求转化为具体的法律规定，有利于社会主义核心价值观引领作用的制度化与规范化。

第三，中国特色社会主义文化制度，为增强社会主义核心价值观的引领作用提供了重要的文化支撑。马克思指出："在生产、交换和消费发展的一定阶段上，就会有相应的社会制度形式、相应的家庭、等级或阶级组织。"[①] 因此，特定的实践环境是一定制度模式生成、发展和变迁的现实基础。中国特色社会主义文化制度植根于社会主义初级阶段的基本国情，其生成、发展与变迁的现实基础是中国特色社会主义文化建设实践。从内在结构来考察，中国特色社会主义制度体系由根本制度、基本制度和重要制度组成。中国特色社会主义文化制度是中国特色社会主义

---

① 《马克思恩格斯文集》第 10 卷，人民出版社，2009，第 43 页。

制度体系的重要内容，其由马克思主义指导下的建设社会主义思想道德、发展文化教育事业等方面的制度组成。在价值属性上，中国特色社会主义文化制度是以马克思主义为指导，在不断解放和发展文化生产力的基础上，推动社会主义文化的繁荣发展，实现人的自由全面发展的文化制度。中国特色社会主义文化制度是科学社会主义基本原则和中国特色的辩证统一，是在坚持科学社会主义价值导向基础上的社会主义文化制度的自我完善和发展，是社会主义文化制度价值属性的集中体现。发挥社会主义核心价值观的引领作用，需要借助丰富多样的文化活动与文化载体，需要具备良好的文化环境与文化条件。改革开放以来，随着经济的发展与综合国力的提升，我国文化建设取得了巨大的成就，国家文化软实力不断提升，社会主义文化呈现繁荣发展的良好局面。在党的十六大正式区分"文化事业"和"文化产业"的基础上，我国文化建设始终坚持文化事业与文化产业"双轮驱动""两翼并进"，特别是党的十八大以来，统筹推进"五位一体"总体布局和协调推进"四个全面"战略布局，持续推进文化体制改革全面深化，不断提高文化产业规模化、集约化、专业化水平，持续完善公益性文化事业单位管理体制和运行体制，不断增强文化事业专业性、引领性和导向性，推动了社会主义大众文化的繁荣发展。整体而言，中国共产党坚持文化传承与创新，不断解放和发展文化生产力，推动了多元主体、多种形态、多样内容的文化发展态势的形成，坚持治理文化，不断改革创新文化管理体制机制，逐步形成了多元主体、多样发展、开放健康的文化治理格局，为繁荣发展社会主义文化提供了重要的制度保障。中国特色社会主义文化制度的不断完善，巩固了全体人民团结奋斗的共同思想基础，激发了全民族文化创造活力，为社会主义核心价值观引领作用的发挥创设了良好的文化环境，提供了重要的文化支撑。

第四，中国特色社会主义社会制度，为增强社会主义核心价值观的引领作用创设了良好的社会环境。构建和谐社会是中国特色社会主义事业"五位一体"总体布局的重要目标。党的十六届四中全会首次明确提出构建社会主义和谐社会的任务，阐述了中国共产党建设公平正义、全体人民和睦相处而又和谐共治的社会理想。从社会主义和谐社会的科学内涵与总体特征来考察，社会主义和谐社会的基本内容和要求，体现了民主与法治的统一、公平与效率的统一、活力与秩序的统一、人与自然的统一。这些基本内容与理念反映了现代社会治理的内在要求，体现了社会主义的主流价值追求。新时代我国社会主要矛盾发生变化，社会治理面临新情况与新问题。党的十九大提出打造共建共治共享的社会治理格局的目标，强调要加强社会治理制度建设，"提高社会治理社会化、法治化、智能化、专业化水平"①。以良法善治为目标，推进社会治理的现代化，通过"坚守底线、突出重点、完善制度、引导预期，完善公共服务体系，保障群众基本生活"②，能够使改革发展成果更多更公平地惠及全体人民，使人民获得感、幸福感、安全感更加充实、更有保障，能够推动实现人民安居乐业、社会安定有序的善治状态，为发挥社会主义核心价值观引领作用营造良好的社会氛围。

二　推进国家治理体系和治理能力现代化的战略部署，为发挥社会主义核心价值观的引领作用提供重要契机

"一个国家选择什么样的治理体系，是由这个国家的历史传承、文化传统、经济社会发展水平决定的，是由这个国家的人民决定的。"③任何国家的治理体系选择与治理能力水平，都蕴含着体现本国本民族文化特质的核心价值观。制度自信与价值观自信是现代国家治理的重要基础。以核心价值观为文化基础与价值准则，推动国家治理由政府单一主体向多元主体转变，是完善国家治理体系、提升国家治理能力的内在要求。作为观念上层建筑，社会主义核心价值观引领作用的发挥，需要借助一定的现实载体与具体制度。当前，我国推进国家治理体系和治理能力现代化的战略部署，为社会主义核心价值观引领作用的发挥提供了重要契机。

第一，培育和弘扬社会主义核心价值观是国家治理体系和治理能力现代化的重要方面。作为广义的概念，国家治理体系和治理能力现代化

---

① 习近平：《决胜全面建成小康社会 夺取新时代中国特色社会主义伟大胜利——在中国共产党第十九次全国代表大会上的报告》，人民出版社，2017，第49页。

② 习近平：《决胜全面建成小康社会 夺取新时代中国特色社会主义伟大胜利——在中国共产党第十九次全国代表大会上的报告》，人民出版社，2017，第45页。

③ 《习近平谈治国理政》，外文出版社，2014，第105页。

应该包括政治、经济、社会、文化等多方面内容，大力发展社会主义先进文化、实现国家文化治理现代化是国家治理体系和治理能力现代化的题中应有之义。"文化既不是治理的目标，毫无疑问，也不是它欲颠覆的对立面；毋宁说，文化是治理的工具。"① 作为社会治理的内在构成要素，文化治理是国家在文化生活领域进行治理的途径选择，推动文化治理体系和治理能力现代化，是国家治理体系和治理能力现代化的重要内容。作为国家文化软实力的核心，核心价值观是文化治理的重要方面。因此，要"加快构建充分反映中国特色、民族特性、时代特征的价值体系"②。当前，在中国特色社会主义新时代的历史方位下，以社会主义核心价值观整合社会思想文化与价值观，引领社会主义文化建设的发展方向，在全社会找到"最大公约数"，是国家治理体系和治理能力现代化的重要内容，是推进文化治理体系和治理能力现代化的必然要求。

第二，国家治理体系和治理能力现代化为发挥社会主义核心价值观的引领作用提供重要载体。根据马克思主义价值观思想，核心价值观作为观念上层建筑，在传播与发展的过程中既要遵循其自身内在的客观发展规律，又要借助外在的力量来推动，特别是借助执政党的政治力量来推动核心价值观的培育和践行。社会主义核心价值观集中反映了社会主义制度的本质属性，是坚持中国特色社会主义道路的价值导向与精神支撑。因此，借助社会主义国家的政治权力，将社会主义核心价值观融入国家治理体系和治理能力现代化之中，以国家治理体系之"体"与国家治理能力之"行"来推动社会主义核心价值观的落实，能够为发挥社会主义核心价值观的引领作用提供重要制度载体。国家治理体系和治理能力现代化是国家政治权力运行的集中体现，这种国家政治权力运行的合法性、权威性与强制性，有利于彰显社会主义核心价值观的生命力与影响力，有利于确保社会主义核心价值观的落实与践行。从文化治理来看，坚持以社会主义核心价值观为引领，推动社会主义核心价值观转化为文化治理效能，需要借助一定的文化载体，以推动社会主义核心价值观的认知、认同、融入与践行，充分

---

① 〔英〕托尼·本尼特：《文化、治理与社会：托尼·本尼特自选集》，王杰等译，东方出版中心，2016，第 208 页。

② 《习近平谈治国理政》，外文出版社，2014，第 106 页。

发挥社会主义核心价值观的引领作用与凝聚功能。借助各类群众性精神文明创建活动，推动社会主义核心价值观融入文化建设，以社会主义文化建设实践的"体"与文化治理能力之"行"来推动社会主义核心价值观的落实，能够为社会主义核心价值观发挥引领作用、转化为治理效能提供重要载体与多种形式，增强社会主义核心价值观的吸引力与感召力。因此，以国家治理体系和治理能力现代化为载体和契机，推动社会主义核心价值观融入现代国家文化治理实践，是推进国家文化治理体系和治理能力现代化与培育社会主义核心价值观双向互动、相互融合的必然要求与必然结果。

第三，国家治理体系和治理能力现代化为推动社会主义核心价值观转化为治理效能提供重要契机。推动社会主义核心价值观转化为治理效能，必须有完善的制度规范与政策支撑作保障。制度带有根本性、全局性、稳定性和长期性，能对社会群体与个体行为产生引导激励、监督约束的作用。马克思认为制度"具有管辖和规定一切特殊东西的普遍东西的意义"①。毛泽东指出："根本的问题是制度问题，制度决定一个国家走什么方向。……社会制度变了，这个国家走的方向就要随着改变。"②制度是社会经济关系的产物，具有不以人的意志为转移的历史必然性，制度本身以及制度的实施和运行过程，不仅有规范和约束作用，而且有潜移默化的教育和引导作用。任何主流价值观念要得到广泛认同并保持稳定性，都必须通过国家制度与方针政策对其基本精神加以规约和体现，因为"制度的强制性与权威性特征是它所表达的价值理念获得权威性核心地位的力量保证，制度的公共性与普遍性是该价值理念获得广泛认同的机制保证，制度的稳定性与确定性是该价值理念持久性与明确性的基础保证"③。推进国家治理体系和治理能力现代化的前提和基础就是要"使各方面制度更加科学、更加完善，实现党、国家、社会各项事务治理制度化、规范化、程序化"④。国家治理体系和治理能力现代化实现的过

---

① 《马克思恩格斯全集》第3卷，人民出版社，2002，第41页。
② 中共中央文献研究室编《毛泽东年谱（一九四九——一九七六）》第4卷，中央文献出版社，2013，第321页。
③ 冯秀军：《教化·规约·生成：古代中华民族精神化育研究》，中国社会科学出版社，2009，第156页。
④ 《习近平谈治国理政》，外文出版社，2014，第92页。

程，能够推动社会主义核心价值观建设的制度化、规范化。因此，党的十九届四中全会提出"坚持以社会主义核心价值观引领文化建设制度"的新论断，以制度建设来强化社会主义核心价值观的引领力，依靠制度约束来推进社会主义核心价值观的践行，使社会主义核心价值观的基本要求与价值准则有明确的制度可以遵循，有利于推动社会主义核心价值观转化为治理效能，为发挥社会主义核心价值观的引领作用提供重要契机。

第三节　新时代背景下社会主义核心价值观引领文化建设面临的新境遇

在我国进入全面深化改革的关键时期，经济社会生活与人们的思想观念等各个领域发生着诸多深刻的变革，各种阶段性的新矛盾与新问题不断凸显，而"随着每一次社会秩序的巨大历史变革，人们的观点和观念也会发生变革"①。在这一背景下，人们的思想观念与价值理想追求，也出现了许多亟待解决的问题。当前，要客观分析社会主义核心价值观引领文化建设面临的复杂条件与环境，以科学审慎的态度应对各种风险挑战。

一　多元价值观冲突下的价值共识危机

厘清何为价值共识与价值虚无，是分析多元价值观冲突下的价值共识危机的基础。"共识"在汉语词典中意为"共同的认识"②；"虚无"意为"有而若无，实而若虚，道家用来指'道'（真理）的本体无所不在，但无形象可见"③。现代语境中对"虚无"的阐释主要与哲学语境中的虚无主义紧密联系在一起，虚无主义被认为是现代世界的精神实质，在德国、俄国等不同国家有不同的阐释，但总结各种对虚无主义或虚无的不同解释，可以得出较为一致的结论——虚无是一种否定。结合上文对价值概念的定义，可以将"价值共识"理解为对有关价值的共同的认

---

① 《马克思恩格斯全集》第 10 卷，人民出版社，1998，第 253 页。
② 《现代汉语词典》（第 5 版），商务印书馆，2005，第 479 页。
③ 《现代汉语词典》（第 5 版），商务印书馆，2005，第 1537 页。

识，既有对已经形成和存在的价值的共同认识，也有对正在生成或建构的价值的共同认识。"价值虚无"即是一种对价值的否定，既有对已经形成和存在的价值的否定，也有对正在生成或建构的价值的否定，甚至包含对所有价值的否定。

第一，多元文化背景下主流价值观面临的挑战。随着改革开放实践进程的推进，中国的改革由经济领域逐渐全面拓展到各个领域，出现了社会利益格局、组织结构与社会阶层的巨大变化，社会阶层不断分化，利益关系与思想观念不断多元化。不同阶层、不同社会组织立足不同的经济利益，反映在文化上就表现为差别和多元。这种多元文化在价值观上的突出表现就是多元价值观的冲突：现代价值观念与传统价值意识的冲突，道德失范现象突出；东西方价值观念的冲突，部分群体特别是年轻群体极力推崇西方的价值观，否定和摒弃本民族的价值观；在市场经济条件下，不同利益群体的利益诉求，表现为价值观上的矛盾与冲突。上述价值观念的多元冲突，会使不同的利益主体对于价值认知、价值评价存在明显的偏差，在一定程度上会带来思想混乱与行为失范，一些错误的、消极的、腐朽的思想意识不断滋长，部分群体出现思想困惑、信仰缺失与道德失范等问题，给凝聚社会价值共识带来巨大挑战，极大地干扰了社会主义核心价值观的培育与践行。因此，坚持以社会主义核心价值观引领文化建设，推动社会主义核心价值观转化为文化治理效能，面临主流价值观受到多元文化冲击带来的严峻挑战。

第二，西方文化扩张下的民族价值观弱化。文化扩张与价值观输出是全球化进程中的重要表现。正如马克思恩格斯所指出的："资产阶级，由于开拓了世界市场，使一切国家的生产和消费都成为世界性的了。……物质的生产是如此，精神的生产也是如此。"[1] 在全球化背景下，文化之间的竞争与价值观冲突逐渐凸显。在西方国家占主导与优势地位的世界文化格局中，西方国家借助其在文化生产与传播中的优势，推行文化渗透与文化霸权的战略，冲击着中华民族的民族精神与传统价值，弱化了中华民族优秀的传统价值观念，这给我国本土文化与主流价值观带来了巨大的挑战。西方国家以经济和科技为后盾，借助互联网和大众传媒，极

---

[1] 《马克思恩格斯选集》第 1 卷，人民出版社，2012，第 404 页。

力进行文化扩张和文化渗透，正如布热津斯基（Zbigniew Brzezinski）所指出的："在文化方面，美国文化虽然有些粗俗，却有无比的吸引力，特别在世界的青年中。"① 在传统文化与现代文化尚处于断裂的阶段，西方国家通过推行文化霸权，极大地削弱了中华优秀传统文化的影响力，解构了社会主流价值观。作为民族的灵魂，中华优秀传统文化由各民族共同创造、共同发展、共同享有，凝聚着民族共同思想，是构筑中华民族共同体意识的文化基础。在几千年的历史发展进程中，中华优秀传统文化集中展现了各个历史阶段人们的生产实践与生活实践，深深融入民众日常生活的各个方面，塑造和诠释了中华民族独特的文化性格与价值选择。中华优秀传统文化蕴含着中华民族最根本的精神基因，积淀了中华民族最深层的精神追求，诠释了中华民族最深厚的价值理念，"抛弃传统、丢掉根本，就等于割断了自己的精神命脉"②。因此，当前以社会主义核心价值观引领文化建设，充分发挥社会主义核心价值观的引领作用，需要坚定文化自信，增强民族文化的影响力，抵制西方国家的文化霸权，只有这样才能最大限度地用中国精神激发中国力量，维护我国的文化安全。

第三，多样社会思潮影响下的价值共识危机。所谓社会思潮，即"反映特定环境中人们的某种利益或要求并对社会生活有广泛影响的思想趋势或倾向"③，是社会意识的综合表现形式。"十四五"时期我国进入新发展阶段，世界百年未有之大变局进入加速演变期，国际环境日趋复杂多变，中华民族伟大复兴进入关键时期，发展不平衡不充分的问题仍然存在。面对国际国内深刻复杂变化的发展态势，我国意识形态领域的斗争日趋复杂激烈，人们的思想认识与价值观念受到多元社会思潮的影响和冲击，历史虚无主义、"普世价值"论、消费主义等形形色色的错误社会思潮仍十分活跃，并出现诸多新变种，合流交汇态势日益明显。当今社会思潮在性质上多元共生、在内容上多样共存、在形态上因时而变、在传播上多媒体化、在观点表达上更加注重与现实利益问题的结合④，这

---

① 〔美〕布热津斯基：《大棋局——美国的首要地位及其地缘战略》，上海人民出版社，1998，第 32 页。

② 《习近平谈治国理政》，外文出版社，2014，第 164 页。

③ 《中国大百科全书》哲学卷Ⅱ，中国大百科全书出版社，1987，第 765 页。

④ 参见朱汉国等《当代中国社会思潮研究》，北京师范大学出版社，2012，第 50~52 页。

在一定程度上弱化了主流价值观，给社会主义核心价值观的引领作用带来严峻的挑战。

二 全媒体传播给发挥社会主义核心价值观引领作用提供新契机

所谓全媒体传播，是指媒介信息采用多种媒体手段、利用不同媒介形态进行传播，最终实现任何人可以在任何时间、任何地点，以电视、电脑、手机等多种终端完成信息的融合接收。习近平总书记指出，在全媒体发展的新形势下，"出现了全程媒体、全息媒体、全员媒体、全效媒体，信息无处不在、无所不及、无人不用，导致舆论生态、媒体格局、传播方式发生深刻变化"①。在全媒体背景下，媒体传播力和影响力日益增强，舆论环境和舆论场域呈现"多场所、多维度"的局面，给发挥社会主义核心价值观引领作用提供了新契机。在全媒体背景下发挥社会主义核心价值观的引领作用，要深刻分析媒体融合发展规律，善于把握新机遇、科学应对新挑战。

全媒体传播具有全程媒体传播与全效媒体传播的特征，给社会主义核心价值观传播的持续性与精准化带来新影响。一方面，全程媒体对社会主义核心价值观传播的持续性产生影响。所谓全程媒体，即传播突破了时空的限制，具有全程性与持续性的特点，一个事件从发生到结束，无时无刻不处在传播的链条中。全程媒体传播使受众可以在任何时间、任何地点、任何阶段，持续关注和接收传播内容，有助于增强社会主义核心价值观传播的持续性。同时，在全程媒体传播中，如何有效将社会主义核心价值观贯穿信息采集、生产、分发、接收、反馈的各个环节与全过程，则是进一步增强社会主义核心价值观传播持续性面临的新挑战。另一方面，全效媒体对社会主义核心价值观传播的精准化产生影响。所谓全效媒体，即传播突破了功能限制，具有分众化和精准化的特点，"媒体的传播致效功能已达到最大限度的发挥，信息的饱和度和满意度得到空前的彰显和满足，受众对信息的需求已基本实现各取所需"②。全效媒体传播借助云计算与大数据技术，通过运用个性化的算法推荐，能够更

---

① 习近平：《论党的宣传思想工作》，中央文献出版社，2020，第354页。
② 沈正赋：《"四全媒体"框架下新闻生产与传播机制的重构》，《现代传播（中国传媒大学学报）》2019年第3期，第9页。

加清晰地把握受众的需求进行分众化传播，有助于增强社会主义核心价值观传播的精准性。同时，在全效媒体传播中，如何突破"信息茧房"现象，根据受众的身份、年龄、知识结构等个体差异和群体特点，精准且有效地传播社会主义核心价值观，形成双向和多向的良性传播互动模式，则是进一步推动社会主义核心价值观传播精准化面临的新挑战。

　　全媒体传播具有全员媒体传播的特征，所谓全员媒体，即传播突破主体的限制，具有传播主体多元化的特点，"所有的受众都自觉地参与到新闻的生产与传播工作中，联合作业，协同创新，成为媒体的操盘手、新闻传播的参与者"①。全员媒体的发展，给社会主义核心价值观凝聚社会共识带来了新影响。一方面，全员媒体传播给社会主义核心价值观的大众化传播创造了有利条件。第 47 次《中国互联网络发展状况统计报告》显示，截至 2020 年 12 月，我国网民规模为 9.89 亿，互联网普及率达70.4%；手机网民规模为 9.86 亿，手机网民占整体网民比例为 99.7%（见图 3 - 11）。在全员媒体传播背景下，传播受众覆盖面更大，传播更具平等交互、开放共享的特点，能够增强受众的主体意识和参与的主动性，有利于社会主义核心价值观凝聚力的提升。另一方面，全员媒体传播给社会主义核心价值观凝聚社会共识带来新挑战。在全员媒体传播背景下，信息传播主体多元化，传播主体在年龄、受教育程度、职业分类等方面存在明显的差异性，第 47 次《中国互联网络发展状况统计报告》显示，从年龄结构来看，我国网络用户的主体是 20 ~ 29 岁（占比为 17.8%）、30 ~ 39岁（占比为 20.5%）、40 ~ 49 岁（占比为 18.8%）的网民；从学历结构来看，初中学历的网民最多（占比为 40.3%）（见图 3 - 12）；从职业结构来看，在我国网民群体中学生最多（占比为 21.0%），其次是个体户/自由职业者（占比为 16.9%）②。因此，如何基于不同传播主体之间的差异性，引导多元传播主体正确认识社会主义核心价值观，增强对社会主义核心价值观的认同，是进一步提升社会主义核心价值观凝聚力面临的新挑战。

---

① 沈正赋：《"四全媒体"框架下新闻生产与传播机制的重构》，《现代传播（中国传媒大学学报）》2019 年第 3 期，第 9 页。

② 参见《第 47 次〈中国互联网络发展状况统计报告〉》，中国互联网络信息中心，https://www.cnnic.cn/NMediaFile/old_attach/P020210203334633480104.pdf，第 25 页，最后访问日期：2023 年 6 月 10 日。

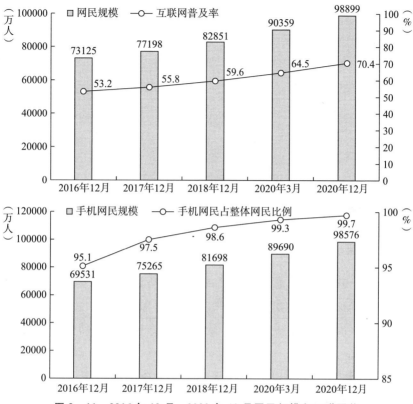

图 3 – 11　2016 年 12 月 ～ 2020 年 12 月网民规模和互联网普
及率、手机网民规模及其占整体网民比例统计

数据来源：参见《第 47 次〈中国互联网络发展状况统计报告〉》，中国互联网络信
息中心，https://www.cnnic.cn/NMediaFile/old_attach/P020210203334633480104.pdf，第
17 ~ 18 页，最后访问日期：2023 年 6 月 10 日。

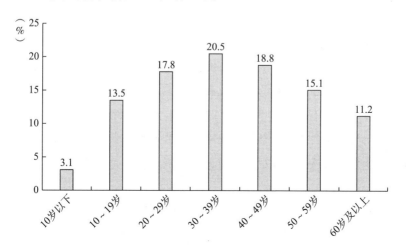

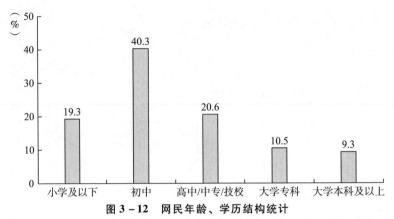

图 3 – 12　网民年龄、学历结构统计

数据来源：参见《第 47 次〈中国互联网络发展状况统计报告〉》，中国互联网络信息中心，https://www.cnnic.cn/NMediaFile/old_attach/P020210203334633480104.pdf，第 25 页，最后访问日期：2023 年 6 月 10 日。

全媒体传播具有全息媒体传播的特征，所谓全息媒体，即传播突破物理尺度，具有传播形式多元化和立体化的特点，"以文字、图片、声音、画面、动漫、图表等多形式、多维度、多侧面进行立体化呈现、沉浸式传播，让媒体成为一个多功能的信息载体"①。短视频、网络直播是全息媒体传播的主要形式，第 47 次《中国互联网络发展状况统计报告》显示，截至 2020 年 12 月，我国短视频用户规模为 8.73 亿，使用率达到 88.3%（见图 3 – 13），网络直播用户规模达到 6.17 亿，使用率达到 62.4%（见图 3 – 14）。全息媒体的发展，给社会主义核心价值观的吸引力和感召力带来了新影响。一方面，在全息媒体传播中，各种媒介形态相互融合，丰富了信息传播渠道与传播载体，通过运用 AR、VR、MR 等场景类应用技术，借助图片呈现、短视频、全景直播等方式，进行多角度、多层次的阐释，能够增强社会主义核心价值观传播的生动性与形象性，有助于提升社会主义核心价值观的吸引力和感召力。另一方面，在全息媒体传播中，涌现出多种传播平台和多样化的传播形式，网络空间呈现信息传播内容多元化与多样性的发展态势。如何有效引导和监管信息传播内容，创造有利于社会主义核心价值观传播的良好氛围，如何打破文字、图片等表层

① 沈正赋：《"四全媒体"框架下新闻生产与传播机制的重构》，《现代传播（中国传媒大学学报）》2019 年第 3 期，第 9 页。

叙述式传播，打破单向的宣讲形式，综合运用影视、动漫、短视频、网络直播等多层次、多维度的传播形式，进行立体化、沉浸式、互动式的传播，是进一步提升社会主义核心价值观吸引力和感召力面临的新挑战。

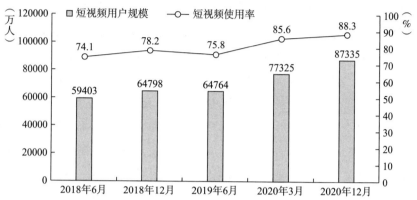

图 3 – 13　2018 年 6 月～2020 年 12 月短视频用户规模及使用率统计

数据来源：参见《第 47 次〈中国互联网络发展状况统计报告〉》，中国互联网络信息中心，https://www.cnnic.cn/NMediaFile/old_attach/P020210203334633480104.pdf，第 51 页，最后访问日期：2023 年 6 月 10 日。

图 3 – 14　2016 年 12 月～2020 年 12 月网络直播用户规模及使用率统计

数据来源：参见《第 47 次〈中国互联网络发展状况统计报告〉》，中国互联网络信息中心，https://www.cnnic.cn/NMediaFile/old_attach/P020210203334633480104.pdf，第 53 页，最后访问日期：2023 年 6 月 10 日。

三　人民精神文化需求给发挥社会主义核心价值观引领作用提出新要求

中国特色社会主义进入了新时代，这是我国发展的新的历史方位。

其一，新时代我国社会主要矛盾转化为人民日益增长的美好生活需要和不平衡不充分的发展之间的矛盾。其二，新时代是实现"两个一百年"奋斗目标的重要历史方位，是在全面建成小康社会基础上，开启全面建设社会主义现代化国家新征程的时代。① 其三，我国不断扩大高水平对外开放，中国对世界的影响全面、深刻、长远；同时，我国也面临更加复杂的外部环境，一些势力对我国的阻遏、忧惧、施压不断增大。② 总之，新时代，我国面临新的发展阶段、新的社会主要矛盾、新的奋斗目标和新的国际环境。在新时代的历史方位下，随着社会主要矛盾的转化，人民群众的精神文化生活也出现诸多新变化和新需求。新时代不断满足人民日益增长的美好生活需要，是增强人民获得感、幸福感和安全感的现实要求。关于人的需要，马克思认为其是人类生存和一切历史的第一个前提，"这个前提是：人们为了能够'创造历史'，必须能够生活"③。"满足人民过上美好生活的新期待，必须提供丰富的精神食粮"④，人民精神文化需求是新时代美好生活需要的重要内容。面对新时代人民精神文化需求呈现出的诸多新特点，如何契合人民群众对精神文化生活的新要求，是以社会主义核心价值观引领文化建设必须解决的一个重大现实问题。

第一，人民对基本文化权益有更高的新期待。文化权益是指在一定社会历史条件下，每个人在文化创造实践中，享有满足精神文化需求、获得文化利益的权利。1948 年联合国《世界人权宣言》第 27 条对文化权益的法律保护作出规定，"人人有权自由参加社会的文化生活，享受艺术，并分享科学进步及其产生的福利"⑤。中国分别于 1997 年和 1998 年签署了《经济、社会及文化权利国际公约》和《公民权利和政治权利国际公约》，并从享受文化成果、参与文化活动、开展文化创造等方面重点

① 参见习近平《决胜全面建成小康社会 夺取新时代中国特色社会主义伟大胜利——在中国共产党第十九次全国代表大会上的报告》，人民出版社，2017，第 28 页。
② 参见《习近平新时代中国特色社会主义思想三十讲》，学习出版社，2018，第 55 页。
③ 《马克思恩格斯文集》第 1 卷，人民出版社，2009，第 531 页。
④ 习近平：《决胜全面建成小康社会 夺取新时代中国特色社会主义伟大胜利——在中国共产党第十九次全国代表大会上的报告》，人民出版社，2017，第 43~44 页。
⑤ 《世界人权宣言》，联合国官网，https://www.un.org/zh/node/134049，最后访问日期：2023 年 6 月 10 日。

保障公民的基本文化权益。新时代人民对基本文化权益有更高的新期待，给社会主义核心价值观引领文化协调发展提出了新要求。在建设社会主义文化强国实践中，发挥社会主义核心价值观的引领作用，要切实将"平等""公正"理念融入文化建设，推动基本公共文化服务均等化，让人民广泛享有更高质量的公共文化产品与公共文化服务，在推进文化公平中增强人民的现实获得感。

第二，人民的精神文化需求更加多样化。随着5G、大数据、AI智能等新科技的广泛应用，人们对不同类型、风格迥异的精神文化产品的自主选择意识与自由选择能力不断增强，更倾向于选择具有鲜明个性与特色的精神文化产品，精神文化需求呈现更加多样化的发展态势。人民精神文化需求的多样化，给社会主义核心价值观引领文化繁荣发展提出了新要求。在建设社会主义文化强国实践中，发挥社会主义核心价值观的引领作用，要深刻把握新时代人民精神文化需求的新特征，将促进满足人民精神文化需求和增强人民精神力量有机统一，既满足人民对文化形式、文化样态的多样化需求，又契合人民对美好精神文化生活的新期待，坚持服务人民的文化发展宗旨，推动中国特色社会主义文化的大繁荣大发展。

第三，人民的精神文化需求更加品质化。新时代人民对于获得高品质精神文化产品与精神文化服务的愿望更加强烈，人们更加注重精神文化产品的思想内涵与内在品质，更加注重精神文化活动的教育意义与体验收获，更加期待能够获得反映中国特色、贴近现实生活的经典作品与优质活动，以实现个体的情操陶冶与精神升华。人民精神文化需求的品质化，对社会主义核心价值观引领文化高质量发展提出了新要求。在建设社会主义文化强国实践中，发挥社会主义核心价值观的引领作用，要始终将社会效益放在首位，不断提升文化产品与文化活动的精神内涵与文化品质，积极回应人民群众的现实文化诉求，妥善处理政治引领、价值引导与人民需求的关系，切实满足人民对精神文化产品的品质化追求，实现中国特色社会主义文化的高质量发展。

第四章　社会主义核心价值观引领文化 建设的经验借鉴

坚持以社会主义核心价值观引领文化建设，是推进国家治理体系和治理能力现代化的重要内容，是繁荣发展社会主义文化的现实要求。当前，增强社会主义核心价值观的引领力，要以史为鉴，梳理我国传统社会发挥核心价值观引领作用的做法和经验，提炼改革开放以来中国共产党以主导价值观引领文化建设的历史经验，从而为有效发挥社会主义核心价值观对文化建设的引领作用提供经验借鉴。

第一节　中国传统社会发挥核心价值观引领作用的 做法与经验

马克思指出："人们自己创造自己的历史，但是他们并不是随心所欲地创造，并不是在他们自己选定的条件下创造，而是在直接碰到的、既定的、从过去承继下来的条件下创造。"① 一定的价值观是一个国家和民族思想文化的印记和社会文明的标志。中国传统社会形成的以儒家学说为代表的核心价值观，是中华文明的精髓，是中华民族独特价值取向，深层民族文化心理、民族习惯的集中体现。在几千年的传承中，以儒家学说为代表的核心价值观深深融入中国传统社会的政治制度、教育制度、文化制度等制度体系之中，发挥着重要的引领作用。因此，以社会主义核心价值观引领文化建设，充分发挥社会主义核心价值观的引领作用，需要认真总结和反思我国传统社会发挥核心价值观引领作用的主要做法与经验。

一　中国传统社会发挥核心价值观引领作用的主要做法

一种价值观要真正发挥作用，要"与人们日常生活紧密联系起来，

---

① 《马克思恩格斯选集》第 1 卷，人民出版社，2012，第 669 页。

在落细、落小、落实上下功夫"①。在中国传统社会，皇权通过确立官方行政保障制度、建立儒学教育体系、发展民间文化艺术等举措，推动社会核心价值观融入国家的政治统治、教育实践与文化生活，以有效发挥核心价值观的引领作用。

（一）确立官方行政保障制度，推动核心价值观融入国家的政治统治

在中国传统社会，为了推动核心价值观的确立与普及，统治者通过建立相应的保障制度来推进核心价值观融入国家的政治统治。这些保障制度主要包括两个层面：一是士大夫官员阶层的考核制度，二是平民阶层的赏罚制度与乡约制度。首先，为了整饬吏治、改善官风，中国传统社会的统治者大都通过建立相应的考核制度，加强对官员的监督和考核。这些考核制度通常是以统治者所提倡的社会核心价值观为导向的，包括政绩、才能、道德品质等方面的主要内容，并以考核的结果为参考标准对官员进行相应的奖惩。例如，秦代商鞅变法之后，为了重塑社会核心价值观，颁布了按军功赏赐的二十等爵制度，建立了以军功为中心的考核评价制度，这一制度对于当时统治阶层和民间社会核心价值观的确立产生了极大的影响。士大夫官员阶层考核制度的有效运行，不仅能够整顿官场、任用贤才，还能够推动官员以身教作示范，将维护阶级统治的社会核心价值观进行民间推行和广泛的宣传与灌输。其次，为了有效推动社会核心价值观的确立与普及，中国传统社会的统治者建立了完善的赏罚制度。正所谓"治国有二柄：一曰赏，二曰罚。赏者，政之大德也。罚者，政之大威也"②。通过建立多种形式、赏罚分明的相关制度，中国传统社会的统治者有力地推动了社会核心价值观的确立和发展。对于符合社会核心价值观的德行，统治者大力提倡并给予奖赏。例如，《周礼·春官宗伯第三·大司乐》就记载："凡有道者、有德者，使教焉；死则以为乐祖，祭于瞽宗。"③对于道德高尚者皆立为楷模，例如，秦汉时期"凡有孝子顺孙，贞女义妇，让财救患，及学士为民法式者，皆扁表其门，以兴善行"④。与此同时，为了进一步推动社会核心价值观的普及与

---

① 《习近平谈治国理政》，外文出版社，2014，第165页。
② 《〈傅子〉评注》，刘治立评注，天津古籍出版社，2010，第3页。
③ 《周礼·仪礼·礼记》，陈成国点校，岳麓书社，1989，第61页。
④ 章惠康、易孟醇主编《后汉书今注今译》（下），岳麓书社，1998，第2896页。

民众认同，中国传统社会的统治者还通过制定严格的乡约制度，将社会核心价值观所倡导的民俗乡约融入民众的日常生活，并进一步将其转化为民众的价值标准与行为准则。例如，宋代建立的"寓教养于乡约保甲之中"的乡约制度、明代颁布的《教民六谕》、清代颁发的《圣谕十六条》，对于社会核心价值观宣传与融入民众的日常生活起到了重要的作用。在中国传统社会，统治者在各地建立乡约所，依靠宗族的力量，按照乡约乡规教化民众，有效推动了统治者所提倡的核心价值观渗透和延伸到社会民间底层，推动了社会核心价值观融入国家的政治统治，增强了核心价值观引领作用的发挥。

（二）建立儒学教育体系，推动儒学核心价值观融入国家教育实践

在中国传统社会，为了推动核心价值观被民众认同和接受，统治者都十分重视利用教育的手段，将社会核心价值观渗透和灌输给不同阶层的民众，从而发挥核心价值观维护其阶级统治的社会功能。中国传统社会的儒学教育体系主要包括学校教育与家庭教育两个层面。首先，鼓励和提倡以弘扬儒学为主要内容的学校教育。在中国传统社会，弘扬儒学的学校教育主要有官方兴办的官学和民间兴办的各类私学两种。其中，官方兴办的官学包括中央的太学与地方官学，主要以儒家经书为教材、以"六经"为教学内容；民间兴办的私学以儒家经书为核心教育内容，坚持"有教无类"的教育思想，有书馆、家塾、私塾和乡塾等多种形式。官学与私学互为补充，最大限度地扩大了受教育者的范围，对于儒学核心价值观的传播与普及起到了重要的推动作用。同时，儒学"六经"是古代人才选拔、官员任用的主要标准，这不仅确立了儒学核心价值观的权威性，还为其融入教育体系提供了制度保障。其次，重视以"家训"为主要内容的家庭教育。家庭教育是推动社会核心价值观具体化、日常化的重要手段。与学校教育相比，家庭教育具有更强的针对性与示范性，能够更好地将道德规范和道德要求与实际生活相结合，从而在受教育者接受和认同核心价值观方面产生更好的效果。中国传统社会的家训大都以儒家所倡导的"忠孝节义""仁义礼智信"为主要内容，涉及道德、宗教、经济、法律等多个方面，以家训、家规、庭训、族规、家法等为主要形式，并辅以具体的家训执行制度作保障，在达到家庭教育目的的同时，也发挥了重要的社会道德教化功能，对于中国传统社会

核心价值观的普及与民众认同，具有重要的推动作用。上述中国传统社会通过发挥学校教育和家庭教育的"合力"，推动儒学核心价值观融入教育体系与教育实践，对于当前以教育引导增强社会主义核心价值观的引领力、感召力具有重要的启示意义。

（三）发展民间文化艺术，推动核心价值观融入文化生活

在中国传统社会，统治者积极发展小说、戏曲、说书等民间文化艺术，以文艺为载体，不断推动社会核心价值观的传播，增强社会核心价值观的影响力与公众认可度。任何价值观的传播和发展，都需要有效的载体作支撑，而人民群众喜闻乐见的文化艺术形式，能将抽象的价值观念具体化、生动化、生活化，是价值观传播与发展不可或缺的载体形式。在中国传统社会，小说、戏曲、说书是民间广为流传与普及的文化艺术形式，对于儒学核心价值观的普及和宣传起到了重要的推动作用。首先，通俗小说有助于推动中国传统社会儒学核心价值观的具体化。作为中国传统社会民众喜闻乐见的艺术形式，通俗小说在人物性格塑造、故事情节安排等方面均以儒家伦理道德观念为核心，正面倡导"仁义礼智信"与"忠孝节义"的儒家道德理想。以通俗小说为载体，儒学核心价值观由抽象理念具体化为故事与人物，推动了儒学核心价值观在潜移默化中被民众认知和认同，并不断被转化为日常行动。其次，戏曲艺术有助于推动中国传统社会儒学核心价值观的生动化。戏曲的艺术表达形式丰富生动，在中国传统社会深受广大群众喜爱，也是广大群众认识历史民俗、休闲娱乐、丰富精神生活的重要途径。传统戏曲艺术在题材选择与表演内容上，紧密围绕儒学核心价值观所倡导的道德理想与道德规范，积极宣扬仁义忠恕、"三纲五常"等儒家核心价值观念。以戏曲艺术为载体，增强了儒学核心价值观传播的生动性，扩大了儒学核心价值观的受众范围。最后，说书艺术有助于推动中国传统社会儒学核心价值观的生活化。民间说书通常是在通俗小说的基础上进行加工创作，以艺术加工的方式塑造更加个性鲜明、更加典型具体的故事形象，使得通俗小说更加通俗易懂、生动鲜活，更加受到广大基层民众的热爱。民间说书在人物形象、故事情节的塑造上多以儒学核心价值观为遵循，注重突出人物的忠孝节义品德。以民间说书为载体，推动了儒学核心价值观的生活化，使艺术创作的典型人物和经典著作更加通俗化，儒学核心价值观进一步深入民

众的现实生活。上述中国传统社会通过发展民间文化艺术，推动核心价
值观融入文化生活的具体举措，对于当前加强宣传引导，不断推动社会
主义核心价值观落细、落小、落实，充分发挥社会主义核心价值观引领
作用具有重要的借鉴意义。

二　中国传统社会发挥核心价值观引领作用的经验启示

第一，加强制度建设，为发挥社会主义核心价值观的引领作用提供
政治保障。价值系统不会自动转化为现实行动，需要依靠各种制度、法
规等外在力量的推动，需要具有强制性、权威性、公共性、稳定性特征
的制度和法规来保障和强化核心价值观的权威性。在中国传统社会，为
了推动核心价值观的确立与普及，统治者以儒学核心价值观为导向，通
过建立士大夫官员阶层的考核制度和平民阶层的赏罚制度与乡约制度，
有效地推动了统治者所提倡的核心价值观由中央层面渗透和延伸到社会
民间底层，推动了儒学核心价值观融入国家的政治统治，并依托政治制
度发挥了核心价值观的价值引领作用。因此，只有将社会核心价值观的
培育与践行制度化，推动社会核心价值观由意识形态的"软约束"转变
为制度、法规的"硬约束"，才能真正发挥社会核心价值观的引领作用。
当前，我国处在大发展大变革大调整的社会转型期，人们尚未形成普遍
的价值观自觉，以一定的制度保障社会主义核心价值观引领作用的发挥
十分必要。在推进国家治理体系和治理能力现代化的进程中，以制度建
设保障社会主义核心价值观引领作用的有效发挥，可以从以下几个方面
着手。一是，在宏观层面，将社会主义核心价值观融入国家各项制度设
计之中，以国家的顶层设计和根本制度、基本制度、重要制度保障社会
主义核心价值观的培育和践行。二是，在中观层面，将社会主义核心价
值观融入社会分配制度、公共财政制度、公民政治参与制度、国家教育
制度、政府公共服务制度等相关制度的具体内容安排之中，以具体的制
度安排推动社会主义核心价值观的培育和践行。三是，在微观层面，将
社会主义核心价值观融入法律法规、行政法规、职业道德、城乡社区和
各类社会组织以及各种乡规民约等社会公共生活领域的章程和守则之中，
以丰富多样的章程和守则引导和规范不同社会阶层自觉践行社会主义核
心价值观。总之，通过上述制度和法规的规范和引导，推动社会主义核

心价值观融入国家治理与社会生活的各个方面，是发挥社会主义核心价值观引领作用的重要保障。

第二，建立全方位的宣传教育体系，为发挥社会主义核心价值观的引领作用奠定教育基础。一种核心价值观的确立和培育，除了需要外在的约束规范制度作保障之外，还需要有效的道德教化将外在约束转化为内在的自觉践行。正如孔子所强调的："道之以政，齐之以刑，民免而无耻；道之以德，齐之以礼，有耻且格。"① 在中国传统社会，为了发挥核心价值观维护阶级统治的社会功能，统治者通过构建儒学教育体系，鼓励以儒学核心价值观为主要内容的学校教育与家庭教育，将社会核心价值观渗透和灌输给不同阶层的民众。因此，与外在制度约束相比，内在的道德教化对于增强社会核心价值观的引领作用具有独特的价值。当前，在注重外在制度建设的同时，要加强社会主义核心价值观的教育和教化，通过建立全方位的宣传教育体系，推动社会主义核心价值观融入国家教育体系、教育制度与教育实践，要针对不同受教育群体采取不同的教育策略，形成学校、家庭与社会全方位的宣传教育体系，推动社会主义核心价值观的内化与外化。一方面，通过将社会主义核心价值观融入学校教育体系、学校教育制度与学校教育实践，充分发挥学校教育的主渠道、主阵地的作用。另一方面，通过将社会主义核心价值观融入家庭教育、城乡社区和各类社会组织以及各种乡规民约之中，发挥家庭与社会组织在宣传与培育社会主义核心价值观中的"合力"作用，让社会主义核心价值观渗透于社会的各个方面，并在潜移默化中发挥作用。总之，构建全方位的宣传教育体系，教育者能够针对不同受教育群体，开展目标明确、方法独特的更具针对性与实效性的教育，能够极大地提升社会主义核心价值观培育和宣传的效果，能够在尊重受教育者个体差异的基础上，充分调动受教育者的参与积极性，充分发挥社会主义核心价值观引导人们进行价值选择与价值判断的引领作用。

第三，培育丰富多样的载体，为发挥社会主义核心价值观的引领作用提供多种方式与渠道。社会核心价值观引领作用的发挥需要借助一定的载体，需要以多种形式的载体为支撑，推动社会核心价值观的

---

① 《论语》，张艳国评析，崇文书局，2004，第15~16页。

传播、培育和践行。在中国传统社会，统治者积极发展小说、戏曲、说书等民间文化艺术，以这些灵活多样的文艺形式为载体，推动了儒学核心价值观的普及和宣传。可见，培育丰富多样的载体，以人民群众喜闻乐见的文化艺术形式，推动社会核心价值观的具体化、生动化、生活化，对于增强社会核心价值观的引领力具有重要作用。当前，社会主义核心价值观引领作用的发挥，要立足人民群众对新时代思想文化生活的新期待与新要求，善于结合时代发展趋势与现实条件，积极培育和利用新载体与新渠道，推动社会主义核心价值观的传播与宣传。一是，要结合时代特征，积极培育符合时代发展趋势的新载体，注重载体的时代性、现实性与针对性，如积极培育主题网站、微信、微博、交互式智能终端等新兴网络载体，以更加新颖多样化的形式宣传传播社会主义核心价值观，不断增强社会主义核心价值观的生动性与吸引力。二是，要结合人民群众的现实生活，将社会主义核心价值观的基本内容与价值导向融入城乡社区和各类社会组织、行业的规章制度以及各种乡规民约之中，将社会主义核心价值观的宣传教育融入人民群众的日常学习和生活中，不断增强社会主义核心价值观发挥引领作用的现实性。三是，要根据不同的人群和教育对象，选择不同的融入载体，将社会主义核心价值观融入科教、体育、文艺、娱乐等活动之中，采取更具针对性且灵活多样的融入方法，将社会主义核心价值观的内在价值生动形象地表现出来，不断提高社会主义核心价值观发挥引领作用的针对性与实效性。总之，积极培育和探索多种形式的新载体，利用各种载体引导人民群众在日常生活中加强自我教育，能够为提升社会主义核心价值观的引领力提供多种方式与渠道。

第二节　改革开放以来中国共产党以主导价值观引领文化建设的做法与经验

恩格斯指出，"每一个时代的理论思维，包括我们这个时代的理论思维，都是一种历史的产物"[①]，"历史从哪里开始，思想进程也应当从哪

---

① 《马克思恩格斯选集》第3卷，人民出版社，2012，第873页。

里开始"①。价值观是历史的生成、存在和发展着的，在不同历史时期和发展阶段，价值观具有不同的内容和形式，对于价值观问题的把握必须体现历史维度。梳理总结改革开放以来中国共产党以主导价值观引领文化建设的主要做法与基本经验，是基于历史维度，运用历史的观点和方法拓展理论研究历史视域的基本要求。

一 改革开放以来中国共产党以主导价值观引领文化建设的主要做法

所谓主导价值观，"是在一个社会中由国家（统治阶级）所倡导、推行，以国家政权为支撑占统治地位的，对社会其他价值观及其发展具有规范和导向作用的价值观念体系，是一个时代'统治阶级思想'的内核，因而往往体现着国家的意志"②。因此，主导价值观是居于主导地位的社会价值观。社会价值观是一个体系，无论是个人价值观还是群体价值观，都是多重价值观念的组合。在社会价值体系中，各种价值观念的地位并不相同，其中，处于主导地位的价值观代表着社会价值体系的基本倾向，发挥着价值导向作用和社会凝聚功能。核心价值观是社会主导价值观的基本内核，它在社会主导价值观中处于核心和支配地位。处于核心和支配地位的社会核心价值观，是从国家、社会整体层面提出和倡导的价值观。当个体或群体接受和认同了社会主导价值观，就认同了社会的核心价值观，就确立了与社会核心价值观趋向一致的价值观。

改革开放以来，中国共产党根据不同历史时期的发展任务和现实需要，提出符合各个历史发展阶段的主导价值观。虽然每个历史阶段文化建设的主要任务和现实情况有所差别，但中国共产党始终坚持弘扬爱国主义、集体主义、社会主义的主导价值观，并以主导价值观引领各个时期的文化建设。梳理分析改革开放以来中国共产党以主导价值观引领文化建设的做法与经验，能够为新时代推动社会主义核心价值观引领文化建设提供实践借鉴与经验参考。

---

① 《马克思恩格斯选集》第 2 卷，人民出版社，2012，第 14 页。
② 裴学进：《论主导价值观和主流价值观及其转化》，《求实》2016 年第 11 期，第 22 页。

（一）20 世纪 70 年代末至 80 年代末，中国共产党以主导价值观引领文化建设的主要做法

20 世纪 70 年代末，中国共产党基于国内国际的客观形势，"作出把党和国家工作中心转移到经济建设上来、实行改革开放的历史性决策"①。为应对改革开放进程中的各种风险挑战，党中央高度重视开展爱国主义、集体主义、社会主义教育：倡导爱国爱社会主义相统一，强调"国家、集体和个人的利益在根本上是一致的，如果有矛盾，个人的利益要服从国家和集体的利益"②。坚持弘扬爱国主义、集体主义与社会主义，是这一时期中国共产党以主导价值观引领文化建设的重要内容。

第一，开展丰富多样的群众性文化活动。改革开放初期，中国共产党通过开展丰富的群众性文化活动，将弘扬爱国主义、集体主义、社会主义的主导价值观有效融入文化建设的各个方面。例如，围绕爱国主义、集体主义、社会主义的主题，组织开展各类群众性娱乐活动，"使人民在紧张劳动后的休息中，得到有高尚趣味的精神上的享受"③。这一时期，我国群众性文化活动较之改革开放前取得明显进展，群众性文化服务业机构数平稳增长，群众性文化服务业从业人数在 1987 年取得显著增长。

第二，积极发挥知识分子的引领主体作用。全党高度重视发挥知识分子作用，强调"一定要在党内造成一种空气：尊重知识，尊重人才"④，全力落实尊重知识分子的政策，为发挥知识分子对于文化建设的重要引领作用，"尽可能创造条件，使广大知识分子能够心情舒畅、精神振奋地为人民贡献自己的力量"⑤。例如，各级领导机关积极引导和组织知识分子同人民群众实践相结合，加强对广大知识分子的爱国主义教育、集体主义教育和社会主义教育，广泛吸收知识分子参与各方面建设和改

---

① 《胡锦涛文选》第 3 卷，人民出版社，2016，第 620 页。
② 《邓小平文选》第 2 卷，人民出版社，1994，第 337 页。
③ 中共中央文献研究室编《十二大以来重要文献选编》（上），人民出版社，1986，第 29 页。
④ 《邓小平文选》第 2 卷，人民出版社，1994，第 41 页。
⑤ 中共中央文献研究室编《十二大以来重要文献选编》（上），人民出版社，1986，第 29 页。

革工作的咨询与决策。与此同时，党中央明确指出要对优秀精神产品和优秀工作者，尤其是对代表民族文化水平的优秀作品及其创造者给予相应的物质奖励和精神鼓励。

第三，以鼓励发展社会主义文化事业为重要手段，倡导社会主义主导价值观。全党从经济文化发展的实际出发，通过加强相关政策和资金保障、动员社会力量参与、开展文化事业管理体制改革等举措，大力发展具有社会主义性质的文学艺术、新闻出版、图书馆、博物馆等各项文化事业，积极倡导爱国主义、集体主义、社会主义的主导价值观。例如，《中华人民共和国宪法》（1982年修订）第22条明确规定，"国家发展为人民服务、为社会主义服务的文学艺术事业、新闻广播电视事业、出版发行事业、图书馆博物馆文化馆和其他文化事业，开展群众性的文化活动"①，为社会主义文化事业的发展提供了法制保障。这一时期，图书出版、期刊出版事业发展迅速，图书、期刊的出版种类逐年增多，公共图书馆发展逐步加快；《大海啊，故乡》《军港之夜》《我的中国心》《明天会更好》等表达爱国情感、表达对未来美好期盼的歌曲广为传唱，有效传播了爱国主义、集体主义、社会主义的主导价值观。

（二）20世纪90年代初至21世纪初，中国共产党以主导价值观引领文化建设的主要做法

进入20世纪90年代，中国共产党在国内外形势十分复杂的严峻考验面前，冷静观察、沉着应对，高度重视社会主义思想道德建设和文化建设。在社会主义思想道德建设方面，强调"以为人民服务为核心，以集体主义为原则，以爱祖国、爱人民、爱劳动、爱科学、爱社会主义为基本要求"②。在社会主义文化建设方面，强调文化建设要"坚持为人民服务、为社会主义服务"③，不断满足人民不同层次的精神文化需求。坚持为人民服务、为社会主义服务，加强社会主义思想道德建设，是这一时期中国共产党以主导价值观引领文化建设的重要体现。

---

① 《中华人民共和国宪法》（1982年修订），中国人大网，http://www.npc.gov.cn/npc/c505/201803/e87e5cd7c1ce46ef866f4ec8e2d709ea.shtml，最后访问日期：2023年6月11日。
② 中共中央文献研究室编《十四大以来重要文献选编》（下），人民出版社，1999，第2056页。
③ 《江泽民文选》第3卷，人民出版社，2006，第277页。

　　第一，明确文学艺术、新闻出版和哲学社会科学事业的社会主义方向，指明社会主义文化事业发展的价值导向。在文学艺术建设方面，中国共产党明确要求坚持以"二为"为发展方向，贯彻"双百"的发展方针，既提倡多样化，又主张"唱响社会主义文化的主旋律"①，以思想性和艺术性相统一的优秀作品带动社会主义文艺事业的全面繁荣。在新闻出版方面，中国共产党明确提出新闻宣传要坚持马克思主义新闻观，出版工作要重视出版作品的文化导向和价值导向，及时出版高质量的反映国内外优秀文化成果的学术著作。在哲学社会科学事业方面，中国共产党强调坚持主导价值观，坚持以马克思列宁主义、毛泽东思想、邓小平理论为指导，保证我国哲学社会科学沿着正确方向健康发展。②

　　第二，以群众性创建活动为依托，创新主导价值观引领文化建设的方式与方法。一方面，在全国范围内大力开展倡导社会主导价值观的文明家庭、文明单位等群众性创建活动，开展以"为建设社会主义先进文化服务、为社会主义现代化建设服务"为主题的各类文化创建活动，大力建设社区文化、村镇文化、企业文化、校园文化。这一时期，乡镇（街道）文化站、群众性文化服务业机构得到快速发展，2002年乡镇（街道）文化站有39273个，为1989年的6.87倍；群众性文化服务业机构有42516个，为1989年的4.70倍（见表4-1）。另一方面，高度重视发挥社会主义现代化建设实践中涌现出来的先进集体和先进人物的榜样示范与引导作用，强调"采取多种形式，大力宣传他们的事迹和思想，在全社会形成崇尚先进、学习先进的风气"③。以群众性创建活动为依托，大力宣传先进集体和先进人物的榜样精神和榜样力量，丰富和创新了主导价值观引领文化建设的方式与方法，提升了全社会培育与践行为人民服务、为社会主义服务的主导价值观的现实效果。

---

① 《江泽民文选》第3卷，人民出版社，2006，第277页。
② 《江泽民文选》第3卷，人民出版社，2006，第492页。
③ 中共中央文献研究室编《十四大以来重要文献选编》（下），人民出版社，1999，第2063页。

表4-1　群众性文化服务业机构与乡镇（街道）文化站数统计（1989~2002年）

单位：个

年份	群众性文化服务业机构数	乡镇（街道）文化站数
1989	9037	5716
1990	9216	5895
1991	10507	7242
1992	9564	6292
1993	10155	6899
1994	11276	8015
1995	13487	10228
1996	45253	41969
1997	45449	42163
1998	45834	42547
1999	45837	42543
2000	45321	42024
2001	43379	40138
2002	42516	39273

数据来源：根据国家统计局"年度数据"整理，详见 https：//data. stats. gov. cn/easyquery. htm？cn = C01。

　　第三，推动文化体制改革和加强文化市场管理，繁荣发展社会主义文化，营造弘扬主导价值观的良好氛围。一方面，坚持将社会效益放在首位，充分调动市场机制在社会主义文化建设中的积极作用。1997年12月31日，文化部颁布施行《关于修订〈营业性歌舞娱乐场所管理办法〉、〈文化市场稽查暂行办法〉和〈美术品经营管理办法〉等行政规章的决定》，在一定程度上完善了文化管理机制，推动文化发展社会效益和经济效益相统一。另一方面，推进文化事业分区、分类的建设，促进形成国家保障重点、鼓励社会兴办文化事业的发展格局。1999年4月22日文化部颁布《全国文化先进县、全国文化工作先进集体和全国文化系统先进工作者、劳动模范荣誉称号授予办法》，对全国文化先进县、全国文化工作先进集体、全国文化系统先进工作者、劳动模范的评选标准、荣誉称号管理分别进行了详细的规定与指导。文化部先后颁布了《文化科技工作管理办法》（1990年3月）、《文化科学技术成果鉴定办法》（1990年7月）、《文化系统内部审计工作规定》（1990年8月）、《文化部科学技术进步奖励办法》（1987年12月），从管理方法、经济政策、竞争激励、责任约束等方面深化了文化企事业单位改革管理，为主导价值观引领文化建设创设了良好环境。

（三）21 世纪初至党的十八大，中国共产党以主导价值观引领文化建设的主要做法

进入 21 世纪，中国共产党持续推进中国特色社会主义伟大事业，在指导思想上，坚持以人为本的科学发展观；在社会建设上，提出构建社会主义和谐社会；在社会主义文化建设上，首次提出建设社会主义核心价值体系，强调以马克思主义为指导，坚定中国特色社会主义共同理想，弘扬民族精神和时代精神，践行社会主义荣辱观，有效凝聚人民群众的精神文化力量。坚持以人为本，建设社会主义核心价值体系，倡导和谐文化，是这一时期中国共产党以主导价值观引领文化建设的重要内容。

第一，建设社会主义核心价值体系，强化主导价值观的引领作用。一方面，巩固马克思主义的指导地位，推进马克思主义理论研究和建设工程。例如，2005 年国务院学位委员会与教育部联合印发《关于调整增设马克思主义理论一级学科及所属二级学科的通知》，将马克思主义理论设为一级学科并详细规定其所属二级学科的内容，在学科建设体系上完善了马克思主义理论研究，对我国哲学社会科学体系的构建具有重要意义。另一方面，坚持以社会主义核心价值体系引领社会思潮，倡导尊重差异、包容多样，积极建设社会主义和谐文化，"倡导爱国主义、集体主义、社会主义思想，加强理想信念教育，加强国情和形势政策教育"[①]，增强了全党全国各族人民对社会主义核心价值体系的认同，强化了以主导价值观引领文化建设的思想基础。

第二，保障人民群众的基本文化权益，弘扬社会主义荣辱观，培育文明风尚，增强主导价值观的引领作用。一方面，建设公共文化服务体系，保障人民群众基本文化权益。党的十六大正式区分了"文化事业"和"文化产业"，为公共文化事业发展指明了方向，强调坚持"以大型公共文化设施为骨干，以社区和乡镇基层文化设施为基础，优先安排关系人民切身利益的文化项目……扶持革命老区、民族地区、边疆地区、

---

① 中共中央文献研究室编《十六大以来重要文献选编》（下），中央文献出版社，2008，第 661 页。

贫困地区文化发展"①。2007年印发《关于加强公共文化服务体系建设的若干意见》，阐明我国建设公共文化服务体系的基本原则和目标任务。2011年党的十七届六中全会提出，提高文化支出占财政支出的比例，进一步扩大公共财政覆盖范围。2012年《国家基本公共服务体系"十二五"规划》，明确界定了我国基本公共服务的范围。这一系列规范性文件的出台，大力推进了公共文化服务建设，保障了人民基本文化权益。另一方面，大力弘扬社会主义荣辱观，培育社会文明风尚。自2005年起，全党上下积极开展全国文明城市、文明村镇等具有鲜明价值导向的群众性创建活动，截至2012年，先后涌现出全国文明城市（区）53个、全国文明村镇2065个、全国文明单位4138个，先后评选表彰3批全国道德模范②，推动了以社会主义荣辱观为基本导向的社会文明风尚的形成。

第三，推进文化体制机制的改革，增强主导价值观的引领作用。进入21世纪，中国共产党总结国内外文化建设经验，通过文化体制机制的改革创新，推动文化的繁荣发展，增强主导价值观的引领作用。一方面，加快文化产业发展，丰富文化产品供给，促进文化精品产出。这一时期，中国共产党"在重视发展公益性文化事业的同时，坚持经济效益和社会效益相统一"③，深化文化体制改革，加快文化产业发展，使得影视产业与广播产业发展迅速、网络文学走进大众生活，一大批内容贴近社会主义和谐社会建设实际，为广大人民群众喜闻乐见的优秀文化产品涌现出来。另一方面，健全文化产业的体制机制，推进文化产业基地和文化产业群的建设，繁荣文化市场。这一时期，中国共产党大力鼓励、支持和推进文化产业博览会常态化开展，如重点扶持中国（深圳）国际文化产业博览交易会（一年一届），分别打造中国西部文化产业博览会（西部省、自治区、直辖市轮流举办）、中国东北文化产业博览交易会和中国中部（武汉）文化产业博览交易会（两年一届），为促进文化产品交易、产业项目合作和文化产业发展搭建了良好的市场平台。《关于金融支持文化产业振兴和发展繁荣的指导意见》《文化产业发展专项资金管理暂行办

---

① 《胡锦涛文选》第3卷，人民出版社，2016，第66页。
② 数据来源于中国文明网：http://www.wenming.cn/wmcs_53692/。
③ 《胡锦涛文选》第3卷，人民出版社，2016，第354页。

法》《国务院关于投资体制改革的决定》等重要政策文件的出台,《互联网文化管理暂行规定》《网络游戏管理暂行办法》等重要管理文件的印发,规范了文化产业的投资、运营和管理,建立健全了文化产业发展的相关体制机制,为促进文化产业科学发展、繁荣发展创造了良好的制度环境。

(四) 党的十八大以来中国共产党以主导价值观引领文化建设的主要做法

2012 年,党的十八大客观分析我国坚持和发展中国特色社会主义面临的新情况与新问题,特别是思想道德文化建设领域面临的新挑战,提出以"三个倡导"为基本内容的社会主义核心价值观。社会主义核心价值观契合我国社会主义建设的基本要求,传承发展了我国优秀传统文化的思想精髓,吸收借鉴了世界优秀文明成果,集中体现了当代中国人民的总体精神面貌,凝结了当代中国人民共同的价值追求,是团结全体人民的共同思想基础。培育和弘扬社会主义核心价值观,全面推进社会主义文化大发展大繁荣,是这一时期中国共产党以主导价值观引领文化建设的重要内容。

第一,全面加强党的统一领导,为社会主义核心价值观引领文化建设提供政治保证。"加强和改进党对文化工作的领导,是推进文化改革发展的根本保证"[①],党的十八大以来,中国共产党不断加强对社会主义核心价值观引领文化建设的统一领导,确保社会主义核心价值观引领文化建设始终朝着正确方向发展。一方面,通过精简机构、整合职能等方法强化文化领域领导班子和党组织建设,在文化建设顶层设计、整体布局方面强化了党的集中统一领导。另一方面,通过在党内开展多种形式的学习小组活动、主题学习活动,在高校强化社会主义核心价值观教学、强化基层党组织部门的价值观宣传引领工作等途径,在各地区各部门各单位职能、工作等具体方面加强了党的领导。同时,通过改革文化评价体系、落实巡视考察制度、突出文化工作的意识形态责任制等办法,在各项具体工作部署落实方面强化了党的统一领导,推动各级党委、政府

---

① 中共中央文献研究室编《十七大以来重要文献选编》(下),中央文献出版社,2013,第 581 页。

有效落实以社会主义核心价值观引领文化建设的政治责任。

第二，大力弘扬社会主义核心价值观，推动社会主义核心价值观的培育和践行。党的十八大以来，先后印发《关于培育和践行社会主义核心价值观的意见》（中共中央办公厅2013年印发）、《培育和践行社会主义核心价值观行动方案》（中共中央宣传部、中央文明办2015年印发）两个重要文件，在全社会积极推动社会主义核心价值观的培育和践行，增强了广大人民群众对社会主义核心价值观的认同与接受。一方面，加强对党员干部、青少年等重点群体的社会主义核心价值观教育。在全党范围内，贯彻落实学习制度，常态化开展与社会主义核心价值观相关的主题学习教育，并将社会主义核心价值观的基本内容融入基层党建活动，使党员干部在日常工作生活中领悟、接受社会主义核心价值观。在学校教育中，以思想政治理论课为主渠道，辅之以社会实践教学等方式，将社会主义核心价值观融入学校建设、学院建设等多个方面，深入推进学校的社会主义核心价值观培育与践行，使青少年在日常学习生活中潜移默化地感悟、认同并接受社会主义核心价值观。另一方面，面向广大人民群众，以城市、社区、家庭、企事业单位、乡镇农村等多样的群众性文化创建活动为重要依托，以革命纪念馆、红色文化景区、文化广场等社会教育阵地为重要平台，辅之以贴近人民生活实际的优秀文学作品、艺术作品、影视作品、戏剧作品等载体，深入普及和宣传社会主义核心价值观，大大增强了人民群众对社会主义核心价值观的认知与认同。

第三，推动文化的繁荣发展，丰富社会主义核心价值观发挥引领作用的载体与方法。其一，有效推动社会主义核心价值观寓于公共文化事业，如建设、扶持大批体现和反映社会主义核心价值理念的博物馆、艺术馆、革命历史文化纪念馆。其二，大力支持各地、各基层单位灵活运用影视、文学、广告等多种文化形式，推动具有社会主义核心价值观导向的文化事业和文化产业繁荣发展。例如，近年来社会主义核心价值观公益广告以及大批反映社会主义核心价值观导向的优秀影视作品层出不穷。截至2021年9月，由中宣部宣教局、中央网信办网络新闻信息传播局、中央新闻纪录电影制片厂（集团）多个单位主办的"社会主义核心价值观主题微电影征集展播活动"已在中国文明网展示《一生有信》《逆行者的讲述》《我的答案》等802个作品；以"童画新时代，手绘价值观"为主题的社会主义核心价值观儿童画优秀作品展示活动,自2018年5月30日起在中国文明网上线。其三,积极鼓励反映社会主义核心价值观的优秀文学艺术作品的创作生产和传播。近年来,国家出版发行大批关于社会主义核心价值观研究的理论著作和宣传普及社会主义核心价值观的优秀读物、理论期刊;大力支持以社会主义核心价值观建设为导向的文化活动的深入持久开展,如"我们的价值观——曲艺走基层全国百场巡演"等以社会主义核心价值观为主题的各种社区、城镇、乡村文化活动的开展。通过推动文化繁荣发展,依托不同类型、不同形式的文化载体,有效增强了社会主义核心价值观对文化建设的引领作用。

第四,建立健全相关体制机制,为社会主义核心价值观引领作用的发挥提供政策保障。一方面,完善文化市场管理机制,营造良好的社会主义核心价值观引领文化建设的市场氛围。2014年5月,财政部、国家发展改革委等七部委联合下发《关于支持电影发展若干经济政策的通知》,2015年国务院办公厅印发《关于支持戏曲传承发展的若干政策》、中共中央办公厅、国务院办公厅印发《关于全国性文艺评奖制度改革的意见》。2016年4月1日,我国启用适用于9种不同市场主体的新版文化市场经营许可证,严格加强对文化市场准入方面的管理。2016年11月,第十二届全国人民代表大会常务委员会第二十四次会议通过了《中华人民共和国电影产业促进法》,同年12月,文化部制定并印发《网络表演经营活动管理办法》,要求"各级文化行政部门和文化市场综合执法机构要加强对网络表演市场的管理和规范,主动引导网络文化经营单位依法依规开展经营活动,自觉提供内容健康、向上向善,有益于弘扬社会主义核心价值观的优秀网络表演,促进我国网络文化繁荣发展"①。上述政策性文件和相关法律的出台,激发了文化创新创造的活力,促进了我国文化市场的繁荣。另一方面,健全文化事业、文化产业的体制机制,加强社会主义核心价值观对文化事业和文化产业发展的引领。自2018年以来,文化和旅游部发布行业《演出安全》等标准文件,相关法律部门修正颁布《中华人民共和国广告法》《中华人民共和国公共图书馆法》

---

① 《文化部关于印发〈网络表演经营活动管理办法〉的通知》,中国政府网,http://www.gov.cn/gongbao/content/2017/content_5213209.htm,最后访问日期:2023年6月11日。

等，不仅加强了对文化产业活动、文化事业活动的监管，而且有效保障了文化事业、文化产业始终坚持将社会效益置于首位的价值导向，有力推动了社会主义核心价值观引领文化建设的发展。2019 年党的十九届四中全会首次提出"坚持以社会主义核心价值观引领文化建设制度"，对于推进社会主义核心价值观引领文化建设的制度化、规范化具有重大意义。

综上所述，改革开放以来，中国共产党在中国特色社会主义文化建设的实践中，始终坚持"两手抓，两手都要硬"，基于不同历史阶段的主要任务与现实情况，以主导价值观引领文化建设的举措与实践，对于新时代坚持以社会主义核心价值观引领文化建设，具有重要的实践价值与现实启示意义。

二　改革开放以来中国共产党以主导价值观引领文化建设的基本经验

对改革开放以来中国共产党以主导价值观引领文化建设的实践进行经验性总结，既是我们基于历史事实提炼一般规律性认识的过程，也是在历史中汲取经验，面向新时代、面向未来，更好地推动社会主义核心价值观引领文化建设的现实要求。

（一）始终坚持发挥主导价值观对于文化建设的引领作用

改革开放以来，中国共产党始终坚持"两手抓，两手都要硬"的发展思路，立足社会主义初级阶段基本国情，在社会主义文化建设实践中，坚持以主导价值观引领文化建设，推动文化软实力的提升。改革开放初期，中国共产党立足政治、经济、文化亟待调整恢复的现实，结合拨乱反正、清除"左"倾错误思想、实施改革开放等主要任务，在 1986 年出台《中共中央关于社会主义精神文明建设指导方针的决议》，通过开展符合实际的群众性文化活动、支持鼓励优秀知识分子创作、改革文化体制等做法，以爱国主义、社会主义、集体主义等主导价值观推动改革开放初期的文化建设实践。党的十三届四中全会，尤其是党的十四大至十六大期间，结合市场经济与改革开放取得的成就，中共中央在 1996 年出台《关于加强社会主义精神文明建设若干重要问题的决议》，突出以主导价值观引领文化事业发展，在活动形式、方法载体创新上，不断增强主导价值观对群众性精神文明活动的引领。党的十六大至十八大期间，中国共产党结合 21 世纪世情国情的发展变化,进一步突出文化建设在国家发展和国际竞争中的重要战略地位,以建设社会主义先进文化为目标,通过建设社会主义核心价值体系,建设和谐文化,培育文明风尚,推进文化形式、体制机制改革创新等举措,进一步增强主导价值观对文化建设的引领作用。

党的十八大以来,立足新时代国内国外两个大局,中国共产党在坚持和发展中国特色社会主义,统筹推进"五位一体"总体布局和协调推进"四个全面"战略布局的基础上,进一步凸显社会主义核心价值观在文化建设中的重要作用,扎实推进社会主义核心价值观引领文化建设的具体实践。其一,从增强社会主义意识形态影响力和凝聚力的角度,大力推动社会主义核心价值观引领作用的发挥。在新时代背景下,西方国家加大对我国的意识形态输出,企图通过意识形态斗争,弱化马克思主义的指导地位,扰乱人们的思想认识与价值观念。牢牢掌握意识形态的领导权,就需要大力弘扬社会主义核心价值观,以社会主义核心价值观引领文化建设坚持正确的发展方向,以社会主义核心价值观构建全体人民的精神家园,凝聚全体人民的精神力量。其二,从建设文化强国的角度,大力弘扬社会主义核心价值观。在新时代背景下,西方国家加大对我国的文化渗透,依托文化载体,西方国家企图通过推行本国的价值观念、社会模式与生活方式等方式,弱化我国的民族文化与社会主义先进文化的影响,占领我国思想文化阵地。建设社会主义文化强国,就需要以社会主义核心价值观引领文化软实力建设,增强我国文化软实力的辐射力、创造力和引导力,以社会主义核心价值观增强人民群众的精神力量,增强中华文化的竞争力,构筑中国精神,凝聚中国力量。其三,从国家治理体系和治理能力现代化的角度大力增强社会主义核心价值观的引领作用。在新时代背景下,结合推动国家治理体系与治理能力现代化的发展目标,中国共产党高度重视社会主义核心价值观对于国家治理的引领作用,强调社会主义核心价值观是推动国家治理体系和治理能力现代化的价值指引,是国家治理的重要内容。党的十九大从新时代坚持和发展中国特色社会主义基本方略的高度,强调建设社会主义核心价值体系的重要性,党的十九届四中全会在制度建设层面,进一步夯实了社会主义核心价值观引领作用发挥的制度基础。

总之，改革开放以来，中国共产党始终坚持立足社会主义初级阶段基本国情，结合不同时期文化建设的发展实际，与时俱进地推进以主导价值观提升文化软实力的具体实践，在社会主义文化建设中不断增强主导价值观对文化建设的引领作用。

（二）始终坚持以主导价值观引导文化建设的人民立场

"人民是历史的创造者，群众是真正的英雄。人民群众是我们力量的源泉。"[1] 改革开放以来，中国共产党在社会主义文化建设实践中，始终坚持以人民为中心，积极发挥人民群众的主体力量，坚持以主导价值观引导文化建设的人民立场，筑牢全体人民团结奋斗的共同思想基础。改革开放初期，中国共产党充分调动城镇居民、农民、青年、知识分子群体的积极性，调动广大人民群众参与各项社会主义精神文明创建活动，依靠广大人民群众推动新时期的文化建设。党的十三届四中全会，尤其是党的十四大至十六大期间，中国共产党继续推进以主导价值观引领文化建设，积极调动社会主义建设过程中涌现出的优秀文学艺术工作者、新闻出版工作者的积极性，通过创作文化精品与正面的舆论引导，积极建设反映人民群众需求的社会主义先进文化。党的十六大至十八大期间，中国共产党进一步发挥广大人民群众在社会主义文化建设中的重要作用，全面贯彻落实以人为本的发展理念，坚持文化发展依靠人民、文化发展为了人民，大力建设社会主义核心价值体系，凝聚和激发全国人民的发展共识和主体力量。

党的十八大以来，中国共产党对人民群众历史地位的认识进一步深化，将群众路线贯穿治国理政的各个方面，在新时代中国特色社会主义文化建设实践中，坚持以人民为中心，尊重人民群众主体地位，引导、支持广大人民群众进行形式多样的精神文化创建活动，推动文化发展成果由人民共享。其一，以社会主义核心价值观引领文化建设坚持人民群众的价值主体地位。习近平总书记指出，社会主义核心价值观"所昭示的前进方向契合中国人民的美好愿景"[2]。人民性是社会主义核心价值观

① 《习近平谈治国理政》，外文出版社，2014，第5页。
② 中共中央文献研究室编《习近平关于社会主义文化建设论述摘编》，中央文献出版社，2017，第132页。

的鲜明特征，始终坚持人民的价值主体地位，是社会主义核心价值观的内在本质要求。将党的群众路线贯穿于新时代文化建设全过程，以社会主义核心价值观引领人民参与文化创造活动，能够为文化建设凝聚全体人民的智慧和力量。其二，以社会主义核心价值观引领文艺创作坚持以人民为中心的导向，创作出体现先进文化发展方向、满足人民群众精神需要的优秀作品。习近平总书记指出，人民是文艺创作的源头活水，"文艺创作方法有一百条、一千条，但最根本的方法是扎根人民"①。以社会主义核心价值观引领文艺创作的正确方向，能够发挥先进文化的引领力与感染力，不断增强人民的精神力量。其三，以社会主义核心价值观引领文化发展成果由人民共享，保障人民的基本文化权益。社会主义核心价值观倡导公平正义的价值理念，体现在文化建设领域，就是要引领文化建设坚持发展成果由人民共享。以社会主义核心价值观引领文化发展成果由人民共享，不断满足人民群众的需求和提升人民群众的精神境界，能够体现社会主义文化公平正义的价值取向，能够保障人民群众的基本文化权益。

总之，改革开放以来，中国共产党始终坚持以主导价值观引导文化建设的人民立场，不断深化对人民群众在文化建设中主体地位的认识，紧紧依靠人民群众的主体力量推进社会主义文化建设，坚持社会主义文化发展成果由人民共享，推动社会主义文化坚持公平正义的价值取向。

（三）始终坚持以主导价值观激发文化繁荣发展的活力

"思想、观念、意识的生产最初是直接与人们的物质活动，与人们的物质交往，与现实生活的语言交织在一起的。"② 价值观作为观念形态，与人们的物质活动、社会文化生活实践联系紧密。改革开放以来，中国共产党坚持以主导价值观激发文化繁荣发展的活力，在繁荣发展社会主义文化事业与文化产业的实践中，不断增强主导价值观对文化建设的引领作用。改革开放初期至党的十六大，基于我国社会主义初级阶段文化发展的状况与文化建设的特点，中国共产党坚持"两手抓，两手都要

---

① 中共中央文献研究室编《习近平关于社会主义文化建设论述摘编》，中央文献出版社，2017，第 176 页。
② 《马克思恩格斯选集》第 1 卷，人民出版社，2012，第 151 页。

硬"的基本方针，以主导价值观推动社会主义文学艺术、新闻出版、图书馆、博物馆、哲学社会科学等领域的建设，社会主义文化事业建设取得明显成效，涌现出了大批反映社会主义主流价值、符合人民群众生活需要、具有鲜明价值导向的文化成果，极大地繁荣了社会主义文化事业，丰富了人民群众的精神文化生活。党的十六大至党的十八大，中国共产党坚持文化事业与文化产业双轮驱动、两翼并举的发展思路，一方面，加强以主导价值观引领新闻出版、文学艺术事业和广播广告、影视制作等文化产业的价值导向，始终坚持将社会效益置于首位；另一方面，以主导价值观引领公益性文化事业、文化产业的体制机制建设，推进文化产业群的建设，在政策制度层面，为进一步推动文化强国建设和社会主义文化大发展大繁荣指明方向和奠定基础。

党的十八大以来，中国共产党大力弘扬社会主义核心价值观，引领文化事业和文化产业的繁荣发展，稳步推进体现鲜明社会主义价值导向的博物馆、艺术馆、文化广场等公共文化事业建设，大力推动出版发行、影视制作等传统文化产业与多媒体制作、动漫游戏、全息影院剧场等新兴产业迅速发展，将社会主义核心价值观寓于多样化的文化对象，提升了社会主义核心价值观引领文化建设的效果。其一，以社会主义核心价值观引领文化事业的发展方向，保障人民享有基本公共文化服务。党的十八大以来，中国共产党着重从制度规范、供给模式等层面，推动公共文化服务均等化、制度化与现代化发展。在制度规范层面，规范公共文化服务运行的制度与机制，大力推进公共文化的制度化与规范化发展。2012 年印发的《国家基本公共服务体系"十二五"规划》，明确界定了我国基本公共服务的范围。2013 年党的十八届三中全会提出，促进基本公共文化服务标准化、均等化，进一步加强公共文化的制度与机制建设。自 2017 年 3 月 1 日起施行的《中华人民共和国公共文化服务保障法》，从法律层面保障人民的基本文化权益，为公共文化的制度化与规范化提供了法律保障。在供给模式层面，通过建构政府与社会组织的战略伙伴关系，探索公共文化的现代化发展模式。2015 年 5 月印发的《关于做好政府向社会力量购买公共文化服务工作意见》，探索了 PPP（公私合营/政企合作）模式、SC（服务协议）模式、建立公共资源交易平台等多种公共文化服务供给模式，创新公共文化服务有效供给，推动了我国公共文化服务供给模式的现代化。其二，以社会主义核心价值观引领高质量、高口碑的文化成果的创作和生产，让人民群众在文化繁荣发展中增强对共同价值追求的认同，为推进主导价值观引领文化建设奠定了广泛的群众基础。习近平总书记指出，广大文艺工作者要"把社会主义核心价值观生动活泼、活灵活现地体现在文艺创作之中"①。2015年，中共中央发布的《关于繁荣发展社会主义文艺的意见》，进一步明确了繁荣发展社会主义文化的方向。坚持以社会主义核心价值观引领现代文化市场体系的构建，不断提高文化产业规模化、集约化、专业化水平，以现代文化产业推动社会主义核心价值观的传播，鼓励和推动以弘扬社会主义核心价值观为目标的优秀文艺作品的创作，以贴近人民生活，反映人民心声的文化精品，增强社会主义核心价值观的影响力和感染力。

总之，改革开放以来，中国共产党不断深化对社会主义文化建设规律的科学认识，坚持以主导价值观引领文化事业和文化产业协同发展，代表社会主义先进文化发展方向、反映社会主义主流价值的文化成果大量涌现，既丰富了群众的文化生活，又增强了主导价值观对文化建设的引领作用。

（四）始终坚持以主导价值观引领文化体制改革的方向

制度问题是关系主导价值观引领文化建设根本性、全局性、稳定性和长期性的问题。改革开放以来，中国共产党坚持以主导价值观引领文化体制改革的方向，确保文化体制改革的社会主义性质。改革开放初期，邓小平就指出，"思想文化教育卫生部门，都要以社会效益为一切活动的唯一准则"②。党的十二届六中全会通过的《中共中央关于社会主义精神文明建设指导方针的决议》明确指出，国家要从政策和资金方面着重支持文化建设，从各项文化事业建设标准、经营管理办法、社会效益方面改革文化管理体制。党的十三届四中全会，尤其是在党的十四大至十六大期间，中国共产党以社会主导价值观为导向，积极推进文化市场的机制改革，从管理方法、经济政策、竞争激励、责任约束等方面深化文化企事业单位的体制改革。党的十六大至党的十八大，中国共产党以社会主义

---

① 习近平：《在文艺工作座谈会上的讲话》，人民出版社，2015，第23页。
② 《邓小平文选》第3卷，人民出版社，1993，第145页。

先进文化为导向，出台《关于金融支持文化产业振兴和发展繁荣的指导意见》《互联网文化管理暂行规定》《网络游戏管理暂行办法》等重要文件，强调将社会效益置于首位，从完善公益性文化事业建设、推进文化产业群建设、推进网络文化管理等方面加强文化体制机制改革，明确市场经济条件下文化体制机制改革坚持社会主义的方向、坚持为人民服务的宗旨。

党的十八大以来，中国共产党坚持以社会主义核心价值观引领文化体制改革的方向，不断推动文化体制改革的制度化与规范化。其一，文化体制改革坚持社会效益置于首位的原则。党的十八大以来，中国共产党在顶层设计层面，着重强调文化体制改革坚持社会效益首位原则，习近平总书记多次强调，文化体制改革要"始终坚持社会主义先进文化前进方向，始终把社会效益放在首位"[1]。2015年9月，中共中央办公厅、国务院办公厅印发了《关于推动国有文化企业把社会效益放在首位、实现社会效益和经济效益相统一的指导意见》，将社会效益首位原则作为国有文化企业评价考核体系的重要指标，形成了较好的示范带动效应。同时，深入实施重点文化惠民工程，文化部等部门联合印发《关于推进县级文化馆图书馆总分馆制建设的指导意见》等政策文件，推动文化资源向基层、农村、贫困地区倾斜，加快形成文化服务均等享受、文化发展同步推进的城乡文化一体化，不断推进公共文化服务的均等化与普惠性发展，不断保障人民群众的基本文化权益，凸显文化建设坚持为人民服务的宗旨。其二，推动文化体制改革的制度化与规范化。习近平总书记指出，衡量文化产业发展质量的标准，要看文化产业"能不能提供更多既能满足人民文化需求、又能增强人民精神力量的文化产品"[2]。中国共产党以社会主义核心价值观为导向，建立与之相适应的政策法规体系以及执行保障、考核评价和激励反馈机制，推动文化体制改革的制度化和规范化。党的十八届三中全会以来，我国以社会主义核心价值观为价值导向，不断完善文化管理体制、完善文化市场准入和退出机制，出台《中华人民共和国公共文化服务保障法》《中华人民共和国电影产业促进

---

[1]　中共中央文献研究室编《习近平关于社会主义文化建设论述摘编》，中央文献出版社，2017，第185页。

[2]　习近平：《在教育文化卫生体育领域专家代表座谈会上的讲话》，人民出版社，2020，第7页。

法》《长城、大运河、长征国家文化公园建设方案》以及关于文化市场准入机制等方面的一系列政策、文件。同时，以社会主义核心价值观为导向，健全坚持正确舆论导向的体制机制、建立健全现代公共文化服务群众评价和反馈机制，并在党的十九届四中全会上提出"建立健全把社会效益放在首位、社会效益和经济效益相统一的文化创作生产体制机制"①，从国家治理与制度建设层面，系统推进文化体制改革，推动社会主义核心价值观引领文化建设的制度化。

总之，改革开放以来，中国共产党在社会主义文化建设实践的探索中，始终坚持以主导价值观引领文化体制改革坚持社会效益首位的原则，不断推动社会主导价值观引领文化建设的制度化建设，为社会主导价值观发挥引领作用奠定了制度基础。

---

① 《中共中央关于坚持和完善中国特色社会主义制度 推进国家治理体系和治理能力现代化若干重大问题的决定》，人民出版社，2019，第 25 页。

第五章　社会主义核心价值观引领文化建设的路径探索

马克思主义认为："社会生活在本质上是实践的。凡是把理论诱入神秘主义的神秘东西，都能在人的实践中以及对这种实践的理解中得到合理的解决。"① 在对社会主义核心价值观引领文化建设进行理论考察的基础上，要将理论分析与实践探索紧密结合，深入探索社会主义核心价值观引领文化建设的实践路径。依据前文的分析，社会主义核心价值观对文化建设的引领作用，主要表现为社会主义核心价值观能够引领文化建设坚持马克思主义的价值方向，引领文化建设坚持以人民为中心的价值取向，引领文化建设的价值共识凝聚，引领文化活动与文化氛围的价值导向，引领文化治理的价值目标。在实践中推动社会主义核心价值观引领文化建设，要依据社会主义核心价值观在不同层面发挥的引领作用，有针对性地进行路径探索。具体来讲，主要包括以下几个方面：其一，作为社会主义意识形态本质要求的体现，发挥社会主义核心价值观引领文化建设的价值方向作用，要坚持马克思主义在意识形态领域的指导地位，引领文化建设坚持正确的发展方向；其二，作为文化的内核与文化软实力的灵魂，发挥社会主义核心价值观引领文化建设的价值取向的作用，要引领多元文化坚持以人民为中心的价值取向，引领多元文化健康发展；其三，作为国家和民族的共同精神追求与思想道德基础，发挥社会主义核心价值观引领文化建设的价值共识的作用，要引领新时代的理想信念教育，夯实文化建设的共同思想基础；其四，作为社会评判是非曲直的价值标准，发挥社会主义核心价值观引领文化活动和文化氛围的价值导向作用，要引领社会文明风尚、道德实践与精神文明创建活动，加强文化建设的环境营造；其五，作为国家治理的重要内容，发挥社会主义核心价值观引领文化治理的价值目标的作用，要将社会主义核心价

---

① 《马克思恩格斯选集》第1卷，人民出版社，2012，第139~140页。

值观融入法律政策体系的建设，强化引领文化建设的法律政策保障。总之，通过上述不同层面的路径探索，能够将社会主义核心价值观的内化于心和外化于行相统一，在内化与外化的合力推动下，切实发挥社会主义核心价值观在繁荣和发展社会主义文化中的重要作用。

第一节　思想引领：坚持马克思主义在意识形态领域的指导地位，明确引领文化建设的发展方向

思想指引方向，以社会主义核心价值观引领文化建设的价值方向，必须始终坚持马克思主义在意识形态领域的指导地位，确保文化建设始终沿着社会主义先进文化前进方向繁荣发展。

一　马克思主义是社会主义核心价值观的灵魂

"对马克思主义的信仰，对社会主义和共产主义的信念，是共产党人的政治灵魂。"① 作为马克思主义的信仰者，中国共产党始终坚持将马克思主义指导地位贯穿于我国建设的各个领域，始终坚持以马克思主义为指导，加强我国意识形态建设。社会主义核心价值观集中体现了马克思主义的根本立场、观点、方法，马克思主义奠定了社会主义核心价值观的理论基础，决定了社会主义核心价值观的性质和内容。坚持马克思主义的指导地位，是发挥社会主义核心价值观对文化建设的方向引领作用的根本路径。

第一，马克思主义为社会主义核心价值观奠定了理论基础。马克思主义对人类社会发展的客观规律与历史趋势的揭示，关于社会存在与社会意识、经济基础与上层建筑关系的论述，关于共产主义最高价值理想的阐述，为社会主义核心价值观奠定了科学的理论基础。以马克思主义为指导的社会主义核心价值观，必须体现社会主义的本质要求，必须回应社会主义制度下国家发展、社会建设、公民培育的价值目标与发展方向等问题。关于社会主义本质，邓小平同志指出，社会主义就是要通过

_____

① 《习近平谈治国理政》，外文出版社，2014，第15页。

解放和发展生产力，通过一系列的社会革命，"最终达到共同富裕"①。这一重要论断，指明了实现社会主义价值目标的基本前提、政治保障与发展方向。中国共产党围绕"什么是社会主义，怎样建设社会主义"这一基本问题，不断深化探索社会主义价值目标，提出"没有民主就没有社会主义"②"物质贫乏不是社会主义，精神空虚也不是社会主义"③ 等重要论断。上述论断蕴含了社会主义核心价值观所倡导的"富强""民主""文明"等观念，体现了社会主义的本质要求。因此，社会主义核心价值观是马克思主义基本原理在价值观层面的表达，集中体现了社会主义的本质特征，体现了社会主义的内在规定性。

第二，马克思主义为社会主义核心价值观提供了丰富的方法论指导。"掌握和运用马克思主义立场观点方法研究和解决中国的实际问题，是我们党的传家宝。"④ 作为社会意识范畴，社会主义核心价值观的生成与发展具有深刻的规律性，马克思主义为社会主义核心价值观的形成与丰富发展，提供了重要的方法论指导。依据唯物史观的基本理论，任何价值观都是社会关系的产物，必须与其所处的物质条件相适应。社会主义核心价值观的形成，要依据我国社会主义初级阶段的物质生活条件；社会主义核心价值观的凝练，要符合当前我国社会发展的最大实际、符合最广大人民群众的根本利益。当前，面对部分群体出现的价值观扭曲和混乱，出现的精神"缺钙"现象，要充分发挥社会主义核心价值观作为社会意识的能动反作用，以社会主义核心价值观整合社会意识与社会思潮，凝聚全体人民的价值共识，这是对马克思主义"社会意识反作用于社会存在"原理的灵活运用。同时，马克思主义与时俱进的理论品质，对于社会主义核心价值观的丰富发展也具有指导意义。社会主义核心价值观的培育要根据人们的思维方式、生活观念及行为方式的发展变化，选择更加符合时代潮流与人民需要的方式方法，不断推动理论创新与实践创新。

① 《邓小平文选》第 3 卷，人民出版社，1993，第 374 页。
② 《邓小平文选》第 2 卷，人民出版社，1994，第 168 页。
③ 《江泽民文选》第 1 卷，人民出版社，2006，第 621 页。
④ 《习近平在中央党校春季学期开学典礼上强调 深入学习中国特色社会主义理论体系 努力掌握马克思主义立场观点方法》，《人民日报》2010 年 3 月 2 日，第 1 版。

第三，马克思主义指明了社会主义核心价值观的根本立场。人民立场是马克思主义的价值立场，社会主义核心价值观反映了社会主义的价值目标，是人民群众根本利益、诉求与愿望的集中表达。以"三个倡导"为主要内容的社会主义核心价值观，深刻回答了我们要建设的社会主义现代化国家的价值目标，要构建的社会主义社会的价值取向，要培养的社会主义公民的价值准则。"每个时代都有每个时代的价值观念"①，社会主义核心价值观是当代中国人民价值追求的"最大公约数"，是人民群众价值愿望与利益要求的本质体现。一方面，社会主义核心价值观是中国特色社会主义道路、理论、制度和文化的价值表达，"三个倡导"基本内容符合广大人民对国家发展、社会建设、公民培养的愿望与要求。另一方面，"三个倡导"蕴含的基本价值理念，为保障国家的长治久安与社会的稳定和谐、为推进人的自由全面发展指引了明确的价值方向，这契合了广大人民群众的根本利益诉求，是人民群众美好生活需要的现实反映。

二　坚持马克思主义在意识形态领域的指导地位

意识形态决定文化的前进方向，坚持和巩固马克思主义在意识形态领域的指导地位，是意识形态工作的根本任务，是社会主义核心价值观引领文化建设价值方向的思想保障。

第一，坚持马克思主义在意识形态领域的指导地位，是以正确的理论为指导，推动社会主义核心价值观引领文化建设的必然要求。马克思主义是揭示人类社会发展规律的科学理论，是关于人民实现自身解放的思想体系，是人民改造世界的实践理论，是与时俱进、不断开放发展的理论，始终站在时代发展的最前沿。② 在新时代条件下，要始终坚持马克思主义的基本立场，运用辩证唯物主义及历史唯物主义的世界观和方法论，正确认识、判断社会主义核心价值观引领文化建设面临的挑战与机遇，深刻理解和把握中国共产党对社会主义文化建设经验与规律的新总结、新认识与新规划，充分调动社会主义核心价值观引领文化建设的各个基本要素，有效衔接推进各主要环节的落实，确保社会主义核心价

---

① 《习近平谈治国理政》，外文出版社，2014，第168页。
② 参见习近平《在纪念马克思诞辰200周年大会上的讲话》，人民出版社，2018，第7~9页。

值观引领作用的有效发挥。

第二，坚持马克思主义在意识形态领域的指导地位，是坚持正确发展道路、为发挥社会主义核心价值观的引领作用夯实思想基础的必然要求。思想引领方向，方向决定道路。在中国共产党长期的奋斗历程中，正是由于始终坚持马克思主义在意识形态领域的指导地位，在革命实践中不断推动马克思主义的中国化，才找到了新民主主义革命道路、社会主义革命和建设道路，才找到了使我国综合国力和国际地位不断提升、大踏步赶上时代的中国特色社会主义道路。[①] 在新时代条件下，坚持马克思主义在意识形态领域的指导地位，是坚持以社会主义核心价值观引领文化建设的思想保证，能够确保我国文化建设始终坚持正确的发展方向。

第三，坚持马克思主义在意识形态领域的指导地位，是筑牢全体人民共同思想基础、凝聚全体人民价值共识的必然要求。共识是奋进的动力，坚持以社会主义核心价值观引领文化建设，需要凝聚全体人民对于社会主义核心价值观引领作用的共识。在新民主主义革命、社会主义革命和建设、改革开放的伟大历程中，中国共产党能够不断克服前进道路上的各种艰难险阻，能够凝聚起全体人民的意志和力量，取得中国特色社会主义建设的伟大成就，其根本原因在于马克思主义的指导。在新时代条件下，坚持马克思主义在意识形态领域的指导地位，要坚持以人民为中心的工作导向，推进意识形态建设，通过加强和完善正面宣传与引导，营造强大的正面思想舆论，把凝聚民心作为意识形态工作的出发点和落脚点，使全体人民在理想信念、价值理念、道德观念上形成共同价值认知，以增强社会主义核心价值观对文化建设的引领作用。

三　以马克思主义指导文化建设的发展方向

坚持和发展中国特色社会主义文化，最根本的是坚持马克思主义的指导地位。坚持以马克思主义指导文化建设的发展方向，要坚持党的集中统一领导，坚持将马克思主义指导地位贯穿于社会主义核心价值观引

---

① 参见《〈中共中央关于坚持和完善中国特色社会主义制度、推进国家治理体系和治理能力现代化若干重大问题的决定〉辅导读本》，人民出版社，2019，第 95 页。

领文化建设的全过程。

（一）坚持党的集中统一领导

"马克思主义是中国共产党人理想信念的灵魂"①，中国共产党人是马克思主义的忠诚信奉者、坚定实践者。在新时代条件下，坚持党的集中统一领导，是以马克思主义指导文化建设发展方向的政治保障。

一方面，要坚持以习近平新时代中国特色社会主义思想为理论指南。习近平新时代中国特色社会主义思想"实现了马克思主义中国化新的飞跃"②，坚持党的集中统一领导，要坚持以习近平新时代中国特色社会主义思想为指导，为社会主义核心价值观引领文化建设提供理论指南与政治保障。要将学习贯彻习近平新时代中国特色社会主义思想，同新时代社会主义的伟大实践紧密联系起来，在理论、历史与现实的基础上准确把握和理解这一思想的深刻内涵与实践要求。要结合党的主题教育，不断提升新思想、新理论的学习效果，健全各级领导干部的理论学习制度，推动思想理论学习的常态化，自觉做到学思贯通、知行合一。要建设好、利用好媒体网络平台，推动媒体融合发展，建设一体化的媒体网络学习平台，提供更便捷、高效和实用的媒体网络学习平台，通过创新整合各类学习载体，提升全党全社会学习贯彻习近平新时代中国特色社会主义思想的理论自觉与媒体素养。

另一方面，要通过制度建设完善党的集中统一领导。其一，要健全党中央对重大工作的领导体制。要在进一步深化党和国家机构改革的过程中，通过精简机构、机构融合、机构创新等方法，健全党中央对重大工作的领导体制。其二，要严格执行向党中央请示报告制度。党中央、地方、基层各级组织要在贯彻落实《中国共产党重大事项请示报告条例》的基础上，严格制定并担负起请示报告工作的主体责任，坚持权责明晰、职责清晰、规范有序、合理合法。其三，要健全维护党的集中统一的组织制度。要从职责构成、权责范围等方面进一步明晰各级党组织、党员领导干部的职责定位，要在把方向、管大局、定决策、促落实等方面进一步发挥党中央、各级党组织的重要作用，从提升组织力、突出政

---

① 习近平：《在纪念马克思诞辰 200 周年大会上的讲话》，人民出版社，2018，第 24 页。
② 《习近平谈治国理政》第 4 卷，人民出版社，2022，第 1 页。

治功能等方面，扩大基层党组织和基层组织工作的覆盖面，以形成严格的党的组织体系，确保全党团结统一、行动一致。

总之，中国特色社会主义制度的最大优势"核心就在于坚定维护党中央权威和集中统一领导"①。以马克思主义为指导，确保文化建设始终坚持社会主义先进文化的前进方向，坚持党的集中统一领导是题中应有之义，必须一以贯之。

（二）坚持将马克思主义指导地位贯穿于社会主义核心价值观引领文化建设的实践

文化事业、文化产业具有鲜明的意识形态属性，坚持以马克思主义为指导，是中国特色社会主义文化的鲜明特征。新时代以社会主义核心价值观引领文化建设，要在马克思主义指导下，坚持不忘本来、吸收外来、面向未来，建设彰显民族底蕴、符合时代进步潮流的社会主义先进文化。当前，面临文化全球化和文化多元化的发展态势，我国思想文化领域的斗争依然复杂。只有将马克思主义的指导地位贯穿到社会主义核心价值观引领文化建设的各领域，才能确保文化建设始终坚持社会主义先进文化的前进方向。

坚持将马克思主义指导地位贯穿于社会主义核心价值观引领文化建设的实践，必须直面文化建设中的重大现实问题，不断巩固和增强马克思主义的引领力。首先，坚持人民立场。"马克思主义是人民的理论，第一次创立了人民实现自身解放的思想体系。"② 将马克思主义指导地位贯穿于社会主义核心价值观引领文化建设的实践，要始终把人民立场作为社会主义核心价值观引领文化建设的根本立场，不断满足人民日益增长的精神文化需求。坚持人民立场，要将群众路线贯穿于文化建设实践，尊重人民主体地位和首创精神，充分发挥广大人民群众的重要作用，团结带领人民共同推动我国社会主义文化事业繁荣发展，确保文化发展为了人民、依靠人民，文化发展成果由人民共享。

其次，坚持实践的观点。"实践的观点、生活的观点是马克思主义认

① 《〈中共中央关于坚持和完善中国特色社会主义制度、推进国家治理体系和治理能力现代化若干重大问题的决定〉辅导读本》，人民出版社，2019，第12页。
② 习近平：《在纪念马克思诞辰200周年大会上的讲话》，人民出版社，2018，第8页。

识论的基本观点"①，将马克思主义指导地位贯穿于社会主义核心价值观引领文化建设的实践，必须立足文化建设的客观现实，遵循社会主义文化发展的客观规律，既要始终立足新时代文化强国建设的客观实践，深入探索不同文化形态形成和发展的基本规律，又要以此为依据制定文化政策，确保文化建设的性质与方向，推动文化大发展、大繁荣。

最后，坚持原则性和灵活性相统一。"马克思主义理论不是教条，而是行动指南，必须随着实践的变化而发展。"② 坚持将马克思主义指导地位贯穿于社会主义核心价值观引领文化建设的实践，必须将原则性和灵活性有机统一起来。中国特色社会主义文化建设涉及多领域、多方面与多层次，如何遵循文化的发展规律，正确处理和协调各种关系，马克思主义为我们提供了科学的方法论。对于涉及政治立场的根本问题，要坚持原则性，坚决批判和抵制形形色色反马克思主义、反社会主义的思想观点与错误言行。在坚持原则性的基础上，要体现灵活性，要依据不同文化形态的发展特点，灵活采取多种方式方法，分层次、有针对性地引领不同地区、不同类型的文化建设，以激发社会主义核心价值观引领文化建设的生机活力。

总之，"不是意识决定生活，而是生活决定意识"③。坚持马克思主义的指导地位，立足客观发展实践，结合不同文化形态的特点和发展规律，推动社会主义文化建设，是不断增强社会主义核心价值观对文化建设引领作用的思想基础。

第二节　价值引导：坚持社会主义文化的价值追求，指明引领文化建设的价值取向

"社会主义核心价值体系是兴国之魂，是社会主义先进文化的精髓。"④价值观是文化的内核，社会主义核心价值观是社会主义文化的内核，是

① 习近平：《在纪念马克思诞辰 200 周年大会上的讲话》，人民出版社，2018，第 9 页。
② 习近平：《在纪念马克思诞辰 200 周年大会上的讲话》，人民出版社，2018，第 9 页。
③ 《马克思恩格斯文集》第 1 卷，人民出版社，2009，第 525 页。
④ 中共中央文献研究室编《十七大以来重要文献选编》（下），中央文献出版社，2013，第 564 页。

社会主义先进文化的精髓，对于文化建设具有价值引导作用，能够引领多元文化坚持正确的价值取向，引领多元文化健康发展。

一 以社会主义核心价值观引领多元文化健康发展的可能性

以社会主义核心价值观引领多元文化健康发展的可能性在于，社会主义核心价值观是社会主义文化的内核，是社会主义先进文化的精髓。价值观作为思想文化层面的内层文化，在文化结构中处于核心位置，是文化的内核。关于文化结构的划分，代表性的观点是"文化结构三层次论"，这种观点从结构功能的角度，将文化分为物质、制度、思想三个层面。其中，文化结构的表层是易变的物质文化，文化结构的中层是相对稳定的制度文化，文化结构的深层是不易变化、比较稳定的思想文化。另外，还有学者将文化划分为五个层面，第一个层面的文化是知识，第二个层面的文化是以知识为载体的思想、观念、精神、价值系统，第三个层面的文化是由一定的习俗、观念和规范形成的某一群体的生活方式或行为模式，第四个层面的文化是指人类社会实践过程中所创造的物质财富和精神财富的总和，第五个层面的文化即"人化"。① 从文化结构的维度来看，思想文化是深层的内在文化，而价值观则是思想文化的核心，正如张岱年先生所指出的："文化的核心在于价值观，道德的理论基础也在于价值观。"② 作为社会主义文化内核与社会主义先进文化的精髓，社会主义核心价值观以其强大的引领力和统摄力，能够引领多元文化坚持正确的价值取向，促进多元文化相互交融、共同繁荣。

第一，社会主义核心价值观能够引领多元文化的发展性质和方向。随着我国改革开放进程的持续推进，各种思想文化和价值观念相互竞争、相互影响，形成了多元文化共生共存的文化发展格局。一方面，有利于推进我国文化的繁荣发展，契合了人民群众的美好精神文化生活需要；另一方面，也出现了多种思想文化形态的冲突，传统文化与现代文化、先进文化与落后文化、东方文化与西方文化并存，错误思想和低俗文化冲击主流文化和主流价值观，引发部分社会成员思想混乱、价值观扭曲

---

① 邓安庆、邓名瑛：《文化建设论：中国当代的文化理念及其系统构建》，湖南人民出版社，1998，第2~3页。

② 张岱年：《文化与价值》，新华出版社，2004，第8页。

等一系列的社会问题。因此，在多元文化发展格局中，需要发挥价值观作为文化内核的引领作用，以核心价值观引领多元文化的性质与方向。社会主义核心价值观体现了中国特色社会主义的本质要求，是社会意识形态的集中体现，决定了多元文化的发展性质和方向。在文化属性上，社会主义核心价值观具有先进性，具有强大的统摄力和整合力，能够为多元文化指明社会主义的价值目标，引导多元文化坚持为社会主义服务和为人民服务的发展性质和方向；能够有效整合多元文化形态，规范引导多元文化形态健康协调发展，引导多元文化以多样化的呈现形式与内容，宣传主流价值和体现主旋律，坚持社会主义先进文化的发展方向，推动多元文化发展格局呈现各美其美、和谐共生的文化图景。

第二，社会主义核心价值观能够引领多元文化坚持正确的价值取向。社会主义核心价值观凝结着社会主义先进文化的精髓，体现着当代中国社会评判是非曲直的价值标准。社会主义核心价值观具有强大的价值引导力，是全体人民根本利益的体现，是全体社会成员共同认同的价值观，能够引领多元文化坚持以人民为中心的价值取向。建设社会主义先进文化，就是要坚持以人民为中心的价值取向，坚持人民是文化的创造者与享有者相统一，建设符合人民群众思想实际和生活需求的大众的文化。坚持以人民为中心的价值取向，要凸显社会主义文化发展的公平正义价值原则，着重解决当前文化发展不平衡不充分的主要矛盾，以保障社会中"最不利者"能够有机会参与文化创造和分享文化发展成果。社会主义核心价值观倡导公平正义的价值理念，能够引领多元文化发展坚持公平正义的价值原则。关于文化公平，恩格斯在《论住宅问题》中指出，在人类生产力达到较高水平的基础上，全体社会成员不仅要共同享有物质财富，而且要"使每个人都有充分的闲暇时间从历史上遗留下来的文化——科学、艺术、交际方式等等——中间承受一切真正有价值的东西"[1]。以社会主义核心价值观引领多元文化坚持公平正义的价值原则，引导文化资源均衡分配，更多向城乡基层、特殊人群倾斜，不断推动和提升公共文化服务品质，是切实保障人民群众的基本文化权益的现实要求。与此同时，在坚持社会主义文化公平的基础上，以社会主义核心价

---

① 《马克思恩格斯全集》第18卷，人民出版社，1964，第246页。

值观引领多元文化契合人民群众美好生活的新要求，抓牢新时代人民群众精神文化生活的新动向与新需要，既可以满足人民群众的基本精神文化需求，又能够兼顾不同群体之间文化需求的差异，以彰显社会主义文化公平正义的价值追求。

二　以社会主义核心价值观引领多元文化健康发展的必要性

以社会主义核心价值观引领多元文化健康发展的必要性在于，多元文化发展过程中出现的消极因素，挑战马克思主义的主流意识形态地位，冲击人们对主流文化和主流价值观的认同。诚然，多元文化的发展，在精神文化生活上给人们提供了更加丰富多样的选择内容，在价值选择上给人们提供了更多的选择空间。与此同时，多元文化发展过程中出现的消极因素，也严重冲击着主流文化与主流价值观，精神"缺钙"、信仰缺失等现象频现，亟须发挥核心价值观的引领作用，促进多元文化健康发展。

第一，多元文化挑战马克思主义的主流意识形态地位。在多元文化背景下，在各种思想文化多元并存、相互影响的过程中，西方文化霸权不断侵袭，借助全球化趋势与现代信息技术，西方国家不断加强文化输出，传播西方意识形态，以文化输出的方式，将西方的价值观和生活方式渗透到我国思想文化领域，削弱马克思主义意识形态的引领力，给马克思主义的主流意识形态地位带来极大的挑战。西方的文化霸权与文化输出的直接影响，在一定程度上影响了多元文化的健康发展，滋生了诸多负面因素。以大众文化为例，在多元文化交流中，大众文化受到西方资本主义大众文化的消极影响，消解了主流文化倡导的精神追求与崇高价值，工具理性取代价值理性，被资本控制的大众文化消解了文化对人的本质关怀，"这种不断更新的欲望—消费—欲望循环，把个体变成了一种抽象的身份认同，与其他人类没有实质性的关系"[①]。因此，在当前推动多元文化繁荣发展的背景下，以社会主义核心价值观引领大众文化健康发展，具有现实的紧迫性。以社会主义核心价值观引领大众文化坚持

---

① 〔英〕罗斯·阿比奈特：《现代性之后的马克思主义：政治、技术与社会变革》，王维先等译，江苏人民出版社，2011，第30页。

正确的价值导向，推动大众文化坚持弘扬主旋律，引导人们树立正确的文化消费观和审美观，是社会主义文化建设将先进性的要求同广泛性的要求结合起来，巩固马克思主义在思想文化领域的指导地位，建设社会主义先进文化的必然要求。

第二，多元文化冲击人们对主流价值观的认同。在多元文化背景下，由于不同文化形态之间具有较大的差异，多元文化带来了不同的价值标准，引发了人们价值观的不确定性，主流价值观的影响力在多元文化的影响下被削弱，人们的价值选择愈来愈趋向多样化和个性化，冲击了人们对社会主流价值观的认同。在这一背景下，个人主义思想不断滋生，过分强调个人价值和个人利益，无视社会价值和集体利益，与社会主义核心价值观倡导的价值目标与价值取向背道而驰，消解了马克思主义的崇高信仰，部分群体在价值选择与价值取向上，陷入拜金主义、享乐主义、虚无主义的泥沼，困于精神空虚与信仰缺失的境地。法国历史学家托克维尔指出，"一个没有共同信仰的社会，就根本无法存在"[①]，多元文化发展过程中出现的消极因素，特别是部分社会成员对西方文化的盲从，给社会主流价值观的认同带来了巨大的冲击。因此，以社会主义核心价值观引领多元文化健康发展，将社会主义核心价值观的基本理念与基本要求融入多元文化发展的实践中，引导多元文化坚持正确的价值取向，是增强主流价值观的吸引力、增强人民群众对社会主义主流价值观的价值认同的必然要求。

三　增强社会主义核心价值观对多元文化的引领作用

社会主义核心价值观阐释了当代中国的主流价值追求与价值期待，集中反映了社会主义价值体系的基本价值取向与社会成员的价值认同，体现了社会主义制度在思想层面和价值层面的质的规定性，是价值理想和价值规范的统一。当前，在多元文化发展格局下，发挥社会主义核心价值观对于多元文化的引领作用，需要以中华优秀传统文化为文化滋养，推动中华优秀传统文化的传承创新，从文化根基上增强社会主义核心价值观的引领力与感召力；需要坚持一元主导与多元发展相统一，引领多

---

① 〔法〕托克维尔：《论美国的民主》（下），董果良译，商务印书馆，1988，第553页。

元文化坚持社会主义先进文化的前进方向，彼此相互交融、共同繁荣。

（一）中华优秀传统文化是社会主义核心价值观的文化底蕴

"中华优秀传统文化是中华民族的精神命脉，是涵养社会主义核心价值观的重要源泉。"[①] 中华优秀传统文化蕴含着丰富的思想资源、价值理念与道德伦理，是涵养社会主义核心价值观的重要源泉，是增强社会主义核心价值观引领作用的文化底蕴。

1. 中国古代政治思想是涵养"富强、民主、文明、和谐"价值观的重要源泉

中国古代政治思想是中华民族几千年政治实践的经验总结和理性升华，蕴含着丰富的治国理念，为涵养社会主义核心价值观国家层面的价值目标——"富强、民主、文明、和谐"提供了丰富的思想资源。

首先，我国古代政治思想不仅解释了富强的重要性，而且强调了实现富强之道。例如，"主之所以为功者，富强也。故国富兵强，则诸侯服其政，邻敌畏其威"（《管子·形势解第六十四》），意思是君主的功绩在于使国家富强，只要国富兵强，各方诸侯就会服从政令，邻邦也因此不敢侵犯。这与中国共产党将"富强"作为国家建设的首要价值目标相契合。"得时者昌，失时者亡"（《列子·说符第八》）、"国将兴，必贵师而重傅"（《荀子·大略篇第二十七》）、"欲强国先富国，欲富国先富民"（〔清〕郑观应《致梁纶卿书》）等论述强调了国家要顺应时代发展变化，以此实现国富民强。上述思想内容是涵养"富强"价值观的重要源泉，为我国坚持以经济建设为中心，全面建设社会主义现代化国家，走共同富裕道路的发展战略提供了重要的思想资源。

其次，我国古代政治思想，不仅强调了民本的重要性，而且进行了一系列实践探索。例如，"民为邦本，本固邦宁"（《尚书·五子之歌》）、"国主之有民也，犹城之有基，木之有根。根深即本固，基美则上宁"（《淮南子·泰族训》），强调人民是国家的根本，只有根本牢固，国家才能安宁。"以天下之权，寄之天下之人"（〔清〕顾炎武《日知录·守令》），强调要把天下的权力交给全天下的百姓；"不以一人疑天下，不以天下私一人"（〔清〕王夫之《黄书·宰制第三》），强调加强对统治

---

①　习近平：《在文艺工作座谈会上的讲话》，人民出版社，2015，第25页。

权力的监督制约。上述思想内容是涵养"民主"价值观的重要源泉,为我国坚持和完善人民当家作主制度体系,实现社会主义人民民主提供了重要的思想资源。

再次,我国古代政治思想,不仅阐释了文明的时代内涵,而且突出了文明对国家的重要性。"文明"一词,最早见于《周易·上经乾传第一》:"见龙在田,天下文明。"意为"光明"。"文明"的另一含义,多指人的教养和开化程度,等同于"礼节""荣辱""德行"。例如,"泰阶既平,洪河既清;大人在上,区宇文明"(《鲍氏集卷第十·河清颂》),意为泰阶星平正,黄河水清,在高位者德行高尚,则天下太平。"文明"在我国古代长期被视为一个国家和社会的重要基础,如"仓廪实而知礼节,衣食足而知荣辱"(《管子·牧民第一》)、"礼义廉耻,国之四维。四维不张,国乃灭亡"(《新五代史·杂传第四十二》)。上述思想内容是涵养"文明"价值观的重要源泉,为我国高度重视社会主义精神文明建设,不断推动社会主义文化繁荣发展提供了重要的思想资源。

最后,和谐是我国古代政治思想核心理念之一,包含国家民族之间的和谐、人与人及人内心的和谐、人与自然的和谐。例如,西周时期强调"礼典,以和邦国,以统百官,以谐万民"(《周礼·天官冢宰第一》),即以礼协调天下各国、统御百官、使民众和谐,为我国倡导社会和谐奠定思想基础。"和合故能谐"(《管子·兵法第十七》)、"君子守中和之心,养中和之气。既得其乐,又得其寿"(《中和论》),强调和睦、团结能使人们的行动协调一致,使人们快乐是追求人与人及人内心和谐的重要思想基础。"天地与我并生,而万物与我为一"(《庄子·齐物论第二》)的"天人合一"思想,是当代倡导人与自然和谐共生的重要思想渊源。上述思想内容是涵养"和谐"价值观的重要源泉,为我国坚持协调发展、绿色发展理念,构建社会主义和谐社会提供了重要的思想资源。

2. 中国古代社会理想是涵养"自由、平等、公正、法治"价值观的重要源泉

自由、平等、公正、法治是人类社会共同的价值追求。我国古代社会理想中蕴含的丰富思想资源,深刻表达了我国古人对建立自由、平等、公正、法治社会的向往与追求,为涵养社会主义核心价值观社会层面的价值取向——"自由、平等、公正、法治"提供了丰富的思想资源。

其一，"自由"是中国古代社会理想的重要价值理念。我国古代哲人、文人表达了积极的处世自由观，"从心所欲，不逾矩"（《论语·为政第二》）是孔子的自由观，即强调不论做什么事，都不违反外在的训诫律令和内心的道德法则，这是自由的最高境界。"人法地，地法天，天法道，道法自然"（《老子》第二十五章）是老子的自由观，即在"道"的指引下，自然生长的状态就是自由。宋朝陆九渊认为"内无所累，外无所累，自然自在"（《象山先生语录卷之三十五·语录》）即是一种自由。上述思想内容强调人的关系性存在、崇尚独立人格、向往心境自由，是涵养"自由"价值观的重要源泉，为我国倡导自由与法律、自由与秩序辩证统一关系，实现社会主义自由提供了重要的思想资源。

其二，"平等"是中国古代社会追求的重要价值理念，在诸子百家思想中有集中的体现。"天之道，损有余而补不足"（《老子》第七十七章）是老子从自然中总结的平等思想，表达了对人与人地位平等的期盼。"有教无类"（《论语·卫灵公第十五》）、"不患寡而患不均"（《论语·季氏第十六》）深刻体现了儒家讲求社会平等的思想。墨子主张在官职选拔方面按照能力平等视之，所谓"官无常贵，而民无终贱。有能则举之，无能则下之"（《墨子·尚贤上第八》）。上述思想内容讲求人与人地位、能力、教育等方面的平等，是涵养"平等"价值观的重要源泉，为我国倡导社会主义平等，不断保障人民在教育、医疗、就业等方面的平等权利提供了重要的思想资源。

其三，"公正"思想深刻体现在中国古代人民对公正社会的向往之中，中国古代诸多思想家对此提出了丰富的设想。孔子提出"政者，正也"（《论语·颜渊第十二》）、"举枉错诸直，则民不服"（《论语·为政第二》），强调为政者为政之道在于公平公正，举用奸邪之人，将其地位置于正直之人之上，则人民不会信服。管子提出"天公平而无私，故美恶莫不覆；地公平而无私，故小大莫不载"（《管子·形势解第六十四》），主张君王应像天地一样公正无私，进而才能使人民信服，实现社会公平正义，所谓"无偏无党，王道荡荡；无党无偏，王道平平"（《尚书·洪范第六周书》）。上述中国古代关于公正思想的重要论述，是涵养"公正"价值观的重要源泉，为我国坚持共享发展理念，突出解决公平正义问题，实现社会主义公平正义提供了重要的思想资源。

其四，"法治"思想可追溯到以商鞅、韩非子为代表人物的法家——我国古代法治思想的主流学派。商鞅主张法度、礼制的制定要顺应时势，根据国家具体情况制定，所谓"当时而立法，因事而制礼；礼法以时而定，制令各顺其宜"（《商君书·更法第一》）。韩非子承商鞅之观点，指出"法与时转则治，与世宜则有功"（《韩非子·心度第五十四》），即法律只有顺应时代变化才能治理好国家。同时主张"国无常强无常弱，奉法者强则国强，奉法者弱则国弱"（《韩非子·有度第七》），强调法治是国家兴衰的关键，执法者强则国强。上述法家提出的"依法治国""唯法而治"等思想主张，是涵养"法治"价值观的重要源泉，为我国全面推进依法治国，建设社会主义法治国家提供了重要的思想资源。

3. 中华民族传统美德是涵养"爱国、敬业、诚信、友善"价值观的重要源泉

中华民族传统美德是中华民族优秀的品质、优良的民族精神、崇高的民族气节、高尚的民族情感以及良好的民族习惯的总和。中华民族能够屹立于世界民族之林，源于中华民族的传统美德与优良品质。中华民族传统美德与优良品质，为涵养社会主义核心价值观公民层面的价值准则——"爱国、敬业、诚信、友善"提供了重要的思想资源。

爱国情怀强烈体现在我国古代仁人志士的言行中，与舍生忘死的报国之行紧密相连。"苟利国家，不求富贵"（《礼记·儒行第四十》）是成为儒者的必要条件，强调真正的儒者一心为国家造福，不求个人荣华。"常思奋不顾身，以徇国家之急"（《报任少卿书》）充满了司马迁强烈的爱国情怀与社会责任感。"黄沙百战穿金甲，不破楼兰终不还"（《从军行》）是艰苦作战的边疆战士们克敌制胜、浴血奋战的报国之行。爱国主义精神是民族的脊梁。古人的爱国情怀与报国之志，是当代"爱国"价值观的源泉，激励着无数中国人民团结奋斗，为实现中国梦砥砺前行。

崇尚敬业是中华民族的优良传统，是为人处世的基本规范。荀子认为敬业是取得成功的基本要求，必须认真对待，所谓"凡百事之成也，必在敬之；其败也，必在慢之"（《荀子·议兵篇第十五》）。《尚书·周官第二十二周书》记载，周成王以"功崇惟志，业广惟勤"敦促群臣忠于职守、勤于政事，乃为臣之敬业。老子以"治大国若烹小鲜"

（《老子》第六十章），强调治国勤恳敬业之道，指出了作为执政者的敬业。《礼记·学记第十八》以"三年视敬业乐群"强调对待学业要专心致志，即是作为学生的敬业。上述中国古代的敬业思想，是当前我国倡导各行各业的工作人员各司其职、各尽所能、兢兢业业敬业精神的重要思想源泉。

"诚信者，天下之结也"（《管子·枢言第十二》）。自古以来，诚信既是中华民族的基本道德准则，也是历代为政者的治国之道。"凡出言，信为先，诈与妄，奚可焉"（《弟子规》）、"与朋友交，言而有信"（《论语·学而第一》）、"言必信，行必果"（《论语·子路第十三》），均强调诚信是为人处世的基本道德。"民无信不立"（《论语·颜渊第十二》）、"信，国之宝也，民之所庇也"（《左传·僖公二十五年》）、"不信之言，无诚之令，为上则败德，为下则危身"（《贞观政要·诚信第十七》），均强调诚信对国家治理的重要性。上述中国古代的诚信思想，是当前我国弘扬诚信精神、培育诚信社会风尚的重要思想源泉。

"恻隐之心，仁之端也"（《孟子·公孙丑章句上》）。"友善"是中华优秀传统文化的重要内容，是中国人待人接物、为人处世的重要原则。例如，"己所不欲，勿施于人"（《论语·卫灵公第十五》），即自己不想要的不要强加给别人；"利人乎，即为；不利人乎，即止"（《墨子·非乐上第三十二》），有利于人的事就马上去做，反之则不然；"与人善言，暖于布帛；伤人之言，深于矛戟"（《荀子·荣辱篇第四》），强调对人言辞友善比穿戴布帛还要温暖，反之则比矛戟伤人还严重。上述中国古代的友善思想，是当代中国倡导人与人之间和善相待、友善互助价值准则的重要源泉。

综上所述，中国古代政治思想、中国古代社会理念、中华民族传统美德中蕴含的丰富思想资源、价值理念与道德伦理，与社会主义核心价值观倡导的价值目标、价值准则具有统一性与契合性，为增强社会主义核心价值观引领作用积淀了丰厚的传统文化底蕴。

（二）推动中华优秀传统文化传承创新，为增强社会主义核心价值观的引领作用提供文化滋养

"中华优秀传统文化已经成为中华民族的基因，植根在中国人内心，潜移默化影响着中国人的思想方式和行为方式。"① 提升社会主义核心价值观对多元文化的引领力与感召力，需要以中华优秀传统文化为根基，通过推动中华优秀传统文化的传承创新，为社会主义核心价值观的引领力和感召力注入丰富的中华优秀传统文化滋养。

1. 坚持科学态度，推进中华优秀传统文化的传承创新

习近平总书记指出："我们要对传统文化进行科学分析。"② 中华传统文化诞生于农耕文明时代，绵延 5000 多年，受到历史条件、社会制度以及人们认知水平等多重因素的限制，中华传统文化难免会存在陈旧过时的糟粕性内容，"这就要求人们在学习、研究、应用传统文化时坚持古为今用、推陈出新，结合新的实践和时代要求进行正确取舍"③。推进中华优秀传统文化的传承创新，要坚持科学态度。

一要坚持实事求是的科学态度。"科学的态度是'实事求是'"④，在科学扬弃传统文化的过程中，必须坚持实事求是的科学态度，从传统文化发展延续的客观事实出发，对其具有时代意义和时代价值的有益内容，要勇于提炼、总结和发扬，对其过时的、糟粕性的内容，要辩证分析、判断和摒弃。二要坚持以社会主义核心价值观为引领。要挖掘中华优秀传统文化与社会主义核心价值观基本内容、核心理念等相契合的文化精髓、思想精华内容，以社会主义核心价值观为引领，推进中华优秀传统文化的创造性转化、创新性发展。三要坚持立足中国实践，凝练既符合时代特点，又具有世界意义的传统文化内容。推进中华优秀传统文化的传承创新，是建设中国特色社会主义文化、推动中华文化在世界广泛传播的重要方面。要立足中国特色社会主义实践，顺应时代发展特点，结合"一带一路"倡议、人类命运共同体建设和共创人类美好未来的现实需要，总结、萃取、提炼中华优秀传统文化，"把继承优秀传统文化又弘扬时代精神、立足本国又面向世界的当代中国文化创新成果传播出去"⑤。

---

① 《习近平谈治国理政》，外文出版社，2014，第 170 页。
② 《习近平在中共中央政治局第十八次集体学习时强调 牢记历史经验历史教训历史警示 为国家治理能力现代化提供有益借鉴》，《人民日报》2014 年 10 月 14 日，第 1 版。
③ 习近平：《在纪念孔子诞辰 2565 周年国际学术研讨会暨国际儒学联合会第五届会员大会开幕会上的讲话》，人民出版社，2014，第 11 页。
④ 《毛泽东选集》第 2 卷，人民出版社，1991，第 662 页。
⑤ 《习近平谈治国理政》，外文出版社，2014，第 106 页。

2. 坚持创造性转化与创新性发展，推进中华优秀传统文化的传承创新

习近平总书记指出，传承中华文化要坚持"古为今用、洋为中用，辩证取舍、推陈出新，摒弃消极因素，继承积极思想，'以古人之规矩，开自己之生面'，实现中华文化的创造性转化和创新性发展"①。当前，要以创造性转化和创新性发展为着眼点，推进中华优秀传统文化的传承创新。

一方面，推进中华优秀传统文化的创造性转化。所谓创造性转化，即"按照时代特点和要求，对那些至今仍有借鉴价值的内涵和陈旧的表现形式加以改造，赋予其新的时代内涵和现代表达形式，激活其生命力"②。推进中华优秀传统文化的创造性转化，要以中华优秀传统文化内含的思想理念和道德规范为主要转化对象，按照时代特点和要求，赋予其新的时代内涵和表达形式，激活其生命力。首先，立足中华文明5000多年、中华民族近代以来180多年、新中国成立70多年以及改革开放40多年的历史实践，对中华传统思想理念和道德规范进行时代化的改造，摒弃其消极、狭隘、不符合时代发展潮流的内容，赋予其新的时代特色，丰富其符合中国特色社会主义发展实践的时代内涵。例如，坚持辩证唯物主义和历史唯物主义基本观点，厘清"正义"在我国不同历史阶段的具体指向，在社会主义公平正义建设实践的基础上，阐释并赋予"正义"以新的时代内涵。其次，坚持以满足人民日益增长的美好生活需要为出发点和落脚点，从人民生活实际发现、总结、提炼出最为人民群众喜闻乐见的现代表达方式，将其纳入优秀思想理念和道德规范现代转化的具体实践中，赋予优秀思想理念和道德规范以符合人民生活特点、满足人民需要的现代表达方式。

另一方面，推进中华优秀传统文化的创新性发展。所谓创新性发展，即"按照时代的新进步新进展，对中华优秀传统文化的内涵加以补充、拓展、完善，增强其影响力和感召力"③。首先，要在协调推进"四个全面"战略布局，统筹推进"五位一体"总体布局的基础上，深刻把握中国特色社会主义道路、理论、制度、文化发展的新特点、新变化和新要求，在创造性转化的前提下，对中华优秀传统文化的思想内涵和道德规范进行

---

① 习近平：《在文艺工作座谈会上的讲话》，人民出版社，2015，第26页。
② 习近平：《论党的宣传思想工作》，中央文献出版社，2020，第57页。
③ 习近平：《论党的宣传思想工作》，中央文献出版社，2020，第57页。

时代化的补充、扩展，使其始终沿着社会主义先进文化的前进方向发展，增强中华优秀传统文化的现代影响力和感召力。例如，破除封建皇权统治下的民本思想，在新的时代发展背景下，赋予其人民民主、人民当家作主等现代社会主义民主的丰富内涵。其次，认真审视中国与世界的关系，以共建"一带一路"、推动构建人类命运共同体、共创人类美好未来的世界眼光和胸怀，拓展中华优秀传统文化的思想内涵和道德规范，让世界更好地认识中国、了解中国。

3. 坚持深入挖掘和阐发传统文化的思想精髓，推进中华优秀传统文化的传承创新

习近平总书记强调："要加强对中华优秀传统文化的挖掘和阐发，使中华民族最基本的文化基因与当代文化相适应、与现代社会相协调。"[①]推进中华优秀传统文化的传承创新，要深入挖掘和阐发深刻影响中国人民思想方式和行为方式的思想精髓，对传统文化的思想精髓进行创造性转化和创新性发展，大力弘扬"讲仁爱、重民本、守诚信、崇正义、尚和合、求大同等核心思想理念"[②]，大力弘扬"促进社会和谐、鼓励人们向上向善的思想文化内容"[③]。

其一，在理论上厘清时代意义。中华传统文化萌芽、诞生、形成、发展于中华古代文明，传承、发展于中国近现代文明，传统文化中蕴含的核心理念与道德规范，具有其所属时代的烙印。中华优秀传统文化的思想精髓，既体现了中华民族的历史底蕴，又彰显着符合现代社会发展潮流的文化智慧，具有不可替代的时代价值和意义。深入挖掘和阐发传统文化的思想精髓，要始终在马克思主义基本理论的指导下，坚持运用唯物主义辩证法和唯物主义历史观，在理论上厘清中华优秀传统文化的时代意义。要坚持矛盾分析法，辨清不同思想理念、道德规范、文化内容在各个时代的具体内涵与意义；坚持理论联系实际法，阐释清楚这些思想理念、道德规范、文化内容在当代中国的现代内涵与意义，以科学

---

① 习近平：《在哲学社会科学工作座谈会上的讲话》，人民出版社，2016，第17页。
② 《中共中央办公厅、国务院办公厅印发〈关于实施中华优秀传统文化传承发展工程的意见〉》，《人民日报》2017年1月26日，第6版。
③ 《中共中央办公厅、国务院办公厅印发〈关于实施中华优秀传统文化传承发展工程的意见〉》，《人民日报》2017年1月26日，第6版。

推进中华优秀传统文化的传承发展。

其二,在实践上廓清现实意义。"中华优秀传统文化中很多思想理念和道德规范,不论过去还是现在,都有其永不褪色的价值。"① 深入挖掘和阐发中华优秀传统文化的思想精髓,要在中国特色社会主义实践的基础上廓清其现实意义。一方面,要立足社会主义核心价值体系建设与社会主义核心价值观培育的实践,深入挖掘中华优秀传统文化中契合社会主义核心价值观的思想内容和价值理念,以社会主义核心价值观为引领,推进中华优秀传统文化的核心思想、价值理念与道德规范的现代转化与创新,廓清其现实意义。另一方面,要立足中国特色社会主义事业"五位一体"总体布局、"四个全面"战略布局的发展实践,深入挖掘和阐发中华优秀传统文化的思想精髓,要提炼总结中华优秀传统文化中与中国特色社会主义事业"五位一体"总体布局、"四个全面"战略布局的价值目标相契合的核心思想、价值理念与道德规范,以新时代的新实践和新要求为现实基础,厘清实现中华优秀传统文化当代价值的实践场域,廓清中华优秀传统文化现实意义的具体表现。

其三,在保持民族特色的基础上丰富世界意义。中国特色社会主义新时代的历史方位下,我国在国际社会扮演着越来越重要的角色,中华优秀传统文化在世界各国得到广泛传播。因此,深入阐发中华优秀传统文化的思想精髓,还需要在保持民族特色的基础上丰富其世界意义。习近平总书记强调:"'一花独放不是春,百花齐放春满园。'如果世界上只有一种花朵,就算这种花朵再美,那也是单调的。不论是中华文明,还是世界上存在的其他文明,都是人类文明创造的成果。"② 深入挖掘和阐发中华优秀传统文化的思想精髓,要立足世界文化发展,客观审视我国传统文化在人类文明进程中的重要地位。要以社会主义核心价值观为引领,坚守中华文化立场、传承中华文化基因,展现中华审美风范,坚持不忘本来、吸收外来、面向未来,在继承中转化,在学习中超越。要积极探寻中华优秀传统文化与世界优秀文明的共通点、共情点,吸收借鉴世界优秀文明的思想精髓,总结提炼中华优秀传统文化中反映全人类

---

① 中共中央文献研究室编《十八大以来重要文献选编》(中),中央文献出版社,2016,第136页。
② 《习近平谈治国理政》,外文出版社,2014,第258页。

共同价值追求的思想内容，把中华优秀传统文化中既具有当代价值又具有世界文明互鉴的文化精髓、精神标识提炼出来、展示出来，在保持民族特色的基础上丰富中华优秀传统文化的世界意义，增强中华优秀传统文化的国际影响力与感召力。

总之，"培育和弘扬社会主义核心价值观必须立足中华优秀传统文化"①。推动中华优秀传统文化的传承创新，不断提高中华优秀传统文化的吸引力和影响力，能够为增强社会主义核心价值观的引领力和感召力提供丰富的文化滋养。

（三）以社会主义核心价值观引领多元文化相互交融、共同繁荣

社会主义核心价值观具有包容性、开放性的特征，社会主义核心价值观吸纳了中华优秀传统文化、社会主义先进文化、人类文明的先进价值因素，具有兼收并蓄的特点。具有上述特质的社会主义核心价值观，能够在坚持指导思想一元化与文化发展多样性相统一的基础上，引领多元文化相互交融、共同繁荣。

1. 坚持指导思想一元化与文化发展多样性相统一

中国特色社会主义文化建设，就是要将一元指导思想与多元文化发展相统一，坚持指导思想的一元化，是保障文化建设坚持正确方向的前提；坚持推动文化的多样化发展，是社会主义文化繁荣发展的条件。

其一，以社会主义核心价值观引领多元文化坚持马克思主义指导思想，坚持社会主义先进文化的前进方向，不断增强人民的精神力量。先进文化是以一定物质条件为基础，反映一定社会的经济和政治状况，揭示人类社会发展规律与未来发展方向的文化。在多元文化发展格局中，没有先进文化的积极引领，一个国家、一个民族不可能屹立于世界民族之林。要坚持马克思主义的指导地位，围绕举旗帜、聚民心、育新人、兴文化、展形象的使命任务，发挥先进文化引领风尚、教育人民的作用，不断增强人民的精神力量。要坚持以人民为中心的工作导向，"多宣传报道人民群众的伟大奋斗和火热生活，多宣传报道人民群众中涌现出来的先进典型和感人事迹"②。坚持以人民为中心的文化工作导向，从维护和

---

① 《习近平谈治国理政》，外文出版社，2014，第 163～164 页。
② 《习近平谈治国理政》，外文出版社，2014，第 154 页。

实现人民的现实利益出发去提升人民的精神力量，引导人民群众正确认识自身的精神力量并外化为实践力量，是增强人民精神力量的现实基础。

其二，以社会主义核心价值观引领文化多样化发展，不断满足人民多样化的文化需求。以社会主义核心价值观引领文化多样化发展，是契合人民群众美好精神文化生活的新需要，是推动社会主义文化繁荣发展的必然要求。改革开放以来，中国共产党坚持解放和发展文化生产力，不断推动多样文化的繁荣与发展。一方面，坚持文化事业与文化产业协同发展的基本路径。在党的十六大正式区分"文化事业"和"文化产业"的基础上，党的十八大以来，我国文化建设坚持文化事业与文化产业"双轮驱动""两翼并进"，在"四个全面"战略布局下，持续推进文化体制改革全面深化，不断提高文化产业规模化、集约化、专业化水平，持续完善公益性文化事业单位管理体制和运行体制，推动了社会主义文化的繁荣发展。另一方面，坚持"一手抓繁荣、一手抓治理"的基本思路。党的十八大以来，中国共产党不断推动多元主体、多种形态、多样内容的文化发展态势，逐步形成多元主体、多样发展的文化治理格局。坚持繁荣文化，通过推动文化内容形式、体制机制、传播手段创新，解放和发展文化生产力，着力建设现代公共文化服务体系和现代文化市场体系，促进文化的繁荣发展。坚持治理文化，通过健全文化市场体系，完善文化市场管理机制，创新文化管理体制机制，为繁荣社会主义文化提供重要的制度保障。

2. 坚持兼收并蓄，引领多元文化共同繁荣

改革开放初期，邓小平就强调，"思想文化教育卫生部门，都要以社会效益为一切活动的唯一准则"①。作为文化软实力的灵魂，社会主义核心价值观能够引领多元文化符合社会主义先进文化的要求，始终坚持将社会效益置于首位。与此同时，需要澄清的问题是，社会主义核心价值观对于多元文化的引领，不是对多元文化的排斥、压制或者消灭，而是在尊重文化发展差异性与多样性的基础上，坚持兼收并蓄，引领多元文化相互交融、共同繁荣，构建多种文化样态相互借鉴、相互影响、百花齐放的发展格局。马克思指出："关于艺术，大家知道，它的一定的繁盛

---

① 《邓小平文选》第3卷，人民出版社，1993，第145页。

时期决不是同社会的一般发展成比例的，因而也决不是同仿佛是社会组织的骨骼的物质基础的一般发展成比例的。"① 作为人类创造性的精神生产活动，文化发展既受客观物质条件的影响和制约，又有其自身发展演进的特殊规律。以社会主义核心价值观引领多元文化健康发展，要科学把握社会主义文化建设的基本规律，契合时代语境和发展方位的变化，正确处理以下几对关系。一是主流文化与非主流文化的关系。主流文化是在多元文化中具有主导地位，在一个国家和社会中发挥主要影响并被社会成员广泛认同的文化形式。正确处理主流文化与非主流文化的关系，要在以主流文化为主导的前提下，促进多样非主流文化相互融合、共同发展。要以主流文化引领非主流文化，在弘扬主旋律的同时，尊重非主流文化发展的差异性与特殊性，引导其与主流文化同向同行，发挥其在繁荣大众文化中起到的积极作用。二是传统文化与现代文化的关系。"不忘本来才能开辟未来，善于继承才能更好创新。"② 立足新时代、契合人民群众的新要求，要推进中华优秀传统文化的现代转型，以增强中华优秀传统文化的生命力和吸引力。当然，这并不意味着，以现代文化取代传统文化，而是在保持合理张力的基础上，促进二者在内容和形式上，彼此借鉴、相互交融、共同发展。三是本土文化与外来文化的关系。由于不同历史文化传统的影响，人类文明呈现多样性的特征。"每种文明都有其独特魅力和深厚底蕴，都是人类的精神瑰宝。"③ 正确处理本土文化与外来文化的关系，要以传承本土文化为基础，同时要以开放包容的姿态对待外来文化，积极吸收借鉴世界文明的有益成果，在世界文明的交流互鉴中提升本土文化的传播力和吸引力。

以社会主义核心价值观引领大众文化。大众文化是当今我国受众最多、影响最大的文化类型，当前，加强社会主义核心价值观对多元文化的引领，需要坚持以社会主义核心价值观引领大众文化健康发展。大众文化是以大众传播媒介为手段，反映大众整体文化生活质量的日常文化形态。社会主义大众文化是以社会主义先进文化为导向，以人民大众为

---

① 《马克思恩格斯文集》第 8 卷，人民出版社，2009，第 34 页。
② 《习近平在中共中央政治局第十三次集体学习时强调 把培育和弘扬社会主义核心价值观作为凝魂聚气强基固本的基础工程》，《人民日报》2014 年 2 月 26 日，第 1 版。
③ 《共同构建人类命运共同体》，《人民日报》2017 年 1 月 20 日，第 2 版。

文化受众群体，以现代传媒手段为依托，凸显大众参与、大众共享等特征的文化形态。大众文化及其文化产品本身就承载着一定的价值观，对于大众的价值判断与价值选择具有重要的影响。因此，要把握大众文化的发展规律，加强对大众文化产品与文化形式的引导，引领大众文化健康发展。一是引领大众文化作品的创作方向。"正确创作方向是文化创作生产的根本性问题，一切进步的文化创作生产都源于人民、为了人民、属于人民。"① 以人民为中心的创作导向，是社会主义大众文化作品的创作方向。坚持服务人民，是大众文化坚持社会主义先进文化发展方向的内在要求，是大众文化发挥引领风尚和教育人民作用的现实要求。二是引领大众文化管理方式的创新。"必须坚持把社会效益放在首位，努力实现社会效益和经济效益的有机结合，以思想性、艺术性、观赏性相统一的优秀作品赢得群众、占领市场、占领阵地"②，通过创新大众文化的管理方式，充分发挥文化企业、行业协会、社会团体在大众文化管理中的监督作用，推动大众文化企业在文化产品生产与制作的过程中，始终将大众文化产品的社会效益置于首位。三是引领大众提高媒介素养。通过建立大众文化产品的评价制度，鼓励大众文化产品以多样化的方式宣传社会主义核心价值观并发挥示范带动作用，以高质量的大众文化产品引导大众提高媒介素养，以大众文化产品提高人民群众对社会主义核心价值观的认知与认同。

第三节　信念支撑：加强理想信念教育，筑牢引领文化建设的思想根基

"核心价值观是一个民族赖以维系的精神纽带，是一个国家共同的思想道德基础。"③ 社会主义核心价值观对文化建设发挥的引领作用，表现为社会主义核心价值观具有强大的凝聚共识作用，能够最广泛地凝聚社

---

① 《中共中央关于深化文化体制改革推动社会主义文化大发展大繁荣若干重大问题的决定》，《人民日报》2011 年 10 月 26 日，第 1 版。
② 中共中央文献研究室编《十六大以来重要文献选编》（上），中央文献出版社，2005，第 527 页。
③ 习近平：《在文艺工作座谈会上的讲话》，人民出版社，2015，第 22 页。

会成员的思想认识与价值共识，为社会主义文化建设夯实思想基础并提供精神动力。理想信念是精神支柱、力量之源，"一个国家，一个民族，要同心同德迈向前进，必须有共同的理想信念作支撑"①。社会主义核心价值观的引领作用的发挥，需要理想信念的支撑。社会主义核心价值观与理想信念具有高度的内在统一性，二者同属于意识形态范畴，都是对马克思主义信仰、中国特色社会主义共同理想和共产主义远大理想的本质表达与集中体现。与此同时，社会主义核心价值观三个层面的内容及其内部各要素之间互相依存的关系，彰显了社会主义核心价值观鲜明的层次性、渐进性，这为遵循理想信念形成和发展的规律，在循序渐进的实践中不断推动理想信念教育，提供了基本价值遵循。当前，梳理和总结改革开放以来中国共产党开展理想信念教育的历程与经验，结合新时代的新情况与新要求，把理想信念教育作为基础性工程、战略性任务，不断推进新时代理想信念教育，能够为发挥社会主义核心价值观对文化建设的引领作用提供重要支撑。

一　改革开放以来理想信念教育的发展历程

作为人类特有的一种精神现象，理想信念是一定社会的政治、经济、文化的反映。马克思指出，"在社会历史领域内进行活动的，是具有意识的、经过思虑或凭激情行动的、追求某种目的的人"②。因此，理想信念形成于一定的物质条件下，并在形成之后对人们的行为起着重要的精神支配作用。回顾改革开放以来中国共产党开展理想信念教育的历史轨迹，经历了四个重要的发展阶段，而"始终将理想信念教育置于工作的重要位置，始终坚持在实践中推进理想信念教育的发展创新"，则是贯穿于这一发展历程的重要特征。

（一）恢复发展阶段：确立新时期理想信念教育的新目标

1978年至1988年是理想信念教育的恢复发展阶段。立足改革开放的新实践，中国共产党确立了新时期理想信念教育的新目标。党的十一届三中全会召开前夕，中国共产党就针对思想发展的新情况，提出恢复与

---

① 《习近平谈治国理政》第2卷，外文出版社，2017，第323页。
② 《马克思恩格斯选集》第4卷，人民出版社，2012，第253页。

发展理想信念教育的重要任务。邓小平同志强调全社会各部门要高度关注青少年的教育，特别是要"关心青少年思想政治的进步"①。1982 年和1984 年，教育部分别发布《关于在高等学校逐步开设共产主义思想品德课程的通知》与《关于高等学校开设共产主义思想品德课的若干规定》，进一步强调为了培养有理想的社会主义人才，"有必要把共产主义思想品德课作为一门必修课，纳入教学计划"②。至此，新时期理想信念教育得到初步恢复。在社会主义四个现代化建设的根本任务指导下，这一阶段的理想信念教育紧紧围绕这一根本任务，确立了新的发展目标，即学校的思想政治工作要以"四化"为中心培养人才，培养广大青年为实现"四化"而奋斗的坚定理想信念。在这一新的发展目标指导下，这一阶段理想信念教育在内容上，主要注重恢复和加强马克思列宁主义的理论教育，重点突出"共产主义思想品德"教育和"爱国主义"教育；在途径上，除了通过增加开设思想政治理论课程，进行理想信念课程教育的传统方式之外，还积极探索多样化的教育途径，开展"学雷锋、树新风"活动与"五讲四美三热爱"活动，开展各种形式的榜样人物学习专题活动。总之，这一历史阶段中国共产党通过确立新时期的新目标与新任务，恢复和加强马克思列宁主义的理论教育，探索多样化的教育途径，推动了新时期理想信念教育的全面恢复与初步发展。

（二）巩固发展阶段：充实新时期理想信念教育的新内容

1989 年至 2002 年是理想信念教育的巩固发展阶段。复杂的国内外环境，特别是复杂社会思潮的干扰，给部分群众带来巨大的思想冲击与认识困惑。面对这些严峻的挑战，中国共产党紧密结合马克思主义中国化的最新理论成果，及时丰富理想信念教育的内容。1994 年 8 月，《中共中央关于进一步加强和改进学校德育工作的若干意见》指出，要"以邓小平同志建设有中国特色社会主义理论作为学校马克思主义理论教育的中心内容"③。1995 年 10 月，《关于高校马克思主义理论课和思想品德

---

① 《邓小平文选》第 2 卷，人民出版社，1994，第 106 页。
② 教育部思想政治工作司组编《加强和改进大学生思想政治教育重要文献选编（1978—2014）》，知识产权出版社，2015，第 16 页。
③ 教育部思想政治工作司组编《加强和改进大学生思想政治教育重要文献选编（1978—2014）》，知识产权出版社，2015，第 145 页。

课教学改革的若干意见》指出要"把邓小平同志建设有中国特色社会主义理论编成教材，进入课堂，用以教育武装青年学生"①。2001 年 7 月，《教育部关于普通高等学校"两课"教育教学中贯彻江泽民同志"七一"重要讲话精神的通知》强调："积极推动'三个代表'重要思想进课堂、进教材、进学生头脑。"② 这一阶段理想信念教育新内容的充实，有一个显著特点，即依托课程建设和党团组织，进一步巩固理想信念教育的主阵地。依托马克思主义课程建设，全面实施以邓小平理论和"三个代表"重要思想为中心内容的课程设置新方案，大力推进马克思主义中国化最新理论成果的"三进"工作，增强了理想信念教育的时代性。充分发挥党团组织的重要作用，1994 年 8 月，《中共中央关于进一步加强和改进学校德育工作的若干意见》指出："党、团组织应根据青年学生的思想特点和要求，举办业余党校、团校，推动学生的马列主义学习小组的活动，积极发展符合条件的优秀学生骨干入党、入团。"③ 党团组织的积极引导，巩固了理想信念教育的效果。总之，这一阶段的理想信念教育，以马克思主义中国化的最新理论成果为中心内容，以课程建设和党团组织为依托，既丰富和充实了教育的理论内容，又增强和突出了教育的时代性与实效性，有效地推动了理想信念教育的巩固发展。

（三）全面发展阶段：强化新时期理想信念教育的新支撑

2003 年至 2012 年是理想信念教育的全面发展阶段。进入 21 世纪，在客观分析新的时代特征与科学把握青年发展的新特点基础上，中国共产党不断强化新时期理想信念教育的新支撑。2004 年 8 月，中共中央、国务院印发《关于进一步加强和改进大学生思想政治教育的意见》指出，大学生思想政治教育的核心任务是理想信念教育，要通过开展系统的理论教育，使大学生确立"实现中华民族伟大复兴的共同理想和坚定

---

① 教育部思想政治工作司组编《加强和改进大学生思想政治教育重要文献选编（1978—2014）》，知识产权出版社，2015，第 152 页。
② 教育部思想政治工作司组编《加强和改进大学生思想政治教育重要文献选编（1978—2014）》，知识产权出版社，2015，第 222 页。
③ 教育部思想政治工作司组编《加强和改进大学生思想政治教育重要文献选编（1978—2014）》，知识产权出版社，2015，第 147 页。

信念"①。将理想信念教育置于大学生思想政治教育的核心位置，为新形势下推动理想信念教育的全面发展提供了政策支撑。2004 年 12 月，教育部、共青团中央印发《关于加强和改进高等学校校园文化建设的意见》提出，高等学校校园文化建设的主要任务包括"以理想信念教育为核心，深入进行树立正确的世界观、人生观和价值观教育"②，强调高校要坚持以文化人，通过开展丰富多彩的校园文化活动，营造良好的校园氛围与搭建载体平台，为理想信念教育的全面发展提供文化支撑。2005 年 12 月，国务院学位委员会、教育部发出《关于调整增设马克思主义理论一级学科及所属二级学科的通知》，增设马克思主义理论一级学科，为理想信念教育的全面发展提供了学科支撑。2004 年 4 月 27 日至 28 日，中央召开马克思主义理论研究和建设工程工作会议，提出马克思主义理论研究和建设工程的主要任务，通过加强学科体系、教材体系、师资队伍与对外交流的建设，为理想信念教育的全面发展提供了理论支撑、课程支撑与队伍支撑。总之，这一阶段的理想信念教育，依托于校园文化建设和马克思主义理论学科的发展，在科学研究、教育内容与教育方法等方面均得到了有力支撑，推动了理想信念教育的全面发展。

（四）创新发展阶段：提出新时代理想信念教育的新要求

2013 年至今，是理想信念教育的创新发展阶段。在中国特色社会主义进入新时代的历史方位下，中国共产党紧密结合实现中国梦的奋斗目标，提出新时代理想信念教育的新要求。习近平总书记多次阐述理想信念是精神之钙，强调广大青年要"把理想信念建立在对科学理论的理性认同上，建立在对历史规律的正确认识上，建立在对基本国情的准确把握上"③。这集中体现了中国共产党充分尊重理想信念形成的基本规律，对新时代青年树立科学的理想信念提出了新要求。2015 年 1 月，中共中央办公厅、国务院办公厅印发《关于进一步加强和改进新形势下高校宣传思想工作的意见》，指出新形势下高校宣传思想工作要把坚定理想信念

---

① 教育部思想政治工作司组编《加强和改进大学生思想政治教育重要文献选编（1978—2014）》，知识产权出版社，2015，第 266 页。

② 教育部思想政治工作司组编《加强和改进大学生思想政治教育重要文献选编（1978—2014）》，知识产权出版社，2015，第 275 页。

③ 《习近平谈治国理政》，外文出版社，2014，第 50 页。

放在首位，并对高校理想信念教育提出新的要求，强调高校要加强具有中国特色、时代特征的高校哲学社会科学学术理论体系和学术话语体系建设，进一步增强青年大学生对科学理想信念的认同。2017年2月，中共中央、国务院印发《关于加强和改进新形势下高校思想政治工作的意见》，要求进一步广泛开展学习习近平总书记系列重要讲话精神，坚定青年大学生对中国特色社会主义的自信。上述两个《意见》是中国共产党在新时代条件下，针对如何进一步丰富和增强理想信念教育的理论内容与实际效果而提出的新要求。在此基础上，党的十九大提出"培养担当民族复兴大任的时代新人"的战略任务，并将"有理想"作为时代新人必须具备的核心要素，强调"全党要关心和爱护青年，为他们实现人生出彩搭建舞台"①，要以党的领导为根本保障，将系统的学校教育、良好的家风教育与广泛的社会教育有机结合，形成党领导下的全方位、系统化的理想信念教育体系。总之，这一阶段的理想信念教育，立足新时代的发展特征，紧密围绕实现中国梦的奋斗目标，在教育的理论内容和实践探索上提出了一系列新要求，推动了理想信念教育的创新发展。

二　推进理想信念教育的内在逻辑

在改革开放40多年的发展历程中，中国共产党推动理想信念教育的理论与实践具有其内在的逻辑，体现为：在尊重理想信念形成发展基本规律的基础上，遵循从抽象到具体的辩证逻辑，遵循继承与发展相结合的历史逻辑，遵循理论与现实相统一的实践逻辑。

（一）认知与接受理想信念的教育：遵循从抽象到具体的辩证逻辑

辩证逻辑是研究人类思维形态的逻辑学辩证法，从抽象上升到具体是辩证逻辑的基本方法，揭示了人类认知与接受的基本规律，反映了人类思维辩证发展的过程。改革开放以来，中国共产党充分尊重人的认知与接受规律，遵循从抽象到具体的辩证逻辑，不断增强受教育者对于理想信念教育的认知、认同与接受。

第一，关于理想信念的基本内涵的阐释，从抽象到具体的转化。改

---

① 中共中央党史和文献研究院编《十九大以来重要文献选编》（上），中央文献出版社，2019，第49页。

革开放初期，邓小平指出"共产主义的理想是我们的精神支柱"①，强调青年要树立共产主义远大理想。在这一时期，中国共产党关于理想信念基本内涵的阐释，多是从共产主义理想的科学性与崇高性等精神追求层面进行的。1997 年党的十五大召开，江泽民同志提出，"在全社会形成共同理想和精神支柱，是有中国特色社会主义文化建设的根本"②，推动了新时期理想信念基本内涵的具体化展开。进入 21 世纪，结合中国特色社会主义事业不断发展的新实践，中国共产党将理想信念的内涵与全面建成小康社会、实现中国梦紧密结合起来，不断推进理想信念基本内涵的具体化。党的十八大以来，习近平总书记指出："中国梦是全国各族人民的共同理想，也是青年一代应该牢固树立的远大理想。"③ 将共同理想与伟大梦想融入理想信念教育，进一步推进了新时代理想信念内涵的具体化展开，增强了青年对社会主义理想信念的理性认知。

第二，关于坚定理想信念的重大意义的阐述，从宏观国家层面向微观个人层面转化。改革开放初期，受国内外发展形势的影响以及推动改革开放的现实需要，中国共产党关于坚定理想信念的重要意义，多从国家与民族发展的宏观层面进行阐述，指出坚定理想信念事关我国未来发展，事关我国社会主义现代化建设，事关中华民族伟大复兴大事，告诫青年"没有理想和纪律，建设四化是不可能的"④，强调广大青年要树立共产主义远大理想、坚定社会主义信念。随着党的青年工作的不断推进，中国共产党对于新形势下青年工作基本规律的认识更加深刻，开展理想信念教育更加注重结合青年自身发展的现实需要，将青年个人理想追求与国家民族梦想紧密结合。特别是党的十八大以来，中国共产党将青年树立远大理想与共同理想的教育，落实到青年个人发展的现实层面，增加了更多的人文关怀，强调中国梦应该是每一个青年人的梦，广大青年只有把个人理想融入国家与民族的事业中，才能最终成就一番事业，进一步推动了青年将人生理想与民族梦想相统一，增强了青年对社会主义

---

① 《邓小平文选》第 3 卷，人民出版社，1993，第 137 页。
② 中共中央文献研究室编《十五大以来重要文献选编》（上），人民出版社，2000，第 36 页。
③ 中共中央文献研究室编《十八大以来重要文献选编》（上），中央文献出版社，2014，第 278 页。
④ 《邓小平文选》第 3 卷，人民出版社，1993，第 191 页。

理想信念的情感认同。

第三，关于理想信念教育的途径方法，从理论教育到多种形式的发展。改革开放初期，中国共产党开展理想信念教育，多从抽象的理论层面阐述共产主义远大理想的科学性与崇高性，使广大青年意识到共产主义理想的重要性。随着改革开放历史进程的不断推进，社会的客观环境发生了巨大的变化，青年的思想认识出现了多样化趋势。面对新情况与新问题，中国共产党充分尊重青年心理接受的基本规律，在青年理想信念教育的途径方法上不断发展创新，探索多种形式的教育方法，将理论灌输与实践教育紧密结合起来，在尊重青年多样化发展的基础上，坚持教育途径方法的多层次性，将理想信念教育融入专业教育、职业教育等教育内容，使理论教育与实践教育、网络教育、个性化教育相互促进，提高了青年对中国特色社会主义理想信念的心理接受度。

（二）确立与巩固理想信念的教育：遵循继承与发展相结合的历史逻辑

历史逻辑是从历史的视角梳理事物发展的进程，总结提炼其发展的内在逻辑与基本规律。逻辑的分析要以历史发展为基础，理论的逻辑进程与客观的历史发展进程是统一的。改革开放以来，中国共产党遵循继承与发展相结合的历史逻辑，在继承的基础上，结合不同时期新的历史特点，不断推动理想信念教育。

第一，始终坚持理想信念教育的核心地位，不断突出和拓展理想信念教育的重大意义。"为谁培养人"的问题是青年工作的首要问题，是事关社会主义事业发展的根本性问题。在改革开放初期，邓小平同志就指出，"坚持共产主义的远大理想，年轻一代尤其要懂得这一点"①。改革开放以来，中国共产党始终坚持将理想信念教育摆在青年工作的核心位置，强调广大青年要坚定共产主义远大理想与中国特色社会主义共同理想，不仅鲜明地回答了社会主义制度下开展青年工作是为"社会主义建设事业培养建设者和接班人"的问题，还凸显了理想信念教育对于新时期青年成长成才的重大意义。党的十八大以来，中国共产党又从世界发展视角，拓展理想信念教育的世界意义，指出理想信念作为精神之"钙"，既是民族振兴的力量源泉，也是推动世界发展的精神力量，强调

---

① 《邓小平文选》第3卷，人民出版社，1993，第116页。

"全球青年有理想、有担当，人类就有希望"①。

第二，始终坚持共产主义理想教育的主导内容，不断丰富和发展理想信念教育的时代内容。"培养什么人"的问题是青年工作的核心问题，是推进社会主义事业发展的全局性问题。在改革开放初期，邓小平就指出，"要特别教育我们的下一代下两代，一定要树立共产主义的远大理想"②。社会主义"四有"新人的培养，"其中我们最强调的，是有理想"③。改革开放以来，中国共产党始终坚持共产主义理想教育的主导内容，将培育青年树立坚定共产主义远大理想和中国特色社会主义共同理想作为"培养什么人"的核心问题，保障了理想信念教育内容的连续性与教育目标的明确性。党的十八大以来，中国共产党立足新时代，不断丰富和发展理想信念教育的时代内容，强调党的理论创新的最新成果是新时代理想信念教育的重要内容，指出坚定理想信念就要系统学习马克思主义理论，坚持以党的创新理论丰富理想信念教育的时代内容。

第三，始终坚持发挥高校思想政治理论课的主渠道作用，不断巩固和加强理想信念教育的主阵地建设。"怎样培养人"的问题是青年工作的关键问题，是推进社会主义事业发展的战略性问题。在改革开放初期，邓小平同志就指出青少年的培养"要加强各级学校的政治教育、形势教育、思想教育，包括人生观教育、道德教育"④。改革开放以来，中国共产党始终坚持发挥高校思想政治理论课的主渠道作用，从"85方案"到"98方案"，再到"05方案"，不断调整和完善高校思想政治理论课的课程体系，充分发挥思想政治理论课在理想信念教育中的主导作用。党的十八大以来，中国共产党更加重视巩固和加强理想信念教育的主阵地建设。2015年，中共中央办公厅、国务院办公厅印发《关于进一步加强和改进新形势下高校宣传思想工作的意见》，明确提出要"实施马克思主义理论学科领航计划"，更好地发挥马克思主义理论学科对哲学社会科学的领航作用、对高校思想政治理论课的支撑作用，并通过推进高校马克

---

① 中共中央文献研究室编《习近平关于青少年和共青团工作论述摘编》，中央文献出版社，2017，第7页。
② 《邓小平文选》第3卷，人民出版社，1993，第111页。
③ 《邓小平文选》第3卷，人民出版社，1993，第190页。
④ 《邓小平文选》第2卷，人民出版社，1994，第369页。

思主义理论学科建设和思想政治理论课教学协同创新，切实增强协同育人合力和立德树人协同效应，进一步加强理想信念教育的主阵地建设。2021年，中共中央办公厅印发《关于加强新时代马克思主义学院建设的意见》，强调马克思主义学院是学习研究宣传马克思主义的主阵地，加强马克思主义学院建设，对于引导青年学生牢固树立共产主义远大理想和中国特色社会主义共同理想具有重要意义，这也更加突出了理想信念教育的主阵地和主渠道建设。

（三）理想信念教育的发展与创新：遵循理论与现实相统一的实践逻辑

实践逻辑是人们在改造客观世界的物质活动中，遵循事物发展的客观规律进行能动的对象性活动所展现的内在逻辑与基本规律。实践的观点是马克思主义的基本观点，实践的范畴是马克思揭示自然、社会、人类思维发展的一般规律的逻辑起点和逻辑线索。改革开放以来，中国共产党遵循理论与现实相统一的实践逻辑，立足新的发展实践，不断推动理想信念教育。

第一，在教育内容上，不断加强系统化、时代化的理论教育。1995年《中共中央关于改革学校思想品德和政治理论课程教学的通知》明确规定，大学要开展以中国革命史为中心的历史教育、马克思主义基本理论教育、中国社会主义建设和改革的理论、政策和实际知识的教育，丰富了理想信念教育的理论内容。1998年《关于普通高等学校"两课"课程设置的规定及其实施工作的意见》，详细制定了高校开设马克思主义理论课和思想品德课的具体课程、课时、教学目标等内容，推动了理想信念教育的规范化与系统化。2004年《关于进一步加强和改进大学生思想政治教育的意见》，强调坚持不懈用马克思主义中国化最新理论成果武装青年大学生，教育青年大学生树立中国特色社会主义共同理想，推动理想信念教育内容的时代化。党的十八大以来，中国共产党不断加强系统化、时代化的理论教育，强调理想信念教育要全面把握新时代的实践基础，充分尊重青年群体在理想信念、价值取向等方面出现的新变化，引导广大青年深刻认识新时代、新思想、新矛盾与新使命，自觉将个人理想融入民族梦想，将个人追求融入民族使命，以系统化、时代化的理论教育引导青年坚定理想信念、凝聚价值共识。

第二，在教育理念上，不断推进全员、全过程、全方位育人。在改革开放初期，邓小平同志就指出："要加强各级学校的政治教育、形势教育、思想教育……大力加强共青团工作、少先队工作和学生会工作。"①理想信念教育要取得切实的效果，需要充分发挥合力作用。2004 年中共中央、国务院发布《关于进一步加强和改进大学生思想政治教育的意见》，指出要把课堂教学与各类社会实践相结合，要把思想政治教育融入高校教育的全过程。2017 年中共中央、国务院印发的《关于加强和改进新形势下高校思想政治工作的意见》，明确指出要形成全员、全过程、全方位育人的长效机制。作为高校思想政治工作的核心内容，理想信念教育依托高校思想政治理论课建设体系创新计划与马克思主义理论研究和建设工程，将教书育人与科研育人有机结合；依托科教融合、校企联合等协同育人模式与各类思想文化阵地的建设管理，将实践育人与文化育人相互促进；依托高校党的领导体制，坚持和完善普通高校党委领导下的校长负责制，将组织育人与服务育人有机统一。坚持全员、全过程、全方位育人的教育理念，凝聚了理想信念教育的合力，形成了全方位育人的新格局。

第三，在教育形式上，不断探索多样化、现代化的实践育人模式。改革开放以来，理想信念教育形式的探索，坚持遵循教育规律、思想政治工作规律、青年成长规律，注重理论教育和实践活动相结合，不断研究新问题、把握新规律、探索新形式。1993 年中共中央组织部、中共中央宣传部、国家教育委员会发布《关于新形势下加强和改进高等学校党的建设和思想政治工作的若干意见》，强调高等学校教育要大力改进教学方法，注意运用课堂讨论、社会实践、演讲答辩等多种方式，注重运用隐性教育形式开展理想信念教育。党的十八大以来，理想信念教育依托实践教学基地建设，完善科教融合、校企联合等协同育人模式，在社会实践活动中加强理想信念教育，把解决理想信念问题与解决实际问题结合起来。同时，顺应网络信息化发展趋势，通过加强互联网思想政治工作载体建设，加强学生互动社区、主题教育网站、专业学术网站和"两微一端"（微信、微博、客户端）建设，丰富了理想信念教育的平台与载体，推进了实践育人模式多样化、现代化发展。

---

① 《邓小平文选》第 2 卷，人民出版社，1994，第 369 页。

三　推进理想信念教育的基本路径

习近平总书记指出，培养时代新人，"重中之重是要以坚定的理想信念筑牢精神之基"①。新时代推进理想信念教育，要坚持回归现实生活、提升价值认同、融入日常生活，推进理想信念教育落实、落小、落细。

（一）回归现实生活，推进新时代理想信念教育落实

马克思指出："人应该在实践中证明自己思维的真理性，即自己思维的现实性和力量，自己思维的此岸性。"② 思维与存在的关系是哲学的重大问题，思维与存在的统一性，要求现代哲学的基本趋向是回归现实生活世界。在哲学视角下思考理想信念教育问题，需要回归现实生活，以受教育主体为核心，围绕其社会现实生活开展理想信念教育。因此，回归现实生活，增强教育的现实性，是推进新时代理想信念教育落实的立足点。其一，要关注青年的现实生活，密切新时代理想信念教育与青年现实生活的联系。一方面，要立足新时代新的历史特点，分析青年面临的新环境、出现的新矛盾与新问题，科学认识和掌握新时代青年成长成才的新特点、新规律，在宏观整体上认识和把握青年群体所面临的现实社会生活中的问题，以及群体心理与群体行为模式。另一方面，要具体问题具体分析，结合我国的现实国情与青年发展的个体差异，在微观具体上对青年进行因人而异的理想信念教育。其二，要结合国家发展与民族使命，增强新时代理想信念教育的现实性。一方面，要客观且全面地分析国家民族的发展状况，不是宏观的宣传性陈述，而是有理有据的可视化、可量化呈现，不是片面赞美或局部批判，而是客观分析国家民族取得的进步成就与存在的不足，从而增强青年对于理想信念的心理认同与情感共鸣。另一方面，要准确且明朗地分析国家民族的未来发展规划。让青年自觉在国家发展战略大局上认识新时代坚定理想信念的必要性，自觉将个人发展融入国家与民族发展的伟大理想之中。总之，既要关注青年的现实生活，密切新时代理想信念教育与青年现实生活的联系，又要重视国家民族的现实状况，增强新时代理想信念教育的现实性，只有

---

① 《习近平谈治国理政》第 3 卷，外文出版社，2020，第 313 页。
② 《马克思恩格斯文集》第 1 卷，人民出版社，2009，第 500 页。

这样才能真正提升青年对理想信念教育的认知度与接受度，才能有效推进新时代理想信念教育落实。

（二）提升价值认同，推进新时代理想信念教育落细

认同是个体潜意识地对某一对象的认可、同意、接受的过程。价值认同是人们对某类价值观念的内化认可与接受，并外化于相应行为的过程。思想政治教育的目标就是实现价值认同，实现对受教育者内在思想的引导与外在行为的规范。因此，提升价值认同，增强价值的理性认同与情感认同，是推进新时代理想信念教育落细的着力点。其一，要提升价值的理性认同，提高青年对理想信念教育的认知度与接受度。所谓价值的理性认同，是借助"概念"、"判断"和"推理"的方式，使受教育者对某种价值观在逻辑上获得明确的认知。只有在"理解"的基础上达成思想观念上的认同，才能内化于心，才能形成理性的价值认同。新时代理想信念教育要"把理想信念建立在对科学理论的理性认同上，建立在对历史规律的正确认识上"[①]，总结和分析我国革命、建设、改革的历史规律，让广大青年在理解历史发展规律与历史必然性的过程中，坚定理想信念。其二，要提升价值的情感认同，增强青年对理想信念教育的认可与转化。所谓价值的情感认同，是对某种价值观产生的强烈的情感共鸣，并把这种价值观落实和转化在行为上。情感认同是理性认同转化为实践行为认同的中介和纽带，只有在"共鸣"的基础上达成情感上的认同，才能外化于行，才能形成持久的价值认同。新时代理想信念教育要充分尊重青年群体的心理特征，尊重理想信念形成的心理接受规律，通过创设理想信念教育的多种场域和文化情境，让青年增强对共产主义远大理想和中国特色社会主义共同理想的情感共鸣，提升对坚定理想信念的情感认同。总之，提升价值的理性认同与情感认同，只有将理想信念教育建立在对科学理论和历史规律的理性认知上，建立在尊重青年群体心理认知和接受规律的基础上，才能增强青年对理想信念教育的认同与转化，才能真正推进新时代理想信念教育落细。

（三）融入日常生活，推进新时代理想信念教育落小

日常生活是旨在维持个体生存和再生产的各种日常活动的总称。作

---

① 《习近平谈治国理政》，外文出版社，2014，第50页。

为私人领域，日常生活是青年价值观生成的现实基础，是理想信念教育的重要场域。正如马克思所指出的，"人们的意识，随着人们的生活条件、人们的社会关系、人们的社会存在的改变而改变"①。因此，融入日常生活，实现教育的生活化，是推进新时代理想信念教育落小的关键。其一，日常生活具有经验性特征，在日常生活中人们通过学习他人已有的经验来规范自己的行为，并依据这些经验逐渐形成自身的日常思维与行为模式。推动理想信念教育融入青年的日常社会生活，要通过开展以理想信念为主题的社会实践活动，以公益活动、社会调查、勤工助学、志愿服务等多种形式，实现教育的生活化，让青年在日常社会生活中增强对理想信念的现实体验，并将这种现实体验转化为价值判断与实际行动。其二，日常生活具有重复性特征，重复性思维和重复性实践是日常生活的存在方式。推动理想信念教育融入青年的日常学习生活，要通过重复性的学习实践，运用生活话语层层递进的方式，让青年逐步理解和接受理想信念教育的目标、道路、过程各个要素，逐步深化对共产主义理想的科学性、崇高性的理性认知与价值认同。其三，日常生活具有自在性特征，日常生活以个体的自在活动为基础，依靠经验习惯、天然血缘与自然情感等多种因素的相互作用加以维系，从而使日常生活主体在相对封闭的天然共同体中获得一种认同感和归属感。"家庭是社会的基本细胞，是人生的第一所学校。"② 推动理想信念教育融入青年的日常家庭生活，要贯彻落实《中华人民共和国家庭教育促进法》，通过建立健全家庭学校社会协同育人机制、建立家庭教育工作联动机制、鼓励高等学校开设家庭教育专业课程、支持师范院校和有条件的高等学校加强家庭教育学科建设等渠道和途径，深入挖掘传统家规、家训、家风的现代价值，充分发挥家庭教育更强的示范作用与情感共鸣的作用，将青年对理想信念的思考与日常家庭生活相结合，并推动其在家风教育影响中，自觉将情感认同转化为行为认同。总之，只有将理想信念教育融入日常生活，与青年的日常生活有机结合，实现教育的生活化，才能将理想信念教育转化为青年的行动践履，才能真正推进新时代理想信念教育落小。

---

① 《马克思恩格斯选集》第1卷，人民出版社，2012，第419～420页。
② 《中共中央国务院举行春节团拜会》，《人民日报》2015年2月18日，第1版。

综上所述，理想信念教育能够巩固全体人民团结奋斗的共同思想基础，能够有效凝聚全体人民的思想共识，是实现中华民族伟大复兴中国梦的精神支柱、力量之源。新时代以社会主义核心价值观引领理想信念教育，推进理想信念教育落实、落小、落细，为在实践中循序渐进地推动理想信念教育提供了价值遵循。新时代加强理想信念教育，有助于引导人们深刻认识中国特色社会主义的强大生命力和巨大优越性，深刻认识并坚定道路自信、理论自信、制度自信、文化自信，有助于推动形成团结一心的精神纽带和自强不息的精神动力，不断增强中华民族的凝聚力和向心力，能够为社会主义核心价值观引领文化建设夯实思想基础与提供精神动力。

第四节　环境熏陶：推动形成崇德向善的社会风尚，创设引领文化建设的社会环境

在全国宣传思想工作会议上，习近平总书记指出，团结和凝聚全国各族人民，要"积极培育和践行社会主义核心价值观，全面提高公民道德素质，培育知荣辱、讲正气、作奉献、促和谐的良好风尚"[1]。作为社会评判是非曲直的价值标准，社会主义核心价值观能够引领文化建设的价值导向，这种引领作用突出表现为社会主义核心价值观对人们的实践活动与道德行为具有的价值导向作用，能够通过引导社会的价值导向与个人的道德准则，规范人们的实践活动与道德行为，促进人们在具体的道德实践中形成崇德向善的社会风尚。

一　社会风尚与社会核心价值观的关系

社会风尚是人们在长期的社会生活中形成的思想意识、行为方式和社会风气，社会风尚体现和传播了一定社会的核心价值观，是社会核心价值观的外在表征，并为推动社会核心价值观的发展和转型提供了重要的实践场域。在一个社会中，如果形成了与核心价值观相契合的良好社会风尚，能够为社会核心价值观提供丰富的文化情境与实践场域，让人

---

[1]　《习近平谈治国理政》，外文出版社，2014，第154页。

们在良好社会风尚的影响下，潜移默化地认同和践行社会核心价值观。良好社会风尚的形成具有历史性与群体性，任何社会风尚都是深深根植于本民族的历史文化，深刻体现了本民族文化的特征，反映了本民族文化的核心理念，同时，社会风尚的形成还具有群体性特点，任何社会风尚都是社会群体通过社会实践发挥合力而形成的，这种社会风尚能够为大部分社会成员所接受和认同，并外化为行为规范。社会风尚的历史性与群体性，为社会核心价值观的培育和践行营造了文化氛围，提供了实践土壤。因此，社会风尚的形成与社会核心价值观的培育和践行是相互影响、相互促进的统一过程，社会风尚体现和传播了一定社会的核心价值观，而社会核心价值观又对于一定社会风尚的形成具有重要的引领作用。

社会主义核心价值观对社会风尚发挥着重要的引领作用。良好的社会风尚表现为全体社会成员的思维方式、价值取向、理想人格、审美情趣、伦理观念等方面的现实状况。作为社会价值体系中占主导地位的价值观，社会主义核心价值观具有强大的整合力与引导力，是引导全体人民确立共同理想和价值追求的精神力量，是引导社会成员坚持科学的思想观念和行为准则的价值导向。当前，培育崇德向善的社会风尚，"要大力培育和弘扬社会主义核心价值体系和核心价值观"①。社会主义核心价值观倡导的"富强、民主、文明、和谐"，表达了中国特色社会主义的宏伟目标，反映了全体人民的价值追求，能够最大限度地整合社会意识，为良好社会风尚的形成集聚精神力量。社会主义核心价值观倡导的"自由、平等、公正、法治"，表达了理想社会构建的现代目标，体现了现代社会发展的人文精神与现代理念，为良好社会风尚的形成凝聚了社会共识。社会主义核心价值观倡导的"爱国、敬业、诚信、友善"，体现了现代公民培育的基本要求，对于培育人们的文明素养和健康人格，引导人们正确认识个人与社会的关系，积极践行社会主义的基本道德规范具有重要作用，为良好社会风尚的形成提供了道德准则与行为规范。

在培育社会风尚的实践中，社会成员的精神面貌与道德水平是社会风尚的外在表现，社会风尚往往受到社会道德的影响而表现为社会的道

---

① 《习近平谈治国理政》，外文出版社，2014，第106页。

德风尚，同时，一定社会风尚的形成，对于社会成员是非曲直、美丑善恶的道德判断具有重要的影响。习近平总书记指出："我们要按照党的十八大提出的培育和践行社会主义核心价值观的要求，高度重视和切实加强道德建设，推进社会公德、职业道德、家庭美德、个人品德教育，倡导爱国、敬业、诚信、友善等基本道德规范，培育知荣辱、讲正气、作奉献、促和谐的良好风尚。"① 当前，以社会主义核心价值观引领崇德向善的社会风尚，要以道德建设为着眼点，坚持以社会主义核心价值观引领公民道德规范和道德实践。

二　以社会主义核心价值观引领公民道德规范

一个民族的文明素养和公民的道德水平，是影响良好社会风尚形成的关键因素。当前，随着我国社会结构、组织形式、利益格局的深刻变化，各种思想观念和社会矛盾交织叠加，在道德领域具体表现为拜金主义、享乐主义等错误的价值取向，表现为公德意识淡化、诚信缺失等道德问题频现，严重影响了我国积极向上社会风气的培育。在这一背景下，以社会核心价值观引领公民道德规范的构建，引领全体社会成员遵循基本的公民道德规范，是培育崇德向善社会风尚的必然要求。

"核心价值观，其实就是一种德，既是个人的德，也是一种大德，就是国家的德、社会的德。"② 社会主义核心价值观将不同层面的价值判断和道德要求相统一，从"大德""公德""私德"三个层面，引领新时代公民道德规范的建构。一是社会主义核心价值观倡导的国家价值目标，引导新时代公民"明大德"。"大德"表现的是对国家、民族的道德情感，体现在道德规范上则表现为热爱祖国和人民，践履中华民族伟大复兴历史使命的道德要求。新时代引导全体人民"明大德"，要坚定马克思主义的信仰，坚持以社会主义核心价值观引领新时代公民道德规范的建构。社会主义核心价值观倡导的国家价值目标，既是国家民族发展的宏伟目标，也是现代国家道德规范的具体阐释。"富强、民主、文明、和谐"的价值目标，指明我国在实现经济、政治、文化与社会现代化的进

---

①　《习近平谈治国理政》，外文出版社，2014，第159页。
②　《习近平谈治国理政》，外文出版社，2014，第168页。

程中，不断促进人的自由全面发展，以发展经济为道德建设奠定物质基础，以民主政治建设为道德建设提供政治保障，以精神文明建设为道德建设培育文明风尚，以和谐社会构建为道德建设营造社会氛围。二是社会主义核心价值观倡导的社会价值追求，引导新时代公民"守公德"。"公德"涉及公共领域中的公共生活与公共秩序，体现在道德规范上则表现为在公共生活中遵守公共秩序、维护公共利益的道德要求。新时代引导公民"守公德"，要坚持发挥社会主义核心价值观的引领作用。社会主义核心价值观倡导的社会价值追求，体现了理想社会的价值追求，阐释了现代社会的道德规范。"自由、平等、公正、法治"的价值追求，指明我国在社会公德建设中，要以自由为道德建设的最高追求，以平等、公正为道德建设的基石，以法治为道德建设的重要保障。在公共生活中，人们要以平等、公正的道德观念，正确处理个人与他人、与社会的关系，以法治调节公共生活中人们之间的道德关系，为实现自由、平等、公正提供法治保障。三是社会主义核心价值观倡导的公民价值准则，引导新时代公民"严私德"。"私德"是个人的自我道德修养，公民个体道德水平的发展程度是国家"大德"与社会"公德"的基石。新时代引导公民"严私德"，要坚持以社会主义核心价值观倡导的公民价值准则为引领。"爱国、敬业、诚信、友善"的价值准则，明确了个人与国家之间的道德关系，指明了个人职业生活中要遵守的道德要求，强调"诚信"是公民个人的立身之本，是社会主义道德建设的重点，倡导公民以友善的态度对待他人，传承中华民族宽以待人的传统美德。总之，"大德""公德""私德"既在社会主义道德建设实践中相互促进、共同发展，又统一于社会主义核心价值观倡导的道德要求与道德规范之中。

公民道德规范由道德核心、道德原则、道德要求等内容组成，是全体社会成员遵守和践行的道德规范的总和。新时代公民道德规范的构建，要坚持以社会主义核心价值观引领道德规范体系的核心与原则，引领人们的道德信念与道德标准，引领中华传统美德的传承和弘扬。一是引领社会主义道德规范体系的核心和原则。为人民服务和集体主义原则，是社会主义道德规范体系的核心和原则，社会主义核心价值观具有人民性的根本特性，能够有效引领社会主义道德规范坚持人民立场，坚持为人民服务与集体主义原则，立足人民群众的根本利益，引导人们正确认识个人利益与国家利益、集体利益在根本上具有的一致性，坚持社会价值与自我价值的统一。二是引领人们的道德信念与道德标准。作为全体社会成员的共同价值追求，社会主义核心价值观体现了全体人民价值观的"最大公约数"，对于公民坚定社会主义道德信念具有重要的引领作用。同时，随着新时代国家社会的发展变化，在我国道德标准呈现多元化发展趋势的背景下，社会主义核心价值观能够以其强大的整合力和引领力，引导社会主义道德评判标准，并从国家、社会和公民等不同层面，指明新时代公民要遵循的基本道德标准，有效引导公民的道德行为选择。三是引领中华传统美德的传承和弘扬。中华传统美德是社会主义道德建设的宝贵资源，要"用社会主义核心价值观凝魂聚力，更好构筑中国精神、中国价值、中国力量"①。当前，以社会主义核心价值观引领中华传统美德的传承，要弘扬中华传统美德的时代价值，深入挖掘中华传统美德与社会主义核心价值观相契合的价值理念，并借助现代的传播形式、手段和载体，将这些价值理念以更加丰富多样的现代形式表达出来，通过开展传统礼仪活动与传统节日文化活动，让人们在文化实践中体验和践行中华传统美德。

三 以社会主义核心价值观引领公民道德实践

道德规范的价值和作用是在具体的道德实践活动中实现的。道德实践是以一定道德意识为指导，以提高个体道德水平和道德境界为目标，包括道德认知、道德教育、道德修养与道德评价等内容的实践活动。发挥社会主义核心价值观的引领作用，重在推动其日常化、具体化，"使每个人都能感知它、领悟它，内化为精神追求，外化为实际行动，做到明大德、守公德、严私德"②。培育崇德向善的社会风尚，需要以社会主义核心价值观引领道德实践，通过开展丰富的道德实践活动，引导人们遵守社会主义基本道德规范，形成良好的道德风尚。

诚信是社会主义核心价值观的重要内容，诚信建设是道德实践活动的

---

① 《习近平对全国道德模范表彰活动作出重要批示强调 更好构筑中国精神、中国价值、中国力量 为中国特色社会主义事业提供精神动力和道德滋养》，《人民日报》2015 年 10 月 14 日，第 1 版。

② 中共中央文献研究室编《习近平关于社会主义文化建设论述摘编》，中央文献出版社，2017，第 118 页。

重中之重，《关于培育和践行社会主义核心价值观的意见》指出，要"以诚信建设为重点，加强社会公德、职业道德、家庭美德、个人品德教育，形成修身律己、崇德向善、礼让宽容的道德风尚"①。党的十九届四中全会强调，要"完善诚信建设长效机制，健全覆盖全社会的征信体系，加强失信惩戒"②。2022 年 3 月，中共中央办公厅、国务院办公厅印发的《关于推进社会信用体系建设高质量发展促进形成新发展格局的意见》进一步指出要加强诚信文化建设，"大力弘扬社会主义核心价值观，推动形成崇尚诚信、践行诚信的良好风尚"③。当前，以社会主义核心价值观引领诚信道德实践，要继承发扬中华民族重信守诺的传统美德，健全覆盖全社会的征信体系，营造守信光荣、失信可耻的社会氛围，培育崇德向善的社会风尚。

（一）　诚信是中华民族的传统美德

中国人自古以来就重视诚信，倡导诚信为本、操守为重，守信为荣、失信为耻，《诗经》中指出："无信人之言，人实不信"（《诗经·郑风·扬之水》）。《中庸》中也指出："诚者物之终始，不诚无物。"孔子指出，"人而无信，不知其可也"（《论语·为政第二》），又指出，"言忠信，行笃敬，虽蛮貊之邦，行矣。言不忠信，行不笃敬，虽州里，行乎哉?"（《论语·卫灵公第十五》）孟子更是把"信"作为其"五伦"思想中"朋友"一伦的道德要求，董仲舒也将"信"作为"五常"之一，此后诚信便成为深刻影响中国社会的基本道德规范之一。传统的诚信观念主要表现在三个层面：一是内在的精神需求，即不自欺欺人，是静态的价值目标；二是外在的行为规范，即待人诚信，是动态的行为实践；三是为政的重要原则，既是行下的规则，也是行上的本体。在中国古代传统社会中，"信"不仅是人们待人接物和为人处世的基本道德规范，而且是最基本的治国原则，是国家政权得以稳固和持续发展的重要基础。在中国古代社会中，以诚信治国的君王往往更能赢得民众的信任和拥护，

---

① 中共中央文献研究室编《十八大以来重要文献选编》（上），中央文献出版社，2014，第 584 页。

② 《中共中央关于坚持和完善中国特色社会主义制度 推进国家治理体系和治理能力现代化若干重大问题的决定》，人民出版社，2019，第 24 页。

③ 《中共中央办公厅 国务院办公厅印发〈关于推进社会信用体系建设高质量发展促进形成新发展格局的意见〉》，中国政府网，http://www.gov.cn/zhengce/2022 – 03/29/content_5682283.htm，最后访问日期：2023 年 6 月 11 日。

如春秋战国时，商鞅辕门立木所树立的诚信形象，是其变法顺利进行的重要保障，而西周时期的周幽王为博褒姒一笑却制造出"烽火戏诸侯"的欺骗戏弄行为，这种不得民心的失信行为最终导致他丧命亡国。中国古代传统社会不仅高度重视诚信这一美德，而且对诚信这一美德的培育方法进行了深入探索，强调运用学思并重、省察克治、慎独自律、知行统一等方法，养成诚实守信的道德品质与行为规范。历史证明，诚信既是每个人为人处世的重要道德品质，也是国家发展和谐有序的重要原则，还是新时代我们应坚持传承和发展的中华传统美德。以社会主义核心价值观引领诚信道德实践，既是对中国传统诚信思想的继承和发展，也体现了新时代社会主义道德建设的基本要求。在新时代背景下，以社会主义核心价值观引领诚信道德实践，要健全覆盖全社会的征信体系，推进诚信建设制度化与规范化。

（二）健全覆盖全社会的征信体系

"征信体系是指采集、加工、分析和对外提供社会主体信用信息服务的相关制度与措施的总称。"[1] 社会征信体系是一种社会机制，对于促进经济和社会的健康发展有重要意义。"征信体系建设指数包括信用信息指数（深度指数）与征信覆盖率（广度指数）。"[2] 信用信息指数（深度指数）反映获取信用信息的难易程度、范围和质量，征信覆盖率（广度指数）反映个人和企业有关债务信息的收集程度。社会征信体系不是政府强制发展的产物，而是有其产生的社会条件和经济基础，它是市场经济发展的阶段性产物，是为了适应经济结构和经济秩序的稳定而产生和存在的，要与特定时期的经济发展水平和法律制度等相适应。当前，健全覆盖全社会的征信体系的做法主要有以下三个。

第一，政府帮扶和企业运作相结合。随着市场经济的发展，整个社会的信用意识普遍增强，个人信用信息逐渐集中，相关法律法规不断健全，政府在征信体系建设中从之前的主导干预逐渐转变为减少干预。按照我国

---

① 《社会信用体系与征信体系的区别？》，信用中国，https://www.creditchina.gov.cn/xinyongyanjiu/yanjiuxinyongzhishi/201902/t20190212_146503.html，最后访问日期：2023 年 6 月 11 日。

② 黄萍：《中国征信体系建设指数的国际比较与借鉴——基于社会征信体系建设视角》，《宁夏社会科学》2014 年第 2 期，第 26 页。

现行规定，信用相关的信息主要分散在银行、工商、公安等部门，但随着互联网的发展，信息的流动程度和公开程度越来越高，部门和地区的壁垒被逐渐打破，获得个人及企业比较全面的信用数据与资料更加容易。大数据的发展也促使政府运用行政的力量，通过建立公共的信用调查数据库系统，协调各部门进行信息开放与信息共享，推动征信市场和征信业务的进一步发展。在征信体系建设过程中，政府需要发挥引导和支持作用，推动信用立法，促进建成征信数据库，引导征信行业与征信体系建设的健康发展。

第二，银行征信和中介征信相结合。征信工作是围绕借贷关系而展开的经济活动，银行作为借贷中介，信用状况是银行对其债务人进行资产管理的重要内容。中介征信是从银行征信中分离出来的一个独立产业，商业银行的征信活动大部分是基于度量信贷风险和内部管理的需要，对信贷风险评估的落脚点是放贷与否和贷款额度的大小，而中介征信则在整个市场经济中发挥着更广泛的作用，其提供涉及多领域的、更广泛的金融中介服务。相对于银行内部信用评估而言，中介征信的社会功能更为突出，是银行征信的重要参考和补充，在整个经济社会中发挥的作用相对较大。总之，银行征信和中介征信发挥着不同的功能作用，二者互为补充，对于征信体系建设具有重要意义。

第三，企业征信和个人征信相结合。随着信用评级市场的迅速发展，企业征信体系和个人征信体系逐渐建立，我国的征信体系取得了较大发展。企业信用信息和个人信用信息是信用信息征集的两个主要方面，二者虽然都涉及信用、贷款和风险的问题，但二者也存在诸多差异。一方面，企业征信和个人征信在研究对象、数据来源与数据结构等方面存在很大区别；另一方面，二者在研究方法的采用上也存在很大差异，企业贷款由于数据结构复杂，只采取分类的方法，而个人贷款领域主要采用模型分析方法，对个人进行信用评分。在我国目前的征信体系建设中，大都把个人征信和企业征信纳入同一个轨道，许多征信公司也同时经营这两方面的业务。自中国人民银行建立企业和个人信用信息基础数据库以来，我国征信体系建设迄今已取得了重要成果。

从以上分析可以看出，当前我国健全覆盖全社会的征信体系的三种主要做法，涉及征信制度的建立、信用信息的采集、征信机构的建立、征信服务与监管等，这对于创设诚实、自律、守信、互信的社会信用环境具有重要意义，也对完善诚信制度、加强长期系统的诚信教育、普及信用文化和知识等提出了更高的要求。诚然，社会征信体系的建设不是一蹴而就的，而是有其深厚的文化基础和制度支撑，社会征信体系的不断完善和发展，对于推进诚信建设的制度化与规范化，培育诚实守信的社会风尚具有重要的推动作用。

（三）健全的社会征信体系能够为文化建设营造良好的氛围

在新时代历史方位下，坚持以社会主义核心价值观引领文化建设，必须准确把握社会诚信道德状况，通过构建覆盖全社会的征信体系推进诚信道德实践，促进人们培育诚信价值观、遵守诚信道德规范，为文化建设营造守信重诺的社会氛围。构建覆盖全社会的征信体系，对于规范文化发展主体的行为、规范文化产业的发展秩序、创设守信重诺的文化建设环境具有重要意义。

第一，健全的社会征信体系有利于规范文化发展主体的行为。随着市场经济的发展，社会经济成分、分配方式和利益关系的多元化，人们的文化需求差异更大、文化价值取向更加多元，在这一背景下，文化的繁荣发展在丰富人们的精神生活的同时，也出现了错误思想文化带来的消极影响。例如，在市场经济背景下，见利忘义、诚信缺失等现象对社会风气产生极为消极的影响。当前，加强诚信道德实践，需要以健全的社会征信体系来规范文化发展主体的行为，推动文化发展主体在文化创造和文化交流中，弘扬"守信为荣、失信为耻"的诚信价值观，培育和践行诚信道德规范。通过网络信息平台与建立失信档案等载体和途径建立健全信用惩戒机制，对失信者施加社会舆论压力和道德压力，限制失信者的经济社会能力，做好企业和个人的信用监督和信用评估，使诚实守信的社会成员获得应有的社会尊重，使失信者为其不良行为付出惨痛代价，这能够将诚实守信从内在的道德要求转化为外部的约束机制，从而逐步形成诚信光荣和失信可耻的社会风气与社会环境。

第二，健全的社会征信体系有利于规范文化产业的发展秩序。作为一种特殊的文化形态和特殊的经济形态，文化产业以满足人们的文化需求为主要目标。当前，推动社会主义文化的大发展大繁荣，要"建立多层次文化产品和要素市场"①,加大发展社会主义文化产业力度。一方面,文化产品具有商品属性,文化产品在生产、流通、交换、分配、消费的过程中遵循市场经济的规律,推动了社会主义文化市场的繁荣发展;另一方面,文化产品又有其特殊性,不仅具有一般商品的属性,还具有引领社会风气、塑造精神文化和凝聚人心的社会效益。推动中国特色社会主义文化产业蓬勃发展,实现其经济效益,要"完善文化市场准入和退出机制"②,保障中国特色社会主义文化产业健康发展,要坚持把社会效益放在首位,以健全的社会征信体系促进文化产业有序发展,将信用等级与文化企业的经济效益相关联,加强对文化生产的审核和监管,加强对文化生产失信行为的揭露和惩治,创设和营造诚实守信的文化建设环境和社会氛围。

第五节　实践培育:深化群众性精神文明创建活动,夯实引领文化建设的群众基础

"一种价值观要真正发挥作用,必须融入社会生活,让人们在实践中感知它、领悟它。"③ 作为凝魂聚气、强基固本的基础工程,切实发挥社会主义核心价值观对于文化建设的引领作用,要在落细、落小、落实上下功夫,将社会主义核心价值观的基本要求与人们日常生活紧密联系起来。群众性精神文明创建活动是提升国民素质和社会文明程度的有效途径,是党的群众路线在精神文明建设中的具体运用。习近平总书记指出:"要把社会主义核心价值观的要求融入各种精神文明创建活动之中,吸引群众广泛参与。"④ 2017 年 4 月,中央精神文明建设指导委员会印发的《关于深化群众性精神文明创建活动的指导意见》进一步强调,要坚持用社会主义核心价值观引领群众性精神文明创建活动。坚持以社会主义核心价值观引领群众性精神文明创建活动,能够在各种文化实践活动中

---

① 中共中央文献研究室编《十八大以来重要文献选编》(上),中央文献出版社,2014,第 534 页。
② 中共中央文献研究室编《十八大以来重要文献选编》(上),中央文献出版社,2014,第 534 页。
③ 《习近平谈治国理政》,外文出版社,2014,第 165 页。
④ 《习近平谈治国理政》,外文出版社,2014,第 165 页。

激发人民群众的文化创造力，能够引导人民群众在文化创造实践中自觉践行社会主义核心价值观，推动社会主义核心价值观的引领作用转化为现实力量。

一　以社会主义核心价值观引领各类文化创建活动

习近平总书记指出："坚守我们的核心价值观，必须发挥文化的作用。"[①] 以城市精神、社区文化、新农村文化、企业文化、校园文化为主要内容的各类文化创建活动，与社会主义核心价值观的理念、基本要求有共通之处。以社会主义核心价值观引领各类文化创建活动，将社会主义核心价值观融入各类有形的文化活动之中，能够推动社会主义核心价值观由理论层面向实践层面转化。通过开展丰富多样的文化活动，依托各类文化创建活动的载体支撑，能够引导人民群众自觉践行社会主义核心价值观。

（一）以社会主义核心价值观引领城市精神塑造与社区文化建设

作为现代生产方式、生活方式和现代文明的发源地与扩散地，城市的示范作用与辐射力能够对周边地区产生重要影响。以社会主义核心价值观引领城市精神塑造与社区文化建设，是践行社会主义核心价值观的重要途径。首先，以社会主义核心价值观引领城市精神的塑造。城市精神是植根于城市发展历史、立足城市发展的现实、引领城市发展的未来而形成的一种独特的精神品格与价值体系。以社会主义核心价值观为引领，就是要将社会主义核心价值观的基本理念与基本要求融入文明城市建设，将社会主义核心价值观作为文明城市建设的导向，带动文明城市建设朝着社会主义核心价值观方向发展进步，塑造符合社会主义核心价值观导向的城市精神。广大市民群众是文明城市建设的主体，要广泛调动市民在文明城市建设中的积极性，发动广大市民积极参与提炼，并主动践行能够反映城市特色和内涵的城市精神，使广大市民在文明城市建设过程中潜移默化地将城市精神内化为价值自觉、外化为行动自觉，以城市精神提升自身的道德境界，强化自身的道德素养，进一步凝聚文明城市建设的向心力。其次，以社会主义核心价值观引领社区文化建设。

---

① 《习近平谈治国理政》，外文出版社，2014，第106页。

作为城市的细胞，社区是居民生活的重要场所与城市文化的重要基础。社区文化对于推动社会主义核心价值观培育和践行具有重要的作用。社区文化在培育居民社会主义核心价值观的过程中发挥着实践载体功能、陶冶功能、规范功能。以社会主义核心价值观为引领，发展社区文化，能够为社会主义核心价值观建设提供生动活泼的实践载体，调动居民培育和践行社会主义核心价值观的积极性，能够为社会主义核心价值观的建设营造良好的社区氛围，强化社区居民的主人翁意识与归属感，推动社会主义核心价值观转化为社区居民的行为规范与道德规范。当前，要将社会主义核心价值观融入"文体进社区"的活动中。一方面，积极发挥社区基层党组织的作用，保障社区文化建设以社会主义核心价值观为引领，坚持正确的发展方向。在社区基层党组织的引导下，把党的建设工作融合、渗透到社区文化建设中去，保证社区文化向着先进文化的方向前进，促进社区居民加强自我教育和自我管理，从而增强社会主义核心价值观教育的凝聚力。另一方面，积极搭建社区文化平台，提升社会主义核心价值观的吸引力和亲和力。要充分利用社区各类文体活动中心、图书室、影剧院、文化宫、俱乐部等文体设施，以人民群众喜闻乐见的方式，组织有社区特色、丰富多彩的社区文体活动。在组织各项文体活动时，要在活动内容的设计和安排上体现社会主义核心价值观的基本要求，将社会主义核心价值观的内涵寓于生动活泼的文化形式之中，让人民群众在参与体验的过程中，感悟和接受社会主义核心价值观，丰富自身精神生活、提升自身精神境界。

（二）以社会主义核心价值观引领新农村文化建设

社会主义新农村建设是全面建设社会主义现代化国家的重要战略部署，党的十八大从"五位一体"总体布局的高度去把握美丽新农村建设。其中，文明与文化建设是社会主义新农村建设的重要目标与重要内容。没有农村文明程度的提高就没有全社会文明程度的普遍提高，新农村文化建设是广大农民群众追求丰富多彩精神文化生活的生动实践，它在传播先进文化、倡导社会主流价值观、培育新型农民等方面发挥了十分重要的作用。因此，当前推进新农村文化建设，要坚持以社会主义核心价值观为引领，将社会主义核心价值观的基本理念与基本要求全面融入新农村文化建设的实践活动之中。以社会主义核心价值观引领新农村文化建设具有重要的现实意义，一方面，以社会主义核心价值观为引领，能够为新农村文化建设指明正确的发展方向。近年来，我国农村出现了农民精神生活空虚、信仰缺失等问题，农村思想文化建设相对滞后，导致一些错误思想和不文明的生活方式乘虚而入。因此，要保证新农村文化建设坚持正确的前进方向，需要以社会主义核心价值观的生命力、影响力与感召力，引领新农村文化建设的新时代发展方向。另一方面，新农村文化建设是社会主义核心价值观培育的重要载体。作为一种意识形态，社会主义核心价值观要从观念层面转化为实践层面，需要以新农村文化建设为抓手，立足农民关心的现实问题，结合农民群体的文化素养与接受能力，采取农民群众喜闻乐见的形式来传播，从而增强社会主义核心价值观教育的实效性，推进社会主义核心价值观的大众化。在具体路径上，以社会主义核心价值观引领新农村文化建设，一是要借助农村公共文化服务体系，为社会主义核心价值观引领新农村文化建设提供平台与保障。要通过扶持、培育既扎根于本乡本土的，又能够充分彰显社会主义核心价值观基本内容与核心理念的农村公益性文化，在充分挖掘农村本土文化资源的基础上，形成具有地域特色的、充分彰显社会主义核心价值观的文化事业。二是要采取多种形式，将社会主义核心价值观融入新农村文明创建与文化建设活动，以促进社会主义核心价值观引领作用的发挥。要通过创建文明农户活动、组织"三下乡"活动、开展"讲文明、树新风"主题活动等方式方法，将社会主义核心价值观融入各类培育新型农民实践活动之中，融入培育良好的农村文明风尚与社会风气的精神文明建设之中，融入培养农民群众健康文明的生活方式与生活习惯之中。上述途径与方式能够让广大农民群众在现实文化活动实践中感受与体验社会主义核心价值观的价值与意义，提高对社会主义核心价值观的接受度与认同度。

（三）以社会主义核心价值观引领企业文化建设

企业文化是以推动企业持续发展为目的、以群体行为为基础的现代企业管理的重要内容。企业经营理念、企业价值观和企业精神的共识是企业文化的核心。从基本结构的角度来看，企业文化包括物质文化、行为文化、制度文化与精神文化四个层次。其中，企业的物质文化是表层企业文化，主要以物质形态为表现形式；企业行为文化是企业经营作风、精神风貌、人际关系的生动体现；企业的制度文化是企业领导方式、领导结构、领导制度的体现；企业精神文化是企业精神、企业价值观念、企业风貌等内容的具体展现，是对企业物质文化、行为文化的升华，是构成企业文化的基石和核心。企业文化对于企业的整体发展、企业员工的个人发展，以及企业与员工之间的和谐发展具有至关重要的作用。以社会主义核心价值观引领企业文化建设，是将社会主义核心价值观所倡导的基本理念与基本要求融入企业文化建设之中，以社会主义核心价值观引领企业发展理念与企业整体战略部署的价值导向，以社会主义核心价值观推动企业先进文化建设，以企业先进文化提高企业的发展力、凝聚力、创新力与影响力。当前，以社会主义核心价值观引领企业文化建设，在具体路径上要从以下几个方面展开。一是坚持以人为本，注重企业和谐发展。在现代社会，企业作为经济组织，是社会组成的一个重要细胞，企业的和谐发展对于社会的整体和谐具有重要意义。要将社会主义核心价值观所倡导的"和谐"理念融入企业文化建设，正确处理企业发展以及企业与员工之间的关系，充分尊重和保护员工个体的权益，积极发挥员工在企业文化建设中的能动性，并通过组织适合企业特点的群众性文化活动，丰富企业员工的精神生活，增强员工对企业核心文化的认同，从而营造积极向上、团结和谐的企业内部氛围。二是倡导爱岗、敬业的企业精神。企业精神是一个企业的标志与精神支柱。先进的企业精神是企业文化的基石和核心，对于企业员工具有巨大的凝聚作用和激励作用。要将社会主义核心价值观所倡导的"敬业"理念融入企业精神之中，以"敬业"理念鼓励员工积极进取，推进企业蓬勃发展，这种企业精神是现代企业在市场经济激烈竞争中不断发展壮大的推动力量。三是培育诚信经营的企业发展理念。企业的发展理念影响和决定着企业的具体发展战略与未来的发展方向。要将社会主义核心价值观所倡导的"诚信"理念融入企业发展理念的培育之中，在企业的运营、管理等方面坚持诚实守信、以质取胜，这是现代企业发展必须坚持的基本理念，是现代企业实现可持续发展、立于市场竞争不败之地的关键。

（四）以社会主义核心价值观引领校园文化建设

青年是社会主义核心价值观教育的一个特殊而又十分重要的群

体。习近平总书记指出："青年要从现在做起、从自己做起，使社会主义核心价值观成为自己的基本遵循，并身体力行大力将其推广到全社会去。"① 对于当代青年价值观的培育，高校承担着崇高的使命与重要的职责。以社会主义核心价值观引领校园文化建设，是高校开展青年大学生价值观教育的重要内容。校园文化是以展示校园精神风貌为主要特征的一种群体文化，主要包括校园物质文化、精神文化、制度文化等内容。校园文化能够以潜移默化的隐性教育形式，增强大学生对社会主义核心价值观的认知与认同。当前，以社会主义核心价值观引领校园文化建设，在具体路径上要从以下几个方面展开。一是将社会主义核心价值观融入高校办学理念与校风等校园精神文化建设之中。高校办学理念是高校办学层次与办学特色的集中体现，是高校精神文化的统领。高校校风则是在一定办学理念指导下高校政风、教风和学风的集中展现。将社会主义核心价值观融入高校办学理念与校风建设之中，是高校校园文化建设坚持正确发展方向的重要保障。在办学理念的顶层设计上要将社会主义核心价值观所倡导的"富强、民主、文明、和谐"融入其中，促进高校形成积极向上、发展繁荣的大格局；要将社会主义核心价值观所倡导的"自由、平等、公正、法治"融入校园环境的创设之中，将"爱国、敬业、诚信、友善"融入校园文化的建设之中，从而形成民主、自由、包容、严谨治学、勤奋求知的良好教风与优良学风。二是将社会主义核心价值观融入校园物质文化环境的创设之中。马克思和恩格斯认为："人创造环境，同样，环境也创造人。"② 积极向上的校园文化环境对于大学生认同并践行社会主义核心价值观具有潜移默化的作用。苏联教育家苏霍姆林斯基说："孩子在他周围——在学校走廊的墙壁上、在教室里、在活动室里——经常看到的一切，对于精神面貌的形成具有重大的意义。"③ 高校校园文化环境的创设需要从物质层面入手。要通过校园规划、校园建筑和景观设计，体现社会主义核心价值观的精神内涵，要利

---

① 中共中央文献研究室编《十八大以来重要文献选编》（中），中央文献出版社，2016，第6页。

② 《马克思恩格斯选集》第1卷，人民出版社，2012，第172~173页。

③ 〔苏〕Ｂ.Ａ.苏霍姆林斯基：《帕夫雷什中学》，赵玮等译，教育科学出版社，1983，第135页。

用校内的宣传栏和校园广播，丰富社会主义核心价值观的呈现形式，要借助校内图书馆建设，将社会主义核心价值观融入图书馆的文献收藏、服务理念、建筑设备与组织文化中，强化对社会主义核心价值观的认知。三是将社会主义核心价值观融入校园制度文化建设之中。高校制度文化是校园精神文化的载体，是校园物质文化蓬勃发展的推动力。推动社会主义核心价值观融入校园制度文化建设要坚持以人为本，尊重人的价值与尊严，以校园激励机制调动师生的主体性与创造性。高校各项管理制度要以社会主义核心价值观为引导，通过完善大学制度建设，发挥各项制度的合力，承载大学精神、倡导大学文化理念，为培育社会主义核心价值观提供制度载体与制度保障。

二　以社会主义核心价值观引领传统节日文化活动

社会主义核心价值观是维系民族团结的精神纽带，是推动国家进步的价值力量。习近平总书记指出："牢固的核心价值观，都有其固有的根本。"① 一种价值观要发挥精神纽带与价值力量的作用，就必须立足本国优秀传统文化。中国传统节日是中华优秀传统文化的标志性文化现象，蕴含着中华民族深层文化内涵与价值元素。以社会主义核心价值观引领传统节日文化活动，能够为涵养社会主义核心价值观提供丰富的传统文化源泉，为培育和践行社会主义核心价值观提供重要的载体，能够引导人们在中华优秀传统文化传承中深刻感悟社会主义核心价值观的生命力和感召力。

（一）传统节日的文化内涵与精神价值

作为中华优秀传统文化的重要组成部分，传统节日蕴含着丰富的文化内涵与独特的精神价值，集中体现了中华优秀传统文化的核心价值，生动展示了中华民族的精神世界。

第一，传统节日的文化内涵。传统节日是在中华民族漫长的历史发展进程中形成的一种体现民族价值观念、文化传统、伦理道德与生活方式的文化形式。从传统节日的基本结构角度来分析，传统节日集中体现了社会关系结构和交往方式，在基本结构上包括时间节点、特定仪式、象征意涵

---

① 《习近平谈治国理政》，外文出版社，2014，第 164 页。

等方面。按照经验功能主义大师罗伯特·K. 默顿（Robert K. Merton）的中层功能分析范式来理解，"时间节点"与"特定仪式"是传统节日外在的、显性的物化表征，是社会成员在特定的时间节点以特定的仪式进行的纪念或庆祝活动；"象征意涵"则是传统节日内在的、隐性的文化隐喻，是传统节日所具有的承载文化传统、塑造民族精神与强化民族文化认同的价值功能。从传统节日的文化内涵角度来分析，"我国传统节日的文化内涵主要体现在三个方面：自然文化、社会历史文化、个体生命文化。这是我国传统节日文化的三个重要属性"①。其一，自然文化中"天人合一"的宇宙观。传统节日植根于农耕社会，是在农耕文明下形成的思维方式和礼俗制度。因此，传统节日集中体现了农耕社会的生产方式与生活方式。传统节日在日期的选定、仪式的设定与饮食的选择上，都以自然节气的规律性变化为依托，体现了人们对自然规律的尊重，反映了人们对人与自然相互依存的"天人合一"理想境界的追求。其二，社会历史文化中崇尚和谐团结、忠君爱国的价值观。作为传承民族文化的重要方式，传统节日具有一定的社会历史属性，在维系民族团结与强化民族文化认同等方面发挥了重要的作用。传统节日具有群众性的特点，为民众追求美好生活的理想和愿望提供了一定的寄托方式，民众参与祭祖、拜年、访亲、联欢等多种节日仪式，有利于人际关系的融洽与社会的和谐发展。同时，传统节日还具有民族性的特点，借助各种反映民族优秀传统文化因子的庆祝仪式，传统节日能够超越地域、阶级、民族与时空的界限，有利于民族情感的凝聚、民族品性的锤炼与爱国精神的培育，增强了中华民族的向心力和凝聚力。其三，个体生命文化中反映了关怀生命、热爱生活的生命观。以人为本是我国传统文化的重要价值理念，以人为中心，满足人的需求是传统节日的主要内容。传统节日中以人的需求为主导，注重对人的生命的尊重与个体生命价值的体验，蕴含了积极的生活态度与健康的生活方式，反映了传统节日关怀生命、珍爱生命的价值取向。作为传统节日的主体，人们通过参与传统节庆礼仪，既能够增强彼此之间的情感交流，形成和谐的人际交往，又能够寄托人

---

① 周文：《传统节日：文化、仪式与电视传播》，《中国地质大学学报》（社会科学版）2010年第5期，第84页。

们对未来的期盼和希冀，以及对美好生活的热爱与追求，这是传统节日关怀生命、热爱生活的个体生命文化的自然表达与重要体现。

第二，传统节日的精神价值。作为传承民族精神的重要载体，传统节日集中展示了中华民族特有的民族性格、思维模式与伦理道德，对于加强民族文化认同、增强民族凝聚力与构建中华民族共同的精神家园具有独特的价值。首先，传统节日能够加强民族文化的认同。民族文化及其认同是国家认同的基础，"每一个这样的国家都管辖、维持和认同着一种文化，一种沟通方式，它们在这个国家的领土上占主导地位"①。传统节日所呈现的丰富的文化符号是民族文化认同的重要表征。借助丰富多样的文化活动与节日仪式，传统节日能够增强社会成员对本民族文化的认知与认同，使中华民族传统文化的思想精髓得以不断传承、文化传统与文化记忆得以不断延续。其次，传统节日能够增强民族的凝聚力。传统节日所蕴含的深厚的文化底蕴是增强民族凝聚力的文化支撑与精神力量。文化自信是培育民族自信心的精神基础，借助节日庆典、节日饮食与节日艺术活动，传统节日集中展现了中华民族的传统文化精髓，促进了民族文化的交流与融合，能够激发社会成员对本民族的自豪感与爱国主义情怀，在文化自信的基础上强化民族情感与增强民族凝聚力。最后，传统节日能够推动中华民族共同精神家园的构建。传统节日所凝结的丰富的民族感情，是构建中华民族共同精神家园的精神纽带。借助丰富多样的传统习俗和礼仪形式，传统节日寄托了民众期盼国泰民安的美好理想和共同愿望，表达了民众向往幸福生活与和谐人际关系的精神情感。这种精神寄托与美好愿望是维系民族团结、国家统一的精神纽带，是构建中华民族共同精神家园的精神力量与情感支撑。由此可知，传统节日以其丰富的文化内涵与独特的节日活动特点，深刻地影响着人们的日常生活与精神世界，对于民族精神的传承与民族力量的凝聚具有重要的价值意义。

（二）传统节日文化活动对于社会主义核心价值观建设的现实意义

中华优秀传统文化是涵养社会主义核心价值观的重要源泉。作为中

---

① 〔英〕厄内斯特·盖尔纳：《民族与民族主义》，韩红译，中央编译出版社，2002，第183页。

华优秀传统文化的缩影和表现形态，传统节日文化活动所具有的文化特性与社会功能，对于推动社会主义核心价值观的普及和认同、培育和践行具有重要的现实意义。

第一，传统节日文化活动所具有的文化特性有利于推动社会主义核心价值观的普及和认同。所谓文化特性，是指事物在文化层面所展现出的特有性质、特殊的品性与品质。传统节日的文化特性，是指传统节日具有的反映中华民族特色与中华优秀传统文化特质的文化品性与品质。从历史起源发展来看，传统节日根植于农耕社会，发展于民间社群活动，这决定了传统节日在节日参与、节日活动与教化方式上具有群众性、周期性与隐性化的特点。这些文化特性对于社会主义核心价值观的普及和认同具有重要的推动作用。首先，节日参与的群众性有利于推动社会主义核心价值观的普及。由于起源和发展于民间，传统节日的文化生存方式具有广泛的群众参与性特征。在共同的文化传统影响下，广大民众能够自觉地参加各种节日礼仪和节日庆典，并在特定的时间节点与节日活动中培养集体意识与增强民族认同。因此，在参与的广度、深度，以及对于民众的影响力和辐射力等方面，传统节日具有独特的优势。传统节日的这一文化特性，有利于夯实社会主义核心价值观的群众基础，有利于推动社会主义核心价值观的广泛普及。其次，节日活动的周期性有利于强化人民群众对社会主义核心价值观的认同。由于植根于农耕社会，传统节日在时间节点的制定与节日活动的安排上具有循环往复的周期性特征。在传统农耕文化的影响下，传统节日的时间安排与活动内容大都与时令节气相关，因而在时间节点与活动内容上具有周期性和重复性的特点。广大民众以年为周期，不断地重复着每个传统节日的节日礼仪与节日文化，这种循环往复的节日行为有规律地增强了民众对传统节日文化所蕴含的价值观、道德观的认知与认同。传统节日的这一文化特性，能够推动民众个体价值观的构建与个体行为的引导，将内化意识与外化行为有机统一，有利于强化社会主义核心价值观的大众认同。最后，教化方式的隐性化有利于增强民众对社会主义核心价值观认同的实效性。由于传播特点的非强制性，传统节日对民众价值观与道德观的影响和教化具有隐性化的特征。通过参与丰富多样而又喜闻乐见的节日活动，民众对传统节日的文化内涵有着切身感受与情感体验，这种现实体验以潜移默化的隐性形式,对民众的价值观念、思想信仰与行为规范的教化产生了深刻的影响。传统节日的这一文化特性,有利于民众自觉接受和认同社会主义核心价值观的精神内核,有利于提升民众对社会主义核心价值观认同的效果。

第二,传统节日文化活动所具有的社会功能有利于推动社会主义核心价值观的培育和践行。随着人类社会发展与文明进步,传统节日的文化内涵与节日礼仪已经深深融入民众的精神世界与日常生活,发挥了引导思想观念、涵养精神情感、评判道德选择、约束规范行为等重要作用。这些社会功能对于社会主义核心价值观的培育和践行具有重要的推动作用。首先,传统节日能够引导人们培养正确的思想观念,为培育和践行社会主义核心价值观提供思想保障。传统节日文化所崇尚的人与自然、人与人之间的和谐关系,所追求的对美好生活的热爱与向往,对于人们形成正确的人生观、价值观与生命观都起到了正面引导的功能,对于人们树立正确的思想观念具有重要作用。其次,传统节日能够涵养人们的精神境界和心理情感,为培育和践行社会主义核心价值观提供精神动力。传统节日仪式和习俗活动中所蕴含的中华文化精神、追求真善美的内心感悟与心理情感,对于人们精神生活的充实与节日情感的体验起到了培育和涵养的功能,对于人们培养崇高的精神境界与积极的心理情感具有重要作用。再次,传统节日能够发挥道德教育和评判功能,为培育和践行社会主义核心价值观提供道德约束的力量。传统节日所包含的道德准则与道德评判标准及所倡导的道德传统与美德,对于人们的道德思想与道德行为起到了教育、评判和规范的功能,对于人们自觉提升道德境界具有重要作用。最后,传统节日礼仪活动能够约束人们的行为规范,为培育和践行社会主义核心价值观提供日常行为规范与标准。传统节日礼仪所包含的公共生活伦理准则,所蕴含的以和为贵的伦理思想,对于人们的日常行为规范具有约束和影响的功能,对于强化人们的公共意识与规范人们日常的公共行为具有重要作用。

（三）以社会主义核心价值观引领传统节日文化活动的路径选择

社会主义核心价值观的建设,需要有效的载体作支撑。作为自然科学领域的科学术语,"载体"被引申到核心价值观领域,其含义为"承载价值观念"的介质。社会主义核心价值观的载体是指联动主客体的介质形式，这一形式能够承载社会主义核心价值观建设基本目标与内容，对于公众的思想和行为具有影响和规范的功能。作为民族文化的重要遗产，传统节日文化活动在社会主义核心价值观建设的过程中发挥着重要的载体功能。这种载体功能具体体现在：传统节日文化活动既是以风俗礼仪等物质形式呈现的物态文化载体，又是以独特的精神文化内涵影响与塑造民众的价值理念、道德规范与精神品质的精神文化载体，同时还是以丰富多彩的节日活动让民众体验与感悟传统文化的价值理念与精神内涵的实践活动载体。当前，在全球化背景下，要充分发挥传统节日的载体功能，坚持以社会主义核心价值观引领传统节日文化活动，使传统节日成为培育社会主义核心价值观的重要载体。

第一，以社会主义核心价值观为引领，在保持固有民族特色与文化自信的基础上推动传统节日的现代转型。作为中华优秀传统文化的缩影，传统节日是特定的人类族群或团体在社会生产实践中，经过反复地实践与提炼，凝结而成的文化表现形态。当前，充分发挥传统节日在社会主义核心价值观建设中的载体功能，要坚持传承与创新的高度统一，使传统节日的发展既有深厚的历史文化底蕴，又充满时代气息。一方面，要保持坚定的文化自信，积极传承传统节日的文化精髓。塞缪尔·亨廷顿（Samuel Huntington）指出："在冷战后的世界中，人民之间最重要的区别不是意识形态的、政治的或经济的，而是文化的区别。人民和民族正试图回答人类可能面对的最基本的问题：我们是谁？"[①] 优秀传统文化是民族之"根"，传统节日蕴含的反映民族特质的文化内涵，体现了一个民族清醒认识"我是谁"的文化渊源与文化自觉，增强了民族的文化认同感与身份归属感。根植于本土文化，增强民族特色，是传统节日提升知名度与吸引力的重要方式。因此，坚定文化自信，传承传统节日固有的民族特色与挖掘传统节日文化的深层内涵，是我们对待传统节日应有的科学态度。另一方面，要坚持文化创新，积极推动传统节日的现代转型。创新既是一个民族进步与国家兴旺发达的动力之源，也是一种文化生生不息的源头活水。传统节日的发展动力在于积极适应时代的发展趋

---

① 〔美〕塞缪尔·亨廷顿：《文明的冲突与世界秩序的重建》（修订版），周琪等译，新华出版社，2010，第 5 页。

势，不断融入体现时代精神的新理念，实现传统节日文化内涵与表现形式的不断拓展与现代转型。因此，当前我们要推动传统节日与现代社会融合，就要以社会主义核心价值观为引领，为传统节日增添富有时代特色的新内容与新形式。社会主义核心价值观凝结着社会主义先进文化与世界文明发展的精髓，集中体现了中国特色社会主义的价值表达与价值追求，是维护文化认同和国家认同的精神支撑与价值力量。以社会主义核心价值观为引领，推动传统节日与当代社会生活和文化语境相融合，有利于传统节日文化内涵的拓展，有利于传统节日表现形式的创新，从而推动传统节日在现代转型中增强自身的吸引力与感召力，成为培育和践行社会主义核心价值观的重要实践载体。

第二，以现代公共文化服务体系为依托，增强传统节日的群众参与性与文化形式的丰富性。广泛的群众参与既是传统节日持续发展的重要条件，也是社会主义核心价值观认同的基础。当前，充分发挥传统节日在社会主义核心价值观建设中的载体功能，要以现代公共文化服务体系为依托，增强传统节日的群众参与性，让人民群众在丰富多彩的传统节日活动中将社会主义核心价值观内化为价值认同、外化为价值践履。一方面，要以现代公共文化服务体系为依托，增强传统节日的群众参与性，为培育和践行社会主义核心价值观筑牢群众基础。国外发展传统节日的成功经验表明，激发民众的参与热情与调动民众参与的积极性，充分发挥民众在节日活动中的主体作用，是传统节日不断发展创新的动力源泉。公共文化服务以公正开放为基本原则，具有普惠性与贴近性特征。借助公共文化服务的平台，让不同地域、不同阶层的公众都有参与传统节日活动的平等机会，让人民群众在广泛参与中切身感知和体验传统节日的文化意蕴，增强对民族文化的认同感与归属感，这种内心的体验与认同感对于提升公众的精神境界，对于推动公众自觉将社会主义核心价值观内化于心、外化于行具有重要推动作用。另一方面，要以现代公共文化服务体系为依托，丰富传统节日的文化形式，提升培育和践行社会主义核心价值观的生动性和感染力。公共文化服务具有寓教于乐的特征，通过丰富的公共文化形式与现代公共文化服务网络，借助现代化的传播媒介与手段，能够为传统节日的文化形式注入新的文化元素，激发民众对传统节日的关注与热爱。可以将传统节日与现代生活有机融合，帮助民众建立一种"活在传统中"的生活方式,将传统节日纳入公共文化服务网络,纳入社区文化、企业文化、校园文化,以现代传媒宣传和营造传统节日氛围,能够有力地推动传统节日文化形式的丰富与创新,让人民群众以自己喜爱的文化形式参与传统节日,让人们在现实生活中体验与感悟传统文化的魅力,从而提升社会主义核心价值观培育和践行的生动性与感染力,使传统节日成为培育和践行社会主义核心价值观的重要活动载体。

第三,以政府为主导,推动传统节日运作模式的革新与节日文化品牌的打造。从历史发展轨迹来看,作为礼仪庆典活动,中国的传统节日具有一定的民间性。在现代社会,这种发展方式的缺陷在于既不利于传统节日合法与规范的发展,也不利于充分发挥传统节日的社会作用。优秀文化传统的发展离不开政府的积极支持与引导,因为"再也没有什么东西能够像政府那样对人民的风俗习惯产生如此直接的影响"①。当前,充分发挥传统节日在社会主义核心价值观建设中的载体功能,要以政府为主导,加强政府对传统节日的文化引导和政策支持。一方面,要通过转变职能加强政府对传统节日的文化引导,推动传统节日运作模式的革新。传统节日运作模式主要有政府主导型运作模式、市场主导型运作模式与民间社区主导型运作模式三种。由于节日运作的主体不同,这三种运作模式既各有特色也各具优势。政府主导型运作模式能够充分发挥政府对传统节日的保护和主导作用,市场主导型运作模式有利于传统节日筹资渠道的多样化与运作方式的灵活化,民间社区主导型运作模式能够充分发挥民众在传统节日的保护和传承中的主体作用。因此,当前许多国家都积极革新本国传统节日的运作模式,在坚持政府对传统节日进行文化引导的基础上,引入市场运作机制与管理机制,依据相关法律法规由民间主办传统节日活动,从而充分发挥民众在节日活动中的主体地位。例如,美国玫瑰花车游行就是在玫瑰联赛协会执行委员会的监管下,采取了市场主导型运作模式,通过企业赞助、彩车冠名、方案招标等多种手段吸纳社会资金,使美国玫瑰花车游行在经济效益、文化效益和社会效益方面都取得了丰硕的成果。参考上述国外传统节日运作模式的发展

---

① 〔法〕霍尔巴赫:《自然政治论》,陈太先、眭茂译,商务印书馆,1994,第330页。

经验，当前我国传统节日的传承和发展，要适应时代的发展需要，正确处理政府主导、市场参与、民众主体的关系。要通过转变职能充分发挥政府的主导作用，在加强政府对传统节日进行文化引导的基础上，尊重市场经济发展的客观规律，充分发挥非营利性民间组织、企业、社区在传统节日活动中的主体作用，让传统节日活动真正成为民众广泛参与又真心喜爱的重要活动。另一方面，要加强政府对传统节日的政策支持，积极打造传统节日文化品牌。加强政策支持，深入挖掘节日文化内涵与当代意义是传统节日保持发展生命力的关键。国外许多国家借助立法等手段，制定了一系列加强对本国传统节日保护与发展的法律法规，将对传统节日的保护与传承提高到了法律与制度的层面，给传统节日的发展提供了有力的政策支持。在保护的同时，很多国家更加重视对本国传统节日文化的发展与弘扬，通过不断创新节庆活动的形式与载体，举办具有民族特色的节庆活动来打造本国传统节日文化品牌，提升国家的软实力与城市的知名度。例如，创始于 1947 年的爱丁堡国际艺术节，就是在政府的保护与支持下，发展成为重要的文化庆典的。爱丁堡国际艺术节的主要特点体现在以下三个方面。一是保持民族固有特色。例如，在节日期间，有具有民族特色的军乐团表演，彰显了苏格兰人顽强的民族性格与独具魅力的民族特色。二是开放性。艺术节采取鼓励创新的包容态度，艺术节的很多表演都可以免费观看，表演从传统到前卫艺术，内容丰富、形式多样，只要是受欢迎的表演都能进入演出场所，优秀的节目还可以获得艺术节奖。三是打造节日文化精品。各种优秀经典剧目，无论是古典的还是现代的，都是爱丁堡国际艺术节的精品，提升了艺术节的文化品位与艺术魅力。正是在英国政府积极的文化引导与有力的政策支持下，爱丁堡国际艺术节才逐渐发展成为英国重要的传统节日文化品牌。参照上述国外发展经验，当前我国传统节日的传承和发展，既要增强政府的政策支持，通过法律立法、公共服务等手段，为传统节日提供资金经费、活动场所等物质硬件的保障与有效的制度保障。同时，又要借助政府的政策引导和调节手段，积极弘扬传统节日的民族特色，挖掘传统节日的现代内涵，创新传统节庆活动的形式和载体，重点建设传统节日文化艺术精品和积极打造传统节日文化品牌，从而增强传统节日的文化魅力与文化吸引力，使传统节日活动成为增强社会主义核心价值观引领力的重要文化载体。

三　以社会主义核心价值观引领新时代文明实践中心建设

2018 年 7 月 6 日，中共中央全面深化改革委员会第三次会议审议通过了《关于建设新时代文明实践中心试点工作的指导意见》。习近平总书记强调，要"推进新时代文明实践中心建设，不断提升人民思想觉悟、道德水准、文明素养和全社会文明程度"[①]。建设新时代文明实践中心是党中央针对精神文明建设作出的重要部署，以社会主义核心价值观引领新时代文明实践中心建设，对于新时代加强基层精神文明建设具有重大意义。

（一）　以社会主义核心价值观引领新时代文明实践中心建设的重要意义

习近平总书记指出："乡村文明是中华民族文明史的主体，村庄是这种文明的载体，耕读文明是我们的软实力。"[②] 坚持以社会主义核心价值观引领新时代文明实践中心建设，既是社会主义核心价值观落细、落小、落实的重要途径，也是引导和凝聚基层群众进行精神文明建设的重要载体，对于新时代文明实践中心树立正确的价值导向、增强道德教化作用以及加强基层群众的文化传承和认同具有重要意义。

第一，有利于新时代文明实践中心建设坚持正确的价值导向。社会主义核心价值观作为社会主义意识形态的本质体现，具有政治性、科学性和实践性等特征。以社会主义核心价值观引领新时代文明实践中心建设，既合乎社会主义核心价值观培育和践行的规律性，又合乎新时代文明实践中心建设的目标，对于补齐和补足当前基层精神文明建设存在的短板和不足，加强以科学的理论引领精神文明平台和载体的建设具有重要作用。坚持以社会主义核心价值观为引领，以马克思主义为指导，运用马克思主义方法论，能够为各地区新时代文明实践中心的建设提供正确的价值导向，有利于助推新时代文明实践中心发挥道德教化的作用，确保基层文化建设坚持正确的发展方向。随着改革开放与

---

① 《习近平谈治国理政》第 3 卷，外文出版社，2020，第 313 页。
② 中共中央文献研究室编《十八大以来重要文献选编》（上），中央文献出版社，2014，第 605 页。

市场经济的快速发展，人民群众物质生活水平得到大幅提升的同时，其思想观念也发生了巨大变化，受到多元思想文化观念和社会思潮的影响。在多元思想文化观念与社会思潮的冲击下，理想信念淡薄化趋势日益明显，给基层社会主义精神文明建设带来了巨大挑战。与此同时，一些基层干部存在思想观念落后、知识更新缓慢、业务能力不强等问题，这也是基层社会主义精神文明建设缺乏科学性和创新性，难以有效发挥应有的组织功能的重要原因。在这一背景下，以社会主义核心价值观引领新时代文明实践中心建设，能够为新时代文明实践中心建设提供正确的价值导向。坚持以社会主义核心价值观为引领，确保新时代文明实践中心建设坚持正确的发展方向，有利于增强党在基层意识形态领域的领导权，增强各地区新时代文明实践中心建设的科学性和实效性，从而推动基层社会主义核心价值观的传播和培育，凝聚基层广大群众的价值共识，为新时代文明实践中心建设奠定思想基础和提供精神动力。

第二，有利于增强新时代文明实践中心道德教化的作用。社会主义核心价值观倡导的"爱国、敬业、诚信、友善"基本理念，既是公民个人层面的道德准则，也是中华民族传统美德的重要内容。坚持"爱国、敬业、诚信、友善"基本理念，要求人们有崇高的爱国情操、爱岗敬业的工作态度、诚实守信的处世原则和友好和善的交往规范。这一基本要求既体现了社会主义道德建设的基本规范，也与社会主义精神文明建设的目标相一致。随着社会转型和社会结构的调整，传统与现代伦理观念产生强烈冲突，东西方文明碰撞交融，对我国基层群众的生活方式、道德选择产生了深刻影响。一方面，人民群众的自主意识、平等意识、创新意识和参与意识不断增强；另一方面，在部分民众尤其是青年群体中享乐主义、个人主义、拜金主义和功利主义思想盛行，过于关注个人的私生活，物质攀比意识增强，把金钱和物质的获得作为成功与否的标准，缺乏积极健康的人际交往，公共活动参与热情不高，社会责任意识淡薄，公共道德失范现象日益增多，这不仅使以德服人、辛勤劳动、互助互爱的社会风气被"污浊化"，还冲击了崇高的理想信念和传统的道德观念。以社会主义核心价值观引领新时代文明实践中心建设，将"爱国、敬业、诚信、友善"的基本价值理念融入新时代文明实践中心的建设中，通过传承中华民族传统美德，加强新时代社会主义道德建设，有利于基层群众形成良好的行为规范、积极的精神面貌和健康的生活方式，有利于增强新时代文明实践中心道德教化的作用。

第三，有利于加强基层群众的文化传承和文化认同。社会主义核心价值观源于中华优秀传统文化，中华优秀传统文化既是中华文明五千余年源远流长、薪火相传的根源所在，也是中华民族实现伟大复兴中国梦的精神动力。以社会主义核心价值观引领新时代文明实践中心建设，有利于增强民众在日常生活中对民族文化的传承和认同。当前，我国社会的主要矛盾已经发生转化，新时代人民群众的精神文化需求呈现新特点，基层精神文明建设面临诸多新挑战。随着网络媒体的发展和对外交流的增加，文化发展日益多元化，多元文化的交融使群众的思想观念更加多元化，尤其是借由"文化霸权主义"输出的西方资本主义意识形态和思想文化，给人民群众的思想观念和价值判断带来较大影响，基层群众对中华优秀传统文化的传承，对社会主义核心价值观的认同，受到多元思想文化和价值观的严峻挑战。在这一背景下，坚持以社会主义核心价值观引领新时代文明实践中心建设，深入挖掘不同地域的文化特色资源，推广和发展当地的文化产业，打造基层群众喜闻乐见的文化产品，推进公益文化事业的发展，增强基层文化创新活力，对于发挥新时代文明实践中心的文化传承功能，对于满足基层群众对美好精神文化生活的需要，增强对中国特色社会主义文化的认同感具有重要意义。

（二）以社会主义核心价值观引领新时代文明实践中心建设的主要途径

作为中国精神的集中体现，社会主义核心价值观能够为新时代文明实践中心建设提供精神动力与价值引领。当前，需要着重从以下几个方面开展。

第一，引领新时代文明实践中心的本土化建设。2015 年 1 月，习近平总书记在云南考察工作时强调，新农村建设要"遵循乡村自身发展规律，充分体现农村特点，注意乡土味道，保留乡村风貌"①。以社会主义核心价值观引领新时代文明实践中心建设，既要因地制宜、"就地取

---

① 《习近平在云南考察工作时强调 坚决打好扶贫开发攻坚战 加快民族地区经济社会发展》，《人民日报》2015 年 1 月 22 日，第 1 版。

材"，保留当地文化传统和原有乡村风貌，也要根据时代的发展因时制宜，创新和发展出新的内容和形式。一是要充分整合和创新家风家训的内容。习近平总书记指出："广大家庭都要弘扬优良家风，以千千万万家庭的好家风支撑起全社会的好风气。"① 家风是家庭或家族世代相传和言传身教的风尚和作风，目的是约束和规范家庭成员的言行举止，集中体现了家庭伦理和家庭美德。良好的家风不仅可以塑造家族成员积极向上的精神面貌和高尚的道德品质，而且对于良好社会风气的形成具有潜移默化的影响。当前，要加大对传统家风资源和培育方式的挖掘，将社会主义核心价值观所蕴含的价值理念与家规家训等家风建设相结合，实现传统优良家风的现代化转化。例如，浙江省天台县为了让文明实践活动在群众心中"活"起来、兴起来，就以家风家训馆为模板，在全县各地推行"家风家训进礼堂""传承好家风，党员来接力""廉洁好家风""晒家风家训、讲家风故事"等活动，营造了"以家训促家风、以家风带民风、以民风扬社风"的良好氛围②，丰富了新时代文明实践中心建设的内容。二是要充分挖掘和整合乡规民约资源。乡规民约是由乡民共同制定和共同遵守的行为规范，目的是满足乡民的自身需要和维护社会的和谐稳定。传统的乡规民约一般是紧贴农民日常生活实际的，具有指导约束和规范劝诫等作用，在农村群众的日常生活中发挥着劝善惩恶的功能，能有效维护乡村社会的秩序、调动广大乡民积极参与乡村事务的热情。以社会主义核心价值观为指导，挖掘和整合乡规民约资源，能更加突出新时代文明实践中心的地方性特色，对于新时代文明实践中心制定规章制度、提升广大群众对社会主义核心价值观的认同感具有重要的意义。三是要充分挖掘和整合地方风俗文化资源。风俗一般与每个地方的节日和庆典相关，风俗的形成和发展是广大人民群众思想理念和文化传统的集中表达，人民群众对于本土的风俗文化认同度较高，大部分群众愿意主动遵循本土的地方性共识与规范。以社会主义核心价值观引领地方风俗文化的传承与扬弃，既可以在风俗习惯中融入新的价值理念，

---

① 《习近平在会见第一届全国文明家庭代表时强调 动员社会各界广泛参与家庭文明建设 推动形成社会主义家庭文明新风尚》，《人民日报》2016 年 12 月 13 日，第 1 版。

② 王敏慧：《浙江天台：将家风家训融入新时代文明实践活动》，人民网，http://culture. people. com. cn/n1/2019/0330/c1013 – 31004074. html，最后访问日期：2023 年 6 月 11 日。

又可以利用地方风俗文化丰富新时代文明实践中心建设的内容和形式。比如，2019 年的清明节，江西省南昌市东湖区新时代文明实践中心结合当地特色，利用中国传统节日，在方志敏广场举办了一场"可爱的中国"清明诗歌会活动，简单的祭扫仪式既是讴歌先烈、尊崇英雄，也激励着人们奋勇前行。① 这种具有本地特色的文化活动，既能够丰富新时代文明实践中心建设的具体形式，又能够有效传播社会主义核心价值观，增强社会主义核心价值观的引领力和感召力。

第二，引领新时代文明实践中心的载体和阵地建设。以社会主义核心价值观引领新时代文明实践中心建设，需要结合当地的自然环境、社会环境等实际情况，以各类载体和阵地为依托，开展能够满足基层群众精神文化需求的活动，这既是培育和践行社会主义核心价值观的需要，也是推动新时代文明实践中心的建设形式与活动方式多样化的需要。一是发挥各类文化载体的作用。文艺创作要贴近群众、贴近生活，新时代文明实践中心活动的推广和开展要采取群众喜闻乐见的形式，激发人民群众的参与热情和创作激情。要推动社会主义核心价值观融入地方戏曲、小品快板和诗歌朗诵等文艺形式之中，融入文艺竞演、会演下乡、电影下乡、戏曲下乡、书籍下乡等活动之中，如湖南省永州市宁远县组织全县各文明实践中心以"新时代·新宁远"为主题进农村、进社区、进景区演出，举办了多场村镇级春节联欢晚会，节目包括山歌舞蹈、耍龙舞狮等②，通过宣传推广传统经典文化作品，既能达到"以乡音传党音"的目的，也能充分挖掘民间文化资源、丰富地方文艺作品的内涵，从而增强新时代文明实践中心建设的趣味性和实效性。二是发挥各类宣传载体和平台的作用。文化传承是新时代文明实践中心的主要作用之一，文化传承需要广泛深入、与时俱进的文化宣传，需要借助符合时代特征和文化特点的多样载体，来推动文化传承的实现。比如，广东省博罗县新时代文明实践中心组建了由 1 个县委讲师团和好人宣讲队、科普宣讲队等 10

---

① 胡晓军：《"可爱的中国"清明诗歌会缅怀先烈》，人民网，http://culture.people.com.cn/n1/2019/0402/c1013 – 31008374.html，最后访问日期：2023 年 6 月 11 日。

② 周玮：《"红色文艺轻骑兵"播撒新时代文化种子——2019 年文化进万家活动综述》，人民网，http://culture.people.com.cn/n1/2019/0218/c1013 – 30760602.html，最后访问日期：2023 年 6 月 11 日。

支宣讲队以及 N 支社会宣讲队构成的"1＋10＋N"宣讲队伍，编印了
《新思想飞入寻常百姓家》《博罗县新时代文明实践简明教材》等①，推
动了新时代文明实践中心文化宣传的大众化。与此同时，以社会主义核
心价值观引领文化宣传，要牢牢抓住文化宣传与服务群众的共通点，既
可以通过传统黑板报、纸质宣传栏、LED 显示屏等多样化载体，在村落
集中地区、交通主干道等人群聚集场所，张贴和悬挂与社会主义核心价
值观相关的宣传标语，也可以结合本土的生态条件和乡风民俗，打造和
利用文化主题公园、文娱活动中心、文化主题广场和文明宣传长廊等基
础设施。例如，江苏省扬中市结合"小城大爱"城市品牌和"长江生态
旅游岛"发展理念，为新时代文明实践活动增添了当地的文化色彩。②
内蒙古则根据当地特色形成了"乌兰牧骑＋"这一直接服务基层群众的
志愿服务新模式和"流动的文明实践中心"，受到基层群众的广泛欢
迎。③ 此外，还可以利用新媒体，通过官方主题网站、微信推送平台、
短视频等社交媒体，利用形象生动的视觉符号，传播社会主义核心价值
观的基本理念与价值追求，为社会主义核心价值观引领新时代文明实践
中心建设创设载体支撑与营造环境氛围。

　　第三，引领新时代文明实践中心的队伍建设。马克思指出："思想要
得到实现，就要有使用实践力量的人。"④ 人才队伍是新时代文明实践中
心建设的牵引力，是团结广大基层群众和带动基层精神文明建设的骨干
力量。以社会主义核心价值观引领人才队伍建设，是新时代文明实践中
心建设的重要保障。一是要重点发挥基层党员干部的作用。基层党员干
部是新时代文明实践中心建设的关键少数，要充分发挥基层党员干部的
先锋模范作用，以其坚定的政治立场、崇高的理想信念和踏实的工作态
度，引领新时代乡村文化建设。同时，应以社会主义核心价值观引领基
层人才队伍的培养及管理，重点发挥好以党校教师、职能部门业务骨干

---

① 张建光：《广东博罗县：文明实践中心引领群众奋进新时代》，《党建》2019 年第 11
　　期，第 43 页。
② 章寿荣、程俊杰：《推动新时代文明实践中心标准化建设：理论本质与实现路径》，《现
　　代经济探讨》2020 年第 3 期，第 44 页。
③ 阿勒得尔图：《内蒙古举办弘扬乌兰牧骑精神理论研讨会》，人民网，http://culture.
　　people. com. cn/n1/2019/1126/c1013 - 31474109. html，最后访问日期：2023 年 6 月 11 日。
④ 《马克思恩格斯文集》第 1 卷，人民出版社，2009，第 320 页。

和理论宣讲团为支撑的专家队伍的作用，真正做到问需于民，坚持寓教于乐和贴近群众的日常生活，既可以采取集中报告讲座和辅导培训的形式，也可以采取当面咨询、交心聊天等形式，要着重回答基层群众普遍关注的热点问题，注重解答基层干部的认识难题和思想困惑，使理论能够入耳入脑入心，真正做到武装头脑和指导实践。二是注重发挥乡贤的作用。"乡贤"是指乡里德行高尚的人，乡贤文化是中华优秀传统文化的重要组成部分，是一个地域的精神文化标志，是凝聚人心的重要文化纽带。社会主义新乡贤的培育工作是乡村精神文明建设的重要内容，新乡贤群体有协调基层群众与政府沟通、协助政府治理的功能，是教化乡民、涵育乡风的重要精神力量。以社会主义核心价值观引领乡贤的思想观念，可以激发基层组织的活力，发挥乡贤组织活动和动员群众的作用。新时代文明实践中心要挖掘各个地区的乡贤文化，通过发出乡贤声音、讲好乡贤故事、塑造社会主义新乡贤形象，引领基层群众提升思想境界，为社会主义文化建设奠定坚实的基础。三是提升志愿服务队伍的有效参与度。志愿服务队伍是弘扬社会主义核心价值观的重要主体，是社会主义核心价值观落细、落小、落实的重要实践者。新时代文明实践中心建设要坚持需求导向，要重视基层志愿服务人才队伍建设，扶持和帮助志愿服务组织，培养经验丰富、服务专业的志愿服务队伍，组建政治过硬、结构合理、素质优良的新时代文明实践队伍，提高新时代文明实践中心志愿服务的整体服务能力，扩大志愿服务的覆盖范围，开展公益帮扶、邻里关爱、心理疏导等活动，真正做到"从群众中来，到群众中去"。例如，山东省青岛市城阳区新时代文明实践中心从"帮"字入手，成立了 390 支志愿服务特色小分队，组织 9 万余名志愿者，服务全区 6000 多名孤寡老人，结对帮扶 1437 户贫困家庭。① 同时，还可以利用各地方的文化艺术人才、道德模范、专业技术人员等典型人物的社会影响力，让身边人讲身边事，用身边事教育身边人，发挥好新时代文明实践中心传文化、传技能、传道德等功能，让各类人才在基层文化建设中发挥人尽其才的作用，为新时代文明实践中心的建设夯实人才基础，推动形成基

---

① 曹峰：《建好县级融媒体中心和新时代文明实践中心》，《红旗文稿》2019 年第 12 期，第 34 页。

层精神文明建设的强大合力。

第六节　政策保障：完善弘扬社会主义核心价值观的法律
政策体系，强化引领文化建设的政策支撑

"培育和弘扬核心价值观，有效整合社会意识，是社会系统得以正常运转、社会秩序得以有效维护的重要途径，也是国家治理体系和治理能力的重要方面。"① 从国家治理层面来分析，社会主义核心价值观对于推进文化治理现代化具有重要作用。当前，需要通过完善弘扬社会主义核心价值观的法律政策体系，推动社会主义核心价值观转化为治理效能。党的十八大以来，中国共产党坚持德治与法治相统一，重视发挥法律政策的促进作用，制定了推动社会主义核心价值观融入法治建设的指导性文件，推动出台一系列有利于培育和践行社会主义核心价值观的法律法规、规章制度和公共政策，为社会主义核心价值观引领作用的发挥提供了法律政策保障。《关于培育和践行社会主义核心价值观的意见》强调"法律法规是推广社会主流价值的重要保证"，《关于进一步把社会主义核心价值观融入法治建设的指导意见》将社会主义核心价值观融入法治建设与社会治理，强调以法律政策承载价值理念和道德要求，将社会主义核心价值观的基本要求贯穿法治建设全过程，融入各行各业的规章制度和行为准则，融入市民公约、乡规民约、学生守则、行业规章、团体章程等，用法律权威和政策规范推动社会主义核心价值观引领作用的发挥。

一　推动社会主义核心价值观融入法律政策体系

党的十九届四中全会指出，"完善弘扬社会主义核心价值观的法律政策体系，首先要强化法律法规的价值导向，推动核心价值观入法入规"②。

（一）将社会主义核心价值观融入中国特色社会主义法律规范

作为社会意识形态的本质体现，核心价值观是人的社会存在状况的

---

① 《习近平谈治国理政》，外文出版社，2014，第163页。
② 《〈中共中央关于坚持和完善中国特色社会主义制度、推进国家治理体系和治理能力现代化若干重大问题的决定〉辅导读本》，人民出版社，2019，第283页。

基本反映。而社会规范是社会存在的基本形式，社会规范以其体系性、强制性等特性成为承载价值观的重要载体。法律规范是指通过国家的立法机关制定的或者认可的，用以指导、约束人们行为的一种行为规范。行为规范是人们在一定范围内公认的、明确的和具有约束力的行为评价准则。法律规范是一种特殊的行为规范，它不与其他行为规范并列，而是由其他行为规范转化而成的。转化的办法就是由国家这种公共权力机关通过认可、制定并予以实施，推动其他具体行为规范转化为法律规范，使其更加具体明确，更具有普遍性和约束力。正是由于法律规范具有的这种更强的约束力与权威性，才能够在推动社会主义核心价值观转化为民众的行为规范上更具操作性与实效性。《社会主义核心价值观融入法治建设立法修法规划》明确指出，要从健全以公平为核心原则的产权保护制度、以社会主义核心价值观塑造民法典的精神灵魂、把社会主义核心价值观融入立法体制等方面采取有效措施，"使法律法规更好体现国家的价值目标、社会的价值取向、公民的价值准则"①，特别强调制定英雄烈士保护方面的法律、探索完善社会信用体系相关法律制度、探索制定公民文明行为促进方面的法律制度，以加强道德领域突出问题专项立法，着力树立社会正气、鞭挞丑恶行为，引导广大人民群众自觉践行社会主义核心价值观。从社会主义核心价值观与法律规范的关系角度来分析，二者是相互依赖、相互促进的辩证统一关系。一方面，法律规范的制定和实施要以社会主义核心价值观为指导。价值观是法律规范的灵魂，决定着法律规范的性质与内容，任何时期任何国家的法律规范总是反映一定的价值观，并伴随着价值观的发展变化而不断发展演变的。要积极推动社会主义核心价值观入法入规，凸显社会主义核心价值观的价值导向，从人民最关心最直接最现实的利益问题入手，找准思想的共鸣点和利益的交汇点，增强各项立法工作的针对性和实效性。另一方面，价值观的普及和践行要以法律规范为载体支撑。法律规范作为强制性、权威性与惩戒性的手段，借助国家权力对人的行为作出明确规定，能够把主导价值观的基本要求以法律义务的形式确定下来，形成一个分配权利和义务的基本框架

---

① 《中共中央印发〈社会主义核心价值观融入法治建设立法修法规划〉》，《人民日报》2018年5月8日，第1版。

和具体规则，使主导价值观成为一种普遍性的、带有强制性的约束人们行为的力量。当前，推动社会主义核心价值观融入法律规范，要注重将社会主义核心价值观的基本理念融入宪法与宪法精神。宪法具有最高法律效力、居于法律规范的核心地位，是承载社会主义核心价值观的最有效载体，要"充分发挥宪法在中国特色社会主义法律体系中的统帅作用，在宪法中体现社会主义核心价值观要求"①。宪法是一个国家的根本大法，是对国家生活与人类政治理想的规范和指引，对其他法律体系和法律规范起着统帅规范的重要作用，将社会主义核心价值观融入宪法，在宪法中体现其基本要求，能够把社会主义核心价值观的基本要求转化为具有刚性约束力的法律规范或具体条例，以法律的权威推动社会主义核心价值观的广泛普及，从而规范和引领社会成员的价值行为，推动社会主义核心价值观向实践层面的转化。因此，要把社会主义核心价值观全面融入中国特色社会主义法律规范之中，把社会主义核心价值观的要求转化为具有刚性约束力的法律规定，以增强社会主义核心价值观的引领作用。

（二）将社会主义核心价值观融入中国特色社会主义制度与政策体系

马克思恩格斯强调，"随着每一次社会制度的巨大历史变革，人们的观点和观念也会发生变革"②。任何制度总是内含着一定的价值观，一种制度体系实质上是价值体系的制度化。社会主义核心价值观建设是一项系统工程和长期任务，不能仅依靠思想宣传和教育等"软力量"的推动，还要积极借助制度政策等"硬力量"来加以保障。因此，"要发挥政策导向作用，使经济、政治、文化、社会等方方面面政策都有利于社会主义核心价值观的培育"③。要坚持政策目标和价值目标相统一，将社会主义核心价值观的基本要求融入中国特色社会主义制度与政策体系，为发挥社会主义核心价值观的引领作用提供制度基础与政策保障。一是融入中国特色社会主义政治制度与政策体系。中国特色社会主义根本政治制度是人民代表大会制度，基本政治制度包括中国共产党领导的多党合作和政治协商制度、民族区域自治制度、基层群众自治制度。推动社

---

① 《中共中央印发〈社会主义核心价值观融入法治建设立法修法规划〉》，《人民日报》2018年5月8日，第1版。
② 《马克思恩格斯全集》第7卷，人民出版社，1959，第240页。
③ 《习近平谈治国理政》，外文出版社，2014，第165页。

会主义核心价值观融入中国特色社会主义政治制度与政策体系，就是以社会主义核心价值观所倡导的基本理念引领中国特色社会主义基本政治制度和政策体系的价值导向，通过完善人民代表大会制度和社会主义政党制度，通过发展协商民主，推进社会主义政治的民主化、制度化与规范化。二是融入中国特色社会主义经济制度与政策体系。中国特色社会主义的基本经济制度由坚持公有制的主体地位与发展多种所有制两个方面组成。推动社会主义核心价值观融入中国特色社会主义经济制度与政策体系，就是以社会主义核心价值观所倡导的基本理念指引中国特色社会主义经济制度和政策体系的价值原则，推动中国特色社会主义经济既坚持社会主义基本原则又具有中国特色。一方面，要坚持公有制经济的主体地位不动摇，通过经济体制改革"不断增强国有经济活力、控制力、影响力"①。坚持公有制经济的主体地位与政府的宏观调控，能够促进共同富裕的实现，这是社会主义本质的内在要求。另一方面，要"毫不动摇鼓励、支持、引导非公有制经济发展"②，激发非公有制经济的发展生机和活力，能够推动社会主义生产力的快速发展，这是社会主义初级阶段基本国情的现实要求。三是融入中国特色社会主义文化制度与政策体系。坚持和发展中国特色社会主义文化制度，要求以马克思主义为指导思想，以培育"四有"公民为目标，通过繁荣文化事业和发展文化产业，推动社会主义文化的民族化、科学化、大众化。推动社会主义核心价值观融入中国特色社会主义文化制度和政策体系，要以社会主义核心价值观引领和整合当今中国文化，通过加强文化事业的引导与文化产业的管理，建立起现代文化市场体系，为文化的发展创新创造良好的制度环境。四是融入中国特色社会主义社会制度与政策体系。在社会领域的建设中，要以社会主义核心价值观指引社会建设的价值取向，坚持共享发展和注重公平正义，通过深化社会分配制度改革，构建社会保障体系，健全社区与社会组织建设，推动人与人、人与社会的和谐发展，充分展现民主、法治、公平、正义、文明、和谐等社会主义核心价值观所倡导

---

① 中共中央文献研究室编《十八大以来重要文献选编》（上），中央文献出版社，2014，第16页。

② 中共中央文献研究室编《十八大以来重要文献选编》（上），中央文献出版社，2014，第16页。

的基本价值追求，从而为社会主义核心价值观的培育和践行提供良好的社会环境。总之，坚持以社会主义核心价值观为引领，将社会主义核心价值观全面融入我国制度与政策体系，要把社会主义核心价值观的要求体现到经济建设、政治建设、文化建设、社会建设等各方面制度与政策制定和实施之中，推动形成有效传导社会主流价值的制度政策体系，实现制度政策建设和社会主义核心价值观建设之间的良性互动。

二　推动社会主义核心价值观融入法治建设

价值观的广泛认同与作用发挥需要以具体的法律法规为保障，"要把社会主义核心价值观的要求转化为具有刚性约束力的法律规定，用法律来推动核心价值观建设"①。党的十八届四中全会提出建设中国特色社会主义法治体系与法治国家，这是中国共产党立足中国特色社会主义的发展实践，以"法治"这一治国理政之重器推动国家治理体系和治理能力现代化的重大战略选择。2016 年 12 月，《关于进一步把社会主义核心价值观融入法治建设的指导意见》强调，"把社会主义核心价值观融入法治建设，是坚持依法治国和以德治国相结合的必然要求，是加强社会主义核心价值观建设的重要途径"②。2018 年 5 月，《社会主义核心价值观融入法治建设立法修法规划》强调，"着力把社会主义核心价值观融入法律法规的立改废释全过程，确保各项立法导向更加鲜明、要求更加明确、措施更加有力"③。2021 年印发的《关于建立社会主义核心价值观入法入规协调机制的意见（试行）》，在落实成立社会主义核心价值观入法入规协调机构、负责统筹协调核心价值观入法入规审查工作和研究解决审查工作中重大问题的基础上，推进各省市地区成立省级协调机构，对地方性法规、地方政府规章等进行相应审查④，保障上述相关举措的有

① 中共中央文献研究室编《习近平关于全面深化改革论述摘编》，中央文献出版社，2014，第 90 页。
② 《中办国办印发〈关于进一步把社会主义核心价值观融入法治建设的指导意见〉》，《人民日报》2016 年 12 月 26 日，第 1 版。
③ 《中共中央印发〈社会主义核心价值观融入法治建设立法修法规划〉》，《人民日报》2018 年 5 月 8 日，第 1 版。
④ 《中央宣传部、中央政法委、全国人大常委会办公厅、司法部印发〈意见〉建立社会主义核心价值观入法入规协调机制》，《人民日报》2021 年 9 月 28 日，第 4 版。

效推进和落实。将社会主义核心价值观倡导的基本理念，融入社会主义法治建设全过程，为发挥社会主义核心价值观的引领作用提供法治保障，是新时代全面依法治国的内在要求。全面推进依法治国，公正是社会主义法治的生命线。这里以社会主义核心价值观所倡导的"公正"理念为对象，探讨如何将"公正"理念有效融入社会主义法治建设的实践之中。

（一）公正理念是社会主义法治建设的重要价值原则

公正是社会主义法治的生命线，在建设社会主义法治国家的进程中，公正是实现科学立法、高效执法、公正司法、自觉守法的重要推动力量，要注重用司法公正引领社会公正，"努力让人民群众在每一个司法案件中都感受到公平正义，推动社会主义核心价值观落地生根"[1]。

第一，公正能够增强社会主义法律制定的科学性。良法是社会主义法治之前提，是实现国家善治之基础。早在改革开放之初，邓小平同志就提出了"有法可依，有法必依，执法必严，违法必究"[2]的社会主义法制建设方针。其中，"有法可依"特别是"有良法可依"是社会主义法治国家建设的基本保障。所谓良法是指能够获得社会公众普遍认同与服从的，保障人民在经济、政治、文化等各方面基本权益的法律规范体系。关于"良法"的制定，党的十八届四中全会指出，要"贯彻社会主义核心价值观，使每一项立法都符合宪法精神、反映人民意志、得到人民拥护"[3]。可见，良法首先是公正之法，是以"立法公正""立法为民"为重要价值取向、反映最大多数人民意志的法律规范体系。以公正理念为价值引导，将公正理念充分体现在立法结果之中，全面渗透到各项具体的法律制度中，特别是渗透到重点领域的法律制度之中，对于增强社会主义法律制定的科学性具有重要推动作用。党的十八届四中全会强调，要"加快完善体现权利公平、机会公平、规则公平的法律制度"[4]。当前，社会主义法律体系的建设，要将公正理念全面融入社会主义建设重

① 《中办国办印发〈关于进一步把社会主义核心价值观融入法治建设的指导意见〉》，《人民日报》2016年12月26日，第1版。
② 《邓小平文选》第2卷，人民出版社，1994，第147页。
③ 中共中央文献研究室编《十八大以来重要文献选编》（中），中央文献出版社，2016，第160页。
④ 中共中央文献研究室编《十八大以来重要文献选编》（中），中央文献出版社，2016，第162页。

点领域的立法之中。一是在社会主义市场经济建设领域，以平等交换为基本导向，通过法律的形式保证各市场主体的平等地位与维护公平竞争的市场秩序；二是在社会主义民主政治建设领域，以政治公正为价值理念，通过法律的形式推动社会主义民主政治制度化、规范化和法治化；三是在社会主义先进文化建设领域，以文化公平为价值导向，以法律法规推动基本公共文化服务标准化、均等化；四是在社会主义社会建设领域，以社会公正为价值追求，通过加强社会公共服务的法律法规建设，推动社会治理的现代化与法治化；五是在社会主义生态文明建设领域，以代际公正为价值引导，通过建立严格的生态文明法律制度，推动生态环境治理的法治化。上述几个重点领域的立法，以公正理念为价值取向和价值引导，将"立法公正""立法为民"的理念融入社会主义建设整体布局的立法建设之中，能够较好地反映最大多数人民的意志，能够极大地增强社会主义法律体系的科学性。

第二，公正能够提升社会主义法治实施的高效性。建设高效的社会主义法治实施体系就是要在有法可依基础上实现有法必依、执法必严和违法必究。党的十八届四中全会指出，要"加快建设职能科学、权责法定、执法严明、公开公正、廉洁高效、守法诚信的法治政府"[①]。要保证公正司法，提高司法公信力，"努力让人民群众在每一个司法案件中感受到公平正义"[②]。可见，提升社会主义法治实施的高效性，就是要在公正理念指引下，建立起依法行政的法治政府，建立起公正司法的司法机关。首先，作为执法主体，政府机关的依法文明执法是提升社会主义法律实施高效性的重要保障。正如柏拉图所指出的："如果在一个秩序良好的国家安置一个不称职的官吏去执行那些制定得很好的法律，那么这些法律的价值便被掠夺了，并使得荒谬的事情大大增多，而且最严重的政治破坏和恶行也会从中滋长。"[③] 因此，以公正理念为指引，将公正理念融入和贯穿于政府机关行政执法的全过程，强化责任追究的制度建设、决策机

---

① 中共中央文献研究室编《十八大以来重要文献选编》（中），中央文献出版社，2016，第164~165页。

② 中共中央文献研究室编《十八大以来重要文献选编》（中），中央文献出版社，2016，第168页。

③ 《西方法律思想史资料选编》，北京大学出版社，1983，第26页。

制民主化建设、执法理念人民化建设，能够有效推动政府机关的执法严明、公开公正与廉洁高效。其次，司法公信力的提升是建设高效社会主义法治实施体系的关键环节。司法的公信力来自司法的合法性，而这种合法性的基础是司法公正。司法的力量蕴含于司法公正之中，只有公正的司法才能够使公众对司法产生一种发自内心的信任与崇敬。"公平正义是政法工作的生命线，司法机关是维护社会公平正义的最后一道防线。"① 因此，以公正理念为指引，将公正理念融入和贯穿于司法审判的全过程，加强司法管理体制的权责划分，增强司法权力运行机制的独立性，能够有效推动司法机关的司法公正、廉洁高效与司法公信力提升。

第三，公正能够强化社会主义法治监督的实效性。权力监督制约既是现代政治文明的基本特征，也是建设社会主义法治国家的必然要求。权力失去监督，必然滋生腐败。历史上不同时期不同表现形式的腐败问题都有一个共同的特征，就是利用公共权力谋取私利，而私有制的存在和对公共权力缺乏有效的监督制约则是腐败问题产生的社会历史根源。正如恩格斯所指出的："国家的本质特征，是和人民大众分离的公共权力。"② 由于公共权力掌握在少数统治者手里，在缺乏制约与监督的情况下，公共权力偏离了公正的理念，成为少数人谋取私利的工具，由此滋生了腐败现象和腐败问题。缺乏足够的权力制约，国家的权力机关会"为了追求自己的特殊利益，从社会的公仆变成了社会的主人"③。这导致国家政权脱离社会和人民，背离了公共权力最初的宗旨。可见，坚持法治国家、法治政府、法治社会一体建设，离不开对公共权力的强有力监督。以公正理念为指引，加强对行政权力、司法权力的监督，强化社会主义法治监督的实效性，让权力的运行始终处于阳光之下，是社会主义法治国家建设的内在要求。党的十八届四中全会强调，要"强化对行政权力的制约和监督……努力形成科学有效的权力运行制约和监督体系，增强监督合力和实效"④。所谓社会主义法治监督体系是指集人大监督、

---

① 《习近平谈治国理政》，外文出版社，2014，第148页。
② 《马克思恩格斯文集》第4卷，人民出版社，2009，第135页。
③ 《马克思恩格斯文集》第3卷，人民出版社，2009，第110页。
④ 中共中央文献研究室编《十八大以来重要文献选编》（中），中央文献出版社，2016，第167页。

纪委监察监督、司法监督、审计监督等内容于一体的，相辅相成、相互配合的监督体系，其实质就是综合运用各种监督手段，加强对各级国家机关权力的有效制约和公正监督，以严密的社会主义法治监督体系形成的强大合力来规范和控制各级国家机关的公共权力。因此，以公正理念为价值引导，将公正理念贯穿、渗透到行政权力运行与司法权力运行的全过程，通过建立常态化监督制度，增强行政权力的权威和司法权力的公信力，能够切实强化社会主义法治监督的实效性。

第四，公正能够提高社会主义法治信仰的自觉性。对于法治的理解，亚里士多德指出："我们应该注意到邦国虽有良法，要是人民不能全都遵循，仍然不能实现法治。"① 这句话强调了公众对于良法遵守的重要性。守法精神是树立法治信仰的基础，只有形成社会公众对于法律的普遍遵守和尊重，才能够形成具有内在约束力的法治信仰。而法治理念要内化为人民的内心信念与信仰，一个重要前提是法律必须是能够体现公正理念的良法，并且这一良法能够公正地维护人民的各种基本权利。公正理念能够提高社会主义法治信仰的自觉性。这是因为，公正理念能够推动人民形成对法律认同与尊重的价值共识，公正理念能够激发人民维护法律权威的自觉性。所谓法律权威，是指法律在社会中能够得到普遍的遵守和广泛的认同，从而具有至高无上的地位和崇高的威望。人们对于法律权威的认同与尊重并不光是对于法律的被动遵守，而是要在更深层次上认同与尊重法律背后的价值理念。正如罗纳德·德沃金所说："我们遵守法律，不仅仅是因为我们被迫遵守法律，而是因为我们感到遵守法律是正确的。甚至在我们知道遵守法律并不有利于我们个人的直接利益的时候，在我们知道我们可以不遵守法律而不会因此受到惩罚的时候，还是感到有责任遵守法律。"② 法律的权威源自人民的内心拥护与信任，只有形成人们对于法律的深切理解和内心认同后，才能将法治观念内化于心、外化于行。只有在社会主义法治实践中体现法律至上、人人平等、权力制约等公正理念的具体要素，才能形成人们对法治的精神性信念。同时，人民对于法律权威的拥护与信任来源于法律对于人民基本权益的

---

① 〔古希腊〕亚里士多德：《政治学》，吴寿彭译，商务印书馆，2017，第202页。
② 〔美〕罗纳德·德沃金：《认真对待权利》，信春鹰、吴玉章译，中国大百科全书出版社，1998，第20～21页。

保障。只有在公正之良法基础上进行公正的执法与司法，才能够真正发挥法律维护人民合法权益的作用，才能够真正培养人民对于法律的拥护与信任。因此，以公正理念为价值引导，将公正理念贯穿、渗透到社会主义法治建设的全过程，能够推动人们对法律的内心认同与尊重，能够增强公众对社会主义法治信仰的自觉性。

（二）将"公正"理念融入社会主义法治建设，充分发挥公正作为法治生命线的重要作用

公正是社会文明进步的重要标志，正如约翰·罗尔斯在《正义论》中所论述的，"正义是社会制度的首要价值，正像真理是思想体系的首要价值一样"①。在全面推进依法治国、全面深化改革的背景下，积极发挥公正在社会主义法治建设中的生命线作用，对于推动我国社会主义法治国家建设与国家治理体系和治理能力现代化具有重要意义。当前，要立足我国社会主义法治建设的实践，以公开透明为前提基础，以平等参与为关键环节，以权力监督为基本保障，积极推动公正生命线作用的充分发挥。

第一，公开透明是前提基础。发挥公正的社会主义法治建设生命线作用，前提基础是要实现社会主义法治过程的公开透明化，让所有权力都在阳光下运行，让所有执法都能经受住人民监督和历史检验。我国宪法明确规定"中华人民共和国的一切权力属于人民"，其中知情权是宪法赋予人民的基本权利。公民知情权的实现是其他一切权利实现的前提，在知情权实现的基础上才能实现公民的平等参与权、民主监督权等其他权利。公民知情权的实现要以公开透明为基本保障，将公开透明原则渗透到社会主义法治建设的全过程，融入社会主义立法、执法、司法的实践之中。首先，立法公开。立法公开是要通过公开程序的设置，将法律制定的整个过程向社会和公众公开，保障公众对立法信息享有充分的知情权；通过多种立法公开形式，广泛吸纳公众直接参与立法活动，保障公众对立法过程享有平等参与权。其次，执法公开。在决策机制建设上，要建立以公众参与、专家论证、合法性审查为主要内容的重大行政决策法定程序，保证行政决策制度的公开化和透明性；在执法的过程中，要

---

① 〔美〕约翰·罗尔斯：《正义论》，何怀宏译，中国社会科学出版社，1988，第3页。

坚持以公开为常态、不公开为例外原则，全面推行政务公开，提高执法效率和规范化水平。最后，司法公开。依靠人民推进公正司法，是中国共产党在建设社会主义法治国家的实践中贯彻群众路线的集中体现。人民群众的有效司法参与要建立在开放、动态、透明、便民的阳光司法机制的构建基础上。司法公开要通过建立生效法律文书的网上公开查询制度，推进审判公开、检务公开、警务公开等公开制度的建立，确保人民群众在司法调解、司法听证、涉诉信访等司法活动中享有知情权与参与权。总之，只有坚持以公开透明为前提基础，将公开透明理念渗透到社会主义立法、执法、司法的全过程，才能真正体现公正的价值理念，才能切实发挥公正在社会主义法治建设中的生命线作用。

第二，平等参与是关键环节。发挥公正在社会主义法治建设中的生命线作用，关键环节是要实现公民在社会主义法治建设中的平等参与，这是社会主义法治人民性的本质要求。依法治国首先是依宪治国，中华人民共和国公民在法律面前人人平等是我国宪法的基本原则。法律面前人人平等是在资产阶级革命时期正式提出的，资产阶级启蒙思想家洛克、卢梭等人系统地阐述了"天赋人权"学说，认为"人类天生都是自由、平等和独立的"①，"所有的人生来自由且平等"②，"放弃自由就等于放弃了人性，放弃了人所应有的权利，以及同样重要的义务"③。这一理论为资本主义法治建设提供了原则依据，但是资产阶级的"法律面前人人平等"是建立在资本主义私有制基础上的，其所谓的法律上平等，掩盖着人们在经济上和社会地位上的实际不平等。正如恩格斯所指出的："平等应当不仅仅是表面的，不仅仅在国家的领域中实行，它还应当是实际的，还应当在社会的、经济的领域中实行。"④ 在社会主义社会中，法律面前人人平等的原则是建立在以生产资料公有制为基础的经济制度之上的，因而这种平等性原则是真实的，是具有实质性内容的。在这种制度基础上的人人平等原则，能够推动社会主义法治建设中的公民平等参与权的实现，这既是社会主义制度的本质要求，也是发挥公正在法治建设

---

① 〔英〕洛克：《政府论》下篇，叶启芳、瞿菊农译，商务印书馆，2017，第 59 页。
② 〔法〕卢梭：《社会契约论》，庞珊珊译，光明日报出版社，2009，第 5 页。
③ 〔法〕卢梭：《社会契约论》，庞珊珊译，光明日报出版社，2009，第 11 页。
④ 《马克思恩格斯文集》第 9 卷，人民出版社，2009，第 112 页。

中生命线作用的关键。在利益多元的现代社会，建立起反映不同阶层群众的现实意愿与需求的利益表达与参与机制，是社会主义法治建设的必然要求。借鉴国际经验，结合我国的法治建设实践，当前我国人民参与社会主义法治实践的方式主要有五个。一是座谈，即通过建立专门委员会、工作委员会的专家顾问制度，以座谈会的方式邀请有关方面的专家对社会主义法治相关问题的审议发表意见，以提升社会主义法治的专业化、科学化水平。二是调查，即通过健全向下级人大征询意见机制，建立基层联系点制度，加强对基层的调查和及时听取基层的意见反馈，以推进社会主义法治的精细化与民主化。三是协商，即健全政府机关与社会公众沟通机制，充分发挥各种社会团体与社会组织在协商中的作用，探索建立对社会主义法治中涉及重大利益调整的事项进行论证咨询的机制。四是讨论，即公众对社会主义立法、执法、司法的必要性、可行性问题进行讨论，对部门间争议较大的重要事项，要引入第三方评估，充分听取各方意见。五是听证会，即在社会主义法治程序中为公民、法人等权利主体提供对相关立法或执法发表意见、质证与辩驳的权利和机会，以此来增强程序的公正与民主。总之，只有坚持以公民平等参与为关键环节，将人人平等理念渗透到社会主义法治建设的全过程，才能真正体现公正的价值理念，才能切实发挥公正在法治建设中的生命线作用。

第三，权力监督是基本保障。发挥公正在社会主义法治建设中的生命线作用，基本保障是实现对权力的有效监督与制约，这既是现代政治文明的基本特征，也是建设社会主义法治国家的必然要求。所谓权力监督是指各类监督主体对公共权力机关行使公共权力的合法性进行的检查以及纠正活动。有效的权力监督能够通过各种监督制度规范公共权力的运行，使公共权力行使者自觉地依法行使职权。全面推进依法治国，建设社会主义法治国家就是要在有效的权力监督保障下，实现公平正义的社会主义法治的基本价值目标。正如习近平总书记所指出的："各级领导干部都要牢记，任何人都没有法律之外的绝对权力，任何人行使权力都必须为人民服务、对人民负责并自觉接受人民监督。"① 可见，有效的权

---

① 中共中央文献研究室编《十八大以来重要文献选编》（上），中央文献出版社，2014，第136页。

力监督是公正社会主义法治建设生命线作用得以充分发挥的基本保障，是建设社会主义法治国家的内在要求。当前，要按照权力监督的主体及其功能，综合运用各种监督手段，充分发挥各种监督的功能，形成全方位、多渠道、立体式的监督网络。一是党内监督，加强对权力机关与领导干部的重点监督，发挥党委的主体责任，落实纪委的监督责任，强化对领导干部行使决策、人事等权力进行全方位、全过程监督。二是层级监督，合理配置权力，积极探索实行垂直领导体制，进一步增强下级机关对上级机关的监督，实现上下级之间双向监督的良性互动。对于一些权力集中的部门和岗位，按照事权、岗位和级别进行不同的授权，以增强权力监督制约和防止权力滥用。三是专门监督，强化人大监督、审计监督等专门监督的效能。通过建立人大专门监督机构、建立人大监督的保障制度等方式，充分发挥人大最高层次、最有权威的监督制约效能。通过保障审计监督权的依法独立行使，实现审计监督的全覆盖与职业化发展，增强其专门监督的效能。四是外部监督，要拓宽公民监督的渠道，通过积极探索网络监督，完善政务公开、信访举报、特邀监察员、公开听证等相关制度，不断拓展公民依法监督的渠道。总之，只有坚持以权力监督为基本保障，将有效监督理念渗透到社会主义法治建设的全过程，才能真正体现公正的价值理念，才能切实发挥公正社会主义法治建设生命线的作用。

综上所述，社会主义核心价值观所倡导的"公正"理念是贯穿于社会主义法治国家建设全过程的重要价值理念，是社会主义法治建设的生命线。立足我国社会主义法治建设的实践，积极发挥"公正"理念的价值引领作用，将其融入社会主义法治建设，能够促进人民群众平等地享有法治的发展成果，彰显社会主义法治的公正性与人民性，能够强化人民群众对社会主义核心价值观的认同，增强社会主义核心价值观的引领作用。

三 推动社会主义核心价值观融入社会治理

党的十九大报告指出，要"把社会主义核心价值观融入社会发展各方面，转化为人们的情感认同和行为习惯"①。规范的社会治理是弘扬社

---

① 《习近平谈治国理政》第 3 卷，外文出版社，2020，第 33 页。

会主义核心价值观、发挥社会主义核心价值观引领作用的重要保障。推动社会主义核心价值观融入社会治理，要在加强体制机制建设中实现融入，通过完善利益协调机制，强化人们对社会主义核心价值观的认同；要在完善市民公约、村规民约、学生守则和行业规范中实现融入，在社会治理中鲜明彰显社会主流价值。

（一）完善社会主义核心价值观融入社会治理的利益协调机制

作为社会意识形态，价值观伴随利益的要求而产生，是利益关系的现实反映。在价值观的形成、发展与演变中，利益追求起支配作用，人们以现实利益追求为动力进行价值比较和价值选择。当前，推动社会主义核心价值观融入社会治理，需要健全利益协调机制，以现实利益追求为动力，强化人们对社会主义核心价值观的认同，增强社会主义核心价值观发挥引领作用的现实基础。

所谓利益，就是"为了满足生存和发展而产生的，对于一定对象的各种客观需求"①。作为上层建筑的组成部分，社会意识形态是反映社会经济形态和政治制度的思想体系。从发生学的角度来分析，社会意识形态起源于人们的生产劳动与物质生活，与现实物质利益与现实生活紧密联系在一起。对于现实利益的追求，是人类生存与人类社会发展的内在动力。正如马克思与恩格斯所指出的，将人们连接起来的唯一纽带"是自然的必然性，是需要和私人利益"②。著名思想家马克斯·韦伯（Max Weber）也指出："利益（物质的与理念的），而不是理念，直接控制着人的行动。"③ 可见，一种价值观的认同与作用发挥，不能是纯粹的精神领域和境界，而需要在满足人们现实的物质利益与精神利益基础上不断实现。坚持维护和实现人民群众的根本利益，是中国共产党人的基本立场。毛泽东指出："共产党人的一切言论行动，必须以合乎最广大人民群众的最大利益，为最广大人民群众所拥护为最高标准。"④ 因此，坚持维护人民群众的根本利益，注重采取多种手段进行利益调节，推动社会和

---

① 付子堂：《法律功能论》，中国政法大学出版社，1999，第 82 页。
② 《马克思恩格斯文集》第 1 卷，人民出版社，2009，第 42 页。
③ 〔德〕马克斯·韦伯：《世界宗教的经济伦理·儒教与道教》，王容芬译，中央编译出版社，2012，第 54 页。
④ 《毛泽东选集》第 3 卷，人民出版社，1991，第 1096 页。

谐与人民团结，是中国共产党一贯坚持的基本立场。

社会主义核心价值观融入社会治理，需要健全利益调节机制。马克思认为，人的本质"是一切社会关系的总和"①。在社会生活的各种利益关系中，"人们奋斗所争取的一切，都同他们的利益有关"②。可见，一种价值观要发挥作用，必须真正融入人们的生活，必须以表达和实现人们的现实利益诉求为基础。正如奥塔·希克（Ota Sik）所指出的："一种意识形态，如果它不符合人们的利益和经验，就决不会成为这些人的意识形态。"③ 建立社会主义核心价值观融入的利益协调机制，要立足人民群众的根本利益，依据不同价值主体之间的现实利益需求，通过采取多种手段协调和平衡各种利益关系，不断满足不同群体的物质文化需要，从而为社会主义核心价值观引领人们的思想观念与日常生活奠定现实的认同基础。当前，在利益多元化的背景下，要通过建立利益协调机制，化解民生重大领域的利益冲突，调节个人利益与他人利益、与社会利益、与国家利益的现实矛盾，关注和保护个人的合理利益诉求，使人民群众真切地感受到社会主义核心价值观所倡导的核心理念，对于自身利益具有捍卫和维护的重要作用，从而增强人民群众对社会主义核心价值观的认同。一方面，要树立"共享发展"的基本理念。共享是中国特色社会主义的本质要求，要从人民群众的根本利益出发，调节各个阶层的利益关系，最大限度地满足不同利益主体的现实需要。经济社会的全面发展，价值认同和共识的形成，需要坚持共享发展的基本理念，以利益调节推动人民的团结与社会的和谐。正如列宁所指出的，"靠个人利益，靠同个人利益的结合"④，"必须把国民经济的一切大部门建立在同个人利益的结合上面"⑤。另一方面，要建立利益保护机制。要通过制定法律及相关制度、政策，发挥国家、政府的调控作用，对于社会各个阶层特别是弱势群体的基本利益进行有效保护，运用法律途径和行政手段，在教育、医疗、公共安全、社会保障等方面对社会弱势阶层和群体进行有效补偿

---

① 《马克思恩格斯文集》第 1 卷，人民出版社，2009，第 505 页。
② 《马克思恩格斯全集》第 1 卷，人民出版社，1956，第 82 页。
③ 〔捷〕奥塔·希克：《第三条道路：马克思列宁主义理论与现代工业社会》，张斌译，人民出版社，1982，第 355 页。
④ 《列宁选集》第 4 卷，人民出版社，2012，第 570 页。
⑤ 《列宁选集》第 4 卷，人民出版社，2012，第 582 页。

和保护，维护和解决好人民群众最关心与最现实的问题，让人民群众有更多的获得感，只有这样才能够激发人民群众内心对于社会主义核心价值观所倡导的基本理念的认同和共鸣，才能有效推动人民群众将社会主义核心价值观转化为日常行为实践。

（二）推动社会主义核心价值观融入社会规范

一种价值观要想充分发挥引领力与影响力，像空气一样无所不在、无时不有，就需要利用各种时机和场合，将其深深融入社会实践之中。习近平总书记指出："要按照社会主义核心价值观的基本要求，健全各行各业规章制度，完善市民公约、乡规民约、学生守则等行为准则，使社会主义核心价值观成为人们日常工作生活的基本遵循。"① 社会规范的本质是对社会关系的反映。所谓社会规范是指人们为了社会共同生活的需要在社会互动的过程中衍生出的，或社会组织根据自身的需要而提出的、用以调节其成员社会行为的标准、准则或规则。在基本特征上，社会规范是由一定的社会组织在一定的社会历史条件下，依据社会组织自身的利益需要及价值观而提出的，具有社会制约性与历史性的特征。在内容分类上，社会规范可以分为自发形成、自觉遵循的风俗习惯、道德规范和具有强制性与外在约束力的法律规范、生活规范、工作规范等。作为对社会关系的具体化，社会规范是社会调控的重要手段，社会规范能够调整人们各个方面的社会行为，调节个体的社会适应性，调控社会秩序，维护社会稳定。当前，要将社会主义核心价值观融入城乡社区和各类社会组织、社会团体的规章制度以及各种乡规民约等各种社会规范之中，形成良好的培育和弘扬社会主义核心价值观的社会氛围，以各类社会规范保障社会主义核心价值观引领作用的发挥，推动不同社会阶层自觉践行社会主义核心价值观。

第一，将社会主义核心价值观融入社会风俗习惯与道德规范。风俗习惯是一定文化背景下与特定社会文化区域内，人们共同遵守的群体行为模式，是社会成员在集体生活中逐渐形成、共同遵守的传统风尚、礼节，具有较强的行为规范与行为制约作用。风俗习惯具有广泛性、多样

---

① 中共中央文献研究室编《习近平关于全面深化改革论述摘编》，中央文献出版社，2014，第88~89页。

性、继承性的特征，丰富多样的风俗习惯遍及社会生活的各个领域，风俗习惯又基于历史世代的延续而具有相对的稳定性与持续性。同时，作为一种社会传统，风俗习惯又具有历史性，会随着时代的变迁与历史条件的变化而逐步发展演变。任何风俗习惯的传承与发展都要经历"移风易俗"的扬弃过程。因此，在社会主义制度下，以社会主义核心价值观引领社会风俗习惯适应时代特征不断扬弃，传承代表中华优秀传统文化的习俗，摒弃不合时宜的陋俗，对于传统风俗习惯的发展演变，对于充分发挥风俗习惯的社会功能具有重要意义。作为文化建设的重要内容与中心环节，道德建设是在一定社会经济基础之上，由一定意识形态的特性所决定的，是一定社会主导价值观在道德价值取向上的现实反映。在社会主义意识形态指导下，社会主义核心价值观为社会主义道德建设指明了基本的价值取向，是社会主义道德规范的本质体现。要将社会主义核心价值观的核心理念与基本要求具体化为各类社会主义道德规范，引领社会成员的道德行为，推动社会主义核心价值观由理论形态转化为实践形态。当前，我国正处于社会转型期，社会价值观发生着深刻嬗变，各种价值观共存、缠绕、竞争、碰撞。人们在价值观的培育和养成等方面出现了诸多新情况与新问题。在这一背景下，社会主义道德建设与道德规范的形成，需要以社会主义核心价值观来引领，指引道德建设的发展方向，从而以先进性的导向推动道德建设的广泛性要求。社会主义核心价值观体现了当代中国的"最大公约数"，是当代中国发展的价值目标。以这一价值目标引领道德建设，引导人们正确处理国家、集体、个人之间的关系，对于确立社会全体公民普遍认同和自觉遵守的行为准则，推动公民更加自觉和主动地加强道德自律、规范道德行为具有重要的促进作用。

第二，将社会主义核心价值观融入市民公约、乡规民约、学生守则等日常行为规范。行为规范是社会群体或个人在现实生活中根据人们的需求、好恶、价值判断而逐步形成和确立的规则与准则的总称，对全体成员具有引导、规范和约束的作用。市民公约、乡规民约、学生守则是日常生活行为规范的重要内容，发挥社会主义核心价值观的引领作用，推动其转化为人们日常的生活遵循，需要将社会主义核心价值观的基本理念与基本要求融入市民公约、乡规民约、学生守则之中。市民公约是指城市市民自发制定的用于调整社会关系并能够自觉遵守、自我管理、自我约束、自我监督的规则。由于是由人民群众直接参与制定和实施的，市民公约具有灵活性、自主性、明确性的特点。在充分尊重公民选择自由与自愿的原则下，市民公约的制定过程比较开放，制定的内容比较灵活，目的宗旨比较明确，因而在群众的认可度上相对也比较高。推动社会主义核心价值观融入市民公约，有利于借助市民公约具有的广泛群众基础，增强公民对社会主义核心价值观的认同。乡规民约是指乡民共同约定遵守的，以突出乡民的自我教育、自我劝诫和自我约束为特点的行为规范。从历史发展来看，乡规民约分为传统与现代两类。传统的乡规民约根源于古代中国乡土社会的自治形态，是村民在长期的生产和生活过程中自然形成的行为规范。现代乡规民约是依据《中华人民共和国村民委员会组织法》的规定，由村委会或村民大会制定，村民自我管理、自我教育、自我服务的具有自治性质的行为规范。无论是传统还是现代，乡规民约都是乡村伦理道德建设的主要方式与载体，对乡村伦理道德建设具有重要作用。在社会主义新农村背景下，乡规民约建设要以社会主义核心价值观为引领，结合新农村建设的目标与农村伦理道德建设的现实状况，剔除传统乡规民约的糟粕，赋予新的时代内涵，倡导新时代、新农村的新风尚，彰显社会主义新农村精神文明建设的新气象。学生守则是学生在日常学习、生活中必须遵守的行为准则，是对学生进行思想品德教育的一个重要依据。从历史发展来看，我国古代在战国时期齐稷下学宫的学则《弟子规》就是针对学生受业、对客、洒扫等仪节的规则。宋代朱熹的《训学斋规》也详细规定了学生在衣服、冠履、语言、步趋、读书、写字等方面应遵守的规则。新中国成立以后，教育部制定和颁发了社会主义时期的学生守则，并随着改革开放的实践进行补充和修改。学生守则对于指导学生德、智、体、美、劳全面发展，培养学生良好的道德习惯和文明行为，具有重要的现实意义。社会主义核心价值观的培育要从娃娃抓起，推动社会主义核心价值观融入学生守则的制定和实施，能够结合学生的实际，根据学生的身心发展特点，让学生在日常的学习和生活中，通过遵守学生守则的具体要求，自觉践行社会主义核心价值观。

第六章 社会主义核心价值观引领文化
建设的机制构建

培育和践行社会主义核心价值观并不是简单的几个工作任务，而是一个复杂的"系统工程"①。以社会主义核心价值观引领文化建设，需要构建一系列的机制，推动社会主义核心价值观引领作用的规范化与制度化，为社会主义核心价值观转化为文化治理效能提供机制保障。

所谓"机制"，从词源上考察，源于希腊文，是指机器的构造与工作原理。将"机制"应用于社会领域，对应产生的是社会机制，是指为保证社会有机体协调运行，以一定的运作方式把其基本要素构成联系起来，以形成一系列的运作方式和体系。机制存在的前提是事物各个部分的存在，并以一定的运作方式协调事物各个部分之间的关系。在任何一个系统中，拥有了起着基础性和根本作用的良好机制，就可以针对外部条件发生的变化迅速作出反应，自动地调整系统内部之间的计划和策略，以最终实现最优化的目标。制度与体制是建立机制的重要载体。制度是个人之间交往的产物，是人的存在方式和发展方式。正如马克思所指出的，制度是建立在一定社会生产力发展水平基础上，调整交往活动主体之间以及社会关系的规范体系。② 体制则是制度具体的表现形式和实施形式，是管理经济、政治、文化等社会生活各个方面事务的具体体系。因此，机制构建和转换的基础是建立或改革相应的制度和体制，是一项涉及相应制度和体制变更及调整的复杂系统工程。社会主义核心价值观引领文化建设的实现机制，是指在社会主义文化建设中，社会主义核心价值观作为占主导地位的价值观，其引领作用的发挥需要内部与外部各个构成要素按照一定的规律与机理，相互协调、相互作用而构成的一个

---

① 刘奇葆：《在全社会大力培育和践行社会主义核心价值观》，《党建》2014 年第 4 期，第 13 页。

② 中共中央马克思恩格斯列宁斯大林著作编译局 马克思恩格斯著作翻译室编《马克思恩格斯列宁斯大林论政治和政治制度》（上册），群众出版社，1983，第 14~15 页。

系统的、动态的运作范畴。当前，要从组织实施、宣传工作、教育引导、榜样示范、实践养成、考核评价等方面，构建社会主义核心价值观引领文化建设的实现机制，协调各个机制之间的相互关系及其发挥作用的内在机理，形成推进社会主义核心价值观发挥引领作用的"合力"。

第一节　社会主义核心价值观引领文化建设的组织实施机制

马克思在《哥达纲领批判〈给威·白拉克的信〉》中指出："一步实际运动比一打纲领更重要。"① 将理论转化为实际行动，在具体实践中全面分析发挥社会主义核心价值观引领作用的基本要素，科学制定实施方案，建立科学有效的组织领导与实施机制，是实现社会主义核心价值观引领文化建设的前提。

一　全面分析发挥社会主义核心价值观引领作用的基本要素

社会主义核心价值观引领作用的发挥，是一个复杂的系统活动，需要全面分析其主体要素、客体要素、介体要素、载体要素、环体要素的主要内容，并进一步深入探索各个要素相互作用、相互配合的基本规律与内在机理。

（一）主体要素

作为社会主导价值观，社会主义核心价值观具有相对独立性，但没有主观能动性，故而不能原始地主动作用于被引领者，需要借助具有主观能动性的人或由人组成的群体施加外力作用。因此，社会主义核心价值观引领作用的发挥有两个主体。一个是实施和推动社会主义核心价值观引领作用发挥的行为主体，即施引者，一般是进行社会主义核心价值观教育的教育工作者或是从事社会主义核心价值观建设的相关群体或个人。另一个是作用主体，即社会主义核心价值观自身。社会主义核心价值观发挥引领作用既是一个施引者实施、推动的现实实践，也是一个社会主义核心价值观与被引领者之间相互影响、互动的过程。施引者通过

---

① 《马克思恩格斯文集》第 3 卷，人民出版社，2009，第 426 页。

有效的实践活动，推动社会主义核心价值观发挥引导被引领者向着既定方向发展与前进的作用，使社会主义核心价值观自身与被引领者"互相磨合、运动发展"，最终带动被引领者的发展。关于行为主体与作用主体，二者不可相互替代或混为一谈。一方面，行为主体推动社会主义核心价值观作用于被引领者固然重要，但只有在社会主义核心价值观能够引领该被引领者的情况下，行为主体才具有实效。另一方面，作用主体能够真正发挥引领作用，给予被引领者方向引导，带动其发展，需要借助行为主体适当的外力推动，社会主义核心价值观引领作用的发挥离不开行为主体的推动。另外，行为主体的构成主要是人，作用主体指代社会主义核心价值观本身，二者有着本质的区别，不可混为一谈。

（二）客体要素

客体要素，即被引领者，被引领者是社会主义核心价值观引领作用发挥中各项具体实践的依托者。当前，国民教育、精神文明创建、社会思潮、文化建设、社会心态等对象均是社会主义核心价值观引领作用发挥的客体要素。被引领者与行为主体共同构成社会主义核心价值观引领作用发挥中的重要范畴，没有被引领者的参与，也就没有社会主义核心价值观引领作用的发挥。但必须强调，无论是行为主体还是作用主体，在实践运动中均具有自身的主体性，被引领者在社会主义核心价值观发挥引领作用的具体实践活动中，具有相对独立性，在一定程度上影响着社会主义核心价值观引领作用发挥中的引领目标、引领内容、引领载体形式、引领活动方式等。因此，在社会主义核心价值观引领作用发挥中，需要根据不同被引领者呈现的不同特征，灵活制定活动方案，以提高社会主义核心价值观引领作用发挥的针对性与实效性。

（三）介体要素

介体要素，即在社会主义核心价值观引领作用发挥中，施引者用来推动社会主义核心价值观发挥引领作用的各种实践方式和手段，诸如引领目标与引领内容、引领方式与方法等。引领目标与引领内容是开展社会主义核心价值观引领活动的主要依据，决定社会主义核心价值观引领作用要达到的目标与具体实践活动内容的开展。引领方式与方法是确保社会主义核心价值观引领的实践活动顺利开展，引领作用切实发挥并取得成效的基本条件与保证，是影响引领作用实际效果的重要因素。在社会主义核心价值观引领作用发挥过程中，介体要素是连接行为主体与被引领者的纽带和桥梁，行为主体与被引领者只有借助一定的形式才能实现有效互动，只有依托明确的引领目标与内容，借助正确的引领方式，才能有效发挥社会主义核心价值观的引领作用，带动被引领者的发展。

（四）载体要素

载体要素，即指能够承载、传导社会主义核心价值观因素，能够为行为主体所运用，且主客体可借此相互作用的一种社会主义核心价值观引领作用发挥的活动形式。[①] 载体要素主要包括管理载体、活动载体、文化载体与大众传媒载体四大类。

第一，社会主义核心价值观引领作用发挥的管理载体，即以管理为载体，寓社会主义核心价值观及其引领内容于管理之中，并与管理手段相配合，以达到引领被引领者、促进被引领者发展进步的目的。[②] 例如，将社会主义核心价值观纳入具体的国民教育细则或条例，融入具体的教育学科管理、教师管理等方面，并在实施具体的管理办法过程中以社会主义核心价值观为指导，体现社会主义核心价值观内容，进而在持续推进中达到引领国民教育更好发展，潜移默化影响教育工作者思想道德素质、工作行为规范等目的。

第二，社会主义核心价值观引领作用发挥的活动载体，即以各类活动为载体，行为主体有意识地开展各种活动，使被引领者在活动中感受并自觉接受和认同社会主义核心价值观。例如，在社会主义核心价值观引领国民教育中，通过举办社会主义核心价值观主题教育、理论宣讲活动、实践考察活动及相关新媒体宣传教育活动，以提高受教育者对社会主义核心价值观的普遍认同与接受，并将其内化为道德准则与行为规范，进而引领受教育者思想观念、心理心态的发展。

第三，社会主义核心价值观引领作用发挥的文化载体，即以文化为载体，行为主体充分利用各种文化产品或作品，并将社会主义核心

---

① 陈万柏、张耀灿主编《思想政治教育学原理》（第3版），高等教育出版社，2015，第239页。

② 陈万柏、张耀灿主编《思想政治教育学原理》（第3版），高等教育出版社，2015，第244页。

价值观内容寓于文化建设、传播等过程之中，以此影响人、感染人，以达到提高被引领者的思想道德素质、凝聚被引领者的思想道德共识的目的。① 例如，在社会主义核心价值观引领精神文明创建过程中，将社会主义核心价值观创造性转化、创新性运用于文艺作品中，积极鼓励影视传媒从业者通过打造高质量影视精品、文化综艺，将社会主义核心价值观融入影视综艺活动之中并以其为核心价值导向，最终达到以文化人、以文育人的作用，促使广大人民群众在充满正能量的文化氛围中自觉传播、践行社会主义核心价值观。

第四，社会主义核心价值观引领作用发挥的大众传媒载体，即以大众传媒为载体，行为主体通过各种大众传媒工具向广大人民群众传播社会主义核心价值观，使广大人民群众在使用大众传媒时接受和认同并践行社会主义核心价值观，实现社会主义核心价值观引领作用的发挥。② 例如，通过报纸、电视媒体等传统大众传媒，微博、微信等 App，各大主流媒体网站及其他新型交互平台等新兴大众传媒，有周期、有频率、有针对性地传播社会主义核心价值观的内容与信息，使人民群众在潜移默化中自觉接受和践行社会主义核心价值观，以社会主义核心价值观引领精神文明建设与人民文明素养的提升。

（五）环体要素

环体要素，即社会主义核心价值观引领作用发挥的环境要素，具体指对社会主义核心价值观引领的具体实践活动及其引领作用产生影响的一切外部因素的总和。③ 影响社会主义核心价值观引领作用发挥的环境是一个系统，包含多层次因素，根据不同的标准可划分为不同的类型。从性质上划分为良性环境与恶性环境，良性环境促进社会主义核心价值观引领作用的发挥，恶性环境则阻碍其引领作用的发挥。从覆盖范围上划分为宏观环境与微观环境，宏观环境是指对社会主义核心价值观引领

---

① 陈万柏、张耀灿主编《思想政治教育学原理》（第 3 版），高等教育出版社，2015，第253 页。

② 陈万柏、张耀灿主编《思想政治教育学原理》（第 3 版），高等教育出版社，2015，第257 页。

③ 陈万柏、张耀灿主编《思想政治教育学原理》（第 3 版），高等教育出版社，2015，第101 页。

作用发挥的全员全过程产生影响的因素，具体包括经济环境、政治环境、文化环境、大众传播环境，特别是在当今大数据时代，互联网网络环境也日益成为影响社会主义核心价值观引领作用发挥的重要宏观环境；微观环境是指对社会主义核心价值观引领作用发挥的实践活动产生直接影响的具体环境因素，包括家庭环境、学校环境、社会组织环境、社区环境、同辈群体环境等。同时，在发挥社会主义核心价值观引领作用的过程中，要正确认识马克思主义关于人与环境的关系理论。一方面，人与环境在实践中互相创造。"人创造环境，同样，环境也创造人。"① 环境能够影响人、制约人的活动，人的实践可以改变环境。另一方面，人的活动与环境的改变统一于实践。人与环境的相互改造离不开具体的实践，只有在实践中人才能发挥主观能动性，改造环境的同时也改造自身。

二　科学制定发挥社会主义核心价值观引领作用的实施方案

科学制定发挥社会主义核心价值观引领作用的实施方案，是指行为主体为达到一定目标，根据社会主义核心价值观、施引者、被引领者及相关影响因素的实际情况，遵循一定的原则和程序，制定出最优实施方案的过程。② 制定科学的实施方案，必须遵循科学的方案制定逻辑。

（一）科学整合相关信息

科学制定发挥社会主义核心价值观引领作用的实施方案，要在正确分析社会主义核心价值观与被引领者的内在关系、客观分析发挥社会主义核心价值观引领作用的现实条件的基础上科学整合相关信息，一要系统整合相关信息，既要整合有关社会主义核心价值观引领作用发挥主体方面的信息，又要整合有关被引领者，如国民教育、精神文明创建等方面的信息，尤其是要整合关于行为主体与被引领者之间的内在关系、引领作用发挥的现实条件等方面的信息。二要具体分析相关信息。在信息系统整合的基础上，运用对立统一的方法客观分析相关信息，正确理解矛盾的普遍存在，准确抓住和分析主要矛盾及矛盾的主要方面，全面把

---

① 参见《马克思恩格斯选集》第 1 卷，人民出版社，2012，第 172～173 页。
② 陈万柏、张耀灿主编《思想政治教育学原理》（第 3 版），高等教育出版社，2015，第 138 页。

握社会主义核心价值观引领作用发挥的现实基础，深入探究发挥社会主义核心价值观引领作用存在的根本问题。需要特别强调的是，在科学整合信息的过程中，施引者要充分发挥主观能动性。分析归纳社会主义核心价值观引领被引领者的可能性与内在机理，结合实际深刻认识社会主义核心价值观与被引领者之间的关系问题，从社会主义核心价值观引领作用发挥的各方面系统分析原因，发现问题根源，对症下药，真正解决问题。只有充分掌握制定方案所需的相关信息，并全面认识和把握相关问题，才能为制定出科学合理的社会主义核心价值观引领方案奠定坚实的基础。

（二）科学确立方案目标

推动社会主义核心价值观引领作用的有效发挥，需要在科学整合相关信息的基础上科学确立方案目标。一要坚持立足现实需要。要深入分析社会主义核心价值观与被引领者发展的需要，分析社会主义核心价值观引领被引领者的可能性问题，这既是确定实施目标大小的关键，也直接关系到引领方案实施的可能性。二要坚持紧扣现实基础。不仅要认识相关社会现实条件，而且要分析社会主义核心价值观引领作用发挥的各要素的现实条件，在全面分析相关现实条件的基础上确定正确、科学、合理的方案目标。三要坚持具体性与可行性相统一。在确立方案目标时既要把握目标的具体性，又要把握目标的可行性；既要分清具体目标的主次轻重，又要注重目标实现的可能性；既要有具体的小目标逐步提升，又要有可行的大目标作最终方向的指引。四要坚持统一性与多样性相统一。把发挥社会主义核心价值观引领作用作为统一的最终目标，同时，由于被引领者的不同，要在最终目标统一的前提下制定有针对性的、多样的方案目标。

（三）科学制定高质量方案

高质量的社会主义核心价值观引领实施方案，应包括完整的方案框架、系统的实施阶段、明确的内容设计等。科学制定高质量方案，要做到以下三点。一要坚持实事求是原则，这是制定出高质量实施方案的前提。在制定高质量实施方案时，需要实事求是地把握社会主义核心价值观与被引领者的发展状况及内在联系、相关社会发展条件实际、引领作用发挥可能性，以及引领目标的要求，尽可能详细、全面地设计出系统的方案实施框架，并制定出切合实际的引领方案。二要遵循引领要求与被引领者发展之间保持适度张力的规律，这是制定出高质量实施方案的关键。引领要求与被引领者发展之间保持适度张力是指引领要求应适度高于被引领者的发展状况，保持社会主义核心价值观引领作用发挥的可能性空间。只有遵循此规律，才能更好地把握社会主义核心价值观与被引领者之间的关系、厘清被引领者的发展方向，进而制定出高质量的实施方案。三要坚守价值与效益最大化的标准。所谓价值最大化，即是看该方案是否能最大限度地发挥社会主义核心价值观的引领作用、达到引领目标的要求、带来最大的社会效果和影响力。所谓效益最大化，是指该方案的实施能否在最低程度损耗社会资源的基础上最大限度地实现引领目标、达到最大的社会效果。只有坚守此标准，才能在制定方案时综合考虑多方面因素，最终制定出高质量的方案。

三 建立社会主义核心价值观引领文化建设的监督机制与激励约束机制

以社会主义核心价值观引领文化建设，需要通过建立科学的监督机制与激励约束机制，强化责任、统筹协调与组织实施，有效推进社会主义核心价值观引领作用的发挥。

（一）加强责任落实，建立社会主义核心价值观引领作用发挥的监督机制

第一，要坚持科学的态度，贯彻实事求是的原则，加强对各级政府及相关文化部门坚持以社会主义核心价值观引领文化建设的考核评估，并将其作为领导干部考评的重要内容。科学考评机制的建立对于社会主义核心价值观引领作用的发挥，具有评价、调整与提升的重要作用。科学评价社会主义核心价值观引领的教育宣传、组织领导、实践养成与制度保障等问题，能够更直接、更具针对性地解决社会主义核心价值观引领作用发挥的现实问题。例如，在社会主义核心价值观引领的宣传教育上，是否真正立足群众生活，做到大众化、生活化；在社会主义核心价值观引领的组织领导上，是否坚持科学领导，各部门相互配合、齐抓共管；在社会主义核心价值观的制度建设上，是否建立了完善的相互促进的制度体系，为社会主义核心价值观引领作用的发挥提供制度保障等问题，都可以通过考评工作进行细致全面的考察，以得出符合实际情况的

客观结论。基于实事求是的考核评价，不断调整各级政府与文化部门发挥社会主义核心价值观引领作用的组织领导方式，有利于推动组织领导机制的科学化与民主化。

第二，要充分调动各方面的积极性，坚持"党委领导、政府负责、社会协同、公众参与"的原则，形成党委统一领导、相关部门各负其责、全社会积极参与的领导体系和工作机制。坚持以社会主义核心价值观引领文化建设，要以各级党委和政府为主导，充分发挥各个部门的领导作用，结合社会主义核心价值观引领作用发挥的动态发展情况，统一指挥，及时制定和调整相应政策，引导社会主义核心价值观更好地融入各个方面，并发挥引领作用。同时，要积极发挥各类人民团体与各类学校在弘扬和培育社会主义核心价值观过程中的基础作用，积极发挥各类社会组织在社会主义核心价值观融入人民日常生活中的传播作用，通过政府与各类社会组织相互配合与支持，形成增强社会主义核心价值观引领力的组织联动机制，从而提升引领作用发挥的实际效果。

第三，要健全监督引导机制，通过采取多种方法，对社会主义核心价值观引领文化建设进行全方位的有效监督与引导。各级行政执法部门，要树立鲜明的价值导向，通过严格执法、公正执法、文明执法，对于各种有悖于社会主义核心价值观的行为予以教育和处罚，并积极回应社会关切、人民关心的现实利益问题，为社会主义核心价值观引领作用的发挥提供有效的制度保障与政策支持。各级政府相关部门要建立科学的社会主义核心价值观引领作用发挥的监测反馈机制，通过收集影响社会主义核心价值观引领力的相关信息资料，认真研究出现的新情况、新问题，为进一步加强与推动社会主义核心价值观引领作用发挥的效果提供科学合理、切实可行的对策建议。要加强对社会舆论与新闻媒体的监督与引导，引导社会舆论与新闻媒体积极传播和弘扬社会主义核心价值观，批评和抵制各种有悖于社会主义核心价值观的思想观念和行为，从而形成强大的社会舆论监督，为社会主义核心价值观引领文化建设营造良好的社会氛围。

（二）发挥合力，建立社会主义核心价值观引领作用发挥的激励约束机制

社会主义核心价值观对于人们的思想观念与行为习惯具有引导、评价和规范的作用。社会主义核心价值观所倡导的价值理念与基本要求，影响着人们的价值选择，对人们的价值行为起着鼓励或约束的作用。然而在社会转型期，由于各种价值观念、各种思想文化呈现交织交融、相互竞争与碰撞的特点，加之社会主义核心价值观作为一种社会意识形态，其引领作用的发挥并不具有自发性，因而需要借助有效的激励约束机制，通过发挥多方"合力"作用，推动社会主义核心价值观引领作用的有效发挥。

所谓激励约束，是指激励约束主体根据一定的目标与行为规律，通过各种方式，激励和规范人的行为，使人们朝着激励约束主体所期望的目标前进的过程。激励约束主体、客体、方式、目标和环境条件是激励约束的五个基本要素。就激励约束方式而言，激励方式主要包括物质激励、精神激励，约束方式主要包括行业内部约束、行政约束、法律约束、市场约束等。激励约束机制是指在组织系统中为了更加充分有效地发挥各个构成要素的积极性，激励约束主体采取各种方式和手段，与激励约束客体之间相互作用、相互制约关系的总称。其中，"激励机制"是激励主体运用多种激励手段，与激励客体相互作用、相互制约的结构、方式、关系及演变规律的总称。在激励主体与激励客体互动的过程中，通过激励主体与激励客体之间的双向交流、各自选择行为、阶段性评价、年终评价与奖酬分配、比较与再交流等运行步骤，形成全过程激励运行模式。通过上述运行模式，实现激励机制对于激励客体的某种符合组织期望的行为产生反复强化、不断增强的作用。"约束机制"是指为规范组织成员行为，经法定程序制定和颁布执行的具有规范性要求、标准的规章制度和手段的总称。关于约束机制，从产生形成的角度来看，分为外生性约束机制与内生性约束机制两种。由于激励机制与约束机制各自发挥着不同的功能与作用，在实践中通常将二者结合起来，相互配合、相辅相成，共同发挥作用，从而在实践中更好地调动和发挥人们的积极性。

建立社会主义核心价值观引领文化建设的激励约束机制，需要以政策为导向，在充分发挥政策导向和调节作用的基础上，采取多种方式和手段，积极发挥激励约束机制在社会主义核心价值观引领文化建设具体实践中的重要作用。一方面，要采取多种激励方式，激励各行各业的文化工作者运用舞台艺术、影视手法、文体创作等多种途径积极宣传传播符合社会主义核心价值观基本要求的先进典型与先进事迹，从而营造社会主义核心价值观人人认同、人人践行的良好社会氛围。同时，要将社会主义核心价值观的激励机制融入各类文明创建活动，将社会主义核心价值观的基本要求融入各类活动创建、评比、推广的基本内容与基本标准。在深入挖掘不同社会阶层与群体的奉献精神与崇高品德的基础上，科学、合理地将其与社会主义核心价值观的基本要求有机融合，增强社会主义核心价值观宣传的现实性与生动性，进而强化社会主义核心价值观的引领力、亲和力和凝聚力。另一方面，要建立社会主义核心价值观引领作用发挥的约束机制，以法制约束为主、各类规范约束为辅，在有效建立健全并有效落实社会主义核心价值观入法入规的基础上，既加快推进重点领域相关立法、以重点突破带动整体推进，又按照社会主义核心价值观要求，推动地方性法规、地方性政府规章、自治州县的自治条例和单行条例以及相关各类规范的制定完善。对于背离社会主义核心价值观的思想观念与行为，要坚持实事求是的原则，根据实际情况具体分析，采取舆论批判、批评教育和强制矫正等不同的方法加以约束，以引导和规范人们坚持正确的价值选择与行为选择。构建完善的社会主义核心价值观引领文化建设的激励约束机制，以公正的褒奖或惩戒，对奉行或背离社会主义核心价值观的行为主体进行正向激励或负向惩戒，能够激发人们在理性自觉的基础上发挥其价值判断和价值选择的主观能动性，形成对于社会主义核心价值观的认同心理和自律心理，能够激发人们坚持正确价值判断的自觉性和主动性，使其真正从内心认同社会主义核心价值观，并自觉转化为行为实践，从而巩固社会主义核心价值观的主导地位，为其引领作用的发挥奠定群众基础。此外，构建社会主义核心价值观引领作用发挥的激励约束机制，不仅要发挥激励机制与约束机制的合力，还要充分发挥广大人民群众以及相关组织机构的合力。现实的人以及由人组成的相关组织机构，既是构建完善的激励约束机制的重要主体，也是社会主义核心价值观引领文化建设的重要主体力量，因而在推动社会主义核心价值观引领文化建设实践的过程中要充分尊重人的主体地位，充分发挥人的主动性与创造性，凝聚广大人民群众的合力，为推动社会主义核心价值观引领作用的发挥注入强大力量。

第二节　社会主义核心价值观引领文化建设的
宣传工作机制

马克思指出："理论只要彻底，就能说服人［ad hominem］。所谓彻底，就是抓住事物的根本。"① 坚持社会主义核心价值观引领文化建设，需要以体现时代发展特征、科学有效的宣传引导机制为依托。构建社会主义核心价值观引领文化建设的宣传工作机制，要在遵循宣传思想工作的基本规律和时代特点的基础上，加强党对宣传工作的领导、管好用好宣传阵地、创新宣传工作、落实宣传工作责任制，推动宣传主体、宣传客体、宣传介体等各个要素发挥作用并相互配合、联合互动。

一　加强新时代宣传思想工作的规律探索与责任落实

发挥社会主义核心价值观对文化建设的引领作用，要深入探索新时代宣传思想工作的基本规律，加强党对宣传思想工作的领导，不断创新宣传思想工作的手段与方法，增强社会主义核心价值观宣传引导的生动性与吸引力。

第一，加强党对宣传思想工作的领导。习近平总书记指出："要加强党对宣传思想工作的全面领导，旗帜鲜明坚持党管宣传、党管意识形态。"② 做好社会主义核心价值观的宣传引导工作仅靠宣传思想部门是不够的，必须全党动手③，加强党对社会主义核心价值观宣传引导工作的领导，这是发挥社会主义核心价值观引领作用的政治保障。一方面，各级党委和领导干部要把社会主义核心价值观的宣传引导工作切实抓起来，负起政治责任和领导责任，加强对宣传思想领域重大问题的分析研判，带头抓好社会主义核心价值观宣传引导工作，带头管理本地区本部门的相关工作内容。另一方面，各级党委要加强作风建设，坚决纠正"四

① 《马克思恩格斯文集》第 1 卷，人民出版社，2009，第 11 页。
② 参见《习近平谈治国理政》第 3 卷，外文出版社，2020，第 314 页。
③ 参见中共中央文献研究室编《习近平关于社会主义文化建设论述摘编》，中央文献出版社，2017，第 32~33 页。

风"，要注重同人民大众建立良好沟通关系，及时听取各方意见或反馈，做到上情下达、下情上传。

第二，探索新时代宣传思想工作的新规律。新时代中国共产党不断深化对宣传思想工作的规律性认识，提出"坚持提高新闻舆论传播力、引导力、影响力、公信力，坚持以人民为中心的创作导向，坚持营造风清气正的网络空间，坚持讲好中国故事、传播好中国声音"①。当前，加强社会主义核心价值观的宣传引导，要管好用好宣传思想阵地。一要利用好"红色地带"。顺应主流媒体和网上正面力量的运营模式，最大限度地发挥其宣传优势，强化社会主义核心价值观引领的正面引导作用。二要治理好"黑色地带"。既要勇于介入，通过法制手段和潜移默化的影响逐步推动其向"红色地带"转变，又要敢于正面应对否认、弱化社会主义核心价值观引领作用的一切言行，在批判中强化社会主义核心价值观引领作用的影响。三要引导好"灰色地带"。既要加强社会主义核心价值观引领作用的研究，避免因理论研究不足带来模糊引导的问题，又要加强正面引导工作，加快使其转化为"红色地带"，防止其向"黑色地带"转变。

第三，推进宣传思想工作的创新。加强社会主义核心价值观的宣传引导，要善于运用信息革命成果，在推动媒体融合向纵深发展、做大做强主流舆论的基础上，"重点要抓好理念创新、手段创新、基层工作创新"②。理念创新，就是要保持思想的敏锐性和开放度，打破传统的宣传思维定式，从增强价值共识、情感共鸣角度打开社会主义核心价值观宣传引导工作新局面。手段创新，就是要适应新时代新变化，加快媒体融合创新发展，占领信息传播制高点，提高社会主义核心价值观宣传引导的实效性。基层工作创新，就是要把社会主义核心价值观宣传引导创新的重点放在基层一线，真正根据基层的不同情况、特点，创新性开展具体深入的宣传引导工作，为社会主义核心价值观引领作用的发挥奠定基础。社会主义核心价值观是全体中国人民价值观的"最大公约数"，抓好理念创新、手段创新、基层工作创新以推动社会主义核心价值观的宣

---

① 《习近平谈治国理政》第3卷，外文出版社，2020，第311页。
② 中共中央文献研究室编《习近平关于社会主义文化建设论述摘编》，中央文献出版社，2017，第31页。

传引导工作，有利于凝聚繁荣发展中国特色社会主义文化的价值共识，为实现第二个百年奋斗目标提供强大精神力量和舆论支持。

第四，强化宣传思想工作的责任落实。习近平总书记指出，做好新形势下宣传思想工作，必须"自觉承担起举旗帜、聚民心、育新人、兴文化、展形象的使命任务"[①]。统一思想、凝聚力量，是中国共产党在社会主义现代化建设新征程中抓好宣传思想工作的中心环节。当前，实现中华民族伟大复兴，更加需要全党全国人民坚定自信、同心同德、团结奋斗。社会主义核心价值观集中体现了当代中国精神，凝结了广大中国人民共同的价值追求，必须强化社会主义核心价值观宣传引导工作的责任落实，坚持以立为本、立破并举，不断增强社会主义意识形态的凝聚力和引领力。强化社会主义核心价值观宣传引导工作的责任落实，一要落实谁主管谁主办和属地管理，防止主管领导干部及主办地区的无作为、不作为，防止给错误思想观点传播提供渠道；二要落实责任清单制度，对主管单位的主体责任、主要负责人的第一责任、领导班子成员"一岗双责""党政同责"等作出明确规定并严格执行；三要落实宣传引导情况报告制度，分季度定期书面汇报社会主义核心价值观宣传引导工作落实情况，分年限不定期整合汇报落实情况，还要落实宣传引导的巡视整改制度，灵活开展不同形式的巡视监察，加强对宣传引导工作的监督管理，保障宣传引导工作的切实开展。

二　创新社会主义核心价值观引领文化建设的宣传方式

坚持以社会主义核心价值观引领文化建设，需要加强社会主义核心价值观宣传方式方法的创新，为发挥社会主义核心价值观的引领作用提供重要依托。

第一，提升宣传主体的专业化。当前，在社会转型期，社会价值观呈现多样化的特点，意识形态领域的斗争呈现复杂化的特征。在全面开启社会主义现代化建设的新征程中，市场经济的深入发展、社会环境的深刻变化、国际文化竞争的日趋激烈等现实情况，给我国宣传思想战线带来严峻的挑战。增强社会主义核心价值观的引领作用，需要借助宣传

[①] 《习近平谈治国理政》第 3 卷，外文出版社，2020，第 310 页。

思想工作将社会主义核心价值观的基本要求渗透到社会的各个方面和各个环节，融入民众的日常生活，以发挥其对社会各领域发展的价值引领作用。因此，提升宣传思想工作人才队伍的专业素养，形成一批综合素质较高的宣传思想工作人才队伍，是增强社会主义核心价值观引领力的关键。习近平总书记在全国宣传思想工作会议上指出，要"努力打造一支政治过硬、本领高强、求实创新、能打胜仗的宣传思想工作队伍"①，建立一支高素质、强能力、精业务的宣传思想工作人才队伍，能够为发挥社会主义核心价值观的引领作用提供理论支撑和抢占舆论阵地。其一，要通过构建以政府为主导，鼓励社会组织、民间、个人积极参与的多元人才投入机制，推动宣传思想工作人才队伍投入的社会化。其二，要通过构建人才培养计划完善、教育培训资源布局合理、人才队伍培训分工明确与功能完备的全方位、多层次的宣传思想工作人才队伍的培训机制，增强宣传思想工作人才队伍培训的实效化。其三，要通过构建以鼓励劳动和创新为导向，以为宣传思想工作人才提供良好发展平台、营造"尊重劳动，尊重知识，尊重人才，尊重创造"的良好氛围为目的宗旨的宣传思想工作人才队伍的激励机制，调动宣传思想工作人才队伍的积极性。通过上述相关机制的建立健全，培养一批具有扎实理论功底的高素质马克思主义理论人才队伍；培养一批具有丰富的传播专业知识、善于运用现代传媒和各种传播方法与技巧，传播社会主义核心价值观的理论宣传家；培养一批善于运用生动形象、通俗易懂文艺形式创作优秀文化作品，并在实际生活中能自觉地认同和践行社会主义核心价值观的文艺工作者。通过打造一支高素质、强能力、精业务的社会主义核心价值观宣传思想工作人才队伍的重要举措，为切实有效地推动社会主义核心价值观引领作用的发挥提供人才保证。

第二，增强宣传内容的大众化和生活化。在社会主义核心价值观被广大人民群众掌握和理解的过程中，大众化与生活化是关键。首先，需要社会主义核心价值观宣传内容的大众化与生活化，即需要将社会主义核心价值观的宣传内容与日常生活实际相结合，形成符合时代发展特点、易于被人民群众理解的大众化、生活化内容。一是在实践基础上推动社

---

① 《习近平谈治国理政》第 3 卷，外文出版社，2020，第 315 页。

会主义核心价值观宣传内容的时代化，增强社会主义核心价值观的吸引力和感召力。"没有革命的理论，就不会有革命的运动"①，理论创新是实现其他一切创新的前提和基础。在实践基础上推动社会主义核心价值观宣传内容的创新，要结合时代特征和积极借鉴西方优秀文明成果，使宣传内容更加富有鲜明时代特征；要与民族区域文化相结合，以独具民族特色的区域文化精神推动人民群众形成对社会主义核心价值观认知的基本共识；要扎根人民群众丰富多彩的实践，密切关注人民群众的实际，推动社会主义核心价值观宣传内容贴近生活、贴近群众和贴近实际，不断增强社会主义核心价值观的生命力和影响力。二是不断增强社会主义核心价值观宣传内容的大众化、生活化与通俗化。社会主义核心价值观的宣传需要结合时代发展，根据人民群众的现实需要，不断推进宣传内容的与时俱进，以易于广大人民群众的接受和理解。正如列宁所强调的："最高限度的马克思主义 =（Umschlag）最高限度的通俗化。"② 一方面，要将社会主义核心价值观宣传内容与广大人民群众的日常生活结合起来，使社会主义核心价值观宣传内容贴近百姓生活实际，满足人民需要，让人民群众在日常生活中感受到社会主义核心价值观的理论精髓，从而凝聚共识、汇聚力量；另一方面，要善于运用生动具体的事例宣传社会主义核心价值观，运用与广大人民群众密切相连的、广大人民群众高度关注的现实问题增强宣传效果，增强人民群众对社会主义核心价值观的情感认同；另外，还要结合广大人民群众的生活实际，赋予社会主义核心价值观基本内容以通俗的表达，推动社会主义核心价值观话语向大众化、通俗化话语转化，以增强人民群众对社会主义核心价值观的理解。

第三，推动宣传方式的多样化和时代化。当前，中国社会正处于全面深化改革的关键时期、重大的社会转型时期，各种思想观念相互激荡，快速、多元的发展使人们在生活方式、行为习惯等方面发展的差异性不断增大。在这种背景下，要有效地宣传社会主义核心价值观，必须结合时代发展的特点和要求，不断丰富宣传方式、不断探索宣传方式的与时俱进。一是要推动社会主义核心价值观宣传方式的多样化。在世界信息

---

① 《列宁选集》第1卷，人民出版社，2012，第153页。
② 《列宁全集》第36卷，人民出版社，1959，第468页。

化迅猛发展的大背景下，社会主义核心价值观的宣传要充分发挥现代传媒的影响和作用，积极利用互联网、现代通信等信息工具，构建传输快捷和开放互动的社会主义核心价值观传播体系，以实现社会主义核心价值观传播的立体化和现代化；充分利用生动化、大众化的影视综艺、歌曲艺术、舞台表演等多种载体，把抽象的社会主义核心价值观理论形象化、通俗化，使社会主义核心价值观走进人民群众的现实生活、走进人民群众的心中，有效增强社会主义核心价值观的吸引力和感召力。运用丰富多元的宣传途径，能够推动社会不同群体从不同视角认知和接受社会主义核心价值观，并在日常生活中逐渐形成明确的价值取向，在潜移默化的影响中实现对社会主义核心价值观的认同并将其转化为自身的价值实践。二是要推动社会主义核心价值观宣传方式的时代化。增强社会主义核心价值观宣传的效果，要通过创设符合时代发展特征的宣传新载体，为社会主义核心价值观营造良好的舆论氛围。要在充分利用报刊、书籍、广播、电视等传统载体的基础上，积极发挥微博、微信、主流网站、各大视频传播平台以及其他新兴媒体的传播作用，借助新兴媒体具有的影响力大、覆盖面广、受众多、传播速度快、互动频繁等特征，提升社会主义核心价值观宣传的便利性、丰富性与生动性。三是在全媒体时代，要构建协同高效的全媒体传播体系，增强社会主义核心价值观的传播力与影响力。推动媒体融合发展、建设全媒体是摆在我们面前的一项紧迫课题。由于不同的传播媒介具有不同的传播特点和传播规律，传播媒介所具有的差异性，可以服务于不同的宣传对象，产生不同的宣传效果。因此，社会主义核心价值观的宣传，要因势而谋、应势而动、顺势而为，牢牢抓住媒体融合发展的良好机遇，根据传播对象和传播内容的要求，在统筹处理传统媒体和新兴媒体、主流媒体和商业平台关系的基础上，打造并形成资源集约、协同高效的社会主义核心价值观全媒体传播体系，以达到对社会主义核心价值观全方位、立体化传播的效果，从而增强社会主义核心价值观宣传的广度、深度和力度，为发挥社会主义核心价值观引领作用营造良好的舆论氛围。

第四，推动宣传引导的制度化和常态化。发挥社会主义核心价值观的引领作用是一项复杂的系统工程，需要强化社会主义核心价值观宣传引导的制度化与常态化建设。一方面，要推动社会主义核心价值观宣传引导的制度化，在政府主导下，构建统一领导、分级管理、分工负责、全面协调的工作机制，把社会主义核心价值观的宣传引导纳入各级政府工作的重要任务和内容。一是要加强各级政府对社会主义核心价值观宣传引导的科学领导。通过建立专家咨询决策机制，开展多渠道和多种形式的征求意见、建议，增强决策的科学性，确保各级政府对社会主义核心价值观宣传引导工作的领导具有连续性、针对性与实效性，各级政府能够根据时事的变化与形势的发展，适时调整领导决策的战略部署，以推动社会主义核心价值观的宣传引导工作有序进行。二是要加强各级政府对社会主义核心价值观舆论宣传的引导与管理。通过建立相应制度机制，加强相关部门对新闻媒体、网络平台的管理，加强对新型文化产业的引导，以保障新闻媒体与网络平台在传播社会主义核心价值观的过程中发挥主渠道的作用，推动新型文化形态和产品成为培育社会主义核心价值观的新平台和载体。三是要通过建立社会主义核心价值观宣传引导的投入保障机制，为社会主义核心价值观的宣传引导奠定物质基础。各级政府要通过加大经费投入，以政府主导为前提，运用政策导向，积极开拓其他渠道，建立多元化、社会化的社会主义核心价值观宣传引导经费筹集机制，为社会主义核心价值观的宣传引导提供财政保障，为社会主义核心价值观宣传引导的基础设施建设与载体建设提供物质支持。四是要构建社会主义核心价值观宣传引导工作的监督与考评机制。要运用科学方法对社会主义核心价值观宣传引导工作的标准、运行状况、效果进行测评和监督，要通过建立社会主义核心价值观宣传引导的绩效评估专家团，对社会主义核心价值观宣传引导工作的实际效果进行科学评估，并从中总结经验与不足，以不断调整社会主义核心价值观宣传引导工作的具体举措，提升社会主义核心价值观宣传引导工作的实效性。

另一方面，要推动社会主义核心价值观宣传引导的常态化。从发生学的角度来看，作为社会意识形态的集中表现，社会主义核心价值观产生于物质生产实践。社会主义核心价值观的宣传引导要立足现实社会实践，关注不同阶层、不同群体的现实生活与基本利益诉求。正如列宁所强调的："少来一些政治空谈。少发一些书生的议论。多深入生活。"①

---

① 《列宁专题文集·论社会主义》，人民出版社，2009，第137页。

邓小平也指出，"群众从事实上感觉到党和社会主义好，这样，理想纪律教育，共产主义思想教育和爱国主义教育，才会有效"①。因此，只有推动社会主义核心价值观宣传引导的常态化，将宣传引导与人民群众最关心、最直接、最现实的利益问题相结合，才能够真正实现社会主义核心价值观被人民群众广泛认同与接纳，才能切实发挥其引领作用。推动社会主义核心价值观宣传引导的常态化要做到以下三点。一要借助多样化的宣传手段，将社会主义核心价值观的基本理念与精神内涵进行生动、立体的宣传，让人民群众感受到社会主义核心价值观的基本理念与精神内涵并不是玄奥的理论，而是现实生活中最为简单朴素的真理。二要利用各种时机，将社会主义核心价值观的宣传引导融入重大纪念日、民族传统节日以及例行的升旗仪式、政治学习等日常活动中，让人民群众在日常生活体验中产生强烈的情感共鸣。三要采取多种表现形式，将社会主义核心价值观的宣传引导融入各行各业的规章制度、市民公约、乡规民约、学生守则等之中，让各个行业的人民群众在日常生活、工作和学习的实践中，加深对社会主义核心价值观的认知，并逐渐将社会主义核心价值观所倡导的基本理念作为自觉践行的行为准则和价值规范。

第三节　社会主义核心价值观引领文化建设的
教育引导机制

发挥社会主义核心价值观对文化建设的引领作用，要以系统的教育引导机制为基础，将社会主义核心价值观纳入国民教育总体规划、融入国民教育全过程，有效发挥各类阵地教育联动作用，以凝聚社会主义核心价值观的教育"合力"。要以学校思想政治理论课为主渠道、主阵地，落实立德树人根本任务，统筹推进大中小学价值观教育一体化建设，推动社会主义核心价值观进教材、进课堂、进学生头脑，发挥学校思想政治理论课的关键性作用。

---

① 《邓小平文选》第3卷，人民出版社，1993，第144～145页。

一　推动社会主义核心价值观融入国民教育体系

推动社会主义核心价值观融入国民教育体系，是中国共产党在经济全球化和文化多元化的时代背景下，在实现中华民族伟大复兴的历史条件下，根据我国意识形态领域和精神文明建设面临的新矛盾和新问题而提出的重大战略决策。将社会主义核心价值观融入国民教育全过程，贯穿于国民教育的各个环节，充分发挥国民教育对于价值观培育的基础性作用，有利于提升社会主义核心价值观的引领作用。

（一）社会主义核心价值观融入国民教育体系的必要性与重要意义

社会主义核心价值观蕴含着国家、社会与公民个人三个层面的价值目标，明确了我们要建设什么样的国家、发展什么样的社会、塑造什么样的公民，为我国在全球化背景下推动国民教育的健康发展提供了价值指引。面对世界范围思想文化交流交融交锋形势下价值观较量的新态势，如何将社会主义核心价值观从宏观层面落实到微观层面，是当前面临的现实问题，也是需要完成的紧迫任务。推动社会主义核心价值观融入国民教育体系，借助国民教育体系推动社会成员对社会主义核心价值观的认知与认同，是有效解决社会主义核心价值观培育践行面临的现实问题的重要举措和基本要求。推动社会主义核心价值观融入国民教育体系，借助教育载体的普及与引导，积极推动社会主义核心价值观的培育与践行，既是增强当代中国青少年思想道德素质、应对国民教育外部环境的复杂性与实现国民教育历史使命的现实要求，也是推动社会主义核心价值观的学习、普及与大众化的客观要求。

（二）社会主义核心价值观融入国民教育体系的科学内涵与基本原则

从理论依据的视角来考察，作为社会主义意识形态，社会主义核心价值观包含着适应于社会主义社会的共同价值或公共伦理的内容，具有政治性、意识形态性与公共性的特征。这些特征与国民教育的特征、功能和使命具有内在的一致性，将社会主义核心价值观融入国民教育体系，就是要借助国民教育这一重要载体来宣传与普及社会主义核心价值观，努力形成全社会的价值认同，构建社会价值或公共伦理，从而形成价值共识，凝聚人心，这是社会主义核心价值观融入国民教育体系的重要理论依据。从理论内涵的视角来考察，社会主义核心价值观融入国民教育体系的科学内涵，即是把社会主义核心价值观的基本内容、各个要素及实践要求，创造性地蕴含于和内化到各级各类学校教育的全过程、各环节、各方面，使之成为学校教育的有机组成部分；把社会主义核心价值观的基本内容、各个要素及实践要求，融入以受教育者特别是青少年学生健康成长为价值取向的家庭、社会各方面的努力之中，从而使社会主义核心价值观转化为青少年学生的理性认知、情感认同和坚定信仰、自觉追求。从基本原则的视角来考察，社会主义核心价值观融入国民教育体系必须遵循价值观发展的客观规律与教育学基本理论和规律，坚持科学的融入原则。社会主义核心价值观融入国民教育体系要坚持的基本原则有三。一是要遵循教育教学的基本规律以及学生身心发展特点和成长成才的规律，处理好理论与实践的关系。二是要遵循一定的教育原则，特别重视遵循"育人为本、德育为先"的教育教学理念，以及根据国民价值观养成的规律分阶段对学生进行德育教学的原则。三是要注重实践教育，通过开展丰富的实践活动将社会主义核心价值观贯穿于国民教育的每一个环节，融入国民教育体制之中，并将其转化为公民的内在精神力量和行动准则。

（三）国外推动核心价值观融入国民教育体系的主要模式与经验借鉴

他山之石，可以攻玉。在推动社会主义核心价值观融入国民教育体系的过程中，要具有世界眼光，积极批判借鉴其他国家的发展经验。从理论的视角来考察，国外关于核心价值观教育研究的主要理论观点有三。一是价值澄清德育理论。主要代表人物是美国学者路易斯·拉思斯，他提出价值观教育不能采取灌输方法，教师要帮助学生澄清混乱的价值观，以真正形成适合个人的价值观。二是道德认知理论。主要代表人物是美国学者劳伦斯·柯尔伯格（Lawrence Kohlberg），他认为价值观的形成由学生的道德认知发展水平决定，教师要引导学生提高对价值观的判断能力。三是新品格教育理论。以霍华德·柯申鲍姆（Howard Kirschenbaum）为代表的新品格教育学派认为，青年人的正确价值观选择要通过教育来实现，学校应寻求各种各样的方法来促进学生的价值观教育，关注学生个体品格的形成和发展，培养学生具备社会公认美德。

从发展模式的视角来考察，形成了以美国、新加坡、日本等国家为代表的核心价值观融入国民教育体系的模式。一是美国通过多年理论与实践的摸索，形成了一套行之有效的核心价值观融入国民教育体系的模式。在纵向维度，依托本国学制，构建了一个自学前教育到高等教育的完整学校价值观教育体制；在横向维度，将核心价值观的教育融入家庭教育与社会教育，形成了以学校教育为核心，家庭教育和社会教育为主要内容的发展模式。二是新加坡的核心价值观融入国民教育体系的模式，具有以下主要特征：（1）立足多元文化的基本国情，核心价值观在融入国民教育体系的过程中具有鲜明的层次性，形成了三个层次，即对自己民族文化传统的认同、树立亚洲人的观念、培养认同"一个国家、一个民族"的"新加坡人"；（2）注重儒家伦理道德教育，课程设置突出学生的主体地位，对本土既存的东方文化进行扬弃，将其改造成符合新加坡学校核心价值观教育所需要的形式；（3）核心价值观教育实施方式的法治化，通过严格的法制管理和社会政策引导的方式，推动了核心价值观融入国民教育体系的规范化。三是日本的核心价值观融入国民教育体系的模式，具有以下主要特征：（1）突出民族性与时代性的结合，转型时期重新突出传统价值观教育，并设定尊重传统、热爱本国的21世纪的教育目标；（2）在行为规范中渗透价值观教育，提倡日本人共同遵循的行为规范，特别注重细节和礼仪的养成，对日本青年人价值观的培养起到了潜移默化的作用；（3）社会发展主题融入价值观教育，十分强调价值观教育服务于国家和社会发展目标；（4）国家意志融入价值观教育，国家主义、民主主义等理念融入价值观教育，让共同的价值观在富国强兵、经济腾飞、国家现代化过程中发挥非常突出的作用。

　　通过上述对国外推动核心价值观融入国民教育体系的模式的分析，我们发现国外在推动核心价值观融入国民教育体系的实践中主要采取以下路径和方法。一是核心价值观融入国民教育体系的路径，主张在立足本国优秀传统文化的基础上不断创新发展。国外许多国家都十分注重把本国优秀传统文化融入核心价值观教育，以巩固核心价值观教育的文化根基。二是政党是倡导核心价值观教育的主要力量。为了实现政治目标或利益，当一个国家发展处于转型期时，政党往往利用其党纲、信仰或价值理念引导整个社会形成某种特定的价值目标。三是民间组织和团体广泛参与。在国外许多国家，民间组织广泛参与核心价值观建设，成为维护和捍卫核心价值观的重要力量。四是核心价值观融入国民教育体系的方法以传授和灌输为主。例如，美国许多州的大学都作出硬性规定，只有拿到政治科目的学分才能拿到学位。日本、美国、新加坡等国政府，以专项拨款的方式，资助社会核心价值体系教育的调查和研究工作。各国根据实际情况的不同，采取了宗教、法制、大众传媒等多种手段进行核心价值观教育。五是注重宣传示范与借助榜样人物进行引导。例如，英国每年的"先进人物"评选，较好地利用榜样的示范作用教育广大民众。六是隐性方法的运用。国外许多国家通过设置隐性课程让被教育者在无意识中受到教育，让被教育者通过亲身经历有所感悟、体验与认知，从而对教育对象的价值取向产生潜移默化的影响。

（四）我国社会主义核心价值观融入国民教育体系的状况及对比分析

国外在推动核心价值观融入国民教育体系的机制构建中，一是重视核心价值观融入国民教育政治保障机制的建设。国外许多国家以政治文件的形式赋予核心价值观教育重要地位，注重将核心价值观与政治制度进行高度融合。二是加强核心价值观融入国民教育法律保障机制的建设。国外许多国家通过实施依法治国，将核心价值观纳入法治轨道，通过法律制度推动核心价值观融入社会生活的各个方面。三是加强核心价值观融入国民教育社会保障机制的建设。国外许多国家通过大力推进关乎民生的社会制度的改革与完善，促进社会公平正义，通过社会舆论宣传与民间组织和团体的积极努力，为人们接受和认同核心价值观创设了良好环境。当前，我国社会主义核心价值观融入国民教育体系取得了一定的效果，学校教育与德育课程作为社会主义核心价值观融入国民教育体系的主要途径和主要渠道，发挥了重要的作用。同时，国家层面对社会主义核心价值观融入国民教育体系问题的高度重视，促使社会主义核心价值观融入国民教育体系的路径多元化且方法不断创新，推动社会主义核心价值观融入国民教育体系取得一定的效果。与此同时，结合我国社会主义核心价值观融入国民教育体系的状况，对比国外的融入模式与融入路径，我国社会主义核心价值观融入国民教育体系在路径选择与机制构建上仍然存在一些局限和不足，主要表现在以下四个方面。一是与国外相比，学校教育作为融入的主要途径，在保障机制与方法创新上还有待进一步增强，特别是隐性教育方法的采用有待提升。二是与国外相比，我国家庭教育和社会教育的自觉度不高，导致在社会主义核心价值观融入国民教育体系过程中社会、家庭和学校的结合程度也不高，没有较好地发挥教育的合力。三是与国外相比，由于我国的民间组织和团体等非政府组织发展得还不完善，社会主义核心价值观融入国民教育体系发展路径的多元化和社会化还有待进一步提升。四是与国外相比，我国在推动社会主义核心价值观融入国民教育体系的保障机制构建上，尚未形成全面且完善的政治保障、教育保障、法律保障、社会保障等基本保障机制，尚未形成各个保障机制相互配合的合力。

（五）社会主义核心价值观融入国民教育体系的策略分析

推动社会主义核心价值观融入国民教育体系，要立足我国的发展现实，吸收借鉴国外的有益经验，从路径选择与机制构建两方面探寻社会主义核心价值观融入国民教育体系的具体对策，从而增强理论研究的针对性与现实性。一方面，要探索社会主义核心价值观融入国民教育体系的现实路径。一是注重融入路径的多元化。社会主义核心价值观融入国民教育体系是一个全社会的系统工程，要推动这一系统工程落到实处，需要探索多元化的融入路径：要加强政府部门的引导和监督，为社会主义核心价值观融入国民教育体系提供政策支持、制度支撑和法律保障；要高度重视学校教育功能，通过创新各级各类学校价值观教育的方法途径，发挥学校的主渠道与主阵地功能；要充分发挥合力的作用，广泛调动家庭教育、社会教育的力量，特别是要发挥民间组织和团体在社会主义核心价值观融入国民教育体系中的重要作用。二是注重融入方法的多样化。要充分发挥课堂教学主阵地作用，提高青少年学生对社会主义核心价值观的理论认知；要深入开展各类实践教育活动，强化知行合一，把社会主义核心价值观内化为学生的行动认同；要把社会主义核心价值观融入校园文化建设之中，充分发挥隐性教育资源对学生思想政治教育的渗透作用。另外，要紧密结合时代发展和学生思想发展的新特点，不断创新社会主义核心价值观融入国民教育体系的方法和手段。积极拓展网络阵地等新载体，利用管理、文化、活动、大众传媒等现代载体，不断提升社会主义核心价值观在学生思想政治教育中的传播力，为提升社会主义核心价值观的融入效果营造良好的社会氛围。

　　另一方面，要积极构建社会主义核心价值观融入国民教育体系的相关机制。推动社会主义核心价值观融入国民教育体系，是社会主义核心价值观大众化与普及化的过程，需要借助制度与机制等载体，为社会主义核心价值观由理念转化为行为方式提供有效的手段，为推动抽象理念具体化、可操作化以及行为实践常态化、可持续化提供重要的保障。一是构建社会主义核心价值观融入国民教育体系的政治保障机制。通过加强政府对社会主义核心价值观融入国民教育体系的政策支持与制度支撑，使社会主义核心价值观融入国民教育体系有明确的制度可遵循、依靠制度而落实、为硬性制度所保障，从而避免在实际操作过程中出现"说"与"做"相脱节的"两张皮"现象。二是构建社会主义核心价值观融入国民教育体系的教育渗透机制。通过建立完善合理、逐层递进的教育机制，形成家庭、学校、社会三者有机结合的教育格局，将直接理论灌输的显性教育与间接思想熏陶的隐性教育相结合，全面提高教师的能力素质，发挥教师在社会主义核心价值观融入国民教育体系中的主体作用。三是构建社会主义核心价值观融入国民教育体系的法律保障机制。法治是推动更好地实施教育、保障和巩固教育成果的重要手段。在全面推进依法治国的背景下，要将社会主义核心价值观融入国民教育体系与社会主义法治建设紧密结合，制定并完善相关法律制度，同时各级政府机构、教育部门要建立健全社会主义核心价值观入法入规的协调机制，将社会主义核心价值观基本要求融入相关部门规章、司法及规章条例解释性质文件、其他各类规范性文件和党内法规、社会规范等方面，使社会主义核心价值观融入国民教育体系不断法治化和规范化。四是构建社会主义核心价值观融入国民教育体系的社会保障机制。社会主义核心价值观的大众认同，需要植根于社会土壤之中，需要社会大环境与社会实践氛围的渲染与熏陶。要通过大力推进关乎民生的社会制度的改革与建设，促进社会公平正义，通过社会舆论宣传与民间组织和团体的积极努力，为人们接受和认同社会主义核心价值观创设良好环境。五是构建社会主义核心价值观融入国民教育体系的评估考核机制。通过建立科学的评价标准、评价内容与评价方案，为社会主义核心价值观融入国民教育体系目标的制定、内容和方法的选择与应用提供有力的依据，同时也能引领学生的思想道德生活，对学生起到激励和鞭策作用。

二　坚持以社会主义核心价值观引领高校思想政治理论课建设

高校思想政治理论课是培育社会主义核心价值观的主阵地。《关于培育和践行社会主义核心价值观的意见》明确提出，把社会主义核心价值观纳入国民教育总体规划，贯穿于基础教育、高等教育、职业技术教育、成人教育各领域，落实到教育教学和管理服务各环节，覆盖到所有学校和受教育者形成课堂教学、社会实践、校园文化的多位一体的育人平台。作为主阵地，高校要落实立德树人的根本任务，坚持以社会主义核心价值观引领思想政治理论课建设。

（一）坚持以社会主义核心价值观引领高校思想政治理论课建设的必要性分析

"社会主义核心价值观是社会主义核心价值体系的内核，体现社会主义核心价值体系的根本性质和基本特征。"[①] 以社会主义核心价值观引领高校思想政治理论课建设的基本内涵：在以社会主义核心价值体系为主要内容的思想政治理论课教育教学中，要贯穿社会主义核心价值观这条主线，发挥其引领作用。在高校思想政治理论课建设中，充分发挥社会主义核心价值观的引领作用，是正确把握高校思想政治理论课建设重点和方向的关键。

第一，是新时代建设好高校思想政治理论课的政治需要。"教育是国之大计、党之大计，承担着立德树人的根本任务。"[②] 立德树人，就是要立国家之大德、社会之公德、个人之美德，树担当民族复兴大任的时代新人。以"三个倡导"为基本内容的社会主义核心价值观，从三个层面阐明了在社会主义初级阶段，中国共产党和国家在国家层面的价值目标，在社会层面的价值取向，以及在公民个人层面的价值准则。这三个层面是一个融会贯通的统一整体，是对国家、社会、公民个人提出的价值目标、价值取向和价值准则的精练概括，是当代中国精神的集中体现、是

[①] 中共中央文献研究室编《十八大以来重要文献选编》（上），中央文献出版社，2014，第 578 页。

[②] 《中共中央办公厅 国务院办公厅印发〈关于深化新时代学校思想政治理论课改革创新的若干意见〉》，中国政府网，http://www.gov.cn/zhengce/2019-08/14/content_5421252.htm，最后访问日期：2023 年 6 月 17 日。

广大中国人民共同价值追求的凝结。因此，新时代建设好高校思想政治理论课，充分发挥高校思想政治理论课在落实立德树人根本任务上不可替代的重要作用，要以社会主义核心价值观为引领，将社会主义核心价值观贯穿新时代高校思想政治理论课改革创新建设全过程，明确高校思想政治理论课的价值导向与核心要旨，理直气壮办好高校思想政治理论课，凝聚坚持和发展中国特色社会主义、建设社会主义现代化国家、实现中华民族伟大复兴的信心和共识。

第二，是实现高校思想政治理论课教学改革与创新目标的现实需要。以社会主义核心价值体系为主要内容的高校思想政治理论课，是通过进行马克思主义基本理论和思想政治教育，引导大学生在掌握马克思主义基本立场、观点和方法的基础上，树立正确的世界观、人生观和价值观。贯穿于这一教育教学过程始终的灵魂是社会主义核心价值观，只有以此为引领，高校思想政治理论课教学才能把握正确的价值取向、坚定马克思主义的信仰。然而，当前高校思想政治理论课教学的实效性并不强，社会主义核心价值观"三进"的整体效果并不好，对于如何切实开展社会主义核心价值观教育缺乏深入、系统的研究，高校思想政治理论课的宣传主渠道作用并没有得到充分发挥。因此，以社会主义核心价值观引领高校思想政治理论课教学改革与创新，使其成为高校思想政治理论课的灵魂，在高校思想政治理论课的教育教学中不断具体化，这既是对今后高校思想政治理论课教学改革与创新内容和发展方向提出的新要求，也是有效发挥高校思想政治理论课主渠道作用和落实立德树人根本任务的有力保障。

第三，是推动当代大学生自觉践行社会主义核心价值观的时代需要。党的十八大指出："中国特色社会主义事业是面向未来的事业，需要一代又一代有志青年接续奋斗。"[1] 青年的价值取向决定了未来整个社会的价值取向，广大青年要以社会主义核心价值观为基本遵循，努力在实现中国梦的伟大实践中成就精彩人生。因此，广大青年应自觉践行社会主义核心价值观，这是 21 世纪时代发展赋予当代大学生的责任与使命。以社

---

① 中共中央文献研究室编《十八大以来重要文献选编》（上），中央文献出版社，2014，第 44 页。

会主义核心价值观引领高校思想政治理论课建设，用社会主义核心价值观塑造大学生，是推动当代大学生自觉践行社会主义核心价值观的重要渠道。同时，由于社会主义核心价值观与利益、现实及当下的生活方式、社会潮流紧密联系在一起，以社会主义核心价值观为引领开展高校思想政治理论课的教育教学，有助于改革过去传统的以理论灌输为主的教学方式与理念，进一步推动大学生理想价值、目标追求的形成。

（二）坚持以社会主义核心价值观引领高校思想政治理论课课堂教学的改革创新

以社会主义核心价值观引领高校思想政治理论课的教学改革与创新，要求在高校思想政治理论课的课堂教学内容、教学方式上都有所调整与创新，在以课堂讲授为主的同时，鼓励学生读课本和原著及相关文献，鼓励学生围绕一个主题自主讲授，并设置相关交流讨论等教学环节，以较好地调动学生的积极性和提高学生的参与度，帮助学生真正理解和掌握社会主义核心价值观的内核。

第一，在课堂教学内容的设置上以凸显社会主义核心价值观统领地位为导向。要将社会主义核心价值观与高校思想政治理论课教学紧密结合在一起，既要在整体上合理设置教学内容，在教学内容上融入和突出社会主义核心价值观，也要依据高校各门思想政治理论课的课程特点，通过不同层面和不同视角，将社会主义核心价值观与具体教学内容有机融会贯通。

其一，正确的价值观的确立，离不开科学的世界观和正确认识事物的基本立场及观点方法。"马克思主义基本原理"课程内容的设置，要以马克思主义基本理论为重点和关键，明确马克思主义是正确认识世界和改造世界的强大思想武器。在此基础上，使学生能够系统地理解和掌握马克思主义基本原理，并正确认识人类社会发展的基本规律，正确认识当今世界经济社会发展大趋势和我国经济社会发展中出现的各种问题，增强学生明辨是非和看清本质的能力，这是学生理解和认同社会主义核心价值观的基础。

其二，社会主义核心价值观的前两个"倡导"，集中体现了我们在坚持中国特色社会主义道路过程中国家与社会层面的价值目标和价值取向。"毛泽东思想和中国特色社会主义理论体系概论"的课程内容设置，要以中国特色社会主义为主题和主线，使学生对中国特色社会主义有一个深刻的、全面的认识，从而坚定中国特色社会主义共同理想。同时，在"毛泽东思想和中国特色社会主义理论体系概论"教材内容设置中，不仅系统阐释了习近平新时代中国特色社会主义思想，而且更加突出新发展阶段、新发展理念、新发展格局，完善和发展中国特色社会主义制度、实现国家治理体系和治理能力现代化，中国特色社会主义事业"五位一体"总体布局和"四个全面"战略布局的内容，这有助于学生进一步理解社会主义核心价值观在国家和社会两个层面分别倡导"富强、民主、文明、和谐"和"自由、平等、公正、法治"价值理念的深刻内涵。

其三，以"三个倡导"为主要内容的社会主义核心价值观，从国家、社会和公民个人三个层面的价值追求出发，阐释了实现中华民族伟大复兴的中国梦。"中国近现代史纲要"的课程内容设置，要从历史的视角系统讲授中国近现代历史的发展进程，使学生认识到中国特色社会主义是历史发展的必然选择，实现中国梦是中华儿女的共同梦想。同时使学生在历史事件和历史背景下学会反思历史，以史为鉴，让大学生认识到在五千多年的发展中，中华民族形成了伟大的以爱国主义为核心的民族精神，这种民族精神是实现中华民族伟大复兴中国梦的不竭动力，并积极引导当代大学生成为坚持和发扬以爱国主义为核心的民族精神的典范。

其四，社会主义核心价值观所倡导的"爱国、敬业、诚信、友善"，是对公民个人思想道德素质提出的价值准则。"思想道德与法治"课程内容的设置，要以"四德"建设为重点，使大学生明确道德修养的标准，明辨国家与个人的关系，养成热爱祖国的优良品德；明辨服务人民与职业理想的关系，养成辛勤劳动、爱岗敬业的职业道德；学会做人与处世，养成诚实守信、待人友善的处世准则。同时，通过法治内容的讲授使大学生正确认识社会主义法律的特征与运行，明晰何为全面依法治国，自觉尊法学法守法用法并懂得应该坚持什么和反对什么，从而自觉履行法定的义务和社会责任。通过"四德"教育和法治宣传教育，使社会主义核心价值观内化为大学生的自觉信念，外化为大学生的日常行为规范。

第二，在课堂教学方法的设计上以实现启发式、主体性、多样化教学为目标。以社会主义核心价值观引领高校思想政治理论课，更新教学观念、创新教学手段和方法是关键。在以社会主义核心价值观为教学目标与内容的基础上，将社会主义核心价值观这一主线贯穿于高校思想政治理论课教学，需要创新教学手段与教学方法，实现由传统结论式教学向问题讨论式的启发教学转变，由单向灌输式教学向主体互动式教学转变，由单纯讲授式教学向综合运用多种方法的多样化教学转变。

其一，实现由传统结论式教学向问题讨论式的启发教学转变。传统结论式教学多注重对权威理论的宣传与灌输，只注重教师传授给学生的知识的权威性，而忽略学生反馈给教师信息的有用性，这势必会造成教学效果的不理想。社会主义核心价值观教育要实现由传统结论式教学向问题讨论式的启发教学转变，需要改变传统教学模式中师生知识信息的不平衡状况，做到教师与学生之间在知识交流中的信息对等。要注重发挥教师和学生两个主体的积极性，特别是要激发学生这一主要主体的主动性，教师可以在教学中围绕社会主义核心价值观设置一系列问题，采取讨论式、体验式等方法开展启发式教学。例如，通过反思与体验方法，教师引导学生反思和总结价值观的形成过程和规律，使学生自己得出当代大学生要自觉践行社会主义核心价值观的结论。

其二，实现由单向灌输式教学向主体互动式教学转变。要引导当代大学生转变观念，强化其对主流意识形态的认同，认同和自觉践行社会主义核心价值观，依靠单向灌输的"填鸭式"教学方式，难以实现教学目标。社会主义核心价值观教育要实现由单向灌输式教学向主体互动式教学转变，就需要充分尊重学生的主体地位，以学生为教学的中心，在充分注重教学内容与学生实际生活和适应情况等主体性特点契合的基础上，综合利用课程作业、课堂讨论、演讲比赛等多种方法，引导学生自主地学习与思考价值观问题，在讨论中辨明正确价值观的基本要求与原则，在交流中激发学生的参与热情，实现师生之间、同学之间的积极互动。这种在交流互动基础上充分尊重学生主体地位的教学方式，在推动大学生对社会主义核心价值观认同与理解上达到了水到渠成的效果。

其三，实现由单纯讲授式教学向综合运用多种方法的多样化教学转变。传统教育理念指导下形成的单纯讲授式教学，在重视教学实践中教师重要作用的同时却忽视了学生的能动性，教学内容和教学形式均体现出枯燥单一的特征，致使整个教学过程成了教师"一个人的舞台"。社会主义核心价值观教育要实现由单纯讲授式教学向综合运用多种方法的多样化教学转变，需要充分重视学生的能力培养和思想形成，采用多种方法激发学生的自主意识和内在潜能，提高他们运用社会主义核心价值观进行现实思考和分析的能力。在课堂教学中，除采取讲授的方法之外，还可以运用课堂辩论、学生讲解、社会调研、情景模拟、游戏体验、专题案例教学等多种教学方式，将社会主义核心价值观具体化和形象化，更易于学生理解和掌握。例如，通过播放具有情绪激发功能的影视作品，并设置相关的课堂讨论，可以使学生产生积极的价值体验，形成对社会主义核心价值观情感上的支持、信任等，并引发学生深入思考，从而达到较好的教学效果。

（三）坚持以社会主义核心价值观引领高校思想政治理论课实践教学的改革创新

高校思想政治理论课实践教学是对理论教学在时间上和空间上的进一步拓展、延续与深化，其任务是以实践活动为载体，推动教育内容与教育方式的具体化和生动化，是培育社会主义核心价值观的重要载体和途径。以社会主义核心价值观引领实践教学改革与创新，对于提升社会主义核心价值观教育的教学效果具有重要的意义。同时，实践教学的开展也需要遵循教育规律，依据主客观条件进行合理的设计。

第一，坚持以社会主义核心价值观引领高校思想政治理论课实践教学改革与创新的意义及原则。作为社会主义核心价值体系的精神内核，社会主义核心价值观在内容上具有高度的抽象性和概括性。如果将其作为一种抽象的理论进行教育和灌输，很难得到学生的接受与认同，也很难实现良好的教育效果。因此，需要以实践活动为载体，合理开展实践教学，将社会主义核心价值观的抽象内容具体化，真正做到贴近学生、贴近实际、贴近生活，增强学生对社会主义核心价值观的认同，提高社会主义核心价值观教育的效果。其一，实践教学为学生提供了理论应用于实践的机会与平台，有助于学生在实践中反思现实、深化理论，在理论与现实的互动中，增强他们对社会主义核心价值观的感受与认同；其二，实践教学以现实生活中的具体事例为切入点，有助于学生在现实感悟中增强对社会主义核心价值观的认知，并在潜移默化中将社会主义核心价值观内化为自身日常生活和学习中的习惯和信念；其三，实践教学有助于推动学生在学习中角色定位的转变，由被动的价值观教育接受者转变为具有主动性的价值观研究者，培养和增强学生正确认识与分辨不同价值观的能力，进而主动澄清自身价值观误区，自觉认同社会主义核心价值观。

实践教学的开展要遵循思想政治理论课教学的原则。首先，在实践教学的内容设计上要体现规范化、彰显时代性、具有针对性。实践教学内容的设计要符合思想政治理论课的教学目标与教学特点，凸显社会主义核心价值观的统领地位；要结合国内外发展实践，特别是立足中国特色社会主义伟大实践，体现时代发展的要求与趋势；同时要将大学生最为关心的热点问题、现实问题纳入实践教学中，以增强实践教学的现实性和针对性。其次，实践教学要依据主客观条件来开展，在客观上要考虑现有的实际情况，考虑学生的生活状况及实践能力，在主观上要考虑学生的心理特征以及兴趣关注点，从而综合衡量开展实践教学的可行性。再次，实践教学的开展要注重学生的自身体验，让学生在参与体验中领悟社会主义核心价值观的价值追求，在参与体验中实现社会主义核心价值观的内化与外化。最后，实践教学的评价要以实效性为标准。各种形式实践教学的开展，目的是实现大学生社会主义核心价值观培育的知行统一，最终的效果是衡量和检验实践教学成功与否的重要依据。

第二，以社会主义核心价值观引领高校思想政治理论课实践教学改革与创新的方案设计。美国著名教育家杜威指出："离开了任何直接的社会需要和动机，离开了任何现存的社会情境，要培养对社会有益和有用的习惯，是不折不扣地在岸上通过做动作教儿童游泳。"[1] 同样，作为高校思想政治理论课的主线，社会主义核心价值观教育也需要通过实践教学引导学生将课堂中学到的相关理论带进社会生活。当前，高校思想政治理论课的实践教学要避免形式化，就需要依据教育规律和现实条件，将课内实践教学与课外实践教学有机结合起来，不断增强实践

---

[1]　〔美〕约翰·杜威：《学校与社会：明日之学校》，赵祥麟等译，人民教育出版社，2005，第141页。

教学的实效性。

其一，课内实践教学方案设计。课内实践教学是指在课堂上采取小组讨论、分组辩论、案例分析、实景模拟、学生讲授等形式组织教学，在组织学生积极参与的过程中发挥学生的主动性，增强学生认识和分析问题的能力。在社会主义核心价值观教育的课堂实践教学中，可以围绕社会主义核心价值观的热点、焦点问题开展主题讨论，通过师生之间的讨论与交流，引导学生对社会现实进行反思，并在此基础上形成对社会主义核心价值观的认同。在社会主义核心价值观教育的课堂实践教学中，可以利用现代媒体设备，让学生观看彰显社会主义核心价值观的图片、音像及其他多媒体材料，通过生动、形象的图片资料，使社会主义核心价值观内容形象化、具体化，给学生以直观的感受与体验，激发学生的学习热情和积极性，进而增强大学生对社会主义核心价值观基本内容、核心导向以及在社会生活中现实指导意义的认同。除了主题讨论、观看图片和音像资料外，还可以根据现实条件采取演讲比赛、辩论赛、知识竞赛、征文比赛、案例分析会等多种形式的实践教学。综合运用各种实践教学形式与手段，能够让学生在不同的现实体验中对社会主义核心价值观逐步形成从理解接受，到内心认同，再到主动践行的过程。

其二，课外实践教学方案设计。课外实践教学是对课内教学在时间与空间上的延伸与拓展，是在充分调动学生参与热情的基础上，围绕一定主题，组织学生开展的具有应用性和导向性的实践活动。关于课外实践教学，教育部高等教育司在《关于加强大学生文化素质教育的若干意见》中强调："要重视大学生的社会实践活动……使学生在实践中提高自身的行为修养。"① 这为高校思想政治理论课课外实践教学的改革创新指明了方向。在社会主义核心价值观教育的课外实践教学开展中，可以充分利用学校、学校所在地和周边地区的实践教学资源，不断创新和丰富实践教学形式。一是要充分利用学校的校内资源，结合校园文化建设所开展的活动，开展以社会主义核心价值观为主题的演讲、读书报告会、

① 《关于加强大学生文化素质教育的若干意见》，中华人民共和国教育部网站，http://www.moe.gov.cn/s78/A08/moe_734/201001/t20100129_2982.html，最后访问日期：2023 年 6 月 17 日。

各种形式的文艺表演，通过学生社团活动，提高学生参与社会实践的积极性。二是通过"三下乡""四进社区"等活动，通过参观、访问、调查等各种形式开展社会实践，让学生深入社会生活，深刻体验社会主义核心价值观在社会生活中的体现和积极指导意义。三是组织学生参加志愿活动，让学生在志愿活动中培养奉献精神、锻炼能力、提升品格。通过以上实践教学的开展，可以推动理论知识与实践经验相结合，既有助于推动学生更加深刻地理解社会主义核心价值观的内核，又有利于学生科学认识社会实践中的具体问题，在理论与现实的双重影响下，有效增强学生对社会主义核心价值观的认同感。

总之，坚持以社会主义核心价值观引领高校思想政治理论课建设，优化思想政治理论课的内容结构，创新思想政治理论课的教学方法，为进一步推动高校思想政治理论课教学改革创新提供了思想指导和理论支撑，同时也有助于发挥高校思想政治理论课培育社会主义核心价值观的主渠道、主阵地作用。

第四节　社会主义核心价值观引领文化建设的榜样示范机制

榜样是时代先锋和社会楷模，先进典型与模范人物的示范作用，能够激发人们的情感共鸣与内心认同，对于引领社会主流价值观具有重要作用。坚持以社会主义核心价值观引领文化建设，需要充分发挥榜样的力量，通过建立榜样示范机制，培育和宣传社会主义核心价值观的先进典型与模范人物，充分发挥榜样的示范引领作用，能够为社会主义核心价值观转化为人们的内在自觉与外在行为规范，营造良好的氛围与发挥强大的示范效应。

一　榜样示范作用与榜样示范机制

所谓榜样，原本是指样子、模样，南宋文学家张镃所作《桂隐纪咏·俯镜亭》中"唤作大圆镜，波文从此生。何妨云影杂，榜样自天成"，即为此义，后来逐步引申为楷模、值得学习的人或事物。以榜样为典范，充分发挥榜样的示范作用，要结合具体实际，运用榜样人物的立场观点方法来认识问题，运用具体化、人格化、生动化的典型形象影响受众心理，从而增强榜样示范的吸引力、说服力和感染力。恩格斯指出："在社会历史领域内进行活动的，是具有意识的、经过思虑或凭激情行动的、追求某种目的的人。"① 社会生活领域中的每个社会成员，其自身的思想与行为习惯的养成，受到周围环境与其他社会成员的影响，特别是受到被社会普遍接受的、反映现实生活中真实形象的榜样的影响。由于榜样往往来自人民群众，是人民群众现实生活中最真实、最亲切、最可信的普通一员，因而榜样所展现的符合时代发展、具有时代特征的优良品德与感人事迹，更容易被广大人民群众接受，并使人民群众产生情感共鸣与行为效仿。同时，通过探索榜样的成长规律，不断加强榜样自身的塑造，推动榜样与时俱进，增强榜样的生命力，有利于推动榜样的具体化与时代化，可以让人们在现实生活中感受到榜样的鲜活感染力，这种感染力能够产生巨大的示范效应，影响和促进人们仿效榜样的价值选择与价值取向，调整自我的价值选择与价值行为。建立榜样示范机制，将榜样的示范效应最大化呈现，最大限度地影响和激发广大人民群众对榜样精神、榜样品质的认同与学习，有利于营造良好社会风气、促进社会和谐稳定。

坚持以社会主义核心价值观引领文化建设，需要构建榜样示范机制。榜样示范机制是通过树立和宣传社会主义核心价值观的先进典型与模范人物，引导人们积极学习和效仿先进事迹与模范人物，推动社会主义核心价值观融入人们的思想观念与行为规范。有效的榜样示范机制的运行，需要在科学与规范的运行体系下，不断实现榜样示范机制的科学化与制度化。首先，要抓好关键少数，发挥党员干部在榜样示范中的带头作用。党员干部要率先垂范，主动践行社会主义核心价值观，以自身的廉洁品质与模范行为发挥榜样示范作用，以教育、引导和感召广大人民群众。抓牢抓好党员干部这一关键少数，要不断加强共产党员的理想信念教育与党性教育，以坚定的理想信念与崇高的精神追求，推动广大党员干部成为社会主义核心价值观践行的模范，增强榜样示范的影响力与实际效果。其次，要注重对弘扬社会主义核心价值观的先进典型与模范人物的

---

① 《马克思恩格斯文集》第 4 卷，人民出版社，2009，第 302 页。

发掘和培育。要把发掘和培育社会主义核心价值观的先进典型与模范人物的工作，纳入各级党委工作的重要内容，制定科学的先进典型与模范人物的培育方案，并综合运用行政手段、评价机制等方式不断增强先进典型与模范人物发掘和培育的推动力。同时，要完善相应的权益保障机制，通过建立赏罚分明、保障有力的激励表彰机制、好人后援机制、志愿服务机制等制度，维护和保障榜样的权益，从而保障榜样示范效应的持久生命力。最后，要充分发挥现代科技优势，借助各类宣传平台，加强对弘扬社会主义核心价值观的先进典型与模范人物的宣传与推广。有效扩大典型宣传、主题宣传和舆论监督规模，积极运用报告会、座谈会、表彰会、论坛、媒体宣传等立体化途径，对弘扬社会主义核心价值观的先进典型与模范人物进行纵向到底、横向到边的宣传，使社会主义核心价值观像空气一般融入广大人民群众的社会实践生活，为充分发挥社会主义核心价值观引领文化建设营造健康向上的社会舆论环境和良好的社会生态。

二　弘扬新时代雷锋精神，强化社会主义核心价值观的认同

雷锋精神是社会主义精神文明建设的重要资源，是中国共产党人的精神谱系的重要内容。深入持久地弘扬雷锋精神，发挥榜样的示范效应，对于增强社会主义核心价值观的社会认同与大众认同具有重要作用和重大意义。在不断丰富与发展的社会主义建设实践中，弘扬雷锋精神的具体形式虽然不断变化创新，但以爱国主义为核心、以无私奉献为本质、以自强不息为动力，始终坚持"全心全意为人民服务，为了人民的事业无私奉献"，一直是雷锋精神的思想精髓与核心内涵。这一思想精髓与核心内涵可以归纳如下。坚持马克思主义理论的指导，忠于国家、忠于党和忠于人民的精神；坚持爱国主义、爱社会主义，坚定的共产主义信念与政治立场；坚持全心全意为人民服务，大公无私的奉献精神；坚持艰苦奋斗、爱岗敬业，积极进取的奋斗精神；坚持谦虚待人、热心助人，甘于平凡的"螺丝钉"精神。上述雷锋精神的思想精髓与核心内涵和社会主义核心价值观所倡导的国家富强、社会和谐、人民幸福等基本价值取向具有高度的统一性与契合性。借助雷锋平凡而伟大的事迹与雷锋所具有的大众亲和力来弘扬雷锋精神，能够为增强社会主义核心价值观的

认同提供一个大众化载体，推动社会成员将社会主义核心价值观的思想精髓内化为自身价值观并不断固化，从而提升社会成员对社会主义核心价值观的认同与内化程度。

（一）弘扬雷锋精神有助于增强社会主义核心价值观国家层面价值目标的认同

雷锋具有强烈的爱国热情，他始终把个人的拼搏融入国家富强、民族振兴、人民幸福的历史使命中。雷锋立誓做一颗永不生锈的螺丝钉，一次次奔赴祖国最需要的地方，他把自己比喻为一块砖，哪里需要哪里搬，从事社会最需要的工作，这集中体现了雷锋精神中蕴含的以国家富强、民族振兴、人民幸福为目标的艰苦奋斗精神。正是这种对祖国和人民无限热爱的真挚情怀和大公无私的奋斗精神，深刻体现了雷锋精神与社会主义核心价值观所倡导的"富强、民主、文明、和谐"的国家层面价值目标具有的内在统一性。倡导"富强、民主、文明、和谐"，实现国家昌盛与民族复兴，是近代以来中国人民寻求强国之路的共同理想，是全体人民努力奋斗的宏伟目标。实现国家"富强、民主、文明、和谐"，"绝不是轻轻松松、敲锣打鼓就能实现的"①，而是在一代代中国人民前赴后继的奋斗、努力中实现的。在新时代新的历史条件下，大力弘扬雷锋精神，充分发挥模范人物的影响力和感染力，用人们信服的道德榜样来激发广大人民群众为建设中国特色社会主义伟大事业、建设社会主义现代化国家努力奋斗、积极奉献的精神力量，是推动社会主义核心价值观国家层面价值目标实现的重要手段。因此，积极宣传雷锋精神并挖掘"新时代雷锋"，大力弘扬雷锋精神中蕴含的以国家富强、民族振兴、人民幸福为目标的艰苦奋斗精神，对于增强社会成员对社会主义核心价值观"富强、民主、文明、和谐"国家层面价值目标的认同具有重要的价值导向作用。

（二）弘扬雷锋精神有助于提升社会主义核心价值观社会层面价值取向的认同

雷锋精神与社会主义核心价值观社会层面的价值取向具有一致性，

① 习近平：《决胜全面建成小康社会 夺取新时代中国特色社会主义伟大胜利——在中国共产党第十九次全国代表大会上的报告》，人民出版社，2017，第15页。

雷锋精神中蕴含的全心全意为人民服务、无私奉献的价值追求，有助于提升社会成员对社会主义核心价值观社会层面价值取向的认同。社会主义本质属性要求必须坚持一切发展为了人民、一切发展依靠人民、一切发展成果由人民共享的思路，必须坚持将维护最广大人民群众的根本利益作为社会主义重要的价值追求。因此，在发展思路上，社会主义要坚持社会价值导向与人民根本利益的一致性，通过发展社会主义民主政治，实现社会主义的自由、平等、公正、法治。雷锋精神所蕴含的勇担社会责任、推进社会进步、讲究社会公平等价值观念，对于培育和践行社会主义核心价值观社会层面的价值取向具有重要的道德榜样作用。正是这种全心全意为人民服务、无私奉献的价值追求，深刻体现了雷锋精神与社会主义核心价值观所倡导的社会层面的"自由、平等、公正、法治"价值观念具有内在一致性。倡导"自由、平等、公正、法治"，实现社会公正、幸福、和谐，是中国人民对理想社会构建的共同憧憬，是实现中华民族伟大复兴中国梦的重要内容。雷锋精神所蕴含的全心全意为人民服务、无私奉献的价值追求，集中体现了雷锋以推动社会进步为人生目标与价值实现的人生观和价值观。在雷锋精神中，树立远大理想是其重要特征。雷锋将个人理想与个人价值的实现融入社会理想与社会价值的实现之中，致力于实现共产主义远大理想，在积极奉献社会的实践中实现和彰显了自身的价值。雷锋精神中全心全意为人民服务、无私奉献的价值追求，生动体现了社会价值导向与人民利益相统一的社会主义核心价值观。这种价值追求能够为人们实现自身价值提供强大的精神动力，能够极大地推动社会成员形成对于这种价值观的情感共鸣，从而实现思想转化和价值观重构。因此，积极宣传雷锋服务人民、奉献社会的人生历程，大力弘扬雷锋精神中的全心全意为人民服务、无私奉献的价值追求，对于提升社会成员对社会主义核心价值观社会层面"自由、平等、公正、法治"价值取向的认同具有重要的正面引导作用。

（三）弘扬雷锋精神有助于强化社会主义核心价值观公民层面价值准则的认同

雷锋精神与社会主义核心价值观公民层面的价值准则具有契合性，雷锋精神中蕴含的爱国主义精神和爱岗敬业、谦虚友善的高尚品质，有助于强化社会成员对社会主义核心价值观公民层面价值准则的认同。社会主义核心价值观继承了中华民族传统美德的精髓与合理内核，坚持以中华民族传统美德为道德基础和重要来源，使我国社会主义道德规范具有很强的民族性和历史传承性。同时，社会主义核心价值观遵循时代发展的动态与脉搏，使我国社会主义道德规范具有很强的时代性与创造性。作为特定历史时期的精神产物，雷锋精神所蕴含的爱国主义精神和爱岗敬业、谦虚友善的高尚品质，既充分继承了中华民族的传统美德，又随着时代的变迁而不断发展创新，成为引领时代发展的社会主义先进文化的重要标志，对于社会成员将爱岗敬业、谦虚友善的高尚品质内化为个人的自觉追求和价值取向具有潜移默化的影响力，对于社会成员自觉认同和践行社会主义核心价值观公民层面的价值准则具有重要的推动作用。正是这种爱国主义精神和爱岗敬业、谦虚友善的高尚品质，深刻体现了雷锋精神与社会主义核心价值观所倡导的公民层面的"爱国、敬业、诚信、友善"的价值准则具有内在的契合性。倡导"爱国、敬业、诚信、友善"，正确处理公民个人与国家、社会、他人之间的关系，是实现国家富强、社会和谐、人民幸福的前提与基础。在雷锋短暂的一生中，爱国爱党、爱岗敬业、立足本职，在平凡的工作岗位上创造出不平凡的业绩，集中体现出雷锋将奉献社会作为实现人生价值的根本途径。干一行爱一行，对待职业的高度责任感和敬业精神既是我们弘扬雷锋精神的重要内容，也生动体现了社会理想与职业道德相统一的社会主义核心价值观。因此，积极宣传雷锋对党对国家的忠诚奉献、对事业高度负责与热爱、对他人谦虚友善的事迹，大力倡导雷锋精神中蕴含的爱国主义精神和爱岗敬业、谦虚友善的高尚品质，对于社会成员积极遵守社会主义职业道德与个人品德，对于强化社会成员对社会主义核心价值观公民个人层面的"爱国、敬业、诚信、友善"价值准则的认同具有重要的榜样示范作用。

　　总之，榜样示范是提升社会主义核心价值观引领作用的重要抓手。培育和弘扬社会主义核心价值观、充分发挥社会主义核心价值观的引领作用，要遵循内化于心、外化于行的思想道德建设的客观规律，将社会主义核心价值观的榜样示范问题作为一个关键环节。雷锋精神与社会主义核心价值观所倡导的基本价值取向具有内在的一致性与契合性。新时代弘扬雷锋精神，深入挖掘雷锋精神的思想内涵、当代表现与当代价值，能够有力地推动社会主义核心价值观的培育和践行向更加深入广泛的领域发展，有利于增强社会主义核心价值观引领作用的发挥。

三　实施公民道德建设工程，培育弘扬主流价值的时代楷模与道德模范

2019 年 10 月 27 日，中共中央、国务院联合印发《新时代公民道德建设实施纲要》，指出要"坚持以社会主义核心价值观为引领，将国家、社会、个人层面的价值要求贯穿到道德建设各方面，以主流价值建构道德规范、强化道德认同、指引道德实践，引导人们明大德、守公德、严私德"①。公民道德建设是新时代社会主义精神文明建设的必然要求，培育弘扬主流价值的时代楷模和道德模范，是以社会主义核心价值观引领文化建设的重要抓手。

（一）培育弘扬主流价值的时代楷模与道德模范是公民道德建设的重要方式

"时代楷模"是由中宣部组织宣传的全国重大先进典型。时代楷模事迹厚重感人、道德情操高尚、影响广泛深远。道德模范是道德情操高尚的典型人物，能充分体现中华民族传统美德，是广大人民群众应积极学习和模仿实践的榜样。时代楷模与道德模范是一定社会道德的人格化，具有反映社会主流价值诉求的基本属性，评选宣传时代楷模与道德模范，是弘扬主流价值的重要方式，能够有效增强公民道德建设的生动性与感染力，推动以主流价值引导人们明大德、守公德、严私德。

第一，时代楷模与道德模范的主要特征。时代楷模与道德模范是产生于一定社会现实并反映一定时代发展的个人或群体，他们的思想观念和模范事迹体现着一定社会所倡导的人生观、价值观和道德观，反映着一定社会的主流价值基本取向。时代楷模与道德模范具有以下四个方面的主要特征。一是时代性。时代楷模与道德模范根植于时代发展的现实土壤，有其特定的社会历史背景、不同时代的社会主流价值诉求的差异，会产生体现不同时代价值诉求的时代楷模与道德模范，具有鲜明的时代性。二是先进性。时代楷模与道德模范是当下社会主流价值追求的集中

---

① 《中共中央国务院印发〈新时代公民道德建设实施纲要〉》，《人民日报》2019 年 10 月 28 日，第 1 版。

体现，能够引领当下社会公民道德建设的价值导向，具有突出的先进性。三是示范性。时代楷模与道德模范是一定社会道德评价的标尺，能够激励和引导人们在日常生活中遵循和践行一定社会的道德规范，具有明显的示范性。四是实践性。时代楷模与道德模范可传播、可参照、可学习，能够用来教化社会民众自觉树立和践行社会道德观念和道德要求，具有较强的实践性。公民道德建设的过程是公民自觉将道德要求内化于心、外化于行的自律过程，时代楷模与道德模范所具有的时代性、先进性、示范性等基本特征，有助于增强公民道德建设的生动性与实效性，能够使人们按照主流的社会道德评价标准进行自我评价和评价他人，对于促使人们追求崇高的道德境界、健康的人际交往关系和积极向上的生活方式具有重要作用。

第二，培育弘扬主流价值的时代楷模与道德模范是推进公民道德建设的重要方式。习近平总书记指出："要充分发挥榜样的作用，领导干部、公众人物、先进模范都要为全社会做好表率、起好示范作用。"① 塑造时代楷模与道德模范是公民道德建设的有效形式，主要体现在以下三个方面。一是有利于强化道德主体的道德自律。从公民道德建设的规律来看，强化道德主体的道德自律是公民道德建设的重要途径，能够使道德规范内化为公民自身成长和发展的自觉要求。时代楷模和道德模范的示范与激励功能可以有效地强化个体的道德认同和社会责任感，有助于提升公民道德建设的效果。二是有利于增强道德教育的长效性与实效性。有效发挥时代楷模和道德模范的作用，通过时代楷模和道德模范的力量潜移默化地感染和激励社会民众，使广大社会民众在感受到极大精神鼓舞和思想震撼的同时教育自我、净化心灵和塑造人格，可以有效地降低公民道德建设工程的成本预期，与建设基础设施、制定法律制度等所附加的高成本相比，更具长效性和实效性。三是有利于创设良好的公民道德建设外部环境。公民自觉的道德实践既取决于公民对道德规范的认同，也会受到外部的社会客观环境对自身道德意志的影响，通过新闻媒体大力宣扬时代楷模和道德模范，有利于创设崇德向善的道德环境，有助于引导广大民众形成正确的道德观念，自觉践行社会道德规范。

① 《习近平谈治国理政》第 2 卷，外文出版社，2017，第 324 页。

(二) 培育弘扬主流价值的时代楷模与道德模范的现实路径

习近平总书记 2014 年在北京大学师生座谈会上指出："核心价值观，其实就是一种德。"① 社会主义核心价值观集中表达了中华民族的道德理想与当代的道德诉求，时代楷模与道德模范是社会主义主流价值的集中体现，培育和弘扬时代楷模与道德模范，有助于推动社会主义核心价值观在全社会的培育与践行，为发挥其引领作用奠定广泛社会基础。当前，要不断探索培育弘扬主流价值的时代楷模与道德模范的现实路径，切实发挥社会主义核心价值观的引领作用。

第一，培育弘扬主流价值的时代楷模与道德模范应遵循的基本原则。时代楷模与道德模范具有真实性、典型性和群众基础，在培育和弘扬的过程中应坚持以下基本原则。一是要坚持顶层设计与群众需求相结合。一方面要坚持政治性、民族性和时代性，培育与弘扬的时代楷模与道德模范应凸显国家意志、具有民族精神和时代品格；另一方面要立足社会发展的客观状况和人民群众的内在需求，全面强化时代楷模与道德模范的群众性、层次性和实践性。同时要把这两个方面有机结合起来，让时代楷模与道德模范的培育和弘扬，既能体现国家战略的顶层设计导向，又能反映时代的需求和人民的内在诉求，从而充分发挥时代楷模与道德模范的示范引领作用。二是要坚持人民群众的主体性。时代楷模与道德模范深深扎根于广大的人民群众之中，既来源于群众，也由广大人民群众推选、评价和推广，要坚持"从群众中来，到群众中去"的原则，培育和弘扬人民群众看得见、摸得着、学得上的具有代表性和生动性的时代楷模与道德模范，不断增强人民群众的情感共鸣和道德认同，推动时代楷模与道德模范的"星星之火形成燎原之势"。三是要坚持现实性原则。时代楷模与道德模范来源于现实生活，本质上是一个个现实的人，因而培育和弘扬时代楷模与道德模范必须坚持和遵循现实性原则，立足现实生活实践培育弘扬主流价值的时代楷模与道德模范，扎根现实生活实践发现和弘扬时代楷模与道德模范的先进事迹与伟大精神。总之，要坚持顶层设计与群众需求相结合原则、坚持人民主体性原则和现实性原则，有效培育弘扬主流价值的时代楷模与道德模范，充分发

---

① 《习近平谈治国理政》，外文出版社，2014，第 168 页。

挥时代楷模与道德模范在社会主义核心价值观培育和践行中的功能与价值，确保时代楷模和道德模范是社会主义核心价值观"最大公约数"的集中体现和广泛凝聚，使时代楷模和道德模范成为推动社会主义核心价值观在日常生活中落细、落小、落实的重要抓手，为社会主义核心价值观引领作用的充分发挥奠定广泛的社会基础、营造良好的社会氛围。

第二，培育弘扬主流价值的时代楷模与道德模范的路径探索。《新时代公民道德建设实施纲要》指出，要"尊崇褒扬、关心关爱先进人物和英雄模范，建立健全关爱关怀机制，维护先进人物和英雄模范的荣誉和形象，形成德者有得、好人好报的价值导向"①。当前，培育弘扬主流价值的时代楷模与道德模范应从以下四个方面开展路径探索。

其一，健全完善时代楷模与道德模范的选树与评价机制。时代楷模与道德模范的选树机制和评价机制，要坚持实事求是的基本要求，既要体现国家的意志和时代的特征，也要立足现实生活实际，确保所选人物及其事迹的真实性，维护选树过程和结果的客观性，把助人为乐、见义勇为、诚实守信、敬业奉献和孝老爱亲等美德作为重要依据，积极开展"我推荐我评议身边好人活动"，增强人民群众的参与感。同时，要坚持人民群众的主体地位，自觉把人民群众满意不满意、认可不认可、信服不信服作为选树时代楷模与道德模范的重要标准。相关部门要坚持合理规范的程序，完善时代楷模与道德模范选树的推荐、考察、筛选和公示等各个环节，严格把好每一道关卡，在人民群众推选的榜样中反复综合比较，并征求各相关部门的意见，选出模范事迹更加突出、群众反应更好的榜样。此外，还要建立健全选树与评价的征信机制，利用现代信息技术尤其是大数据技术，确保时代楷模和道德模范选树的公开性、公正性、公平性和透明性，评出靠得住、能学习的好榜样。

其二，创新宣传载体，拓宽传播渠道，扩大时代楷模和道德模范的影响受众范围。一方面，要创新主流媒体的宣传方式。主流媒体是时代楷模和道德模范宣传的主力军，新时代的主流媒体要作出适当调整，创

---

① 《中共中央国务院印发〈新时代公民道德建设实施纲要〉》，《人民日报》2019年10月28日，第1版。

新宣传方式，使自身更接地气，以便更好地适应新时代的时代楷模与道德模范宣传的新要求和新实践。目前，中共中央宣传部和中央文明办主办的中国文明网已推出时代楷模与道德模范专栏，以新闻报道、理论文章、公益广告、纪录片、电影等形式宣传表彰时代楷模与道德模范的事迹。但主流媒体仍要进一步强化自身的责任与使命意识，主动挖掘和宣传具有代表性的模范人物及其事迹，加大对普通民众善意行为的宣传力度，发挥身边好人好事的带动作用和示范效应，把人文关怀和理性思考融入时代楷模与道德模范的宣传教育之中，注重优化道德动力的供给机制，在宣传时科学处理好德治与法治、理想与现实、道义与功利的关系，包容和认同道德现象的层次性。另一方面，要充分利用人民大众喜闻乐见的宣传媒介。在主张个性化与信息爆炸的时代，信息更新更加迅速便捷，时代楷模和道德模范的培育与弘扬也要主动适应当下社会大众的信息需求和快节奏的生活方式，充分利用自媒体、融媒体等新兴宣传媒介和交互平台，以人民群众喜闻乐见的方式宣传时代楷模与道德模范的生动形象与真实事迹。同时，要借助自媒体和融媒体等媒介的即时便捷性，随时记录和宣传身边的好人好事，使普通人成为"时代楷模"和"道德模范"，增强榜样的亲和力。此外，还可以完善"时代楷模事迹展馆""全国道德模范纪念馆"等基础设施建设，建立"先进模范工作室"网络平台，成立"模范好人宣讲团"等宣传队伍，提高时代楷模与道德模范宣传的力度、深度、精度和温度，扩大时代楷模与道德模范影响的受众范围。

其三，加强主题学习教育，把榜样的示范作用转化为人民群众的主流价值认同与自觉实践。时代楷模与道德模范的榜样作用，是引领社会文明风尚的"风向标"。因此，要积极开展时代楷模和道德模范的学习活动，在全社会形成崇尚模范、争当先进、担当作为的时代新风气。时代楷模与道德模范是加强新时代公民道德建设的宝贵资源，全国各地区、各行业应加强对时代楷模与道德模范的主题学习教育，尤其是要注重对关键群体开展学习教育。党员干部要带头学习，加强自身的党性修养，充分发挥示范带头作用。青少年学生是学习时代楷模和道德模范的重要主体，宣传和弘扬时代楷模与道德模范，对于他们树立正确的价值观和道德观具有重要的促进作用。时代楷模与道德模范事迹的学习教育可以采取多种形式,不仅可以通过教材知识的学习和教师的课堂讲授,还可以通过学校邀请时代楷模与道德模范到学校开展讲座报告等多种形式,增强学生更直观更深刻的情感体验,加深学生对道德行为的认知认同,激励更多的学生学习道德行为、争当道德模范。比如,福建省泉州市"2019年度泉州市'道德模范、身边好人、新时代好少年'基层巡讲"就进入泉港二中进行宣讲,他们通过一系列事迹阐释了道德真谛,传达了正确的道德价值取向,给予了学生心灵的震撼和精神的洗礼。同时,共青团、工会和妇联等团体组织也要积极发动社会各阶层人士积极主动学习时代楷模与道德模范,开展献爱心、送温暖以及各种形式的道德实践活动,鼓励广大人民群众以时代楷模与道德模范为榜样,从现在做起,从自身做起,从身边的小事做起,在家庭里做爱老敬亲的好成员,在工作中做敬业奉献的好建设者,在社会上做遵纪守法的好公民,真正把体现社会主流价值的道德要求与道德规范内化于心、外化于行。

其四,加强对时代楷模与道德模范的关心与爱护,使德者有得,为公民道德建设营造崇德向善的社会氛围。时代楷模与道德模范来源于人民群众,具有鲜明的社会性。在科学评选树立和学习宣传时代楷模与道德模范的过程中,要组织社会各方力量在工作和生活中加强对他们的关心爱护,通过出台相关办法和制定优惠措施,尊重褒扬和关心爱护时代楷模与道德模范,既体现对时代楷模与道德模范的人文关怀,又有利于营造风清气正、崇德向善的社会氛围。例如,"近年来,中宣部、中央文明办先后出资2770多万元,帮扶全国道德模范330多人次"[1]。河南省先后出台了《河南省帮扶生活困难道德模范实施办法(试行)》《河南省道德模范礼遇帮扶办法(暂行)》等文件。[2] 云南省也出台了《云南省礼遇道德模范管理实施办法(试行)》,在医疗保健、子女入学等方面推出礼遇道德模范的优惠服务措施。[3] 这些举措对于加强对时代楷模与道德模

[1] 《中宣部、中央文明办开展慰问帮扶全国道德模范活动》,新华网,http://m.news.cn/2022-01/13/c_1128259267.htm,最后访问日期:2023年6月17日。
[2] 《中央文明办慰问我省全国道德模范》,河南省人民政府门户网站,https://www.henan.gov.cn/2019/01-15/729890.html,最后访问日期:2023年6月17日。
[3] 《云南出台〈办法〉树立德者有得、好人好报的价值导向:道德模范享受13个方面优先优惠服务》,中工网,https://www.workercn.cn/papers/grrb/2019/06/08/4/news-5.html,最后访问日期:2023年6月17日。

范的关心爱护，激励更多的模范保持先进、积极行善，营造充满善意和积极向上"正能量"的社会氛围具有重要意义。

第五节 社会主义核心价值观引领文化建设的实践养成机制

马克思主义认为，全部社会生活在本质上是实践的。实践是价值观生成、发展与演变的现实基础。"一种价值观要真正发挥作用，必须融入社会生活，让人们在实践中感知它、领悟它。"① 坚持以社会主义核心价值观引领文化建设，要立足中国特色社会主义文化建设的实践，探索推动社会主义核心价值观的基本理念转化为实践形态，不断强化社会主义核心价值观的实践养成。2015 年 4 月，中央宣传部、中央文明办联合下发《培育和践行社会主义核心价值观行动方案》，对社会主义核心价值观的实践转化进行了系统安排，强调通过开展多种文化活动，运用多种手段和方式，建立实践养成机制，推动社会主义核心价值观的落细、落小、落实。

一 推动社会主义核心价值观在各种仪式活动中养成

中华民族自古以来就倡导礼仪，正如孔子所说，"不学《礼》，无以立"②，礼是中华优秀传统文化的重要内容，深深融入中国古代基本制度之中。礼仪规范与礼仪活动对于社会伦理道德的规范与社会价值观念的确立产生了十分重要的推动作用。当前，发挥社会主义核心价值观的引领作用，要以各种仪式活动为载体，打造传播社会主义核心价值观的特定场域，推动社会主义核心价值观在各种仪式活动中养成。作为文化传承与价值观确立的基本方式，仪式通过符号化、象征化的呈现形式，借助各种要素与情境创设开放性的环境，能够将价值观教育融入个体生活与文化活动之中，能够增强受教育者的道德体验与情感共鸣。推动社会主义核心价值观在各种仪式活动中养成，就是要把社会主义核心价值观

---

① 《习近平谈治国理政》，外文出版社，2014，第 165 页。
② 《论语》，张艳国评析，崇文书局，2004，第 335 页。

所倡导的基本理念融入各种文明礼仪活动之中，通过举办升国旗仪式、入党入团入队仪式、传统节庆仪式、颁奖仪式等活动，传播社会主义核心价值观，打造有利于社会主义核心价值观引领作用发挥的生活情境与实践场域。

（一）仪式是涵育社会主义核心价值观的重要场域

第一，"场域—惯习"理论的基本内容。"场域—惯习"理论是法国社会学家皮埃尔·布迪厄（Pierre Bourdieu）实践社会学理论的重要内容，布迪厄以关系性思维方式对场域、惯习、实践、资本等要素进行解释和阐述。关于场域，布迪厄指出："场域是指在各种位置之间存在的客观关系的一个网络。"[①] 处在场域中的"每一个行动者，依据他们占据的地位，依据他们同相邻的阶级和群体的关系，依据他们同整个社会空间的社会关系网的关系而界定其本身的特征"[②]。因此，关系性是布迪厄对"场域"概念考察的重点。关于惯习，布迪厄认为，由于惯习"来源于社会结构，通过社会化，即通过个体生成过程（ontogenesis），在身体上的体现，而社会结构本身，又来源于一代代人的历史努力，即系统生成（phylogenesis）"[③]。因此，惯习是一种人们后天所获得的系统化的生成性结构。关于"场域"与"惯习"的关系，布迪厄认为二者既是一种制约关系，又是一种认识的建构关系，"场域构造了惯习，这是一个场域的内在需要的外显产物……惯习将场域构建成一个有意义的、有价值的世界，在其中值得个体的能量为之投资"[④]。当实践主体进入某个场域时，存在"双重转化"的社会生成运动，一方面受到客观的"社会结构"的制约，这一"社会结构"是以群体、阶级等为划分标准的关系构型，即场域；另一方面又受到主观的"认知模式"的影响，这一"认知模式"是一种社会化了的主观性，是在个人意识中内化了的社会行为的影响的总结果，即惯习。因此，场域既是主体作用于客观社会条件的重要领域，也是主

---

① L. D. Wacquant, "Towards a Reflexive Sociology: A Workshop with Pierre Bourdieu," *Sociological Theory*, 1989, Vol. 7, p. 39.

② 高宣扬：《布迪厄的社会理论》，同济大学出版社，2004，第137页。

③ Pierre Bourdieu, *Distinction: A Social Critique of the Judgement of Taste*, London, Routledge and Kegan Paul, 1984, p. 466.

④ Pierre et al., *An Invitation to Reflexive Sociology*, Chicago, The University of Chicago Press, 1992, p. 127.

体将内心思想信念社会化，实现惯习养成和延展的实践场所。上述理论为在仪式场域中的社会主义核心价值观培育提供了重要启发。作为传承传统习俗与文化的基本形式，仪式是有一定程式的，具有可重复模式，表达共同价值、意义和信念的社会活动与行为。[①] 从人类学角度来分析，仪式首先是一种"社会活动与行为"，仪式既体现了一定场域中的基本社会秩序与社会关系，也表征了一定时代人们的思想认识、情感观念等习惯的养成。因此，仪式是涵育社会主义核心价值观的重要场域，发挥着具象化价值内容、凝聚价值观念、升华价值情感与规范价值行为的重要作用。

第二，仪式在涵育社会主义核心价值观中的重要作用。按照美国人类学家维克多·特纳（Victor Witter Turner）的观点，仪式通常由特定形式、特定活动与特定内涵三个要素组成。[②] 仪式以特定的形象符号为呈现形式，以特定的实践活动为具体内容，以特定的文化内涵为价值理念，能够推动社会主义核心价值观的认知、认同与践行。首先，仪式是具象化价值内容的重要场域。借助系统化的文化符号与情境性的教育形式创设的仪式，以语言、文字、图形、音乐等象征性符号与传承历史文化的实践活动为表现形式，具有表演性、象征性的特点，能够将社会主义核心价值观的抽象理念具象化为直观的现实内容。当个体进入一定的仪式场域时，能够直观感受到其蕴含的特定文化内涵与价值观念，这种直观感受增强了社会主义核心价值观的现实感与鲜活性，有利于促进个体对社会主义核心价值观的价值认知。其次，仪式是凝聚价值观念的重要场域。借助各种符号、元素与情境创设的仪式，能够整合人们的思想认知与凝聚人们的价值观念，具有教育性与文化性的特点。当个体进入一定的仪式场域时，会受到仪式所具有的集中性、情境性特质的影响，在仪式场域集体力量的感召下，个体会产生强烈的"同质的、交融的、平等的、没有地位和级别的、无条件服从的"[③] 体验与感受，这种强烈的身

---

① 吴晓群：《古代希腊仪式文化研究》，上海社会科学出版社，2000，第9页。
② 〔美〕维克多·特纳：《仪式过程：结构与反结构》，黄剑波、柳博赟译，中国人民大学出版社，2006，第38页。
③ 〔美〕维克多·特纳：《仪式过程：结构与反结构》，黄建波、柳博赟译，中国人民大学出版社，2006，第94~126页。

份认同感，能够有效增强个体对社会主义核心价值观的价值认同。再次，仪式是升华价值情感的重要场域。借助多种手段创设具体情境和场景的仪式，能够使个体从视觉、听觉、感觉等方面直观地感受到仪式营造的氛围，具有现实直观性、强烈情感体验性的特点。在这种特定的仪式场域中，个体通过观察、模仿与身临其境的感受，能够按照其在仪式场域中所处的位置，产生与其所处场域关系网相似的情感体验与共鸣，进而推动个体将仪式场域蕴含的核心价值观念，升华为内在信念与信仰，增强对社会主义核心价值观的情感认同。最后，仪式是规范价值行为的重要场域。借助多种形式、有组织的群体活动创设的仪式，具有群体性、参与性的特点，个体能够在仪式场域中根据群体内部的组织要求，"领会在某一特定身份被期待的或是必需的行为，把握好身份的规范，学会扮演与我们的身份相联系的角色"[1]。这种群体性、参与性的仪式场域，能够以其所内含的各种规则、程序，引导个体参与者的价值排序和选择，规范个体参与者的价值行为，有效推动个体将社会主义核心价值观变为行为自觉。

（二）仪式场域中社会主义核心价值观的培育路径

依据"场域—惯习"的基本理论，当主体进入某种场域时，对其价值观念与价值行为的培育，既要考察其与外在社会结构，即场域之间的关系，又要分析其主观内在的心智结构，即惯习，更要深入探讨场域与惯习相互作用下的主体价值观养成与具体行为方式。因此，在"场域—惯习"理论框架下探讨社会主义核心价值观的培育路径问题，需要深入考察仪式外在场域与主体内在惯习双向互动的实践过程。

第一，遵循外在场域构造内在惯习的客观规律，整合与优化仪式的展现形式。从关系性的角度来考察，场域是存在客观关系的不同社会空间，场域由各种存在于个人意识和意志之外的客观历史关系构成，由社会成员按照特定的逻辑要求共同建构，每个场域都规定了各自特有的价值观与调控原则。场域中的每个行动者都要根据他们所处场域空间的位置进行运作，其思想意识与行为方式受到场域结构的制约，场域结构"既能加强又能引导某种策略，无论是个人还是集体，这些位置的占有者

---

① 〔美〕波普诺：《社会学》，李强等译，中国人民大学出版社，2007，第110页。

力图用这种策略来维护或改进他们所处的位置，并且将等级化的原则以最佳的方式强加到他们自己的产品上"①。因此，场域是惯习养成和延展的地方，是主体改变和调整自身价值观念与行为方式的重要场所。当前，以仪式涵育社会主义核心价值观，需要遵循外在场域构造内在惯习的客观规律，通过整合与优化仪式的展现形式，从国家价值目标、社会价值取向和公民个人价值准则等不同层面，为参与主体内在惯习的养成提供多层次的场域和空间。一方面，科学整合仪式的展现类型。要对传统仪式与现代仪式、正式仪式与非正式仪式进行科学整合，增强仪式场域构造主体内在惯习的影响力和感染力。要结合时代特征、社会和个人发展的现实需要，深入挖掘和整合能够体现民族精神与主流价值追求的传统仪式与现代仪式类型，并立足不同群体的现实需要，对上述仪式类型进行创造性的转化和发展，以增强社会主义核心价值观培育的实际效果。另一方面，优化设计仪式的展现形式。要对仪式展现形式的各个环节进行优化设计，规范仪式的具体流程，创新仪式展现的要素和形式。仪式的神圣性来源于仪式设计的规范性，时间、地点、衣着、语言表述和符号等仪式的基本要素与仪式的具体操作和运行，都要坚持规范性的原则，以巩固和增强仪式场域构造主体内在惯习的作用。在规范的基础上，要借助现代技术和工具创新仪式的载体，从国家、社会、公民个人等不同层面创新和优化仪式的展现形式，营造多样化、时代化的场景、情境与氛围，以外在场域创设推动参与主体内在惯习的养成。

第二，遵从主体内在惯习养成的基本规律，挖掘与充实仪式的文化内涵。作为一种生成性结构，惯习是指在特定的历史条件下，人们后天所获得的各种生成性图式的系统。惯习是在个人意识中内化了的社会行为的影响的总结果，是一种社会化了的主观性。因此，惯习既是人们在特定历史阶段，对于特定历史文化的内化意识与行为方式的体现，具有历史性和稳定性，又是人们通过个体主观能动性的发挥，重建和改造社会条件的一种主动性行为，具有主观性和可变性。当前，以仪式涵育社会主义核心价值观，需要遵从主体内在惯习形成发展的基本规律，挖掘

---

① L. D. Wacquant, "Towards a Reflexive Sociology: A Workshop with Pierre Bourdieu," *Sociological Theory*, 1989, Vol. 7, p. 40.

仪式的传统资源和充实仪式的现代内容，以丰富的文化内涵激发主体认同的能动性，推动主体内在惯习的养成。一方面，要充分挖掘仪式的传统资源。仪式是文化及其内涵得以延续的重要方式，基于民族文化内涵所产生的民族认同感与凝聚力需要通过仪式传播和传承。正如有学者强调："文化需要是社区生存和文化绵续所必须满足的条件。"① 要充分挖掘仪式的传统资源，特别是传统礼仪资源，以儒家为代表的中国传统礼仪文明，倡导"道之以德，齐之以礼"，通过论述礼仪教化的原则、方法、功能等问题，构建以"礼教"为主要方式的价值观教育途径。同时，在礼教文化的长期影响下，人们已经形成对待传统礼仪的庄重态度和敬重思维，这对于我们结合仪式的社会心理和文化现象，客观认知民众在仪式中惯习的养成，提供了优秀的传统礼仪文化基因。另一方面，要不断充实仪式的现代内涵。在深厚的礼仪文化根基上，需要不断开发仪式的新内容，不断将符合时代潮流的现代内涵融入仪式文化内涵之中。要结合仪式的要素、环节和情境，将社会主义核心价值观倡导的基本理念融入其中，根据社会主义核心价值观教育的不同内容和教育对象的不同层次，灵活地对仪式内容进行适当调整和现代转换，以拓展仪式的教育空间，构建和凸显仪式的现代内容和现代价值，从而推动参与主体对仪式文化的内化认同，推动参与主体在特定仪式场域中社会化惯习的养成。

第三，遵循"场域—惯习"相互作用的主客观统一规律，构建与完善仪式的发展模式与制度保障。如何认识和处理"场域"与"惯习"之间的关系，是"场域—惯习"理论的核心议题。布迪厄认为"客观与主观共同存在于场域中，又共同存在于惯习中，这样，它们在场域中融合，又在惯习中被融合"②。因此，场域不是依照某一规则机械性运转的结构模式，而是充满斗争性、不确定性、重构性的社会空间；主体惯习也不是先验的主观意识和被动地遵从外界灌输的教条，而是被社会化过的、具有主观能动性的历史经验的积累。人们的实践活动正是在"场域"与"惯习"相互作用下进行的，这种相互作用体现了内在性与外在性的辩

① 《费孝通全集》第18卷，内蒙古人民出版社，2009，第206页。
② Pierre et al. , *An Invitation to Reflexive Sociology*, Chicago, The University of Chicago Press, 1992, p. 96.

证关系，体现了主客观相统一的基本规律。在仪式场域中，主体的实践活动在外在"场域"与内在"惯习"相互作用下进行，是主体所处的外在场域即客观存在，与主体精神世界即主观想象相互作用的结果。当前，以仪式涵育社会主义核心价值观，需要遵循"场域—惯习"相互作用的主客观统一规律，通过完善仪式的发展模式与制度保障，推动仪式外在"场域"构造与参与主体内在"惯习"养成相互促进。一方面，要通过开发多样化、生活化的仪式发展模式，推动仪式外在"场域"与主体内在"惯习"主客观相统一。"要建立和规范一些礼仪制度，组织开展形式多样的纪念庆典活动，传播主流价值，增强人们的认同感和归属感。"① 以仪式涵育社会主义核心价值观，要善于开展形式多样的仪式活动，善于将社会主义核心价值观的基本理念转化为不同层次的象征符号，并将这些象征符号融入不同类型的仪式活动，以丰富多样、形象生动的仪式发展模式推动主体精神世界的共鸣与认同；要善于开发贴近现实生活的仪式活动，注重发展个人层面仪式教育、日常性教育礼仪、家庭和个人组织的仪式，以生活化的仪式发展模式推动人们在日常生活中将内化认同与外化实践相统一。另一方面，要通过完善仪式的制度保障，推动仪式外在"场域"与主体内在"惯习"主客观相统一。以仪式涵育社会主义核心价值观，要规范各类仪式的制度安排，要对各类仪式举行的周期、规模等作出制度性规定，根据各类仪式的内容和特点，不断修订和完善仪式的教育章程，规范仪式的教育活动，推进仪式开展的制度化建设；要完善各类仪式开展的制度保障，注重发挥政府与公共机构的引领示范作用，以制度保障各类仪式的公众参与度，让人民群众在广泛参与中体验仪式所蕴含的价值理念与追求。总之，通过上述努力，形成多元参与主体、多维视角传播、多向形式互动的仪式发展格局，以发挥各类仪式"场域"在社会主义核心价值观培育中的"合力"作用。

二　推动社会主义核心价值观在志愿服务活动中养成

马克思指出："人应该在实践中证明自己思维的真理性。"② 实践是

---

① 《习近平谈治国理政》，外文出版社，2014，第165页。
② 《马克思恩格斯文集》第1卷，人民出版社，2009，第500页。

社会主义核心价值观发挥引领作用的重要场域，坚持以社会主义核心价值观引领文化建设，需要借助实践载体和依托实践活动，推动社会主义核心价值观的实践养成。志愿服务是指服务社会生产生活和促进社会发展进步的行为，志愿服务精神包含的奉献、友爱、互助精神，与社会主义核心价值观倡导的基本价值理念具有内在的契合性。因此，以志愿服务活动为载体，推动社会主义核心价值观在志愿服务活动中养成，是培育和践行社会主义核心价值观、发挥社会主义核心价值观引领作用的重要实践路径。

（一）志愿服务精神与社会主义核心价值观具有内在的契合性

志愿服务具有明显的志愿性、公益性和群众性，志愿服务反映了人们的高尚道德情操和精神境界，是实现个人自我价值的重要方式，在培育时代新人、弘扬时代新风的实践中有着突出的功能，志愿服务发挥着重要的作用。志愿服务精神是指一种"自愿的、不为报酬而参与推动人类发展、促进社会进步和完善社区工作的精神"[1]。"奉献、友爱、互助、进步"的志愿服务精神体现了社会发展的积极价值取向，与社会主义核心价值观倡导的基本价值理念具有内在的契合性。

第一，志愿服务精神与社会主义核心价值观倡导的国家层面的价值目标相契合。志愿服务精神与"富强、民主、文明、和谐"的价值目标具有一定的契合之处。近年来，全国各地区、各领域、各行业积极开展志愿服务活动，社会公益、环境保护、社区服务和扶贫支教等志愿服务活动日益增多，尤其是在面对重大社会事件和严重的自然灾害时，全国各族人民众志成城、无私奉献，自发组织、主动作为，积极贡献自己的力量，这种奉献精神在一定程度上有利于缓解我国在社会转型时期出现的诸多矛盾与冲突，有助于推动社会的文明发展与和谐进步。此外，有大量的志愿者深入我国中西部的贫困地区进行志愿服务活动，积极传播先进教育观念、科技文明，大力宣传节能减排、科学防治、绿色消费等保护环境的观念，积极倡导人与自然和谐相处，对于促进贫困地区社会风气的改善和群众素质的提高具有重要意义。广大志愿者为国家建设、

---

[1] 北京志愿服务发展研究会编《中国志愿服务大辞典》，中国大百科全书出版社，2014，第12页。

区域发展、脱贫攻坚等方面积极奉献、不图名利、不计报酬，彰显了无私奉献的志愿者精神，为弘扬社会主义主流价值树立了榜样，在一定程度上有助于抵制和消解功利主义和道德滑坡的现象，对于建设富强、民主、文明、和谐的社会主义现代化国家具有积极意义。

第二，志愿服务精神与社会主义核心价值观倡导的社会层面的价值取向相契合。社会主义核心价值观倡导的社会层面的价值取向，是在思想文化多元化背景下形成的广泛价值共识和凝聚人心、维护社会稳定的强大精神力量。志愿服务以"奉献、友爱、互助、进步"为核心理念，要求志愿者在参与志愿服务活动时坚持无私奉献、平等互助的基本原则，发扬人文关怀，以平等、友善的善意行为切实帮助每一个需要帮助的对象，尽可能地为改善居住环境、降低区域差异、保护自然生态、改善社会风气贡献绵薄之力。这种发自内心认同、向往并追求的平等、公正、美好，与"自由、平等、公正、法治"的社会层面的价值取向高度契合。大力弘扬志愿服务精神，有助于弘扬社会主义主流价值，增强广大人民群众对社会主义核心价值观的认知与认同，对于建设自由、平等、公正、法治的社会主义社会具有积极意义。

第三，志愿服务精神与社会主义核心价值观倡导的公民个人层面的价值准则相契合。社会主义核心价值观倡导的公民个人层面的价值准则，是基于当前我国的生活环境和生存伦理形成的道德选择。志愿服务活动的开展往往是以牺牲志愿者个人的时间、精力和金钱为基础的，这种自愿奉献和主动承担的精神是作为国家公民强烈的爱国情感和社会责任感的集中体现。志愿者参与志愿服务活动既是对公民身份的自我确证，也是自身社会价值得以实现的重要方式。志愿服务实践活动能够激发志愿者强烈的社会责任感，志愿服务精神倡导的相互尊重、与人为善、助人为乐，能够积极传递正能量，在一定程度上缓解社会矛盾与人际冲突，使整个社会更加凝聚团结、人际关系更加和谐友善，这在一定程度上有助于营造积极向上、崇德向善的社会氛围，对于培养爱国、敬业、诚信、友善的社会主义公民具有积极意义。

（二）以志愿服务活动为载体培育和践行社会主义核心价值观

近年来，我国志愿服务事业取得长足进步，《志愿服务条例》《关于支持和发展志愿服务组织的意见》《关于推进志愿服务制度化的意见》

等法规和政策文件相继出台，志愿服务体制机制逐步健全，全社会的志愿服务意识日益增强，我国志愿服务进入了一个新的发展阶段。当前，积极发挥志愿服务活动的载体功能，对于有效发挥社会主义核心价值观的引领作用具有重要意义。

第一，健全志愿服务活动的机制。一是要健全志愿服务动员和招募机制。志愿服务活动是具有公共性和公益性的社会行为，要坚持以社会主义核心价值观为引领，积极发挥人民群众在志愿服务活动中的创造力和活力，畅通社会各界人士参与志愿服务的渠道，积极利用互联网等信息技术搭建个体参与志愿服务活动的平台，使公民参与志愿服务更加便捷，进而有效解决多重管理体制的效率低下、志愿组织准入门槛过高等问题。同时，要建立专业化的志愿者招募机构，加强对志愿者的需求调查，在分析志愿者自身的素质和技能之后再确定其职责分工，实现志愿者招募和实际的服务需求之间的平衡。此外，在动员与招募志愿者时要以社会主义核心价值观为引领，大力宣传志愿服务精神，建立严格的培训制度，鼓励人民群众通过合法的渠道参与志愿服务活动，尤其是要加强学校对志愿服务精神的教育，培养学生对志愿服务的正确认知和浓厚兴趣。二是要健全志愿服务管理机制。志愿服务活动的开展要坚持中国共产党的领导，依据我国的政策方针和指导思想开展，以保证志愿服务活动服务于我国改革开放事业的总体大局，同时，政府要给予志愿服务活动以政策扶持和财政支持，共青团也要发挥自身的组织优势，积极动员和带领广大青年投身于志愿服务活动。此外，志愿服务组织也要根据本组织的实际情况，缩减管理层级，精简机关结构，划分合理的权力界限，加强自身的责任意识，从而提高志愿服务组织的管理效率。三是要健全激励和评估机制。志愿者的无私奉献和热情参与是开展志愿服务活动的重要保障，为了推动志愿服务持续性和常态化的发展，要在充分了解志愿者自身需求的基础上，注重发挥志愿者的特长和潜能，统一衡量标准后对志愿者的服务行为进行评估，对于志愿行为给予一定的物质奖励或精神表彰，提高志愿者的获得感，以确保志愿服务活动的开展更加科学和有效。

第二，加强志愿服务活动的宣传。理论是实践的先导，志愿服务活动的宣传要做到以下几点。一是要正确认识和理解志愿服务活动。当前，仍然存在对志愿服务活动的诸多偏见和误解，甚至将志愿者的志愿行为看作虚张声势的"作秀"和"哗众取宠"。社会公众对于不计报酬、无私奉献的志愿服务行为缺乏正确的认识和理解，在很大程度上影响了人们参与志愿服务活动的积极性。政府和志愿服务组织应向人民群众宣传志愿服务活动的目的、性质和功能，宣传志愿服务活动在我国的发展历程、发展现状和未来趋势，让人们深刻认识和理解志愿服务活动的意义和价值，激发人们参与志愿服务活动的热情和积极性。二是要大力弘扬志愿服务精神。政府部门和社会各界要大力弘扬志愿服务精神，充分利用广播、报刊、网络媒体等宣传媒介，感染和激励更多的人积极践行志愿服务精神，形成志愿服务活动健康有序发展的良好局面，为培育和践行社会主义核心价值观营造良好的氛围。三是要积极发挥志愿者的榜样作用。志愿者榜样作用的发挥有利于激发民众参与志愿服务活动的积极性，有利于推动社会主义核心价值观的形象化、日常化和生活化。政府相关部门要树立志愿服务活动正确的价值导向，发挥各类宣传媒体、线下活动的平台优势，表彰、奖励突出和优异的志愿者或志愿团队，重视发挥典型示范作用，塑造出一些可亲可敬的优秀志愿者和志愿团队，激发人民群众的情感体验，形成有利于志愿服务事业持续健康发展的良好环境，从而增强人们对社会主义核心价值观的认知和认同。

第三，加大志愿服务活动的管理力度。《关于支持和发展志愿服务组织的意见》指出，"到 2020 年，基本建成与经济社会发展相适应，布局合理、管理规范、服务完善、充满活力的志愿服务组织体系"①。志愿服务活动是发挥社会主义核心价值观引领作用的有效载体，要加大对志愿服务活动的管理力度。一是要扩大志愿服务活动的范围。要有效弥补政府公共服务的薄弱环节，以城乡社区、公共场所、窗口单位为重点，扩大志愿服务站点的覆盖面，推动公共场所、社区、高校的志愿服务阵地的全覆盖。要在注意志愿服务活动区域性差异问题的同时，避免志愿服务活动出现重城市轻农村的倾向，同时，要加强政府、社会组织、企业和社会团体与志愿服务组织的联系，鼓励更多的人参与不同地区和不同

---

① 《中宣部等印发〈关于支持和发展志愿服务组织的意见〉》，中华人民共和国国务院新闻办公室，http://www.scio.gov.cn/37236/37235/Document/1569332/1569332.htm，最后访问日期：2023 年 6 月 17 日。

领域的志愿服务活动，推动公共资源更多地向基层志愿服务组织开放。二是要深化志愿服务活动的内容。当前部分志愿服务组织尚未适应社会的快速发展变化，开展的活动形式较为单一，缺乏实用性和实效性，开展的活动内容也相对简单，缺乏应有的深度。志愿服务项目要立足国家战略，坚持服务百姓生活的导向，不断增强专业化和影响力。志愿服务项目可以依托"西部大开发"战略、"生态环境保护一体化"发展专项行动计划等进行，可以根据志愿者自身的实际情况，建立志愿服务活动基地，注重志愿服务活动开展的持续性和长效性。此外，还可以组建更加专业化的志愿服务团队，为有需要的服务对象提供"法律援助""心理咨询""医疗卫生"等专业化服务。三是要提高志愿服务的水平。志愿服务活动要紧扣社会的服务需求，要归纳总结《志愿服务条例》《关于支持和发展志愿服务组织的意见》等法规和政策文件中对志愿者的说明和要求，开展高水平、精准化的教育培训，分领域使志愿者在开展志愿服务的过程中开阔视野、增加体验、增强社会责任感，在志愿服务实践中培育和践行社会主义核心价值观。

三　推动社会主义核心价值观在日常生活中养成

日常生活是价值观生成的现实基础，是社会主义核心价值观实践养成的重要场域。正如马克思所指出的："人们的意识，随着人们的生活条件、人们的社会关系、人们的社会存在的改变而改变。"① 任何价值观都是在日常生活中、在现实生产实践活动中产生的。日常生活是以个人的家庭、天然共同体等直接环境为基本寓所的私人领域，是旨在维持个体生存和再生产的各种活动的总称。推动社会主义核心价值观在日常生活中养成，是落细、落小、落实社会主义核心价值观和助推社会主义核心价值观引领作用发挥的重要方面。

（一）推动社会主义核心价值观在日常生活中养成的必要性与现实意义

价值观是人们在一定经济关系中对自身利益和需要的反映，体现了主体对于主客体关系的根本观点。只有在人与客体实际的相互作用过程即社会实践之中，人们才能发现客体属性对人类自身的有用性，才能

---

① 《马克思恩格斯文集》第 2 卷，人民出版社，2009，第 50～51 页。

掌握客体属性的使用方式，从而自觉地建立起同客观事物之间现实的价值关系。正如马克思所强调的："不是意识决定生活，而是生活决定意识。"① 因此，对于价值观的认识必须回归现实生活，价值观的养成也只有回归现实生活、立足现实才能真正得以实现。当前，推动社会主义核心价值观在日常生活中养成，就是要借助日常生活中的各种载体，将社会主义核心价值观所倡导的基本内容与核心理念融入人民群众的现实生活，让人民群众从最细微的日常生活中感受社会主义核心价值观的影响，主动了解社会主义核心价值观的价值目标，自觉认同社会主义核心价值观的价值真谛，自觉践行社会主义核心价值观的价值要求。这对于进一步推动社会主义核心价值观的普及与认同，扩大社会主义核心价值观的社会影响力，助推社会主义核心价值观引领作用的有效发挥具有重要现实意义。

（二）推动社会主义核心价值观在日常生活中养成的理论依据

第一，日常生活具有参与体验性的特点，这一特点有利于增强民众对社会主义核心价值观的认知认同。经验性是日常生活的重要特征，为了得到社会和大众的认可，人们依据日常生活中学习的经验，形成自身的日常思维与行为模式。这一特征与价值观实践养成具有的参与体验性特点具有一致性。实践养成的参与性和体验性的活动特点，对于民众在日常生活的现实体验中增强对社会主义核心价值观的认知和认同具有重要作用。"人们是通过其所属群体共享的符号的意义来理解他们的体验的"②，人们的思想和行为受到身边的群体反应和环境作用的影响。通过参与各种以社会主义核心价值观为主题的实践活动，能够促使人们在现实体验中受到身边人群的情感熏陶与环境感染，进而从内心产生对社会主义核心价值观的强烈情感体验与价值认同。正是在这个意义上，《培育和践行社会主义核心价值观行动方案》明确指出，要"把社会主义核心价值观的要求日常化、具体化、生活化"③。以人民群众最熟悉的实践活

---

① 《马克思恩格斯文集》第 1 卷，人民出版社，2009，第 525 页。
② 〔美〕斯蒂芬·李特约翰：《人类传播理论》，史安斌译，清华大学出版社，2004，第 171 页。
③ 《中宣部负责同志就印发〈培育和践行社会主义核心价值观行动方案〉答记者问推动全社会形成共同的价值追求》，《人民日报》2015 年 4 月 17 日，第 4 版。

动为载体，以人民群众身边最熟知的模范人物为典范，有利于推动社会主义核心价值观与人民群众的生产生活有机融合，进而推动社会主义核心价值观在群众的日常生产生活实践中不断养成。

第二，日常生活具有周期反复性的特点，这一特点有利于强化民众对社会主义核心价值观的内化认同。重复性是日常生活的重要特征。这一特征与价值观实践养成具有的周期反复性的活动特点具有一致性。正是在每天不断重复的日常生活、学习与工作实践中，有规律地强化了民众对社会主义核心价值观所蕴含的文化内涵与价值观念的内化认同，能够推动民众在日常生活中积极构建个体价值观，增强民众对社会主义核心价值观的认同，并逐步内化为价值自觉。因此，《培育和践行社会主义核心价值观行动方案》明确指出，要结合社会群体的不同特点，开展与其工作、生活相适应的实践活动，让人民群众在循环往复的日常生活实践中，加深对社会主义核心价值观的认知与理解。

第三，日常生活具有自在性的特点，这一特点有利于提升民众对社会主义核心价值观的情感认同与行为认同。日常生活属于自在的类本质对象化领域，自在性是日常生活的重要特征。这一特征与价值观的实践养成具有的内隐性特点具有一致性。价值观的实践养成具有非强制性的特点，借助丰富多样的实践活动，吸引广大民众通过自觉参与获得深刻的情感体验，这种情感体验以潜移默化的隐性形式，对民众的价值观念与行为规范产生了深刻的影响，对于民众在日常生活中提升对社会主义核心价值观的情感认同并转化为现实的行为认同产生了积极的推动作用。社会主义核心价值观的养成要以日常生活实践为现实基础，经过实践—认识—再实践—再认识的过程，推动感性认识上升到理性认识的飞跃，让人们在现实体验与知行合一中实现对社会主义核心价值观的内心认同，并自觉转化为现实生活体验。

（三）推动社会主义核心价值观在日常生活中养成的立足点与切入点

第一，推动社会主义核心价值观在日常生活中养成，要立足现实和群众的利益需求。马克思主义认为，"人们奋斗所争取的一切，都同他们的利益有关"①。任何思想理论都要代表和体现一定阶级的现实利益诉

---

① 《马克思恩格斯全集》第1卷，人民出版社，1956，第82页。

求。由于日常生活以维持个体生产和再生产为主要目标，实用性与利益原则是日常生活的重要特征，因而在日常生活中人们对外界事物的评价，往往以是否有利于满足自身现实利益为重要的标准。社会主义核心价值观作为社会主义意识形态的本质体现，能否掌握群众，得到人民群众的广泛接受和认同，首先需要立足现实、建立在人民群众现实的利益需求基础上。因此，社会主义核心价值观要真正融入群众日常生活，必须立足人民群众的生活实际，从人民群众的现实利益出发，从人民群众日常生活所关注的视角出发，将社会主义核心价值观所倡导的基本理念与价值追求，体现和转化为现实的人民群众所关心的民生理念，落实到具体的社会治理与民生政策之中。通过加强社会公平正义、关注弱势群体、保障全体人民的合法权益、维护社会法治等具体政策的实施，让人民群众在现实生活中感受到社会主义核心价值观在价值目标上的先进性与实践操作上的现实性，从而在日常生活中赢得民众对社会主义核心价值观的认同和拥护，推动民众将社会主义核心价值观内化为价值认同、转化为价值实践。

第二，推动社会主义核心价值观在日常生活中养成，要以日常生活的基本特征为切入点。一方面，日常生活的经验性、重复性特征要求，在日常生活中养成社会主义核心价值观要注意探索人们在日常生活中认知方式的特点。推动社会主义核心价值观在日常生活中的有效养成，要将社会主义核心价值观基本内容与核心理念融入人们在日常生活中遵循的社会角色规范之中，让人们在最普通的日常学习、工作生活中，根据自己所承担的社会角色去规范自己，在循环往复、重复性的社会生活中，按照各类社会角色的基本规范实现自我教育和管理。另一方面，日常生活的自在性特征要求，要注意寻找社会主义核心价值观与人们日常生活中情感共鸣的契合点。日常生活属于自在的类本质对象化领域，其维系要依靠经验习惯、天然血缘与自然情感等多种因素的相互作用。在日常生活中，人们通常以模仿和类比他人的经验与行为方式，以给定的规则和归类模式来规范自身的行为习惯，通过这种对现有社会规则的仿效和趋同，使自身获得一种认同感和归属感。因此，推动社会主义核心价值观在日常生活中的有效养成，要借助日常生活中的榜样力量，将社会主义核心价值观转化为具体化、形象化的榜样，从而激发人们的情感共鸣，促使人们更加深刻的认知和领会社会主义核心价值观的价值真谛，并进一步正面引导人们的日常行为。此外，要利用日常仪式等群体性活动，以仪式活动承载社会主义核心价值观的基本理念，通过庄重的仪式活动营造集体情感共鸣的氛围，让人们在各种仪式活动中积淀自己的情感，以群体性行为模式增强自身的归属感，强化对社会主义核心价值观的认同感。

总之，日常生活是社会主义核心价值观实践养成的重要场域。习近平总书记指出，"要注意把我们所提倡的与人们日常生活紧密联系起来"①，推动社会主义核心价值观在日常生活中养成，是不断推动社会主义核心价值观落细、落小、落实，增强社会主义核心价值观引领力与感召力的关键。

第六节　社会主义核心价值观引领文化建设的考核评价机制

"评价，是人把握客体对人的意义、价值的一种观念性活动。"② 社会主义核心价值观引领文化建设是一个系统工程，离不开科学的考核评价。当前，充分发挥社会主义核心价值观对文化建设的引领作用，推进社会主义先进文化建设，需要构建相应的考核评价机制，以保障社会主义核心价值观引领文化建设的各项工作顺利开展、科学推进和有效落实。

一　考核评价的基本原则

所谓"原则"，即言行所依据的准则。人的因素在考核评价中发挥着至关重要的作用，但在考核评价时，"我们无法摆脱主体性的因素，无法摆脱价值观的制约"③，给考核评价带来了一定程度的主观性弊端。有效克服考核评价时存在的主观性弊端，保证考核评价的客观有效，应在遵循科学性、系统性和实践性基本原则的基础上有效落实考核评价的各项工作。

① 《习近平谈治国理政》，外文出版社，2014，第165页。
② 冯平：《评价论》，东方出版社，1995，第1页。
③ 冯平：《评价论》，东方出版社，1995，第292页。

（一）科学性原则

社会主义核心价值观引领文化建设，是推进我国文化治理现代化的重要方面。社会主义核心价值观引领文化建设是一项复杂而系统的工程，同时，考核评价又易受到评价主体、评价标准、评价条件等多种因素的制约，因此，社会主义核心价值观引领文化建设的考核评价，需要科学谋划、精心组织，在坚持科学性原则的基础上，有效落实各项考核评价工作。

第一，坚持科学性原则推进考核评价，其核心问题是科学评价社会主义核心价值观对文化建设的引领作用发挥得如何、是否引领文化建设朝着社会主义先进文化的方向发展进步。因此，要坚持科学性原则，科学谋划、有效组织推进社会主义核心价值观引领文化建设的各项考核评价工作。要将社会主义核心价值观的价值导向作为考核评价工作的重点，全面厘清和把握以社会主义核心价值观引领各个具体文化建设的全过程、各环节，详细考核评价全过程、各环节中的社会主义核心价值观引领作用发挥得如何，对于成效显著的过程环节要积极总结经验、形成示范推广，对于成效不佳甚至偏离社会主义核心价值观导向的过程环节也要总结原因、形成警示案例；要将社会主义核心价值观的价值导向作为考核评价工作的中心，确保考核评价的各项工作符合社会主义核心价值观引领文化建设的实际，避免考核评价滑向形式主义旋涡，落入价值模糊、价值虚无甚至错误价值导向的深渊。

第二，坚持科学性原则推进考核评价，要以完善和发展社会主义核心价值观引领文化建设为目标。对社会主义核心价值观引领文化建设各项具体工作进行考核评价，目的是检验成效、总结经验、规避错误，以更好地推进社会主义核心价值观引领文化建设，而不仅仅是发现问题、惩戒相关人员，更重要的是找出问题存在的根本原因，不断推进社会主义核心价值观引领文化建设的完善和发展。因此，坚持科学性原则，科学谋划、有效组织推进社会主义核心价值观引领文化建设的各项考核评价工作，要以完善和发展社会主义核心价值观引领文化建设为目标，在科学详细考核评价的基础上敢于总结问题、善于提出不足，并分析其原因，促进社会主义核心价值观引领文化建设各项工作的不断完善，要积极总结经验、表彰先进，并形成示范推广，推动社会主义核心价值观引领文化建设各项工作的不断发展。

第三，坚持科学性原则推进考核评价，要善于选择和运用考评模式，规避考核评价的主观性，提高并保障考核评价的客观性。考核评价是一项由人参与的具体的实践活动，易受到评价主体、评价条件等各方面因素的制约，带有一定的主观性甚至随意性，使得考核评价的客观性大大降低。因此，坚持科学性原则，科学谋划、有效组织推进社会主义核心价值观引领文化建设的各项考核评价工作，要善于选择和运用考评模式。

考评模式与评估模式有相近之处，综合多种评估模式的特点与适用性，有三种经典评估模式适用于社会主义核心价值观引领文化建设的考核评价。一是 CIPP 评估模式。该评估模式由斯塔弗尔比姆（Stuffle-beam）于 20 世纪 60 年代末 70 年代初提出，主要包括"背景（Context）评估：主要以通过对被评估对象目标的社会环境、背景、政策支撑等进行评估的方式，分析被评估对象目标的可行性、科学性；投入（Input）评估：主要以通过对方案实施中各设备、经费、生源与师资等方面的投入情况进行评估的方式，目的在于寻找解决问题的办法；过程（Process）评估：主要通过在方案实施过程中对方案本身及方案实施过程进行评估的方式，发现该方案在具体推进过程中已经存在的和潜在的问题或风险，及时改进方案本身和实施过程，达到更好的实施效果；结果（Product）评估：主要通过对方案实施目标进行评估考察的方式，达到有效控制方案实施质量的目的"[1]。CIPP 评估模式适用于社会主义核心价值观引领文化建设的中期考核评价，能够在考评背景、投入、过程及结果的过程中更加全面地认识该引领活动、项目的开展，能够更好地控制和引导社会主义核心价值观引领文化建设的具体实践过程走向。二是无目标评估模式。该评估模式由斯克里文（Scriven）于 20 世纪 70 年代提出，要求在评估中不限制评估焦点，不带着预设框架来收集数据进行评估，要求评估者在评估中全面关注项目活动发生的影响，避免可能的偏见和提高客观性，使评估能更加客观地反映项目活动所产生的影响。无目标评估模式适用于社会主义核心价值观引领文化建设结果的考核评价，可以使考评更加全面、更加深入，反馈的结果或建议也更加全面、更加深入。三

① 赵德成：《学校评估：理论、政策与实践》，华东师范大学出版社，2015，第 16 页。

是社会议题导向评估模式，是多种评估模式的综合，要求评估者创造机会让多种利益相关者参与评估、提供信息、反映意见，增强评估的民主性和客观性，并使评估结论更容易被人们广泛接受，对实践产生实质性影响。社会议题导向评估模式适用于考核评价社会主义核心价值观引领文化建设的全过程，能有效接收分析多种意见反馈以真正发现社会主义核心价值观引领文化建设具体实践过程中的利弊，以更有效地推进社会主义核心价值观引领文化建设。

（二）系统性原则

党的十八大以来，习近平总书记多次指出，"注重系统性、整体性、协同性是全面深化改革的内在要求，也是推进改革的重要方法"①。以社会主义核心价值观引领文化建设是一个复杂的系统工程，决定了其考核评价涉及诸多要素，这就要求必须坚持系统性原则，构建一个具有层次性、自上而下、从宏观到微观层层深入、环环相扣、不可分割的考核评价体系。

第一，坚持系统性原则，要系统考察社会主义核心价值观引领文化建设全过程、各环节，在全面把握社会主义核心价值观引领文化建设诸要素的基础上构建系统的考核评价体系。一方面，要系统全面的认识和把握社会主义核心价值观引领文化建设。要从整体上认识和厘清何为社会主义核心价值观引领文化建设、为何以社会主义核心价值观引领文化建设、如何以社会主义核心价值观引领文化建设等重要问题，要认识和厘清社会主义核心价值观引领文化建设的不同表现形式、不同要求及其各自特点，从具体层面进一步把握社会主义核心价值观引领文化建设的相关问题。另一方面，要系统全面的认识和把握社会主义核心价值观引领文化建设的各要素。要从宏观上认识和把握社会主义核心价值观引领文化建设的主体、客体、介体、载体及环体等各要素，要在微观上认识和把握各个要素在不同地域、不同领域以及不同时段的具体表现，将宏观整体与微观具体结合起来，厘清各个要素之间的关系，切实构建系统的社会主义核心价值观引领文化建设的考核评价体系。

第二，坚持系统性原则，要立足社会主义核心价值观引领文化建设

---

① 《习近平谈治国理政》第 2 卷，外文出版社，2017，第 109 页。

的实际，系统设计考核评价内容。文化建设是一个复杂、庞大的工程，涉及文化领域的方方面面，不同的文化有不同的表现，以社会主义核心价值观引领文化建设也具有多种多样的表现形式、呈现出鲜明的个性与特点。系统设计社会主义核心价值观引领文化建设的考核评价内容，既要从宏观整体上设计一般性基础内容，适应不同地域、不同形式的、具有较强普遍适用性的考核评价体系，保障社会主义核心价值观引领文化建设的根本方向、基本要求始终如一，又要灵活结合不同地域、不同形式的文化建设的具体实际，针对性设计和调整相应的考核评价内容，保障社会主义核心价值观引领文化建设在各地各领域的有效落实与推进。

（三）实践性原则

"任何评价都是在一定社会历史条件下作出的，也都是为一定社会历史条件下的实践服务的。"① 考核评价受到一定社会历史条件以及人的主体性因素制约，使得考核评价存在一定主观性甚至随意性，这就要求社会主义核心价值观引领文化建设的考核评价必须具有较高的实践可行性。因此，构建科学系统的社会主义核心价值观引领文化建设的考核评价体系，必须坚持实践性原则。

"实践性是马克思主义理论区别于其他理论的显著特征"②，只有在结合特定社会历史条件的基础上才能确切把握实践问题的具体内容。坚持实践性原则，科学落实社会主义核心价值观引领文化建设的考核评价，必须立足社会主义现实基础，从实际出发，从由各个具体的、现实的个人之间的关系以及它们的各种物质生产实践组成的现实生活世界出发。一方面，要立足社会主义核心价值观引领文化建设的具体实际。同一文化范畴在不同地域具有不同的表现形式，同一地域的各个文化形态具有各自鲜明的特色，不同文化在不同地域、不同时间也具有不同的表现形式和特点。我国幅员辽阔、地域特征明显、文化形态更是丰富多样且融合共生，社会主义核心价值观对各个地域、各个文化形态的引领作用也不尽相同，对其进行的考核评价也必须立足各个引领对象的现实情况，针对引领对象的具体实际开展合理有效的考核评价，避免以偏概全、笼

---

① 冯平:《评价论》，东方出版社，1995，第286页。
② 习近平:《在纪念马克思诞辰200周年大会上的讲话》，人民出版社，2018，第9页。

统模糊式的考核评价。另一方面，要立足社会主义文化建设的实践。对于社会主义核心价值观引领文化建设进行的考核评价，特别是关于引领的实效、存在的问题、未来的发展要求等方面的考核评价，必须立足我国文化建设的现实实践，合理设计考核评价的具体内容，保障考核评价的实效。再者，社会主义核心价值观引领文化建设的考核评价应立足世界先进文化发展的现实实践。"中国共产党历来强调树立世界眼光，积极学习借鉴世界各国人民创造的文明成果，并结合中国实际加以运用。"[①]中国特色社会主义文化建设不仅强调民族特色、时代特征，而且强调树立世界眼光，推动我国文化与世界各国先进文化同频共振。对社会主义核心价值观引领文化建设进行考核评价，要注重强化引领文化建设实践的世界眼光，积极学习借鉴世界各国推动文化建设的成功经验，并结合社会主义核心价值观引领文化建设的实际加以转化运用，在坚守民族文化的基础上，推动中国文化面向世界、走向世界。

二 考核评价的主要指标

所谓"指标"，即是指预期中打算达到的指数、规格或标准，也可指用以标明方向、定点、数量等的标识，科学、系统、有效地进行考核评价，需要有清晰明确的指标作为考核评价的依据。厘清考核评价社会主义核心价值观引领文化建设的主要指标，是保障该项考核评价有效开展的根本保证，也是构建科学系统、实践性强的社会主义核心价值观引领文化建设的考核评价机制的关键。根据前文的相关论述可知，社会主义核心价值观引领文化建设是否有效落实开展，不仅要看引领主体推动社会主义核心价值观引领作用发挥得如何，即"谁来引领"和"如何引领"的问题，还要看引领客体发展得如何，即引领效应如何。这是对社会主义核心价值观引领文化建设进行考核评价的主要目的，也构成了该项考核评价的主要指标。

（一）主体指标及其构成

引领主体的相关内容构成了社会主义核心价值观引领文化建设考核评价的主要指标。引领主体是实施和推动社会主义核心价值观引领作用

[①] 《习近平谈治国理政》第3卷，外文出版社，2020，第437页。

发挥的行为主体，即施引者，它是考核评价社会主义核心价值观引领文化建设落实得如何的首要指标。同时，引领主体是将社会主义核心价值观引领文化建设的介体因素、载体因素及环体因素充分调动联系起来并作用于引领客体的关键因素。引领主体的组织体系、引领主体的能力构成，是社会主义核心价值观引领文化建设考核评价的主要指标，其主要内容如表 6 - 1 所示。

表 6 - 1　引领主体的主要指标构成

一级指标（核心概念）	二级指标（主要指标）	三级指标（具体内容）
引领主体	引领主体的组织体系	引领主体的身份（组织身份）
		引领主体的分工与布局
		引领主体的协调与合作
	引领主体的能力构成	引领的能力基础与业务前提
		引领的指导思想的贯彻
		引领的目标与要求的设定
		引领的方式方法的选择（榜样引导、宣传引导、活动引导、制度保障等）
		引领的载体的运用（各类传统载体、新媒体载体、网络载体等）

"引领主体的组织体系"是考核评价社会主义核心价值观引领文化建设引领主体的主要指标之一，具体包括三方面。一是引领主体的身份（组织身份）。"谁来引领"是考核评价社会主义核心价值观引领文化建设的关键，引领主体的身份（组织身份）不仅代表该主体（施引者）实施和推进社会主义核心价值观引领作用发挥的能力，而且体现了各相关部门对社会主义核心价值观引领文化建设的重视程度和推进力度。考核评价社会主义核心价值观引领文化建设的引领主体，首先需要考核评价引领主体的身份（组织身份）。二是引领主体的分工与布局。充分发挥社会主义核心价值观的引领作用，不仅要明晰"谁来引领"的关键问题，还必须做好引领主体的分工与布局，明确各个引领主体的所属范围与责任边界，依据现实需要进行科学布局，以促进社会主义核心价值观引领文化建设的良性发展。考核评价社会主义核心价值观引领文化建设的引领主体，其次要考核评价引领主体的分工与布局。三是引领主体的

协调与合作。高效的分工与布局，必须有充分的协调与合作，只有这样才能将分工与布局的作用最大化。立足我国地域广袤、区域经济发展存在差异、社会文化多元多样、政府管理与社会治理体系庞杂的基本现实，还需要各引领主体在落实分工与布局的基础上充分协调与合作，将社会主义核心价值观对文化建设的引领作用最大化发挥。考核评价社会主义核心价值观引领文化建设的引领主体，最后要考核评价引领主体的协调与合作。

"引领主体的能力构成"是考核评价社会主义核心价值观引领文化建设引领主体的另一主要指标，引领主体的能力关系到社会主义核心价值观引领作用发挥质量的高低，既涉及引领主体自身的能力基础，也包括引领主体推动社会主义核心价值观引领作用的各项综合能力。其中，考核评价引领主体推动社会主义核心价值观引领作用发挥的能力，即考核评价引领主体"如何发挥社会主义核心价值观对文化建设的引领作用"，主要表现为引领的指导思想的贯彻、目标与要求的设定、方式方法的选择和载体的运用。"引领主体的能力构成"指标具体包括以下五个。

一是引领的能力基础与业务前提。引领的能力基础与业务前提是指引领主体自身具备的引领的能力基础与业务前提，一般是由该主体的身份（组织身份）和组织体系、分工与布局、人员构成、职能权力等多项因素组成的。考核评价引领主体的能力，应首先考核评价引领主体的能力基础与业务前提，只有这样才能正确判断该引领主体的能力，进而对该主体总体的引领能力作出科学合理的考核评价。

二是引领的指导思想的贯彻。引领主体如何推动社会主义核心价值观发挥对文化建设的引领作用，需要有正确的指导思想作思想武器，指导引领主体有效推动和保障社会主义核心价值观引领作用的发挥。引领的指导思想关系到社会主义核心价值观引领文化建设的方向和目标，考核评价引领主体推动社会主义核心价值观引领作用发挥的能力，首先要对其指导思想与贯彻的情况进行考核评价。

三是引领的目标与要求的设定。引领主体推动社会主义核心价值观发挥对文化建设的引领作用，需要有科学的目标导向和要求规范。引领的目标与要求的设定，关系到社会主义核心价值观引领文化建设的质量与效果，考核评价引领主体推动社会主义核心价值观引领作用发挥的能力，要对其引领活动的目标与要求进行考核评价。

四是引领的方式方法的选择。引领主体如何推动社会主义核心价值观发挥对文化建设的引领作用，需要采取多种多样的方式方法，以方式方法为中介推动和保障社会主义核心价值观对文化建设引领作用的有效发挥。一般而言，榜样引导、宣传引导、活动引导、制度保障等均可作为引领的方式方法。引领的方式方法的选择，关系到社会主义核心价值观对文化建设的引领作用是否能充分发挥和有效发挥，关系到文化建设是否朝着社会主义核心价值观的方向发展进步，考核评价引领主体推动社会主义核心价值观引领作用发挥的能力，要对其引领的方式方法进行考核评价。

五是引领的载体的运用。引领主体要切实推动社会主义核心价值观发挥对文化建设的引领作用，需要借助丰富多样的载体，以载体为依托推动和保障社会主义核心价值观对文化建设引领作用的有效发挥。一般而言，各类传统载体、新媒体载体、网络载体等均可作为引领的载体。选取和运用合适的引领载体，能够更加高效的推动社会主义核心价值观引领作用的发挥，考核评价引领主体推动社会主义核心价值观引领作用发挥的能力，还要对其引领的载体的运用进行考核评价。

（二）客体指标及其构成

引领客体的相关内容构成了社会主义核心价值观引领文化建设考核评价的另一主要指标。引领客体是社会主义核心价值观引领的对象，从整体上来说文化建设是引领客体。考核评价引领客体，应从引领客体的内容构成出发，对其主要内容进行考核评价。具体包括以下几个方面。

一是发展方向。发展方向是文化建设的首要内容，以社会主义核心价值观引领文化建设，就是要使文化建设始终坚持社会主义先进文化发展方向不动摇。在对社会主义核心价值观引领文化建设的引领客体进行考核评价时，首先要对其发展方向进行系统的考核审定、对其在建设推进过程中是否始终如一坚持社会主义先进文化发展方向进行评价反馈。

二是发展目标。发展目标关系到文化建设成效，是文化建设实践前期必须确定、中后期可不断进行调整完善的重要内容。以社会主义核心价值观引领文化建设，就是要将"富强、民主、文明、和谐，自由、平等、公正、法治，爱国、敬业、诚信、友善"基本内容作为文化建设的核心目标，充分发挥文化建设的重要功能，推动我国建设成富强民主文明和谐美丽的社会主义现代化国家。考核评价社会主义核心价值观引领文化建设的客体，要对其发展目标进行全面的考核评价，并根据文化建设具体实践的推进不断加强和完善其考核评价标准。

三是规划设计。规划设计即文化建设各项具体实践的规划与设计，关系到文化建设具体的实践进程和整体的实践效果。以社会主义核心价值观引领文化建设，是一个系统且复杂的庞大体系，不同的文化领域需要有不同的规划设计，而且规划设计中是否有效融入社会主义核心价值观基本内容与核心理念、规划设计中的各项内容是否符合社会主义核心价值观基本内容等方面，都关系到社会主义核心价值观引领作用的发挥。在对社会主义核心价值观引领文化建设的引领客体进行考核评价时，要对其规划设计进行详尽的考核评价，着重考核评价社会主义核心价值观在其中的主导地位是否得到实现。

四是发展成效。发展成效是文化建设的最终的实际效果，考核评价社会主义核心价值观引领文化建设的发展成效，既是考核评价社会主义核心价值观引领作用发挥效果的直接方法，又是考核评价以社会主义核心价值观引领文化建设发展方向、发展目标及规划设计是否科学、是否正确、是否有效落实的直接方法。在对社会主义核心价值观引领文化建设的引领客体进行考核评价时，要着重考核评价该客体的发展成效。

五是社会效应。以社会主义核心价值观引领文化建设，是一项系统的实践，它存在于现实社会之中，也面向现实社会，表现出相应的社会效应，而这种社会效应主要通过引领客体—文化建设对象的社会效应来体现。因此，考核评价社会主义核心价值观引领文化建设的引领客体，还必须对其社会效应进行全过程、分阶段的考核评价，以充分掌握社会主义核心价值观引领文化建设的实践效果，及时发现引领过程中存在的问题并作出相应的调整改善。

对引领客体的考核评价是科学完整的考核评价机制或体系必不可少的环节，但长期以来，客观环境和客体本身复杂性等多方因素影响和制约着客体的考核评价。我们可以尝试在丰富考核评价方式方法、综合分析社会主义核心价值观引领文化建设面临的内外部机遇与挑战的基础上，通过对引领客体各项指标进行比较分析式的测量考核，即对引领客体的

发展方向、发展目标、规划设计、发展成效及社会效应五个方面的主要
内容进行前后的比较式分析，在综合比较分析基础上对引领客体形成较
为客观的考核评价（设计思路见图6-1）。

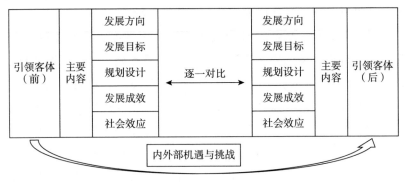

图6-1 引领客体考核评价设计思路

三 考核评价的组织实施

组织实施是考核评价的关键环节，直接关系到考核评价结果的判定
与反馈。科学、高效、规范地组织实施，是充分发挥社会主义核心价值
观对文化建设引领作用的关键内容。当前，要从强化核心领导，提高考
评效率；凝聚多方合力，优化考评队伍；整合创新方法，增强考评科学
性三个方面着手，推动并保障社会主义核心价值观引领文化建设考核评
价的组织实施有序、有效开展。

（一）强化核心领导，提高考评效率

考评效率即考核评价的效率，提高考核评价社会主义核心价值观引
领文化建设的效率，及时、准确地反馈相关考评结果，不仅有利于施引
者及时掌握引领动态及效果，而且有利于施引者进一步采取有力措施促
进社会主义核心价值观引领文化建设。提高社会主义核心价值观引领文
化建设的考评效率，要以强化核心领导、精简考评机构为着眼点。

一方面，改制或新设党中央直属的社会主义核心价值观引领文化建
设考评机构，强化党对考评机构的直接领导。在全面开启社会主义现代
化国家建设的新征程中，社会主义核心价值观引领文化建设是文化强国
建设的重要内容，必须在党的统一领导下，贯彻落实各项具体引领措施。
对社会主义核心价值观引领文化建设进行考核评价，要在党的统一领导

下有序组织实施、开展落实，可以通过改制或新设相关部门的方法，成立党中央直属的社会主义核心价值观引领文化建设的考评机构。同时，还要通过相关法律建设、体制建设和部门规范的解释和完善，强化党委领导下的社会主义核心价值观引领文化建设的考核评价机构的职能权属，进一步突出党对社会主义核心价值观引领文化建设考核评价的领导。另一方面，整合中央和地方职能相近或相同的考评机构或部门，打造党委领导下的社会主义核心价值观引领文化建设的直属考评机构。社会主义核心价值观引领文化建设是一项需要在全党全国各省、自治区、直辖市全面展开的重大建设工程，其涉及范围之广、关涉人员之多毋庸置疑，会出现不同层级但职能相近或相同的部门机构。因此，整合中央和地方职能相近或相同的考评机构或部门，打造党委统一领导下的直属考评机构，各个精简后的下属或地方考评机构均由党委统一领导和部署，及时开展规范高效的考核评价，是提高社会主义核心价值观引领文化建设考核评价效率的重要举措。

（二）凝聚多方合力，优化考评队伍

考评队伍即组织实施考核评价的队伍，主要由相关职业人员或专业人士组成，是考核评价的主体。建设一支专业的社会主义核心价值观引领文化建设的考评队伍，不仅有利于增强考核评价的公正性、客观性，而且有助于更加全面、科学地掌握社会主义核心价值观引领文化建设的实践进程。当前，优化社会主义核心价值观引领文化建设的考评队伍，要以凝聚多方合力，打造多元考评主体为切入点。

第一，凝聚领导、实施、监督等相关机构或部门的合力，打造高水平政府机关考评队伍。当前，推进社会主义核心价值观引领文化建设，多由政府相关部门或企事业单位带头牵动和落实，其不仅接受上级部门或单位的领导和部署，而且接受上级部门或单位的监督和管理。要通过出台相关支持政策、完善相关体制机制和实施相关激励机制的办法，有效凝聚推进落实社会主义核心价值观引领文化建设的相关领导机构或部门、实施执行机构或部门以及监督机构或部门之间的合力，打造高水平政府机关考评队伍，为更便利、更直接地开展社会主义核心价值观引领文化建设的考核评价奠定坚实基础。

第二，凝聚学校专业人员和社会组织权威人士的合力，打造专业权威考评队伍。高校和科研机构从事社会主义核心价值观研究的专业科研人员和教师，对社会主义核心价值观的研究具有持续性、深入性与专业性特征，是考核评价相关部门推进落实社会主义核心价值观引领文化建设的专业人才，也较其他人更容易发现相关引领实践中存在的问题，能够更科学地分析原因并提出针对性解决对策。社会组织权威人士，主要是指社会上开展各类文化建设、价值引导以及社会治理的相关组织的权威人士，这类人士长期从事与文化、价值观建设相关的社会活动，积累了丰富的实践经验，同样是考核评价相关部门推进落实社会主义核心价值观引领文化建设的重要力量，较其他人而言更容易辨析相关引领举措在社会现实实践中的合理性，能提供更多推进落实引领举措的经验办法。要通过打通合作渠道、给予优惠补助、进行政策吸纳等办法，有效凝聚学校专业人员和社会组织权威人士的合力，打造专业权威的考评队伍，为更科学、更全面、更公正地开展社会主义核心价值观引领文化建设的考核评价输送专业人才。

第三，凝聚互联网络和广大人民群众的合力，打造以人民为主体的考评队伍。人民是历史的创造者，以社会主义核心价值观引领文化建设既离不开广大人民群众的辛勤实践，也必须接受广大人民群众的监督和检验。这既是中国共产党以人民为中心的发展思想的集中要求，也是推进落实社会主义核心价值观引领文化建设的必然要求。第48次《中国互联网络发展状况统计报告》显示，截至2021年6月，我国网民规模为10.11亿，互联网普及率达71.6%[①]，互联网已成为我国广大人民群众聚集的重要场域。通过完善网络治理、完善相关法律政策、设立专门渠道等办法，有效凝聚互联网络和广大人民群众的合力，打造以人民为主体的考评队伍，充分发挥人民群众的主体性，由人民群众考核评价社会主义核心价值观引领文化建设的各项实践举措，能够为更广泛、更全面地开展社会主义核心价值观引领文化建设的考核评价拓宽有效渠道。

（三）整合创新方法，增强考评科学性

考评方式即考核评价的方式，关系到考核评价过程及结果是否科学

---

① 参见《第48次〈中国互联网络发展状况统计报告〉》，中国互联网络信息中心，https://www.cnnic.net.cn/NMediaFile/old_attach/P020210915523670981527.pdf，第1页，最后访问日期：2023年6月17日。

正确。合理、正确且有效地运用考评方式进行社会主义核心价值观引领文化建设的考核评价，不仅有利于简化考核评价过程，而且有助于提高考核评价的科学性。当前，在进行社会主义核心价值观引领文化建设的考核评价过程中，要通过整合创新多种考核评价方法，增强考核评价的科学性。

一方面，要注重综合考核评价与专项考核评价相结合。综合考核评价是对社会主义核心价值观引领文化建设进行的全面考核评价，既包括对引领主体各项指标的考核评价，也包括对引领客体各项指标之间的比较分析，还包括对引领面临的挑战、环境、机遇等方面进行的考核分析，以保障考核评价的全面性。专项考核评价是对社会主义核心价值观引领文化建设中的某一方面进行专门的考核评价，通过对具体方面开展考核评价，能够找到综合考核评价可能存在的遗漏，也能够从侧面反映引领举措的实际效果。在考核评价社会主义核心价值观引领文化建设过程中，注重将综合考核评价与专项考核评价相结合，有利于保障考核评价工作的信度和效度，增强考核评价结果的实效性。

另一方面，要注重诊断性考核评价、形成性考核评价与终结性考核评价三者之间的有机融合。诊断性考核评价，可以视为在社会主义核心价值观引领文化建设前进行的预测性考核评价，即对社会主义核心价值观引领文化建设历史背景、现状、存在的优势与不足及具体原因作出考核与评价。形成性考核评价，又称过程性考核评价，指在社会主义核心价值观引领文化建设过程中进行的考核评价，是动态的、即时性的和多次的，能够在具体实践过程中发现问题并及时调整和解决问题。终结性考核评价是在社会主义核心价值观引领文化建设结束后对其最终实际效果作出的考核评价，重视最后的结果，是事后的检验和验收。将诊断性考核评价、形成性考核评价与终结性考核评价有机融合创新，能够发挥不同阶段考核评价的合力，提升考核评价的科学性。再者，要注重自我考核评价、外部考核评价与互相考核评价三者之间的有机整合与运用。自我考核评价，即施引者对自己所开展的各项引领活动及其实际效果作出考核评价；外部考核评价，即由外部机构或群体、个人对施引者所开展的各项引领活动及其实际效果的考核评价；互相考核评价，即同一性质或性质相近的机构、部门或群体互相作出的关于对方所开展的各项引领活动及其实际效果的考核评价。考核评价某一地域或地区、部门或机构、团体或群体以社会主义核心价值观引领文化建设的实际效果，应将自我考核评价、外部考核评价与互相考核评价三种方法充分整合。这样既可以避免"当局者迷"，又可以避免"旁观者专断主义"，还可以通过借鉴成功经验、总结失败教训，促进不同地区、不同部门、不同群体之间互相学习、共同提升，从而有效开展社会主义核心价值观引领文化建设的相关活动，增强考核评价结果的实效性。

四 考核评价的结果反馈

考核评价的结果是由考核评价主体依据一定的基本原则、考评指标体系以及一系列组织实施环节对被考评对象作出的结果判断。考核评价的结果反馈，即将考核评价的最后结果反馈给被考评对象，结果反馈是考核评价的最后一步，关系到被考评对象下一步举措的推进。在社会主义核心价值观引领文化建设的考核评价中，其结果反馈是否准确、及时和高效，直接关系到被考评对象能否准确、及时并高效地采取相应的解决措施。当前，要从畅通双向互动渠道，保障结果反馈的准确性；打造专属新媒体平台，提高结果反馈的及时性；引入大数据先进技术，提升结果反馈的高效性三个方面入手，完善社会主义核心价值观引领文化建设考核评价的结果反馈。

（一）畅通双向互动渠道，保障结果反馈的准确性

准确地将考核评价的结果反馈给被考评对象，同时确保被考评对象准确地理解考评结果，是整个考核评价结果反馈环节的关键。当前，考核评价的结果反馈往往都是由指定部门机构或人员通过书面文件或书面报告等固定方式将结果反馈给被考评对象，且结果反馈环节一般至此就结束了，很少有进一步的互动或沟通，以确证被考评对象是否能正确理解反馈的结果。也正是由于这种现象的存在，结果反馈的准确性难以得到保障，从而使考评结果中的同一问题多次甚至反复出现，并且得不到有效解决。目前，社会主义核心价值观引领文化建设正处于探索发展阶段，考核评价结果的准确反馈是进一步推进落实社会主义核心价值观引领文化建设的重要环节。根据上文关于社会主义核心价值观引领文化建设的考核评价主体的设计，应通过多个渠道、多种途径畅通被考评对象

与各个考评主体之间的双向互动，保障关于社会主义核心价值观引领文化建设考核评价的结果反馈的准确性。

一是畅通被考评对象与政府机关考评队伍之间的双向互动。依托现有的体制机制，通过设立长期专责或定期流动的社会主义核心价值观引领文化建设考评问询部门，为被考评对象提供专门渠道，便于问询关于结果反馈的内容及其中需要进一步论证或验证的内容，促进被考评对象真正理解反馈的结果内容，提高结果反馈的准确性。依托现有的组织生活建设，通过开设关于社会主义核心价值观引领文化建设考评结果专项说明的党内外组织生活会议、学习小组会议、主题学习活动等途径，将结果反馈中的重要内容、核心观点等，以进一步解读的方式传递给被考评对象，同时设置主题问询、专项答疑解惑环节帮助被考评对象进一步理解结果反馈的内容，进而提高结果反馈的准确性。

二是畅通被考评对象与专业权威考评队伍之间的双向互动。专业权威考评队伍由专门从事社会主义核心价值观研究和考核评价的专业人士组成，经他们撰写的考评结果以书面文件、报告的方式反馈给被考评对象。由于不同被考评对象存在差异性，这种书面文件、报告的方式，在理解上易出现偏差，从而在一定程度上导致结果反馈的准确性降低。因此，十分有必要通过多种渠道和途径畅通被考评对象与专业权威考评队伍之间的双向互动，以保障社会主义核心价值观引领文化建设考评结果反馈的准确性。可以依据需求举办一定规模的、以"社会主义核心价值观引领文化建设考核评价结果报告"为主题的线下论坛或研讨会，搭建被考评对象与专业权威考评队伍之间的互动平台。同时，亦可以灵活利用线上线下相结合的远程互动途径，加强被考评对象与专业权威考评队伍之间的沟通交流，进一步提高结果反馈的准确性。

三是畅通被考评对象与以人民为主体的考评队伍的双向互动。广大人民群众是考核评价社会主义核心价值观引领文化建设的重要主体，人民群众的意见建议是推进落实社会主义核心价值观引领文化建设过程中最需要重视的方面，必须畅通被考评对象与以人民为主体的考评队伍的双向互动，促使被考评对象正确理解和把握人民群众在考核评价结果中表达的核心问题，为下一步实践作充分准备。具体来讲，既可以在相关单位或部门组织设立社会主义核心价值观引领文化建设的民意反馈沟通专项窗口，依托互联网科技搭建社会主义核心价值观引领文化建设的线上民意反馈平台，也可以成立不定期的社会主义核心价值观引领文化建设的民意调查反馈志愿小组，通过多种渠道密切被考评对象与人民群众之间的联系，促进双方的沟通交流，帮助被考评对象深入认识人民群众对社会主义核心价值观引领文化建设实践的结果反馈，提高结果反馈的准确性，进一步推进社会主义核心价值观引领文化建设各项实践的调整完善与稳固发展。

（二）打造专属新媒体平台，提高结果反馈的及时性

及时将考核评价的结果反馈给被考评对象，是整个考核评价结果反馈环节的重要方面，它关系到被考评对象能否及时采取下一步补救措施减少或避免出现更大的失误和问题，以及能否及时采取下一步举措更好更快更高质量地推进实践。考核评价的结果反馈往往都是由指定部门机构或人员，通过书面文件或书面报告等方式在一定时间内将结果反馈给被考评对象，更多强调的是"有"结果反馈，较少强调结果反馈的及时性。正是由于这种现象的存在，结果反馈的及时性难以得到保障，使考核评价的有效性大大降低。新媒体是指"基于数字技术、网络技术及其他现代信息技术或通信技术的，具有互动性、融合性的媒介形态和平台。在现阶段，新媒体主要包括网络媒体、手机媒体及其两者融合形成的移动互联网，以及其他具有互动性的数字媒体形式"①。当前，新媒体主要包括微博、微信、网站及各大官方认定的交互性 App，新媒体除具有互动性、融合性特征之外，及时性、便捷性也是其鲜明特征。在社会主义核心价值观引领文化建设考核评价的结果反馈环节中，引进新媒体交互技术，打造结果反馈专属的新媒体平台，充分发挥新媒体在结果反馈环节中的显著优势，能够大大提高结果反馈的及时性。这不仅有利于及时补救已经发生的和规避将要发生的问题失误，而且有利于及时总结经验，形成示范案例并进一步推进社会主义核心价值观引领文化建设。

一方面，要依托现有的各大政府或部门网站、各大官方主流宣传网站及各大官方 App，打造聚焦于社会主义核心价值观引领文化建设考核评价的专属新媒体平台。例如，在中国政府网、中国文明网、新华网、

---

① 彭兰：《"新媒体"概念界定的三条线索》，《新闻与传播研究》2016 年第 3 期，第 125 页。

人民网、光明网等政府部门网站和官方主流宣传网站，以滚动词条或图片引导的方式在网站首页设立社会主义核心价值观引领文化建设考核评价结果查询、反馈问询的专项栏目，在学习强国、央视频、新华社等主流 App 中，以主页推送、栏目名称引导等方式，设置社会主义核心价值观引领文化建设的考核评价结果查询公示、反馈咨询的专栏或热点专题，及时上传、发布和更新关于社会主义核心价值观引领文化建设的各个考核评价的结果反馈内容，方便被考评对象快速、及时地获取结果反馈的相关内容，保障结果反馈的及时性。

另一方面，要依托地方政府新兴主流媒体建设平台，利用地方政府新兴主流媒体工具打造省、市、县、镇（乡）、村各级上下贯通、一体融合的专属新媒体平台，为地方、基层社会主义核心价值观引领文化建设考评结果的反馈提供便利通道。例如，打造集省、市、县、镇（乡）、村各级机构部门于一体的宣传网站，将考核评价社会主义核心价值观引领文化建设的结果反馈纳入其中一个专栏，及时发布相关考核评价的结果。这不仅有利于及时反馈各地的社会主义核心价值观引领文化建设实效，还有利于社会主义核心价值观引领文化建设典型案例的展示，便于其他地区的学习借鉴，以推进本地区的社会主义核心价值观引领文化建设。再者，要顺应媒体融合发展趋势，打造社会主义核心价值观引领文化建设考核评价结果反馈的专属新媒体平台。"要坚持一体化发展方向，加快从相加阶段迈向相融阶段，通过流程优化、平台再造，实现各种媒介资源、生产要素有效整合，实现信息内容、技术应用、平台终端、管理手段共融互通，催化融合质变，放大一体效能"①，打造具有强大影响力、竞争力且极具便利性的社会主义核心价值观引领文化建设考核评价结果反馈专属的新型主流媒体平台，以保障考核评价结果反馈的及时性。

（三）引入大数据先进技术，提升结果反馈的高效性

社会主义核心价值观引领文化建设是一个复杂庞大的系统工程，对其开展的考核评价同样是一个范围广、要素环节众多的复杂体系，这就会导致考核评价的结果反馈通常也是一个条目众多、内容丰富、文字冗长的复杂报告。能否将复杂的考评结果高效地反馈给被考评对象，是整

---

① 《习近平谈治国理政》第 3 卷，外文出版社，2020，第 317 页。

个考核评价结果反馈环节的另一重要方面，它关系到被考评对象能否在较短时间内正确把握结果反馈中的思想、要求及考核评价揭露出的问题等内容，进而影响到社会主义核心价值观引领文化建设的继续推进。同时，社会主义核心价值观引领文化建设本身的复杂性，决定了考核评价组织实施环节采集到的信息、指标往往是大量的、复杂的，在有限的人力资源及时间的约束下能否高效、系统地分析出结果并进行高效反馈，是一个巨大的挑战。此外，由于各地区、各部门、各被引领者之间存在差异，对其考核评价的结果反馈内容也千差万别，且各施引者之间存在文化水平、受教育程度等方面的差异，对结果反馈的理解与接受能力各异，这进一步对高效反馈考核评价的结果提出现实挑战。"大数据是新一代信息技术的集中反映，是一个应用驱动性很强的服务领域，是具有无穷潜力的新兴产业领域"①，"大数据技术是指对海量数据高速处理，从中挖掘有价值的信息，从而增加决策科学性的技术手段"②，它集互联网、物联网、云平台等技术于一体，具有"全数据"选择、多样化处理、关联式分析的鲜明特点。在社会主义核心价值观引领文化建设考核评价的结果反馈环节中，引入大数据先进技术，充分利用大数据技术的显著特点与优势，能够大大提升结果反馈的效率。这不仅有利于挖掘蕴含在考核评价数据之中的隐藏性关键信息，高效组织设计结果反馈内容，而且能够将结果反馈内容以易懂、易掌握的话语高效传递给被考评对象，提高被考评对象对结果反馈的理解与接受度。

一方面，引入大数据先进技术，合理处理考评社会主义核心价值观引领文化建设的结果反馈内容，丰富内容设计与构成，提升其结果反馈的效率。大数据技术支持多样化的处理方式，既可以将在考核评价中收集的社会主义核心价值观引领文化建设的相关数据进行独立分析处理，也可以将所有关涉社会主义核心价值观引领文化建设的数据信息进行综合分析处理，还可以将社会主义核心价值观引领文化建设考评结果的数据信息以多种多样的可视化图表方式呈现。这种多样化处理方式克服了单调的文字反馈弊端，极大地丰富了结果反馈的内容形式，以更直观的

---

① 邬贺铨：《大数据时代的机遇与挑战》，《求是》2013年第4期，第49页。
② 李昊远：《应用大数据技术提升当代高校社会思潮治理能力探析》，《思想教育研究》2016年第5期，第52页。

方式将关于社会主义核心价值观引领文化建设作用发挥、引领文化建设实效、文化发展效应等相关结果反馈给被考评对象，提升了结果反馈的效率。

另一方面，引入大数据先进技术，深入挖掘社会主义核心价值观引领文化建设考核评价的结果反馈内容，并有效呈现其中蕴含的相关内容之间的相互关系及潜在规律，提升结果反馈的效率。"基于网络信息技术、计算机技术和统计技术发展而兴起的大数据技术可以通过对大数据进行分析，挖掘其中包含的事物运行的规律和特征，从而增强对事物运行过程的认识，提高解决复杂问题的能力。"① 引入大数据技术深入挖掘社会主义核心价值观引领文化建设考核评价的结果反馈内容，就是要将结果反馈内容中包含的所有信息、数据，以及与之相关的所有信息、数据进行相关性分析，以可视化的方式厘清并呈现出结果反馈中各个条目、各个要求、各个问题、各个对策之间存在的相互关系及其内在运行机理，帮助被考评对象从整体上把握考核评价的结果反馈，认识结果反馈中蕴含的潜在关系与规律，进而提高对下一步引领举措实践的整体认识，有效纠正已存在的引领失误，进一步推进社会主义核心价值观引领文化建设。再者，引入大数据先进技术，将社会主义核心价值观引领文化建设考核评价的结果反馈内容，转化成适应不同对象的大众化形式，提升结果反馈的效率。根据上文相关论述可知，社会主义核心价值观引领文化建设的考评主体多元、考评模式和考评方式多样，由不同考评主体、不同考评模式和考评方式主导的考核评价，结果反馈内容、形式也是不同的，给高效反馈相关考核评价结果带来一定难度。大数据技术具有"全数据"选择的特点，能够最大限度收集分析相关数据。在社会主义核心价值观引领文化建设考核评价的结果大数据中，纳入所有关涉被考评对象的大数据，进而通过大数据的集成、开发与设计，针对不同被考评对象的知识结构、文化水平及相关需要建立各种各样的数据库，将社会主义核心价值观引领文化建设考核评价的结果反馈在各个数据库进行转化呈现，使其满足不同被考评对象的需要，进而增强被考评对象对结果反馈内容的认知与理解，能够有效提升考核评价结果反馈的效率。

---

① 熊光清：《大数据技术的运用与政府治理能力的提升》，《当代世界与社会主义》2019年第 2 期，第 179 页。

结　语

　　作为文化最深层的内核，社会主义核心价值观植根于中华文化沃土，是社会主义先进文化的精髓，是我国国家文化软实力的灵魂，在我国文化建设中居于主导地位、具有重要的引领作用。当前，全面阐释"社会主义核心价值观引领文化建设制度"的新论断，需要将理论与实践紧密结合起来，深入分析社会主义核心价值观对文化建设的引领作用，系统研究社会主义核心价值观引领文化建设的理论与实践。本书聚焦社会主义核心价值观引领文化建设的主题，遵循"理论分析—现状考察—经验借鉴—路径探索—机制构建"的研究思路，坚持理论与现实相结合、逻辑与历史相统一，深入研究社会主义核心价值观对文化建设的引领作用。一方面，对社会主义核心价值观引领文化建设展开学理分析，深入探究社会主义核心价值观引领作用的科学内涵与理论渊源，探究社会主义核心价值观引领文化建设的基本内涵、表现形式与价值意蕴，为社会主义核心价值观引领文化建设的研究奠定学理基础。另一方面，对社会主义核心价值观引领文化建设展开实践探索，立足社会主义核心价值观引领文化建设的现实境遇，总结提炼中国传统社会、中国共产党发挥核心价值观引领作用的主要做法与基本经验，探索新时代社会主义核心价值观引领文化建设的实践路径与实现机制。

　　由于学术界对这一命题的研究尚处于起步阶段，本书也只是在社会主义核心价值观引领文化建设的相关理论和实践问题上作了初步的探索，在现有研究的基础上，今后我们还需要从以下几个方面进行深入的研究和探索。

　　第一，在学理研究上，应继续深化社会主义核心价值观引领作用的分析。作为社会主义意识形态的本质体现，社会主义核心价值观具有重要的意识形态功能，其对文化建设发挥着重要的引领作用。本书在厘清基本概念的基础上，初步探索了社会主义核心价值观引领作用的基本内涵、具体呈现与理论渊源，提出社会主义核心价值观的引领作用是指作为社会主义核心价值体系中占主导地位的价值观，社会主义核心价值观具有价值引领、观念整合与凝聚共识等作用，这种引领作用具体表现为社会主义核心价值观具有的生命力、凝聚力与感召力。社会主义核心价值观引领作用的学理分析，是深化研究社会主义核心价值观引领文化建设的理论前提。今后，仍需进一步加强社会主义核心价值观引领作用的理论分析，深入研究社会主义核心价值观引领作用的理论来源、产生逻辑与发挥作用机理等基本理论问题。

第二，在研究内容上，应继续深化社会主义核心价值观引领文化建设的规律性研究。社会主义核心价值观与文化建设有着密切关系，需要深入挖掘二者的内在关系。在理论上，本书初步探讨了社会主义核心价值观与文化建设的关系，提出社会主义核心价值观是文化建设的重点，是文化软实力的灵魂，文化建设是培育社会主义核心价值观的文化支撑，有利于社会主义核心价值观的生成凝练、培育践行和传播发展；在实践上，本书依据社会主义核心价值观在不同层面发挥的引领作用，初步探索了发挥社会主义核心价值观的方向引领作用、价值引领作用、思想引领作用与实践引领作用的具体路径。今后，仍需进一步深化社会主义核心价值观引领文化建设的规律性研究，特别是要针对不同文化形态展开细化研究，依据不同文化形态的内容和特点，进一步提炼和总结社会主义核心价值观引领文化建设的规律性认识。

第三，在研究对策上，应继续深化社会主义核心价值观引领文化建设的机制研究。社会主义核心价值观引领文化建设，是一个复杂的系统工程，需要构建一系列的机制，推动社会主义核心价值观引领作用的规范化与制度化，为社会主义核心价值观转化为文化治理效能提供机制保障。本书从组织实施、宣传引导、教育联动、典型示范、实践养成、考核评价等方面，初步探索了构建社会主义核心价值观引领文化建设的实现机制。今后，仍需进一步深化社会主义核心价值观引领文化建设的机制研究，特别是深化研究社会主义核心价值观发挥引领作用的各个构成要素是如何按照一定的规律与机理，相互协调、相互作用而构成一个系统的、动态的运作范畴的逻辑理路的，深入研究各个机制之间的相互关系及其发挥作用的内在机理，如何形成推动社会主义核心价值观发挥引领作用的合力。

　　第四，在研究方法上，应继续深化社会主义核心价值观引领文化建设的实证研究。对于一个研究对象的全面把握，既需要深刻的理论分析又需要客观的现实考察。本书围绕社会主义核心价值观引领文化建设进行了学理分析，在理论上阐明社会主义核心价值观与文化建设的关系，揭示社会主义核心价值观对文化建设发挥引领作用的内涵、表现与路径。同时，本书梳理了党的十八大以来社会主义核心价值观引领文化建设取得的成绩，以数据分析和实例分析，呈现了社会主义核心价值观在推动社会主义文化的繁荣发展，引领文化建设坚持社会主义先进文化的发展方向等方面取得了显著的成绩。今后，仍需进一步深化社会主义核心价值观引领文化建设的实证研究，特别是针对不同的具体文化形态，运用个案分析的方法，深化社会主义核心价值观引领文化建设的实证研究，以增强研究的现实性与针对性。

　　总之，社会主义核心价值观引领文化建设，是一项艰巨而复杂的系统工程。在思想文化交流交融交锋的背景下，在多元多样多变的思想文化发展态势下，坚持以社会主义核心价值观引领文化建设，既是建设社会主义文化强国、提升国家文化软实力的内在要求，也是新时代不断满足人民群众日益增长的精神文化需求、增强人民的精神力量的现实要求。诚然，当前坚持以社会主义核心价值观引领文化建设还面临诸多理论难点与现实挑战，本书也仅是从理论和现实层面对相关问题进行了初步的探讨，以期起到抛砖引玉的作用，为全面阐释与深化研究"社会主义核心价值观引领文化建设制度"的新论断，提供一定的学理支撑与现实启示。

参考文献

一　经典著作及党的重要文献

《马克思恩格斯全集》第 1 卷，人民出版社，1956。

《马克思恩格斯全集》第 3 卷，人民出版社，1960。

《马克思恩格斯全集》第 19 卷，人民出版社，1963。

《马克思恩格斯全集》第 21 卷，人民出版社，1965。

《马克思恩格斯全集》第 41 卷，人民出版社，1982。

《马克思恩格斯选集》第 1~4 卷，人民出版社，2012。

《马克思恩格斯文集》第 1~10 卷，人民出版社，2009。

《列宁选集》第 1~4 卷，人民出版社，2012。

《毛泽东选集》第 1~4 卷，人民出版社，1991。

《周恩来选集》下卷，人民出版社，1984。

《邓小平文选》第 1~2 卷，人民出版社，1994。

《邓小平文选》第 3 卷，人民出版社，1993。

中共中央文献研究室编《邓小平思想年谱（1975—1997）》，中央文献出
　　版社，1998。

中共中央文献研究室编《江泽民论有中国特色社会主义（专题摘编)》，
　　中央文献出版社，2002。

《江泽民文选》第 1~3 卷，人民出版社，2006。

中共中央文献研究室编《江泽民思想年编（1989—2008）》，中央文献出
　　版社，2010。

《胡锦涛文选》第 1~3 卷，人民出版社，2016。

胡锦涛：《高举中国特色社会主义伟大旗帜 为夺取全面建设小康社会新
　　胜利而奋斗——在中国共产党第十七次全国代表大会上的报告》，人
　　民出版社，2007。

胡锦涛：《在纪念党的十一届三中全会召开 30 周年大会上的讲话》，人民

出版社，2008。

胡锦涛：《在庆祝中国共产党成立 90 周年大会上的讲话》，人民出版
　　社，2011。

胡锦涛：《坚定不移沿着中国特色社会主义道路前进 为全面建成小康社
　　会而奋斗——在中国共产党第十八次全国代表大会上的报告》，人民
　　出版社，2012。

《习近平谈治国理政》，外文出版社，2014。

《习近平谈治国理政》第 2 卷，外文出版社，2017。

《习近平谈治国理政》第 3 卷，外文出版社，2020。

《习近平谈治国理政》第 4 卷，外文出版社，2022。

中共中央文献研究室编《习近平关于实现中华民族伟大复兴的中国梦论
　　述摘编》，中央文献出版社，2013。

中共中央文献研究室编《习近平关于全面深化改革论述摘编》，中央文
　　献出版社，2014。

中共中央文献研究室编《习近平关于协调推进"四个全面"战略布局论
　　述摘编》，中央文献出版社，2015。

中共中央文献研究室编《习近平关于全面建成小康社会论述摘编》，中
　　央文献出版社，2016。

中共中央文献研究室编《习近平关于社会主义文化建设论述摘编》，中
　　央文献出版社，2017。

中共中央文献研究室编《习近平关于青少年和共青团工作论述摘编》，
　　中央文献出版社，2017。

中共中央文献研究室编《习近平关于社会主义社会建设论述摘编》，中
　　央文献出版社，2017。

中共中央党史和文献研究院、中央"不忘初心、牢记使命"主题教育领
　　导小组办公室编《习近平关于"不忘初心、牢记使命"论述摘编》，
　　党建读物出版社、中央文献出版社，2019。

习近平：《决胜全面建成小康社会 夺取新时代中国特色社会主义伟大胜
　　利——在中国共产党第十九次全国代表大会上的报告》，人民出版
　　社，2017。

习近平：《在庆祝改革开放 40 周年大会上的讲话》，人民出版社，2018。

习近平:《在纪念马克思诞辰 200 周年大会上的讲话》,人民出版社,2018。

习近平:《在纪念五四运动 100 周年大会上的讲话》,人民出版社,2019。

习近平:《在庆祝中国共产党成立 95 周年大会上的讲话》,人民出版社,2016。

习近平:《在庆祝中国共产党成立 100 周年大会上的讲话》,人民出版社,2021。

习近平:《高举中国特色社会主义伟大旗帜 为全面建设社会主义现代化国家而团结奋斗——在中国共产党第二十次全国代表大会上的报告》,人民出版社,2022。

中共中央文献研究室编《十二大以来重要文献选编》(上),人民出版社,1986。

中共中央文献研究室编《十二大以来重要文献选编》(中),人民出版社,1986。

中共中央文献研究室编《十二大以来重要文献选编》(下),人民出版社,1988。

中共中央文献研究室编《十三大以来重要文献选编》(上),人民出版社,1991。

中共中央文献研究室编《十三大以来重要文献选编》(中),人民出版社,1991。

中共中央文献研究室编《十三大以来重要文献选编》(下),人民出版社,1993。

中共中央文献研究室编《十四大以来重要文献选编》(上),人民出版社,1996。

中共中央文献研究室编《十四大以来重要文献选编》(中),人民出版社,1997。

中共中央文献研究室编《十四大以来重要文献选编》(下),人民出版社,1999。

中共中央文献研究室编《十五大以来重要文献选编》(上),人民出版社,2000。

中共中央文献研究室编《十五大以来重要文献选编》(中),人民出版社，2001。

中共中央文献研究室编《十五大以来重要文献选编》（下），人民出版
　　社，2003。

中共中央文献研究室编《十六大以来重要文献选编》（上），中央文献出
　　版社，2005。

中共中央文献研究室编《十六大以来重要文献选编》（中），中央文献出
　　版社，2006。

中共中央文献研究室编《十六大以来重要文献选编》（下），中央文献出
　　版社，2008。

中共中央文献研究室编《十七大以来重要文献选编》（上），中央文献出
　　版社，2009。

中共中央文献研究室编《十七大以来重要文献选编》（中），中央文献出
　　版社，2011。

中共中央文献研究室编《十七大以来重要文献选编》（下），中央文献出
　　版社，2013。

中共中央文献研究室编《十八大以来重要文献选编》（上），中央文献出
　　版社，2014。

中共中央文献研究室编《十八大以来重要文献选编》（中），中央文献出
　　版社，2016。

中共中央党史和文献研究院编《十八大以来重要文献选编》（下），中央
　　文献出版社，2018。

中共中央党史和文献研究院编《十九大以来重要文献选编》（上），中央
　　文献出版社，2019。

中共中央党史和文献研究院编《十九大以来重要文献选编》（中），中央
　　文献出版社，2021。

《中国共产党第十六次全国代表大会文件汇编》，人民出版社，2002。

《中国共产党第十七次全国代表大会文件汇编》，人民出版社，2007。

《中国共产党第十八次全国代表大会文件汇编》，人民出版社，2012。

《中国共产党第十九次全国代表大会文件汇编》，人民出版社，2017。

《中国共产党第二十次全国代表大会文件汇编》，人民出版社，2022。

《中共中央关于构建社会主义和谐社会若干重大问题的决定》，人民出版

社，2006。

《中共中央关于深化文化体制改革推动社会主义文化大发展大繁荣若干重大问题的决定》，人民出版社，2011。

《关于培育和践行社会主义核心价值观的意见》，人民出版社，2013。

《中共中央关于全面深化改革若干重大问题的决定》，人民出版社，2013。

《中华人民共和国国民经济和社会发展第十三个五年规划纲要》，人民出版社，2016。

《中共中央关于坚持和完善中国特色社会主义制度 推进国家治理体系和治理能力现代化若干重大问题的决定》，人民出版社，2019。

《中华人民共和国国民经济和社会发展第十四个五年规划和2035年远景目标纲要》，人民出版社，2021。

《中共中央关于党的百年奋斗重大成就和历史经验的决议》，人民出版社，2021。

二　学术著作类

（一）国内相关著作

班高杰：《传统启蒙教育中的道德养成与价值观建构研究》，上海三联书店，2020。

蔡武主编《筑牢文化自信之基：中国文化体制改革40年》，广东经济出版社，2017。

蔡俊生等：《文化论》，人民出版社，2003。

陈国庆：《中华文化的核心理念》，西北大学出版社，2021。

陈先达：《文化自信中的传统与当代》，北京师范大学出版社，2017。

陈先达：《文化自信与中华民族伟大复兴》，人民出版社，2017。

陈圣来：《国家文化软实力的新视野研究》，上海社会科学出版社，2018。

陈新汉、邱仁富：《坚持核心价值体系的人民主体性：关于克服社会主义核心价值体系"边缘化危机"的思考》，东方出版中心，2011。

陈瑶主编《公共文化服务：制度与模式》，浙江大学出版社，2012。

陈章龙、周莉：《价值观研究》，南京师范大学出版社，2004。

陈章龙：《论主导价值观》，江苏人民出版社，2006。

陈正良：《中国"软实力"发展战略研究》，人民出版社，2008。

陈万柏、张耀灿主编《思想政治教育学原理》（第3版），高等教育出版
　　社，2015。

程裕祯：《中国文化要略》，外语教学与研究出版社，1998。

储著武：《当代中国文化建设史论：1949～1956》，中国社会科学出版社，
　　2018。

储著源：《社会主义核心价值观引领人民美好生活需要研究》，安徽人民
　　出版社，2021。

代征等：《自媒体价值观传播机制及其导向策略研究》，中国社会科学出
　　版社，2020。

戴诗炜主编《邓小平文化思想研究》，国防大学出版社，1990。

邓大松主编《中国特色社会主义社会建设研究》，武汉大学出版社，2008。

邓显超：《发展文化软实力的国际经验与中国选择》，中国政法大学出版
　　社，2015。

杜莹杰：《中国电视剧与社会主义核心价值观构建研究》，中国广播影视
　　出版社，2020。

樊改霞：《价值观教育的现代性困境与出路》，中国社会科学出版
　　社，2021。

方爱东：《当代中国主流价值观话语权生成机制研究》，光明日报出版社，
　　2021。

费孝通：《论文化与文化自觉》，群言出版社，2007。

冯天瑜、杨华：《中国文化发展轨迹》，上海人民出版社，2000。

冯秀军：《教化·规约·生成：古代中华民族精神化育研究》，中国社会
　　科学出版社，2009。

桂玉、孙寅生等：《社会主义核心价值体系与公民文化建设》，河南大学
　　出版社，2012。

郭婷：《社会主义核心价值观融入日常生活研究》，陕西师范大学出版
　　社，2020。

郭维平：《社会主义核心价值观生成与认同研究》，学习出版社，2016。

韩美群等：《文化传统与农村社会主义核心价值观认同》，中国社会科学
　　出版社，2020。

韩喜平、吴宏政主编《国家核心价值与公民文化研究》，吉林大学出版

社，2010。

韩永进：《新的文化发展观》，文化艺术出版社，2006。

韩永进：《新的文化自觉》，文化艺术出版社，2008。

韩震主编《社会主义核心价值体系研究》，人民出版社，2007。

洪晓楠等：《社会主义文化强国建设研究：基于文化自觉、文化自信到文化强国的理路》，科学出版社，2021。

胡滨：《中华传统文化精神与社会主义核心价值观关系研究》，人民出版社，2021。

胡惠林：《文化政策学》，上海文艺出版社，2003。

胡林英：《道德内化论》，社会科学文献出版社，2007。

胡永宏、贺思辉：《综合评价方法》，科学出版社，2000。

黄进：《论核心价值观》，南京师范大学出版社，2014。

黄凯锋：《解放文化生产力：文化管理体制的价值分析》，上海人民出版社，2005。

黄力之：《先进文化论》，上海三联书店，2002。

黄力之：《马克思主义与资本主义文化矛盾》，河南大学出版社，2010。

黄楠森等主编《有中国特色社会主义文化研究》，山东人民出版社，1999。

黄钊：《思想文化建设综论》，中国社会科学出版社，2018。

贾海涛：《综合国力与文化软实力系统研究》，中国社会科学出版社，2015。

教育部思想政治工作司组编《加强和改进大学生思想政治教育重要文献选编（1978—2014）》，知识产权出版社，2015。

焦国成主编《德治中国：中国以德治国史鉴》，中共中央党校出版社，2002。

江畅、戴茂堂：《西方价值观念与当代中国》，湖北人民出版社，1997。

江畅、喻立平：《弘扬核心价值观与继承传统文化研究》，人民出版社，2021。

金元浦主编《中国文化概论》，首都师范大学出版社，1999。

康永杰、周家荣：《当代价值体系的比较》，中国社会科学出版社，2020。

柯可主编《文化产业论》，广东经济出版社，2001。

李从军：《价值体系的历史选择》，人民出版社，2008。

李道中:《社会主义文化建设》,青岛出版社,1997。

李德顺:《价值论——一种主体性的研究》,中国人民大学出版社,1987。

李德顺:《价值新论》,中国青年出版社,1993。

李景源、陈威主编《中国公共文化服务发展报告 (2007)》,社会科学文献出版社,2007。

李景源、陈威主编《中国公共文化服务发展报告 (2009)》,社会科学文献出版社,2009。

李景源、陈威主编《中国公共文化服务发展报告 (2012)》,社会科学文献出版社,2012。

李鹏程:《毛泽东与中国文化》,人民出版社,1993。

李征:《马克思恩格斯思想政治教育理论与实践研究》,北京大学出版社,2011。

李斌雄:《中国共产党的价值观研究》,中国社会科学出版社,2003。

梁漱溟:《中国文化要义》,上海人民出版社,2011。

梁漱溟:《东西文化及其哲学》,商务印书馆,2010。

凌厚锋、蔡彦士主编《中国特色社会主义思想文化建设研究》,福建人民出版社,1999。

刘德定:《当代中国文化软实力研究》,人民出版社,2013。

刘梦溪等:《文化的要义》,海南出版社,2006。

刘世军、刘建军等:《大国的复兴:国家治理体系与治理能力现代化》,上海人民出版社,2014。

刘宋斌:《中国共产党文化建设史》,黑龙江人民出版社,2019。

刘文江:《中国共产党文化研究》,中共党史出版社,2005。

龙静云等:《社会主义核心价值体系引领道德建设研究》,中国社会科学出版社,2016。

陆扬、王毅选编《大众文化研究》,上海三联书店,2001。

陆扬、王毅:《文化研究导论》,复旦大学出版社,2006。

陆扬主编《文化研究概论》,复旦大学出版社,2008。

罗国杰:《马克思主义价值观研究》,人民出版社,2013。

罗文东:《中国特色社会主义文化理念论》,中国法制出版社,2003。

罗争玉:《文化事业的改革与发展》,人民出版社,2007。

骆郁廷：《精神动力论》，武汉大学出版社，2003。

农华西等：《意识形态与核心价值体系建设》，湖北人民出版社，2007。

潘维、玛雅主编《聚焦当代中国价值观》，生活·读书·新知三联书店，2008。

沈湘平、王怀秀：《中国公民价值观调查报告：国家 社会 个人》，中国社会科学出版社，2021。

沈壮海：《思想政治教育的文化视野》，人民出版社，2005。

沈壮海：《文化软实力及其价值之轴》，中华书局，2013。

沈壮海：《论文化自信》，湖北人民出版社，2019。

石书臣：《现代思想政治教育主导性研究》，学林出版社，2004。

苏振芳主编《当代国外思想政治教育比较》，社会科学文献出版社，2009。

孙伟平、张传开主编《改革开放与社会主义核心价值体系建设》，安徽师范大学出版社，2012。

孙岳兵：《马克思主义文化建设思想的继承与发展》，中国政法大学出版社，2018。

唐代兴：《文化软实力战略研究》，人民出版社，2008。

陶东风：《文化研究：西方与中国》，北京师范大学出版社，2002。

陶东风主编《当代中国大众文化价值观研究》，中国社会科学出版社，2020。

田海舰、邹卫：《社会主义核心价值观论纲》，人民出版社，2010。

王光秀：《中国特色社会主义文化建设研究》，人民日报出版社，2017。

王刚：《中国传统人生价值观的嬗变及当代价值》，科学出版社，2020。

王晓升：《价值的冲突》，人民出版社，2003。

王现东：《文化哲学视域中的价值观研究》，九州出版社，2020。

王学俭编《现代思想政治教育前沿问题研究》，人民出版社，2008。

王玉樑主编《价值和价值观》，陕西师范大学出版社，1988。

王志东主编《体制改革：突破当代中国文化建设的制约屏障》，济南出版社，2013。

汪幼海：《全球辐射影响力：文化软实力创新发展战略研究》，上海社会科学院出版社，2017。

魏正聪：《电视媒体与社会主义核心价值观传播研究》，科学出版社，2020。

吴潜涛、艾四林主编《社会主义核心价值观研究前沿问题聚焦：社会主义核心价值观协同创新北京峰会文萃》，人民出版社，2020。

项久雨：《思想政治教育价值论》，中国社会科学出版社，2003。

肖萍：《人的全面发展视域中的社会主义主流文化建设》，人民出版社，2019。

熊春锦：《东方治理学：中华民族文化软实力》，中央编译出版社，2015。

许明、马驰主编《马克思主义与当代文化发展》，上海社会科学院出版社，2008。

闫兴：《中国特色社会主义核心价值观话语体系研究》，吉林大学出版社，2020。

杨继绳：《中国当代社会阶层分析》，江西高校出版社，2011。

杨威：《思想政治教育发生论》，中国社会科学出版社，2009。

于建荣：《中国特色社会主义社会文明研究》，中央文献出版社，2007。

俞可平主编《全球化：全球治理》，社会科学文献出版社，2003。

俞吾金：《意识形态论》，上海人民出版社，2014。

袁贵仁：《价值学引论》，北京师范大学出版社，1991。

袁贵仁：《价值观的理论与实践：价值观若干问题的思考》，北京师范大学出版社，2013。

曾小华：《文化、制度与社会变革》，中国经济出版社，2004。

张国祚：《中国文化软实力研究论纲》，社会科学文献出版社，2015。

张国祚：《理论思维与文化软实力》，湖南大学出版社，2016。

张静、关信平主编《中国社会建设与发展研究》，中国人民大学出版社，2009。

张瑞才、范建华主编《中国特色社会主义文化建设的理论与实践》，社会科学文献出版社，2012。

张澍军：《思想政治教育理论前沿论略》，人民出版社，2015。

张旭东：《全球化时代的文化认同：西方普遍主义话语的历史反思》，上海人民出版社，2021。

张学鹏：《新时代社会主义核心价值观与文化自信》，武汉大学出版社，2019。

张耀灿等：《思想政治教育学前沿》，人民出版社，2006。

张忠家、荣开明主编《中国文化自信论》，江西人民出版社，2020。

赵爱玲:《中国特色社会主义核心价值体系建设研究》,中国人民大学出版社,2012。

郑师渠主编《中国共产党文化思想史研究》,中共中央党校出版社,2007。

郑伟:《从主体的变迁到价值观启蒙:社会主义核心价值观研究》,北京师范大学出版社,2021。

郑永廷:《现代思想道德教育理论与方法》,广东高等教育出版社,2000。

周宏:《理解与批判:马克思意识形态理论的文本学研究》,上海三联书店,2003。

周中之、石书臣主编《社会主义核心价值体系教育探索》,上海人民出版社,2007。

朱健刚:《行动的力量:民间志愿组织实践逻辑研究》,商务印书馆,2008。

邹小华:《社会主义核心价值与生活世界的互构研究》,中国社会科学出版社,2020。

(二) 国外相关著作

〔美〕阿尔温·托夫勒、海蒂·托夫勒:《创造一个新的文明:第三次浪潮的政治》,陈峰译,上海三联书店,1996。

〔美〕A.J. 赫舍尔:《人是谁》,隗仁莲、安希孟译,贵州人民出版社,2019。

〔法〕爱弥尔·涂尔干:《职业伦理与公民道德》,渠东、付德根译,上海人民出版社,2001。

〔法〕爱弥尔·涂尔干:《道德教育》,陈光金等译,上海人民出版社,2006。

〔英〕爱德华·泰勒:《原始文化》,连树声译,上海文艺出版社,1992。

〔美〕爱德华·霍尔:《超越文化》,居延安等译,上海文化出版社,1988。

〔意〕安东尼奥·葛兰西:《狱中札记》,曹雷雨、姜丽、张跣译,河南大学出版社,2016。

〔德〕安斯加·纽宁、维拉·纽宁主编《文化学研究导论》,闵志荣译,南京大学出版社,2018。

〔澳〕安德鲁·米尔纳等:《当代文化理论》,刘超、肖雄译,江苏人民出版社,2018。

〔德〕贝克等:《全球的美国:全球化的文化后果》,刘倩、杨子彦译,

　　河南大学出版社，2012。

〔英〕本·海默尔：《日常生活与文化理论导论》，王志宏译，商务印书
　　馆，2008。

〔德〕彼得·科斯洛夫斯基：《后现代文化》，毛怡红译，中央编译出版
　　社，1999。

〔英〕彼得·巴里：《理论入门：文学与文化理论导论》，杨建国译，南
　　京大学出版社，2014。

〔古希腊〕柏拉图：《理想国》，郭斌和、张竹明译，商务印书馆，2002。

〔英〕伯克：《文化杂交》，杨元、蔡玉辉译，译林出版社，2016。

〔美〕波普诺：《社会学》，李强等译，中国人民大学出版社，2007。

〔美〕布拉德福德：《面向可持续发展的全球领导力：文化多样性研究》，
　　薛磊、叶玉译，格致出版社，2018。

〔美〕丹尼尔·贝尔：《资本主义文化矛盾》，赵一凡等译，生活·读书·新
　　知三联书店，1989。

〔美〕丹尼尔·贝尔：《意识形态的终结：五十年代政治观念衰微之考
　　察》，张国清译，江苏人民出版社，2001。

〔美〕杜兰：《世界文明史》第1卷上，幼狮文化公司译，东方出版
　　社，1999。

〔英〕多米尼克·斯特里纳蒂：《通俗文化理论导论》，阎嘉译，商务印
　　书馆，2001。

〔英〕菲利普·史密斯：《文化理论导论》，张鲲译，商务印书馆，2008。

〔美〕菲利普·巴格比：《文化与历史：文明比较研究导论》，夏克等译，
　　商务印书馆，2018。

〔英〕弗兰克·韦伯斯特：《信息社会理论》，曹晋等译，北京大学出版
　　社，2011。

〔法〕弗朗索瓦·佩鲁：《新发展观》，张宁、丰子义译，华夏出版社，1987。

〔德〕弗里德里希·包尔生：《伦理学体系》，何怀宏、廖申白译，中国
　　社会科学出版社，1988。

〔英〕弗里德利希·冯·哈耶克：《自由秩序原理》上册，邓正来译，生
　　活·读书·新知三联书店，1997。

〔英〕弗里德利希·冯·哈耶克：《法律·立法与自由》，邓正来等译，

中国大百科全书出版社，2000。

〔日〕福泽谕吉：《文明论概略》，北京编译社译，商务印书馆，2020。

〔荷〕格特·比斯塔：《超越人本主义教育：与他者共存》，杨超、冯娜译，北京师范大学出版社，2020。

〔美〕H. T. 恩格尔哈特：《生命伦理学的基础》，范瑞平译，湖南科学技术出版社，1996。

〔德〕哈贝马斯：《交往行动理论》，洪佩郁、蔺青译，重庆出版社，1994。

〔美〕哈罗德·D. 拉斯韦尔：《政治学：谁得到什么？何时和如何得到》，杨昌裕译，商务印书馆，2017。

〔美〕哈罗德·孔茨、海因茨·韦里克：《管理学》，张晓君等编译，经济科学出版社，1998。

〔美〕汉娜·阿伦特：《人的条件》，竺乾威译，上海人民出版社，1999。

〔德〕黑格尔：《法哲学原理》，杨东柱等编译，北京出版社，2007。

〔法〕霍尔巴赫：《自然政治论》，陈太先、眭茂译，商务印书馆，1994。

〔法〕基佐：《欧洲文明史：自罗马帝国败落起到法国革命》，程洪逵、沅芷译，商务印书馆，1998。

〔美〕杰弗里·亚历山大：《社会生活的意义：一种文化社会学的视角》，周怡等译，北京大学出版社，2011。

〔德〕卡尔·曼海姆：《意识形态与乌托邦》，李步楼等译，商务印书馆，2014。

〔德〕卡尔·雅斯贝斯：《时代的精神状况》，王德峰译，上海译文出版社，1997。

〔德〕康德：《历史理性批判文集》，何兆武译，商务印书馆，1990。

〔德〕康德：《实践理性批判》，韩水法译，商务印书馆，1999。

〔德〕康德：《道德形而上学原理》，苗力田译，上海人民出版社，2002。

〔英〕柯比·比尔德等：《体验式学习的力量》，黄荣华译，中山大学出版社，2003。

〔美〕科尔伯格：《道德教育的哲学》，魏贤超、柯森译，浙江教育出版社，2000。

〔美〕克莱德·克鲁克洪：《文化与个人》，高佳等译，浙江人民出版社，1986。

〔美〕克利福德·格尔茨:《文化的解释》,韩莉译,译林出版社,2014。

〔美〕L. J. 宾克莱:《理想的冲突:西方社会变化着的价值观念》,马元德等译,商务印书馆,1983。

〔美〕拉里·A. 萨默瓦等:《跨文化传播》,闵惠泉等译,中国人民大学出版社,2013。

〔美〕莱斯利·里普森:《政治学的重大问题:政治学导论》,刘晓等译,华夏出版社,2001。

〔美〕R. 尼布尔:《道德的人与不道德的社会》,蒋庆等译,贵州人民出版社,2009。

〔德〕兰德曼:《哲学人类学》,阎嘉译,贵州人民出版社,2006。

〔美〕利昂·P. 巴拉达特:《意识形态:起源和影响》,张慧芝、张露璐译,世界图书出版公司北京公司,2010。

〔法〕卢梭:《论人类不平等的起源和基础》,李常山译,商务印书馆,1962。

〔法〕卢梭:《社会契约论》,庞珊珊译,光明日报出版社,2009。

〔法〕路易·阿尔都塞:《保卫马克思》,顾良译,商务印书馆,2006。

〔法〕罗贝尔·萨蒙:《管理的未来:走向以人为本》,王铁生译,上海译文出版社,1998。

〔美〕罗伯特·诺齐克:《无政府、国家与乌托邦》,何怀宏等译,中国社会科学出版社,1991。

〔英〕罗素:《伦理学和政治学中的人类社会》,肖巍译,中国社会科学出版社,1992。

〔美〕马克·A. 缪其克等:《志愿者》,魏娜等译,中国人民大学出版社,2013。

〔德〕马克斯·韦伯:《新教伦理与资本主义精神》,于晓、陈维纲译,生活·读书·新知三联书店,1987。

〔德〕马克斯·韦伯:《经济与社会》上卷,林荣远译,商务印书馆,1997。

〔英〕马林诺夫斯基:《文化论》,费孝通译,中国民间文艺出版社,1987。

〔美〕迈克尔·沃尔泽:《正义诸领域》,褚松燕译,译林出版社,2002。

〔美〕迈克尔·沃尔泽:《阐释和社会批判》,任辉献、段鸣玉译,江苏人民出版社,2010。

〔俄〕梅茹耶夫：《文化之思：文化哲学概观》，郑永旺译，黑龙江大学出版社，2019。

〔法〕孟德斯鸠：《论法的精神》，钟书峰译，法律出版社，2020。

〔日〕牧口常三郎：《价值哲学》，马俊峰、江畅译，中国人民大学出版社，1989。

〔德〕诺贝特·埃利亚斯：《文明的进程》第1卷，王佩莉译，生活·读书·新知三联书店，1998。

〔美〕诺思：《制度、制度变迁与经济绩效》，杭行译，格致出版社，2008。

〔英〕培根：《新工具》，许宝骙译，商务印书馆，1984。

〔法〕皮埃尔·布迪厄、〔美〕华康德：《实践与反思——反思社会学导引》，李猛等译，中央编译出版社，2004。

〔英〕齐格蒙特·鲍曼：《个体化社会》，范祥涛译，上海三联书店，2002。

〔美〕乔·萨托利：《民主新论》，冯克利、阎克文译，东方出版社，1998。

〔美〕乔伊斯·阿普尔比：《历史的真相》，刘北成、薛绚译，中央编译出版社，1999。

〔美〕乔治·赫伯特·米德：《心灵、自我与社会》，霍桂桓译，华夏出版社，1999。

〔美〕R. B. 培里等：《价值和评价——现代英美价值论集粹》，刘继编选，中国人民大学出版社，1989。

〔美〕塞缪尔·亨廷顿：《变革社会中的政治秩序》，李盛平、杨玉生译，华夏出版社，1988。

〔美〕塞缪尔·亨廷顿：《文明的冲突与世界秩序的重建》（修订版），周琪等译，新华出版社，2010。

〔美〕塞缪尔·亨廷顿等：《文化的重要作用：价值观如何影响人类进步》，程克雄译，新华出版社，2002。

〔古希腊〕色诺芬：《回忆苏格拉底》，吴永泉译，商务印书馆，1984。

〔法〕阿尔贝特·施韦泽：《文化哲学》，陈泽环译，上海人民出版社，2017。

〔美〕斯蒂芬·李特约翰：《人类传播理论》，史安斌译，清华大学出版社，2004。

〔英〕特里·伊格尔顿：《论文化》，张舒语译，中信出版社，2018。

〔美〕维克多·特纳：《仪式过程：结构与反结构》，黄建波、柳博赟译，中国人民大学出版社，2006。

〔英〕威廉·葛德文：《政治正义论》，何慕李译，商务印书馆，2021。

〔英〕威廉·葛德文：《人性的本质》，孙宜学、蔡旭琳译，江西高校出版社，2009。

〔德〕威廉·魏特林：《和谐与自由的保证》，孙则明译，商务印书馆，2011。

〔美〕西摩·马丁·李普塞特：《一致与冲突》，张华青等译，上海人民出版社，1995。

〔美〕亚伯拉罕·马斯洛：《动机与人格》，许金声等译，中国人民大学出版社，2007。

〔英〕亚当·斯密：《道德情操论》，蒋自强等译，商务印书馆，1997。

〔古希腊〕亚里士多德：《政治学》，吴寿彭译，商务印书馆，2017。

〔古希腊〕亚里士多德：《尼各马科伦理学》，苗力田译，中国人民大学出版社，2003。

〔英〕约翰·B. 汤普森：《意识形态与现代文化》，高铦等译，译林出版社，2019。

〔美〕约翰·杜威：《哲学的改造》，刘华初、马荣译，华东师范大学出版社，2019。

〔美〕约翰·杜威：《人的问题》，傅统先、邱椿译，上海人民出版社，1965。

〔美〕约翰·杜威：《评价理论》，冯平等译，上海译文出版社，2007。

〔美〕约翰·罗尔斯：《正义论》，何怀宏等译，中国社会科学出版社，1988。

〔美〕约翰·罗尔斯：《政治自由主义》，万俊人译，译林出版社，2000。

〔英〕约翰·斯道雷：《文化理论与大众文化导论》（第7版），常江译，北京大学出版社，2018。

〔美〕詹姆斯·海尔布伦等：《艺术文化经济学》，詹正茂等译，中国人民大学出版社，2007。

Betty A. Sichel, *Moral Education: Character, Community, and Ideals*, Philadelphia: Temple University Press, 1988.

Cary A. Buzzelli, Bill Johnston, *The Moral Dimensions of Teaching: Language, Power, and Culture in Classroom Interaction*, New York: Routledge Falmer, 2002.

Ismail Serageldin, Richard Barrett, *Ethics and Spiritual Values*: *Promoting Environmentally Sustainable Development*, Washington D. C. : World Bank, 1996.

James P. Sterba, Calif Belmont, *Morality in Practice*, Wadsworth Pub. , Co. , 1997.

John Beck, *Morality and Citizenship in Education*, London: Cassell, 1998.

Boston John Dewey, *Moral Principle in Education*, Houghton Mifflin Company, 1909.

Joseph Raz, *The Morality of Freedom*, Oxford: Clarendon Press, 1989.

Kathy Fitzpatrick, Carolyn Bronstein, *Thousand Oaks*, *Ethics in Public Relations*: *Responsible Advocacy*, Calif: SAGE Publications, 2006.

Kieron Sheehy, *Ethics and Research in Inclusive Education*: *Values into Practice*, London: Routledge Falmer, 2005.

Marie Connolly, Tony Ward, *Morals*, *Rights and Practice in the Human Services*: *Effective and Fair Decision-making in Health*, *Social Care and Criminal Justice*, London: Philadelphia: Jessica Kingsley, 2008.

Melanie Killen, Daniel Hart, *Morality in Everyday Life*: *Development Perspectives*, Cambridge University Press, 1995.

Michael Barnett, Thomas G. Weiss, *Humanitarianism in Question*: *Politics*, *Power*, *Ethics*, Ithaca: Cornell University Press, 2008.

Paul Bloomfield, *Morality and Self-interest*, New York: Oxford University Press, 2008.

Raziel Abelson, Marie-Louise Friquegnon, *Ethics for Modern Life*, New York: St. Martin's Press, 1982.

Reinhold Niebuhr, *Moral Man and Immoral Society*: *A Study in Ethics and Politics*, New York: C. Scribner's Sons, 1932.

R. M. Hare, *Moral Thinking*: *Its Levels*, *Method*, *and Point*, Oxford: Clarendon Press, 1987.

R. S. Peters, *Moral Development and Moral Education*, London: George Allen & Unwin, 1981.

Sharon L. Bracci, Clifford G. Christians, *Moral Engagement in Public Life*:

Theorists for Contemporary Ethics，New York：Peter Lang，2002.

Stephen Macedo，Yael Tamir，*Moral and Political Education*，New York：New York University Press，2002.

William M. Kurtines，Jacob L. Gewirtz，*Morality*，*Moral Behavior*，*and Moral Development*，New York：Wiley，1984.

三 期刊论文类

陈静、郝一峰：《国外核心价值观建设路径的经验研究》，《黑龙江社会科学》2007 年第 5 期。

陈先达：《论普世价值与价值共识》，《思想理论教育》2009 年第 17 期。

陈新夏：《文化先进性与文化自信和文化建设》，《天津社会科学》2018 年第 1 期。

程仕波、谢守成：《论习近平文化思想的四个特点》，《社会主义研究》2017 年第 3 期。

崔秋锁：《马克思价值观的三重解读维度》，《学海》2012 年第 1 期。

邓海林、双传学：《共享视域下的网络文化建设：从问题分析到系统建构》，《南京社会科学》2017 年第 10 期。

邓名瑛：《用社会主义核心价值观引领大众文化建设》，《求索》2011 年第 8 期。

丁存霞：《文化认同视域下的价值观认同》，《学校党建与思想教育》2021 年第 8 期。

丁晓强、赵静：《论新时代中国特色社会主义文化建设的新使命》，《中共中央党校学报》2018 年第 5 期。

段妍、刘俊霞：《改革开放以来党内政治文化建设发展历程与基本经验》，《东岳论丛》2020 年第 6 期。

冯刚、刘晓玲：《坚持以文化人 深入推进社会主义核心价值观培育践行》，《思想理论教育导刊》2016 年第 1 期。

冯鹏志：《迈向"中国特色"的文化建构——论习近平关于文化建设的重要论述》，《江海学刊》2010 年第 1 期。

冯志根、胡小强：《涵育社会主义核心价值观的文化逻辑》，《学校党建与思想教育》2018 年第 23 期。

冯子珈、张新：《新中国成立以来中国共产党文化思想的历史演进及其基本经验》，《学术论坛》2019 年第 2 期。

高长武：《习近平文化建设思想的核心要义》，《东岳论丛》2017 年第 4 期。

顾海良等：《学习贯彻习近平总书记重要讲话精神 大力培育和践行社会主义核心价值观》，《思想理论教育导刊》2014 年第 7 期。

郭远远、陈世香：《改革开放 40 年来文化建设定位的历史演变与未来展望——基于历年国务院政策文本的分析》，《中南大学学报》（社会科学版）2018 年第 1 期。

韩军、庄锡福：《构建社会主义核心价值体系的现实路径》，《科学社会主义》2010 年第 2 期。

韩庆祥：《从哲学视域理解"国家治理现代化"》，《马克思主义与现实》2015 年第 3 期。

韩文乾：《新媒体环境下高校社会主义核心价值观教育途径探析》，《思想理论教育导刊》2015 年第 3 期。

韩喜平：《培育和践行社会主义核心价值观的三个基本着力点》，《思想政治教育研究》2015 年第 1 期。

胡建：《文化自信视域下的当代中国价值观探析》，《西南大学学报》（社会科学版）2020 年第 4 期。

黄明理、刘梦雨：《文化自觉与自信视域下的文明核心价值观建设》，《南京政治学院学报》2017 年第 2 期。

黄蓉生：《社会主义核心价值观的文化视域思考》，《中国高校社会科学》2015 年第 1 期。

黄少波、林春逸：《文化的发展价值：价值观如何影响发展》，《社会科学家》2021 年第 2 期。

黄湘莲：《公民社会、公民性与公民文化建设》，《北京师范大学学报》（社会科学版）2005 年第 2 期。

姬会然：《社会主义文化建设 40 年：基于八次党代会报告文本的分析》，《贵州社会科学》2018 年第 8 期。

贾应生：《内在精神道德与现代文化建设》，《甘肃社会科学》2019 年第 6 期。

江畅、汪佳璇:《国家治理现代化与社会主义核心价值观建设》,《思想理论教育》2020 年第 1 期。

蒋艳:《社会主义先进文化与社会主义核心价值观的共同属性论》,《思想教育研究》2019 年第 1 期。

靳玉军:《论社会主义核心价值观的实践要求》,《教育研究》2014 年第 11 期。

金桂兰:《习近平的文化平等观及其时代价值》,《马克思主义研究》2019 年第 9 期。

雷骥:《现实的个人:社会主义核心价值观培育的逻辑起点》,《中国特色社会主义研究》2013 年第 2 期。

李程骅、刘心怡:《从小康迈向现代化:文化建设的新要求新方略》,《学海》2020 年第 4 期。

李丹、胡新峰:《高校坚持以社会主义核心价值观引领文化建设制度化研究》,《思想政治教育研究》2021 年第 2 期。

李国泉、周向军:《十八大以来党的文化理论创新发展及其启示》,《中国特色社会主义研究》2014 年第 3 期。

李海青:《"国家治理现代化"的理论创新与理论地位》,《马克思主义与现实》2015 年第 3 期。

李吉和、陈怡霏:《先秦时期儒家中华民族文化价值观论述》,《中南民族大学学报》(人文社会科学版)2021 年第 5 期。

李景源、孙伟平:《价值观和价值导向论要》,《湖南科技大学学报》(社会科学版)2007 年第 4 期。

李晓丹:《自媒体视域下的大学生社会主义核心价值观认同培育》,《学校党建与思想教育》2020 年第 4 期。

李彦:《新时代中国特色社会主义文化的创新与实践》,《广西社会科学》2019 年第 1 期。

李泽泉:《坚持以社会主义核心价值观引领文化建设》,《红旗文稿》2021 年第 2 期。

李忠军:《社会主义核心价值观与人民精神生活共同富裕》,《社会主义核心价值观研究》2022 年第 6 期。

李宏刚、宋真真:《以社会主义核心价值观引领高校校园文化建设的逻辑理路》，《江苏大学学报》（社会科学版）2022 年第 5 期。

连晓龙：《社会主义核心价值观融入网络话语的价值与进路》，《思想政
　　治教育研究》2020 年第 4 期。

梁秀文、夏从亚：《文化自信与社会主义核心价值观》，《中州学刊》
　　2016 年第 11 期。

廖小明：《论社会主义核心价值体系建设的三个向度》，《哲学动态》
　　2009 年第 11 期。

刘春田、马运军：《习近平文化建设思想初探》，《求实》2015 年第 3 期。

刘建军：《中国特色社会共同理想是社会主义核心价值体系的主题》，
　　《高校理论战线》2007 年第 4 期。

刘书林：《论社会主义核心价值观的几个重要关系》，《思想理论教育导
　　刊》2014 年第 9 期。

刘旺旺：《社会主义文化建设若干基本原则的历史与边界分析》，《江苏
　　大学学报》（社会科学版）2018 年第 2 期。

刘先春、柳宝军：《家训家风：培育和涵养社会主义核心价值观的道德根
　　基与有效载体》，《思想教育研究》2016 年第 1 期。

刘蕴莲：《论新形势下加强大学生社会主义核心价值观教育》，《思想理
　　论教育导刊》2014 年第 5 期。

刘卓红、张堃：《以社会主义核心价值观引领新时代中国特色社会主义法
　　治文化建设》，《马克思主义理论学科研究》2020 年第 4 期。

骆郁廷：《论社会主义的核心价值》，《马克思主义研究》2014 年第 8 期。

骆郁廷：《"小我"与"大我"：价值引领的根本问题》，《马克思主义研
　　究》2019 年第 12 期。

吕岩松：《坚持以社会主义核心价值观引领文化建设制度》，《党建》
　　2019 年第 12 期。

马志芹、赵弘泽：《以核心价值观引领乡村文化建设》，《人民论坛》
　　2018 年第 21 期。

门献敏：《毛泽东社会主义文化建设思想的特质及其启示》，《思想理论
　　教育导刊》2016 年第 10 期。

孟庆宇、苏杭：《总体性：习近平新时代文化建设思想的辩证架构》，《理
　　论导刊》2019 年第 10 期。

孟凡丽、王国宁：《以社会主义核心价值观引领中华民族共同体意识培育》，《西北师大学报》（社会科学版）2022 年第 4 期。

倪愫襄：《论培育和践行社会主义核心价值观的基本路径》，《思想理论教育》2014 年第 12 期。

倪素香、吴清清：《论习近平关于文化建设重要论述的四重维度》，《思想教育研究》2018 年第 12 期。

欧清华：《全球化背景下社会主义核心价值观的培育》，《科学社会主义》2009 年第 2 期。

欧阳军喜、崔春雪：《中国传统文化与社会主义核心价值观的培育》，《山东社会科学》2013 年第 3 期。

欧阳雪梅：《改革开放 40 年的中国文化建设》，《毛泽东邓小平理论研究》2018 年第 12 期。

欧阳雪梅：《新时代中国特色社会主义文化建设的理论与实践创新》，《党的文献》2019 年第 1 期。

潘娜：《习近平关于文化建设的重要论述：逻辑理路与擘画路径》，《科学社会主义》2019 年第 3 期。

潘玉腾：《欧美国家推进核心价值观大众化的经验及启示》，《思想理论教育》2011 年第 3 期。

浦玉忠：《社会主义核心价值观引领高校德育的"跟进式"路径》，《南通大学学报》（社会科学版）2022 年第 1 期。

秦宣：《建设社会主义文化强国必须面对的问题》，《湖北大学学报》（哲学社会科学版）2019 年第 6 期。

邱仁富：《以社会主义核心价值观引领文化建设》，《马克思主义理论学科研究》2023 年第 9 期。

邵芳强、薛洪慧：《社会主义核心价值观引领网络道德建设的路径探析》，《思想理论教育导刊》2020 年第 5 期。

宋健林：《习近平关于正确文化观的重要论断探析》，《思想教育研究》2019 年第 9 期。

宋友文：《社会主义核心价值观凝聚社会共识的价值表达及其实现》，《社会主义核心价值观研究》2022 年第 1 期。

孙成武：《论习近平文化建设思想的三重向度》，《思想理论教育导刊》

2017 年第 7 期。

孙丽君：《文化产业背景下大众文化产品价值观建构流程及其引导策略》，《山东社会科学》2021 年第 2 期。

孙伟平、尹帮文：《社会主义核心价值观：中国特色社会主义"是什么"与"怎么建"的统一》，《求是学刊》2022 年第 4 期。

苏淼：《社会主义核心价值观是国家治理现代化的价值内涵》，《思想教育研究》2020 年第 8 期。

商志晓：《在广泛践行社会主义核心价值观上下功夫》，《红旗文稿》2022 年第 24 期。

唐文清、张进辅：《中外价值观研究述评》，《心理科学》2008 年第 3 期。

汤志华：《十八大以来党的文化建设理论创新的特点》，《湖南社会科学》2018 年第 2 期。

田海舰：《论制度建设与社会主义核心价值观的培育》，《保定学院学报》2013 年第 4 期。

王彬、胡玉翠：《新中国 70 年文化建设的进程与经验》，《当代世界社会主义问题》2020 年第 1 期。

王文慧：《习近平文化建设思想的三个维度及其理论创新性》，《理论学刊》2017 年第 4 期。

王晓晖：《积极培育和践行社会主义核心价值观》，《求是》2012 年第 23 期。

王秀阁：《论社会主义核心价值体系引领机制的建构》，《马克思主义研究》2010 年第 1 期。

王易、田雨晴：《习近平对培育和践行社会主义核心价值观的新贡献》，《马克思主义研究》2019 年第 11 期。

王永贵：《社会主义核心价值观培育的目标指向和实现路径》，《思想理论教育》2013 年第 2 期。

汪信砚：《普世价值·价值认同·价值共识——当前我国价值论研究中三个重要概念辨析》，《学术研究》2009 年第 11 期。

韦滢、李开学、袁尚伟：《论国家核心价值与大学生社会主义核心价值观的构建》，《当代世界与社会主义》2011 年第 3 期。

魏和平：《内涵·价值·路径：革命文化涵育社会主义核心价值观的思

考》，《思想理论教育导刊》2020 年第 9 期。

吴敏燕：《习近平关于文化建设重要论述的逻辑理路》，《中共中央党校
（国家行政学院）学报》2019 年第 2 期。

吴武英：《文化治理视角下新时代文化建设的路径》，《广西社会科学》
2018 年第 2 期。

吴向东：《价值观：社会主义本质之维》，《马克思主义研究》2007 年第
12 期。

吴向东：《论价值观的形成与选择》，《哲学研究》2008 年第 5 期。

武传鹏：《坚持以社会主义核心价值观引领文化建设制度》，《思想教育
研究》2020 年第 1 期。

肖群忠、杨建强：《价值观与伦理自信是文化自信的核心》，《中国特色
社会主义研究》2017 年第 1 期。

夏锋：《社会主义核心价值观引领人民精神生活共同富裕的意义、机制与
路径探赜》，《山东师范大学学报》（社会科学版）2022 年第 4 期。

辛向阳：《马克思主义与社会主义核心价值体系》，《学习与研究》2007
年第 9 期。

徐斌：《以社会主义核心价值观引领新时代文化建设》，《红旗文稿》
2020 年第 4 期。

徐海楠：《论培育和践行社会主义核心价值观的文化自信》，《思想教育
研究》2020 年第 2 期。

徐荣、郭广银：《习近平新时代文化建设思想的人民主体性》，《南京社
会科学》2018 年第 7 期。

徐晓风、车维维：《论社会主义核心价值观融入法治建设的三重向度》，
《学习与探索》2022 年第 9 期。

薛洁：《社会主义核心价值观融入公民文化权之建构》，《学校党建与思
想教育》2021 年第 5 期。

杨凤城：《改革开放时期文化建设与发展史的几个问题研究》，《中共党
史研究》2016 年第 10 期。

杨凤城：《习近平社会主义文化建设思想的时代创新》，《陕西师范大学
学报》（哲学社会科学版）2018 年第 4 期。

杨耕：《价值、价值观、核心价值观》，《北京师范大学学报》（社会科学

版）2015 年第 1 期。

杨红英：《道德文化自觉与社会主义核心价值观的培育践行》，《学术论坛》2013 年第 4 期。

杨红英：《推进网络文化建设增强社会主义核心价值观凝聚力》，《学校党建与思想教育》2018 年第 8 期。

杨民、杨立红：《社会主义核心价值观之于和谐文化建设的价值》，《学校党建与思想教育》2014 年第 24 期。

杨茜：《在群众日常生活中融入社会主义核心价值观》，《理论视野》2015 年第 11 期。

杨威、高昕：《文化自信视域下社会主义核心价值观融入法治建设探析》，《思想理论教育导刊》2020 年第 4 期。

殷忠勇：《社会主义核心价值观与中国优秀传统文化》，《思想理论教育导刊》2014 年第 9 期。

于涓、佘双好：《从文化建设的视角看社会主义核心价值观的培育和践行》，《马克思主义研究》2014 年第 4 期。

袁贵仁：《价值观念研究与价值学的发展》，《哲学研究》1992 年第 9 期。

袁银传、田亚：《培育和践行社会主义核心价值观的基本路径》，《思想理论教育》2014 年第 10 期。

章瀚丹：《新时代中国特色社会主义文化的发展逻辑——学习习近平关于文化建设的重要论述》，《广西社会科学》2019 年第 2 期。

张曙光：《论现代价值与价值观的问题》，《马克思主义与现实》2011 年第 1 期。

张伟：《国外加强社会主义核心价值观建设的做法及启示》，《当代世界与社会主义》2011 年第 2 期。

张筱荣：《"微时代"背景下核心价值观培育路径探究》，《中国特色社会主义研究》2016 年第 4 期。

张耀灿：《榜样文化：社会主义核心价值观培育机制的建构》，《学校党建与思想教育》2014 年第 7 期。

张振国：《社会主义核心价值观融入文化立法的制度化建构》，《南京社会科学》2020 年第 4 期。

张宗峰、焦娅敏：《社会主义核心价值观的文化认同机制探究》，《思想理论教育》2017 年第 1 期。

赵波、武瑾雯:《榜样教育在培育社会主义核心价值观中的作用》,《学校党建与思想教育》2020 年第 1 期。

赵建超:《党的十九大对社会主义文化建设思想的创新与启示》,《理论月刊》2018 年第 1 期。

赵开开、聂家华:《论习近平的中国特色社会主义文化观》,《广西社会科学》2018 年第 2 期。

赵睿:《国家治理现代化视域下社会主义核心价值观引领作用探析》,《西北民族大学学报》(哲学社会科学版) 2022 年第 6 期。

朱斌:《马克思主义意识形态嵌入日常生活的逻辑理路》,《科学社会主义》2013 年第 5 期。

朱继东:《坚定不移大力推进中国特色社会主义文化建设》,《红旗文稿》2018 年第 2 期。

朱莉涛、陈延斌:《以传统家训家风文化滋养社会主义核心价值观》,《重庆社会科学》2020 年第 9 期。

祝军:《社会主义核心价值体系融入国民教育的传播学思考》,《学校党建与思想教育》2013 年第 7 期。

周逢梅、邵小文:《习近平对维护国家文化安全的战略思考》,《党的文献》2019 年第 1 期。

周向军、李国泉:《新时代我国文化建设基本问题的创造性探索与回答——习近平总书记关于文化建设重要论述的内涵及其贡献》,《山东大学学报》(哲学社会科学版) 2019 年第 2 期。

周向军:《以"六个坚持"推进社会主义核心价值观的广泛践行》,《社会主义核心价值观研究》2022 年第 8 期。

四　报纸与网站类

《人民对美好生活的向往就是我们的奋斗目标》,《人民日报》2012 年 11 月 16 日。

《完善和发展中国特色社会主义制度 推进国家治理体系和治理能力现代化》,《人民日报》2014 年 2 月 18 日。

《把培育和弘扬社会主义核心价值观作为凝魂聚气强基固本的基础工

程》，《人民日报》2014年2月26日。

《青年要自觉践行社会主义核心价值观 与祖国和人民同行努力创造精彩人生》，《人民日报》2014年5月5日。

《坚持以人民为中心的创作导向创作更多无愧于时代的优秀作品》，《人民日报》2014年10月16日。

《中共中央关于全面推进依法治国若干重大问题的决定》，《人民日报》2014年10月29日。

《坚决打好扶贫开发攻坚战 加快民族地区经济社会发展》，《人民日报》2015年1月22日。

《动员社会各界广泛参与家庭文明建设 推动形成社会主义家庭文明新风尚》，《人民日报》2016年12月13日。

《中办国办印发〈关于进一步把社会主义核心价值观融入法治建设的指导意见〉》，《人民日报》2016年12月26日。

《关于实施中华优秀传统文化传承发展工程的意见》，《人民日报》2017年1月26日。

《中共中央印发〈社会主义核心价值观融入法治建设立法修法规划〉》，《人民日报》2018年5月8日。

《激发制度活力激活基层经验激励干部作为 扎扎实实把全面深化改革推向深入》，《人民日报》2018年7月7日。

《举旗帜聚民心育新人兴文化展形象 更好完成新形势下宣传思想工作使命任务》，《人民日报》2018年8月23日。

《推动媒体融合向纵深发展 巩固全党全国人民共同思想基础》，《人民日报》2019年1月26日。

《中共中央、国务院印发〈新时代公民道德建设实施纲要〉》，《人民日报》2019年10月28日。

《全面推进教育文化卫生体育事业发展 不断增强人民群众获得感幸福感安全感》，《人民日报》2020年9月23日。

《在教学相长中探寻艺术真谛 在服务人民中砥砺从艺初心》，《人民日报》2020年10月26日。

《加强新时代马克思主义学院建设》，《人民日报》2021年9月22日。

《中央宣传部、中央政法委、全国人大常委会办公厅、司法部印发〈意

见）建立社会主义核心价值观入法入规协调机制》，《人民日报》
　　2021 年 9 月 28 日。

《坚持用马克思主义及其中国化创新理论武装全党》，《人民日报》2021
　　年 11 月 16 日。

《推动文物活化利用推进文明交流互鉴 守护好传承好展示好中华文明优
　　秀成果》，《人民日报》2022 年 7 月 10 日。

《用党的创新理论武装头脑、指导实践、推动工作》，《人民日报》2022
　　年 8 月 4 日。

中华人民共和国文化和旅游部网，https：//www. mct. gov. cn/。

国家统计局网，http：//www. stats. gov. cn/。

中国共产党新闻网，http：//www. cpcnews. cn/。

中国人大网，http：//www. npc. gov. cn/npc/xinwen/index. htm。

中国政协网，http：//www. cppcc. gov. cn/。

中国文明网，http：//www. wenming. cn/sdkm/。

中华人民共和国商务部网，http：//www. mofcom. gov. cn/。

中华人民共和国民政部网，http：//www. mca. gov. cn/。

后 记

《社会主义核心价值观引领文化建设研究》是国家社会科学基金后期资助项目"社会主义核心价值观对文化建设的引领作用及其实现路径研究"（编号：20FKSB011）的结项成果。本书也是笔者近年关注、研究社会主义核心价值观培育与引领作用问题的阶段性总结。

社会主义核心价值观是凝聚人心、汇聚民力的强大力量。党的二十大报告指出，全面建设社会主义现代化国家，推进文化自信自强，要"以社会主义核心价值观为引领……巩固全党全国各族人民团结奋斗的共同思想基础，不断提升国家文化软实力和中华文化影响力"①。作为文化最深层的内核，社会主义核心价值观是社会主义先进文化的精髓，决定着我国社会主义文化的性质和方向，在我国文化建设中居于主导地位，具有重要的引领作用。全面阐释与深化研究社会主义核心价值观引领文化建设的问题，需要将理论与实践紧密结合起来，深入分析社会主义核心价值观对文化建设的引领作用，系统研究社会主义核心价值观引领文化建设的理论与实践。

立足当代中国的价值观研究，从理论和实践层面，回应社会主义核心价值观引领文化建设的命题，需要深入探究一系列理论问题：如何界定社会主义核心价值观的引领作用，如何厘清社会主义核心价值观与文化建设的内在关联，如何理解社会主义核心价值观对文化建设的引领作用，如何在文化强国目标下充分发挥社会主义核心价值观对文化建设的引领作用，等等。这些理论问题促使笔者聚焦社会主义核心价值观引领文化建设的主题，围绕社会主义核心价值观对文化建设的引领作用展开深入的研究与思考，以期在社会主义核心价值观引领文化建设的研究领域进行新的探索。

---

① 习近平：《高举中国特色社会主义伟大旗帜 为全面建设社会主义现代化国家而团结奋斗——在中国共产党第二十次全国代表大会上的报告》，人民出版社，2022，第43页。

社会主义核心价值观引领文化建设，是一项艰巨而复杂的系统工程。在思想文化交流交融交锋的背景下，在多元多样多变的思想文化发展态势下，坚持以社会主义核心价值观引领文化建设，既是建设社会主义文化强国、提升国家文化软实力的内在要求，也是新时代不断满足人民群众日益增长的精神文化需求、增强人民的精神力量的现实要求。诚然，当前坚持以社会主义核心价值观引领文化建设还面临诸多理论难点与现实挑战，本书也仅是从理论和现实层面对相关问题进行了初步的探讨，以期起到抛砖引玉的作用。拙作存在的局限与不足，将是今后笔者持续深化研究的方向，真诚地希望学界同人、读者多多包涵、批评指正。

感谢全国哲学社会科学工作办公室，感谢项目评审专家和成果鉴定专家，给予本书的中肯的意见和建议。感谢社会科学文献出版社梁艳玲、刘同辉等老师，给予本书写作和出版的帮助。感谢厦门大学博士研究生吴文霞同学参与本书第一章第二节和第三节、第六章第六节的撰写与修改，感谢代俊远、方溢超、黄金燕同学对于本书校对工作的支持。

苗瑞丹

2024 年 1 月 16 日